职业院校
汽车类"十二五"规划教材

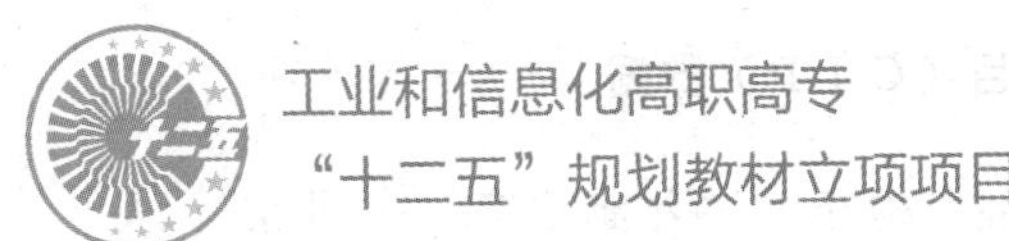

汽车电气设备与检修

Structure and Maintenance of Automobile Wiring Equipment

◎ 覃维献 主编
◎ 宾泽云 副主编

人民邮电出版社
北京

图书在版编目（CIP）数据

汽车电气设备与检修 / 覃维献主编. -- 北京 : 人民邮电出版社, 2015.2
职业院校汽车类“十二五”规划教材
ISBN 978-7-115-38023-4

Ⅰ. ①汽… Ⅱ. ①覃… Ⅲ. ①汽车－电气设备－车辆修理－高等职业教育－教材 Ⅳ. ①U472.41

中国版本图书馆CIP数据核字(2015)第019392号

内 容 提 要

本书主要内容包括绪论、蓄电池、汽车充电装置、起动系统、点火系统、照明与信号系统、汽车仪表与显示系统、汽车辅助电器设备、汽车空调、汽车电气设备总线路等，以国内典型现代轿车为例，系统地讲述汽车电气设备的基本结构、工作原理及检测诊断与维修。

本书可作为高等职业院校汽车类专业及应用型本科教学用书，也可作为成人高校、夜大、职大等层次教学用书，自学者及工程技术人员自学用书，还可作为普通高等院校相关专业的教学参考书。

◆ 主　　编　覃维献
副 主 编　宾泽云
责任编辑　刘盛平
责任印制　杨林杰

◆ 人民邮电出版社出版发行　　北京市丰台区成寿寺路 11 号
邮编　100164　　电子邮件　315@ptpress.com.cn
网址　http://www.ptpress.com.cn
北京天宇星印刷厂印刷

◆ 开本：787×1092　1/16
印张：17.5　　2015 年 2 月第 1 版
字数：460 千字　　2015 年 2 月北京第 1 次印刷

定价：39.80 元

读者服务热线：(010)81055256　印装质量热线：(010)81055316
反盗版热线：(010)81055315

前言

随着我国汽车工业的快速发展，汽车已作为代步工具“飞入寻常百姓家”，2013年我国汽车产销量为2211万辆和2198万辆，汽车保有量达到1.37亿辆，并随着汽车技术不断的更新，汽车后市场对人才的需求极为迫切，也对人才提出了更高的要求。汽车运用与维修专业被教育部列为四大国家技能型紧缺专业。在此背景下，全国高职院校及应用型本科学校也纷纷开设了汽车专业。“汽车电气设备与检修”是汽车维修人员必须掌握的技能，也是高等院校汽车类专业的一门重要的专业核心课程。

本书面向全国高职院校及应用型本科学校而编写。本书是“广西高等学校优秀中青年骨干教师培养工程”资助成果，是 2014 年度广西高等教育教学改革工程重点项目（项目编号：2014JGZ152）“汽车服务工程应用型本科专业 CDIO 人才培养模式的创新与实践”阶段性成果。全书共 10 章，主要内容包括绪论、蓄电池、汽车充电装置、起动系统、点火系统、照明与信号系统、汽车仪表与显示系统、汽车辅助电器设备、汽车空调、汽车电气设备总线路等知识。其特点可以概括为如下 4 点。

（1）本书编写引入现代工程教育理念，以章节为框架，以项目为导向，系统地介绍了高级汽车维修技术人员所必需掌握的汽车电气结构、工作原理、检测诊断、故障排查与维修等知识，将理论与实践的深度融合为一个完整的工程项目，重在突显能力本位。

（2）本书保留章节的形式，具有较好的体系性与继承性，在章节中按能力本位来编排知识点及能力测试点，既包括汽车电器结构、工作原理等基础知识，也包括检测诊断、调试、故障排查与维修实践内容。如此编排既便于教师的讲授，也符合学生的习得规律。

（3）本书选用的车型以轿车为主，特别是考虑到我国保有量情况及学校实验室建设情况，选取具有代表性的桑塔纳轿车为主线介绍汽车电气结构原理与检修，并兼顾其他车型。

（4）考虑到当前高职院校及应用型本科院校本课程理论课时多为 40～60 学时，为此对教学内容进行大量筛选与提炼，教材编排图文并茂，简明实用，理论适度。另外还配有多媒体课件及实验指导书，各院校可根据实际情况决定取舍，以期取得更大的教学效果。

本书由桂林航天工业学院覃维献主编并编写了第 1 章、第 4 章、第 5 章、第 8 章和第 10 章，桂林航天工业学院宾泽云任副主编并编写第 7 章、第 9 章，参加本书编写的人员还有桂林航天工业学院张治龙（编写第 3 章）、陆玉靖（编写第 6 章）、孙永刚（编写第 2 章）等。

在编写过程中参阅了大量国内外专业书籍和资料，也参考了汽车界同仁的著作，在此一并感谢。

由于编者水平有限，书中难免有不少疏漏之处，敬请广大读者批评指正。

编　者

2014 年 11 月

Content
目录

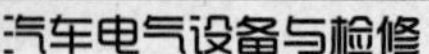

第1章 绪论

学习目标：

- ❖ 了解汽车电气设备的发展与应用。
- ❖ 掌握汽车电气设备的组成。
- ❖ 掌握汽车电气设备的特点。
- ❖ 了解课程的性质、任务、重要性。
- ❖ 掌握本课程的学习方法。

汽车通常由发动机、底盘、车身和电气设备四大部分组成。汽车以机械工程为出发点，在其一百多年的发展过程中，汽车电气的地位越来越突出，其重要性主要体现在：一是汽车电气性能直接影响汽车的动力性、经济性、安全性、可靠性、舒适性及排放性的好坏；二是汽车电子化已成为衡量汽车技术水平和先进性的重要标志；三是汽车电子产品成本占每辆轿车成本的比重逐年上升，目前已经达到30%。

1.1 汽车电气设备的发展简介

汽车在20世纪50年代之前近百年的发展进程中，主要是以机械为主，辅以必要的电气设备，期间在电器方面比较突出的成果非常少：1885年，德国的波徐对马库斯的点火装置略改良后，开始生产低压电磁点火器，这是最早的电气设备；1912年，美国的查尔斯·凯特林发明了第一个可供实用的蓄电池供电的汽车起动机。随着汽车的广泛使用和性能的提高，出现了照明、信号等装置。因此，汽车的发展更多的体现在汽车机械设备方面的更新换代上，汽车电器发展相对滞后。

自20世纪50年代以后，随着电子技术的发展、社会需求的增强，使汽车电子技术的运用得到了迅速发展，并可划分为四个阶段。

从20世纪50年代初期到1974年为汽车电子化的第一阶段。这一阶段是汽车电子化的初级阶段。这一阶段的主要特征是：开发分立元件和集成电路组成的汽车电子产品，应用电子装置代替传统的机械部件，如汽车最初采用硅整流交流发电机，之后有电子式电压调节器、电子控制高能点火等。

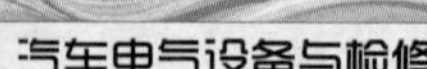

20 世纪 50 年代初，汽车上出现了第一个电子装置，即汽车用电子管收音机，标志着汽车进入了电子化时代。50 年代中期，随着半导体晶体管收音机的问世，安装晶体管收音机的汽车数量得到了迅速的增加。

20 世纪 60 年代初期，由于硅整流交流发电机开发成功，促成了汽车发电机从直流走向交流的变革，并迅速在全世界得到了推广。

从 20 世纪 60 年代中期开始，一些能够部分替代机械控制部件功能的电子控制装置，如晶体管电压调节器和晶体管点火装置等开始装备汽车，随着集成电路和大规模集成电路的出现，这些电子控制装置又逐步实现了由分立元件向集成化的过渡。这一阶段，装备汽车的其他电子装置还有电子式闪光器、电子控制式喇叭、电子式间歇刮水控制器、数字时钟及 20 世纪 70 年代初期装备汽车的 IC 点火装置和 HEI 高能点火系统等。

1974—1982 年为汽车电子化的第二阶段。这一阶段的主要特征是：以微处理器为控制核心，以完成特定控制内容或功能为基本目的，各自相互独立的电子控制系统得到了快速发展和应用。在短短的七八年中，电子控制汽油喷射系统、空燃比反馈控制系统、防抱死制动系统、安全气囊系统、电子控制自动变速器、巡航控制系统、电子控制门锁系统、前照灯灯光自动控制系统、自动除霜系统、车辆导航系统、座椅安全带收紧系统、车辆防盗系统、故障自诊断系统等相继在不同车辆上得到应用。

1982—1995 年为汽车电子化的第三阶段。这一阶段的主要特征是：以微型计算机作为控制核心，能够同时完成多种控制功能的计算机集中管理系统为基本控制模式，初步实现了汽车控制技术从普通电子控制向现代电子控制的技术过渡。现代电子控制技术在汽车上的应用，不仅拓展了电子控制系统的功能和控制内容，提高了控制精度，而且还为汽车智能化控制奠定了基础。在第三阶段，发动机集中管理系统、传动系电子控制系统、行驶转向与制动系电子控制系统、安全保障与警示电子控制系统、车辆舒适性电子控制系统、娱乐通信电子控制系统等在不同类型的汽车中得到不同程度的应用。

1995 年以后，汽车电子化进入其发展历程的第四阶段。这一阶段的主要特征是：随着 CAN 总线技术和高速车用微型计算机的应用，电子控制系统初步具备了对高复杂程度使用要求的控制能力，汽车电子化开始步入智能化控制的技术高点。在这近二十年中，汽车运行过程的智能化控制取得了丰硕的成果，从最初的单一目标的学习控制（如空燃比的学习控制、怠速的学习控制等），上升到了系统优化与系统之间优化的新技术高度。近十年开发成功，并投入实际应用的具有初级智能化的控制系统主要有：动力系统最优化控制系统、通信与导航协调控制系统、安全驾驶监测与警告系统、自动防追尾防碰撞系统、自动驾驶系统和电子地图等。

今后汽车电子技术将集中围绕如下几个方面发展。

（1）满足用户需求，大幅度提高汽车的性能，使之更灵活、方便、安全、可靠。

（2）满足社会需求，保护环境，节约能源，节约资源。

（3）实现包括道路在内的交通系统智能化，将汽车和人有机地结合起来。

1.2 汽车电气设备的组成

现代汽车的电气设备种类和数量很多，但总的来说可以分为三大部分，即电源、用电设备以及全车电路和配电装置。

1.2.1 电源

汽车电源有两个：蓄电池和发电机。发电机是主要电源，蓄电池是辅助电源。在发动机停转或起动时，由蓄电池供给电能；发动机达到某一转速后，由发电机供电。当发电机向用电设备供电的同时，也给蓄电池充电。发电机供电时要采用电压调节器来保持其输出电压的稳定。

1.2.2 用电设备

用电设备主要由以下几个系统组成。

1. 起动系统

起动系统用来起动发动机，起动系统主要包括起动机及控制电路。

2. 点火系统（汽油发动机用）

点火系统用来产生电火花，点燃汽油机气缸中的可燃混合气。它有传统点火系统、电子点火系统和微机控制点火系统之分。传统点火系统包括点火线圈、分电器、电容器、火花塞等。电子点火系统包括点火线圈、信号发生器、电子点火器、分电器、火花塞等；微机控制点火系统包括点火线圈、电子点火器、火花塞、各种传感器、电子控制单元等。

3. 照明系统

照明系统包括车外和车内照明灯具，提供车辆夜间安全行驶的必要照明。

4. 信号装置

信号装置包括灯光信号和声响信号两类，提供安全行车所必备的信号。

5. 仪表及报警装置

用来监测发动机及汽车的工作情况，使驾驶员能够通过仪表、报警装置及时检视发动机和汽车运行各种参数及异常情况，确保汽车正常运行。它包括车速里程表、发动机转速表、冷却液温度表、燃油表、机油压力表、充电指示灯（电流表）和各种警报灯（如发动机故障指示灯）等。

6. 辅助电器设备

辅助电器设备包括风窗清洁装置（刮水器、洗涤器）、电动车窗、中控门锁、电动座椅、电动后视镜、防盗装置、除霜装置、汽车视听设备及空调系统等。车用辅助电器设备有日益增多的趋势，主要向便捷、舒适、娱乐及保障安全等方面发展。

7. 汽车电子控制系统

汽车电子控制系统主要指利用计算机控制的各个汽车系统，包括汽油机电控燃油喷射系统、微机控制点火系统、电控自动变速器、防抱死系统、驱动防滑系统、电控悬架系统、自动巡航系统、安全气囊、自动空调等。电控系统的采用可以使汽车上的各个系统均处于最佳工作状态，达到提高汽车动力性、经济性、安全性、舒适性，降低汽车排放污染的目的。

1.2.3 全车电路及配电装置

全车电路及配电装置包括中央接线盒、熔断装置、继电器、电线束及插接件、电路开路等，使全车电路构成一个统一的整体。

由于现代汽车所采用的电控系统越来越多，所占的比例越来越大，且汽车电控系统往往都自成系统，将电子控制与机械装置相结合，形成了较为典型的机电一体化系统，因此本书除了涉及传统电器设备中的电子控制装置外，不涉及诸如电控燃油喷射、电子控制自动变速器、制动防抱死系统，这些计算机控制系统将由专门的教材予以介绍。

综上所述，电气设备的组成如图 1-1 所示。

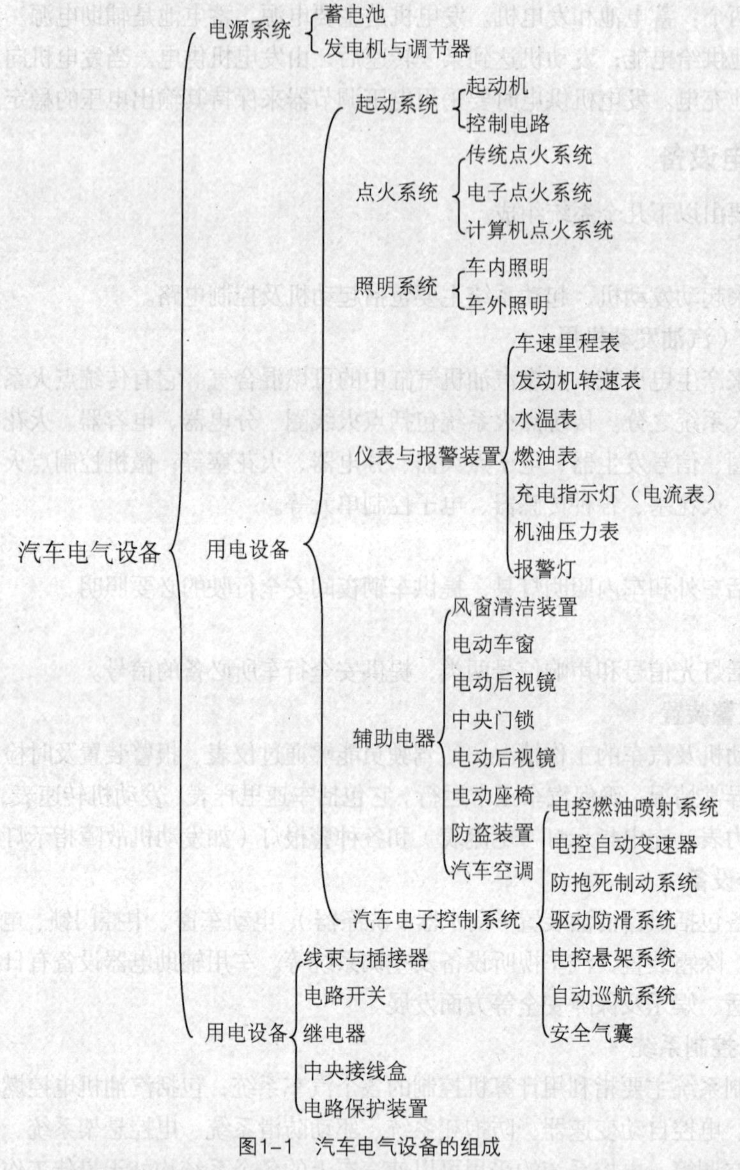

图1-1　汽车电气设备的组成

1.3　汽车电气设备的特点

1. 低压直流

汽车电气设备采用额定电压为 12V 或 24V 的低压直流电源，并由蓄电池与发电机构成双电源。目前汽油发动机普遍采用 12V，而柴油发动机多采用 24V。蓄电池的充、放电为直流，发电机输出的电也是直流电。

2. 并联

汽车上用电设备众多，为了使电气设备相互独立、便于控制和提高电气线路的可靠性，用电设备和电源间均为并联连接，且各用电电气系统相对独立运行，如起动系统、点火系统、照明和信号装置、仪表和显示装置、辅助电气设备等各电气系统，按照其工作原理相对独立运行。

3. 单线制

单线制即从电源到用电设备使用一根导线连接（又称为火线），而另一根导线则用汽车车体（车架）或发动机机体的金属部分代替。单线制可节省导线，使线路简化、清晰，便于安装与检修。对于某些电气设备，为了保证其工作的可靠性，提高灵敏度，仍然采用双线制连接方式。例如，发电机与调节器之间的搭铁线、双线电喇叭、电子控制系统的电控单元、传感器等。

4. 负极搭铁

采用单线制时，蓄电池的一个电极需接在车体上，称为“搭铁”。若蓄电池负极连接车体就称为“负极搭铁”，反之则称为“正极搭铁”。负极搭铁对车体连接处的电化学腐蚀较轻，对无线电干扰小。我国汽车电气系统均为负极搭铁。

1.4 课程的性质和任务

“汽车电气设备与检修”是汽车类专业的专业主干课程，是一门必修课，课程地位突出，是学好汽车相关专业课程的基础。

本课程的主要任务是讲授汽车各种电气设备的构造、基本原理、使用方法与维修方法、故障诊断与排查等方面的内容，使学生掌握汽车上使用的蓄电池、汽车充电装置、起动机、点火系统、照明与信号系统、仪表报警灯与显示装置、汽车辅助电器等电气设备的结构、工作原理、电路及性能检测方法与故障诊断，并在此基础上掌握整车电路图的识图方法与故障诊断程序。

1.5 课程的学习方法

在本课程学习过程中，应突出理论与实践相结合，理论讲授与实践教学要衔接好，尽可能地让学生做中学，多动手，在章节教学中专业教师同样可以进行情境教学、项目教学，以提高学生的学习兴趣。同时，在实际操作中，要加强操作的规范性，掌握正确的操作方法。

对于结构复杂及实践性较强的内容，要充分利用实物及现代多媒体技术，采取边学习、边实践的学习方式，加强对所学内容的理解。

注重课前预习、课后复习，提高学习效率，提升学习效果。

习题与复习题

一、选择题

1. 制动防抱死系统出现在汽车电子技术发展的第（　　）阶段。

A. 一　　B. 二　　C. 三　　D. 四

2. 电子式电压调节器属于汽车用电设备（　　）。

A. 电源系　　B. 起动系　　C. 点火系　　D. 照明系

二、判断题

1. 汽车电源只有一个。（　　）

2. 柴油发动机也有点火系统。(　　)

3. 汽车电气设备的特点是：低压直流、并联、单线制、负极搭铁。(　　)

三、思考题

1. 简述汽车电子各发展阶段的特点。

2. 汽车电气设备是由哪些系统组成的?

3. 简述汽车总线电路特点。

第2章 蓄电池

学习目标：

❖ 掌握汽车电源系统的组成与其组成关系。

❖ 能正确描述蓄电池的结构与工作原理。

❖ 能分析蓄电池的充放电特性。

❖ 能描述免维护蓄电池与干荷蓄电池的特点。

❖ 能正确描述蓄电池的维护与使用。

❖ 掌握蓄电池的充电作业。

2.1 蓄电池的作用与类型

2.1.1 蓄电池的分类

蓄电池（俗称电瓶）是一种将化学能转变为电能的装置，是可逆的低压直流电源。它既能将化学能转化为电能对用电设备供电，也能将电能转化为化学能储存。

汽车用蓄电池必须满足发动机起动需要，即在短时间（3～5s）必须向起动机提供大电流（汽油发动机汽车一般为150～400A；柴油发动机汽车一般为500A以上），这种蓄电池又称为起动型蓄电池。铅酸蓄电池在众多种类的蓄电池中，由于其具有内阻小、电压稳定、结构简单、成本低、起动性能好等特点，所以在汽车上得到了广泛的应用。铅酸蓄电池的电解液为稀硫酸，极板的活性物质主要成分为铅。铅酸蓄电池常见的类型有普通蓄电池、干荷蓄电池、免维护蓄电池、玻璃纤维蓄电池、胶体蓄电池等，其中前三种类型在车用蓄电池中最为常见。

2.1.2 蓄电池的作用

汽车电源系统由蓄电池、发电机及电压调节器所组成，如图2-1所示。蓄电池与发电机作为汽车上的两个直流电源，为并联关系，相互协同向全车用电设备供电。蓄电池的作用如下。

（1）发动机起动时，向起动机、点火系等供电。

（2）发电机不发电时或发电电压较低时，向用电设备供电。

（3）当用电设备开启较多、发电机负荷较大时，协助发电机供电。

（4）当蓄电池存电不足时，发电机向蓄电池充电。

（5）蓄电池可作为电路中的一个大电容，吸收发电机和电路中形成的过电压，保护用电设备。

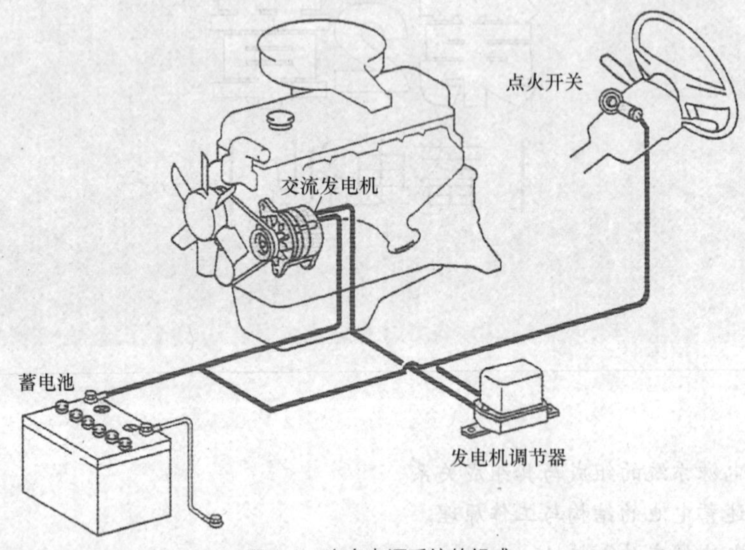

图2-1 汽车电源系统的组成

2.2 蓄电池的结构与型号

2.2.1 蓄电池的类型

蓄电池的结构如图 2-2 所示，主要由极板、隔板、壳体、电解液、铅连接条、极柱等部分组成。蓄电池一般分隔为 3 个或 6 个单格，每个单格电池的标称电压约为 2V，将 3 个或 6 个单格电池串联后制成一个 6V 或 12V 蓄电池总成。

1. 极板与极板组

极板是蓄电池的核心，分为正极板和负极板，由栅架和活性物质组成。在蓄电池充、放电过程中，电能与化学能的转换正是通过正、负极板上的活性物质与电解液中的硫酸进行电化学反应来实现的。正极板上的活性物质是褐色的二氧化铅（PbO_2），负极板上的活性物质是青灰色海绵状铅（Pb）。目前，国产蓄电池极板厚度在 1.6～2.4mm。

栅架的作用是容纳活性物质并使极板成形，一般由铅锑合金浇铸而成。加入锑是为了提高栅架的机械强度并改善浇铸性能。但铅锑合金耐电腐蚀性能比纯铅差，锑易从正极板栅架中解析出来，引起蓄电池的自放电和栅架的膨胀、溃烂。因此，栅架的生产材料将向低锑（由原来的 6%～8.5% 降低至 2%～3%）和铅—钙—锡合金栅架（无锑栅架）方向发展。

为了增大蓄电池的容量，将单格内的极板组由多片正、负极板相互嵌合并联而成，中间由隔板隔离，形成格内并联、格外串联的结构连接特点，如图 2-3 所示。在每个单格中，负极板的数量总比正极板多一片，这是因为正极板进行的电化学反应比负极板的活性物质比较强烈，且正极板上的活性物质比较疏松，为防止正极板放电不均匀，造成极板拱曲而使活性物质脱落，因此在制造时，要使正极板处于负极板之间。

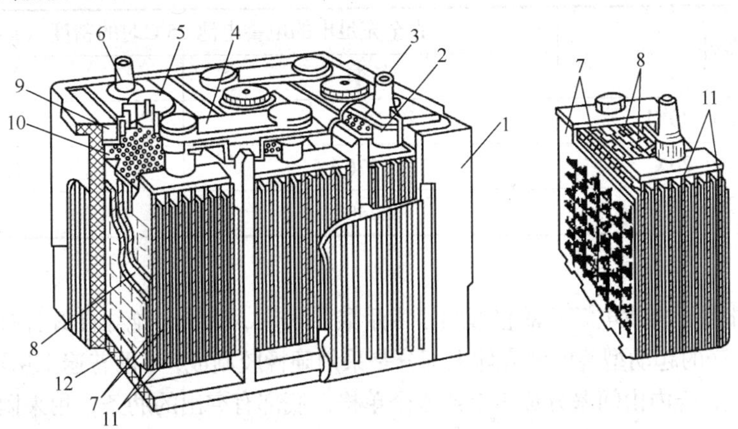

图2-2 蓄电池结构

1—蓄电池外壳；2—极柱衬套；3—正极柱；4—连条；5—加液孔盖；6—负极柱；7—负极板；8—隔板；9—封料；10—护板；11—正极板；12—肋条

2. 隔板

为了减小蓄电池的内阻与尺寸，蓄电池单格内正负极板应尽量地靠近，但为了避免彼此接触而造成短路，正负极板之间要用隔板隔开。隔板的材料应具有多孔性且化学性能稳定，以便电解液渗透，并具有良好的耐酸性和抗氧化性。

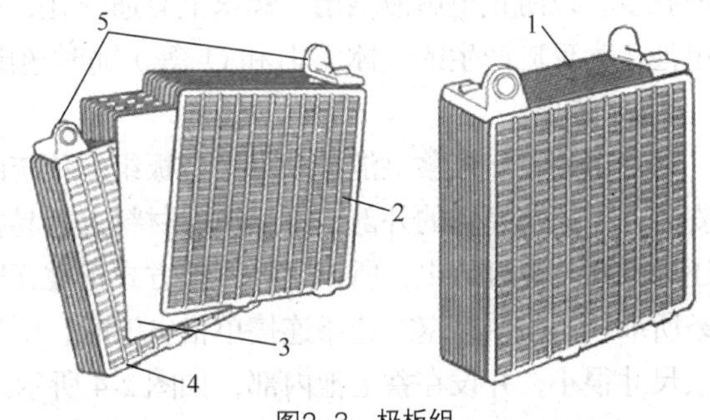

图2-3 极板组

1—板组总成；2—负极板；3—隔板；4—正极板；5—极板连条

常用的材料有木质、微孔橡胶、微孔塑料、玻璃纤维等，隔板厚度为1mm左右。

木质隔板价格便宜，但耐酸性能差，已很少使用。微孔橡胶隔板性能好、寿命长，但生产工艺复杂、成本较高，故尚未推广使用。微孔塑料隔板孔径小、孔率高、薄而软、生产效率高、成本低，因此广泛使用。

近年来，袋式微孔塑料隔板广泛应用于免维护蓄电池，它将正极板紧紧地套在里面，起到了良好的分隔作用，既减小了蓄电池的尺寸，又增大了极板的面积，使蓄电池容量增大。

3. 电解液

电解液的作用是通过与极板上的活性物质发生电化学反应，进行电能和化学能的相互转换。通常由高纯度硫酸（密度为1.84g/cm^3）与蒸馏水按一定的比例配制而成。

电解液的密度一般为1.24～1.30g/cm^3，使用时，应根据不同地区、气候条件和制造厂的要求来确定密度，如表2-1所示。

表2-1 不同地区和气候条件下电解液的密度要求

气候条件	完全充足电的蓄电池25℃时的密度/（g·cm^{-3}）	
	冬季	夏季
冬季温度低于-40℃	1.310	1.250
冬季温度高于-40℃	1.290	1.250

续表

气候条件	完全充足电的电蓄电池 25℃时的密度/（$g·cm^{-3}$）	
	冬季	夏季
冬季温度高于-30℃	1.280	1.250
冬季温度高于-20℃	1.270	1.240
冬季温度高于 0℃	1.240	1.240

4. 壳体

蓄电池的壳体用于盛放电解液的极板组，由耐酸、耐热、耐振、绝缘性好且有一定机械强度的材料制成。早期生产的起动型蓄电池壳体大部分是采用硬橡胶制成，目前普遍采用聚丙烯塑料壳体。

壳体为整体式，壳内由间壁分成 3 个或 6 个单格，底部有突出的肋条，用来搁置极板组。肋条间的空隙用来积存脱落下来的活性物质，以防止在极板间造成短路。普通蓄电池壳体上部用加液孔螺塞密封，在每个单格的电池盖上都有一个加液孔，用于添加电解液和蒸馏水，也可用于检查电解液的液面高度与测量电解液密度。加液孔螺塞拧紧在加液孔上，以防止电解液溅出，螺塞上有通气孔，可使蓄电池化学反应产生的气体（H_2和 O_2 等）随时逸出。

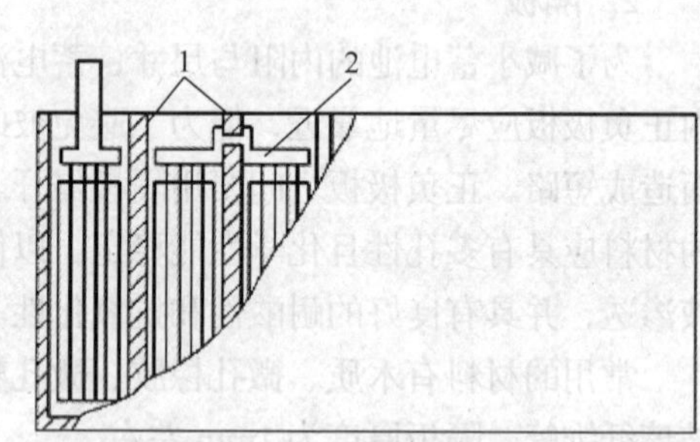

图2-4 穿壁式连接结构

1—间壁；2—穿壁式连条；3—蓄电池盖

5. 连条

连条用于连接蓄电池各个单格极板组。传统的连条安装在蓄电池壳体的外部，不仅浪费材料、容易损坏，还导致蓄电池自放电，所以这种连接方式正被穿壁式连条所取代。采用穿壁式连条连接单格电池时，所用的连条尺寸很小，并设在蓄电池内部，如图 2-4 所示。

6. 极柱

蓄电池各单格电池串联后，两端的正负极柱穿出电池盖，用于连接外电路。正极柱标“+”或涂成红色，负极柱标“-”或涂成蓝色或绿色等。蓄电池极桩用铅锑合金浇铸而成。

2.2.2 蓄电池的型号

有关蓄电池型号的规定，全世界不同地域有多个标准，我国市场上最常见的有中国国标（GB）、美国汽车工程师学会（SAE）、日本工业标准（JIS）、德国标准化学会（DIN）和欧洲标准（EN）等。

虽然不同标准的规定方法不同，但其主要内容都包含蓄电池额定电压、额定容量、冷起动电流及类型、储备容量等。例如，有的蓄电池上面写着 CCA：700 CA：875 RC：106，表示冷起动电流 700A，起动电流 875A，储备容量 106min；也有一些合资品牌蓄电池上同时标注 GB 和 DIN 或 EN 标准型号，如 6-QA-180，12 V 180 · Ah 540 A（EN），表示额定电压 12V，额定容量 180A · h，冷起动电流 540A。

在这里简要举例介绍中国的国标（GB）、日本工业标准（JTS）和欧洲标准（EN）对蓄电池型号的标定含义。

1. 中国标准（GB）

按《铅酸蓄电池名称、型号编制与命名办法》（JB/T 2599—2012）规定，国产蓄电池的型号共

分为 3 段 5 部分，如表 2-2 所示。

表 2-2 GB 蓄电池型号规定

Ⅰ	Ⅱ		Ⅲ	
串联单格电池数	蓄电池类型	蓄电池特征	蓄电池额定容量	蓄电池特殊性
用阿拉伯数字表示 3－表示 3 个单格，额定电压为 6V 6－表示 6 个单格，额定电压 12V	用大写的汉语拼音字母表示 Q－起动用蓄电池 N－内燃机车用蓄电池 M－摩托车用蓄电池	用大写汉语拼音字母表示 A－干荷铅酸蓄电池 B－湿荷铅酸蓄电池 W－免维护铅酸蓄电池 S－少维护铅酸蓄电池 J－胶体式铅酸蓄电池	20h 放电率的额定容量，单位为 A·h（安培·小时），单位可略去不写	用大写汉语字母表示 G－高起动率 D－低温性能好 S－塑料槽蓄电池
如：6－QA－105 表示由 6 个单格电池组成，额定电压为 12V，额定容量为 105A·h 的起动型干荷铅酸蓄电池				

2. 欧洲标准（EN）

按欧洲标准规定，蓄电池的型号共分为 3 段 4 部分，如表 2-3 所示。

表 2-3 EN 蓄电池型号规定

Ⅰ		Ⅱ	Ⅲ
蓄电池额定电压	蓄电池额定容量	蓄电池顺序号	冷起动电流
1～4 表示蓄电池电压为 6V 5～7 表示蓄电池电压为 12V	20h 放电率的额定容量，单位为 A·h（安时）；如果蓄电池容量大于 100A·h，则首字母加 1 由 5 变 6	表示蓄电池顺序号	根据 EN 标准的 1/10 冷起动测试电流
如：544 059 036 表示额定电压为 12V，额定容量为 44A·h，顺序号为 059 的冷起动电流为 360A 的蓄电池			

3. 日本工业标准（JIS）

按日本工业标准（JIS）标准规定，分为 4 段，其含义如表 2-4 所示。

表 2-4 EN 蓄电池型号规定

第一部分	第二部分	第三部分	第四部分
蓄电池容量	蓄电池的宽度和高度	蓄电池的长度	端子的位置
蓄电池的性能，指示蓄电池中可以存储的电量（蓄电池容量）。数目越大，蓄电池可以存储的电量就越大。可通过表 2-5 查询	蓄电池的宽度和高度组合是由 8 个字母中的一个表示的（A～H）。字符越接近 H，表示电池的宽度和高度越大，如图 2-5 所示	表示蓄电池的长度	用 L/R 表示，L 表示负极端子的位置，即正确安装蓄电池时的负端子的位置。右侧为 R，左侧为 L
如：55B23R/L 表示蓄电池容量为 48A·h，长宽高为 230mm×203mm×127 或 129mm 的蓄电池			

表 2-5 蓄电池 ID 代码

电池 ID 代码	蓄电池的容量（Ah）（5h 充电率）
34B19R/L	27
46B24R/L	36
55B23R/L	48
80B26R/L	55

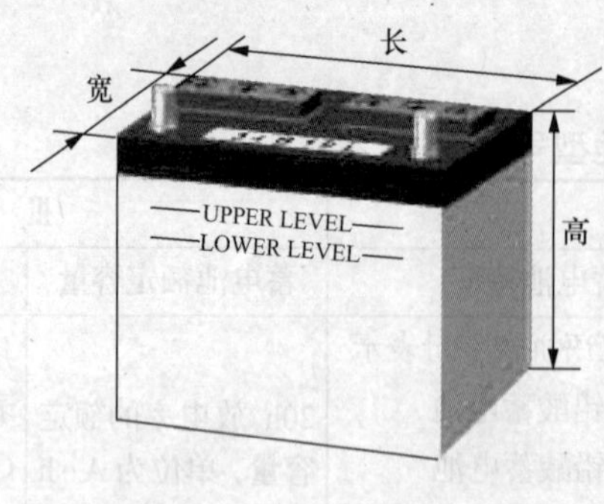

	宽 /mm	高 /mm
A	162	127
B	203	127 or 129
C	207	135
D	204	173
E	213	176
F	213	182
G	213	222
H	220	278

图2-5 蓄电池的高度和宽度

需要强调的是在蓄电池选用上，尽量要求型号一致，若型号不一致，则要求：

（1）额定电压必须和原车额定电压相一致。

（2）额定容量必须满足汽车起动要求。

（3）尺寸应做到与原厂蓄电池尺寸一致。

2.3 蓄电池的工作原理与特性

2.3.1 蓄电池的工作原理

铅酸蓄电池的工作原理就是化学能与电能相互转化的过程。充电过程是将电能转化为化学能储存在蓄电池中，放电过程是将化学能转变为电能供给汽车用电设备。

1. 电动势的建立

当极板浸入电解液时，在负极板处，一方面活性物质铅（Pb）有溶解于电解液的倾向，因而有少量铅进入溶液生成 Pb^{2+}，在极板上留下两个电子（2e）使极板带负电；另一方面，由于正、负电荷的吸引，Pb^{2+}有沉附于极板表面的倾向。当两者达到平衡时，溶解便停止，此时负极板具有负电位，约为-0.1V。

正极板处，少量 PbO_2 溶入电解液，与水生成 $Pb(OH)_4$，再分离成四价铅离子和氢氧根离子，即

$$PbO_2+2H_2O \longrightarrow Pb(OH)_4$$

$$Pb(OH)_4 \longrightarrow Pb^{4+}+4OH$$

由于 Pb^{4+}沉附于极板的倾向大于溶解的倾向，因而沉附在正极板上，使极板呈正电位。当达到平衡时，约为+2.0V。

因此，当外电路未接通时，一个充足电的蓄电池，达到相对平衡状态时，在静止状态下的电动势 E_j 为

$$E_j=2.0-（-0.1）=2.1V$$

2. 蓄电池的放电

当蓄电池接上负载后，在电动势的作用下，电流 I_f 从正极经过负载流往负极（即电子从负极到正极）。铅蓄电池的放电过程如图 2-6 所示。

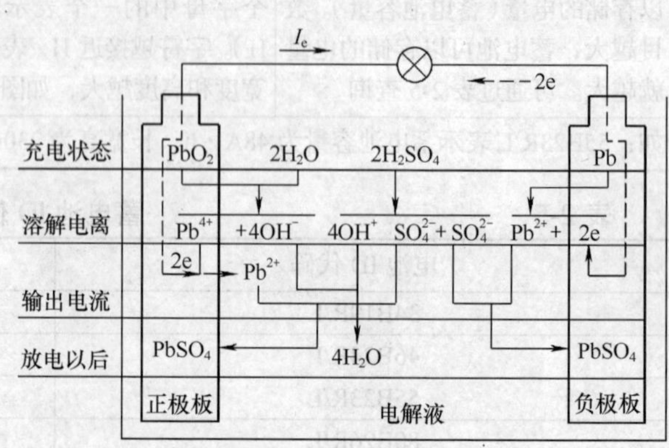

图2-6 蓄电池的放电过程示意图

在正极板处，Pb^{4+}和电子结合变成二价铅离子 Pb^{2+}，Pb^{2+}与电解液中的 SO_4^{2-}结合生成 $PbSO_2$沉附于极板上，即

$$Pb^{4+} + 2e \longrightarrow Pb^{2+}$$

$$Pb^{2+} + SO_4^{2-} \longrightarrow PbSO_4$$

在负极板处，失去两个电子的 Pb 变为 Pb^{2+}，与电解液中的 SO_4^{2-}结合也生成 $PbSO_4$沉附在负极板上，即

$$Pb-2e \longrightarrow Pb^{2+}$$

$$Pb^{2+} + SO_4^{2-} \longrightarrow PbSO_4$$

在电解液中，$PbSO_4$电离为 SO_4^{2-}和 H^+，而 H^+与溶液中的 OH^-结合生成水，即

$$H^+ + OH^- \longrightarrow H_2O$$

故，总的放电化学方式为：

$$PbO_2 + Pb + 2H_2SO_4 \longrightarrow 2PbSO_4 + 2H_2O$$

结论：在放电过程中，正负极板上的活性物质都转化为 $PbSO_4$，同时，电解液中的 H_2SO_4转化为水，电解液的密度不断下降。

理论上放电过程应进行到极板上的活性物质全部变为硫酸铅为止，而实际上是不可能的，因为放电过程生成的 $PbSO_4$沉附于极板表面，电解液不能渗透到活性物质的内层。使用中，实际放完电的蓄电池对活性物质的利用率也只有 20%～30%，因此采用薄型、增加极板的多孔性，可提高蓄电池的容量。

3. 蓄电池的充电

充电时，应将蓄电池接直流电源（充电机）。当电源电压高于蓄电池电动势时，在电源电压作用下，电流从蓄电池正极流入、负极流出（外电路是电子从正极流向负极），其化学反应过程如图 2-7 所示。

正极板处，有少量的 $PbSO_4$进入电解液中，电解为 Pb^{2+}和 SO_4^{2-}，Pb^{2+}在电源作用下失去两个电子变为 Pb^{4+}，Pb^{4+}和电解液中水离解出来的 OH^-结合成 $Pb(OH)_4$，$Pb(OH)_4$又分解为 PbO_2和 H_2O，而 SO_4^{2-}与电解液中的 H^+结合生成硫酸。

正极板上的反应式如下：

$$PbSO_4 \longrightarrow Pb^{2+} + SO_4^{2-}$$

$$4H_2O \longrightarrow 4H^+ + 4OH^-$$

$$Pb^{2+} - 2e \longrightarrow Pb^{4+}$$

$$Pb^{4+} + 4OH^- \longrightarrow Pb(OH)_4$$

$$Pb(OH)_4 \longrightarrow PbO_2 + 2H_2O$$

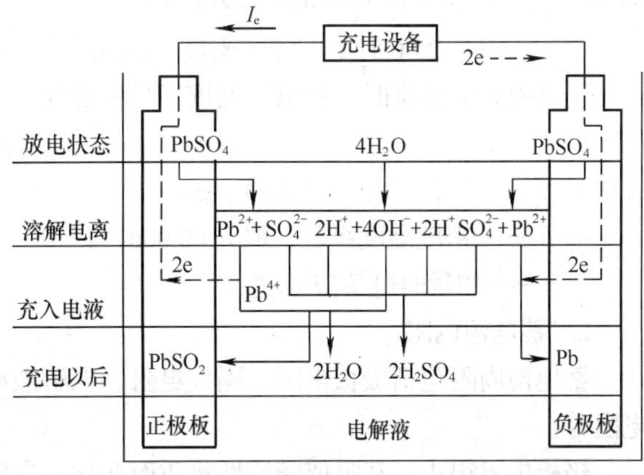

图2-7 蓄电池的充电过程示意图

负极板处，有少量的 $PbSO_4$进入电解液中，离解为 Pb^{2+}和 SO_4^{2-}，Pb^{2+}在电源的作用下获得两个电子变为金属 Pb，沉附在极板上。而电解液中 SO_4^{2-}与电解液中的 H^+结合，生成硫酸。

负极板上的反应如下：

$$PbSO_4 \longrightarrow Pb^{2+} + SO_4^{2-}$$

$$Pb^{2+} + 2e \longrightarrow Pb$$

因此可见，在充电过程中，正负极板上的 $PbSO_4$ 将逐渐恢复为 PbO_2 和 Pb，电解液中 H_2SO_4 逐渐增多而水逐渐减少，电解液相对密度上升。总的化学反应式如下：

$$2PbSO_4+2H_2O \longrightarrow PbO_2+Pb+2H_2SO_4$$

由上分析，可得出如下结论。

（1）蓄电池在放电时，电解液中的硫酸逐渐减少，水逐渐增多，电解液密度下降；蓄电池在充电时，电解液中的硫酸将逐渐增多，而水将逐渐减少，电解液密度增加。因此通过测量电解液密度的方法，定性地判断蓄电池的放电程度。

（2）在充放电时，电解液密度发生变化，主要是由于正极板的活性物质发生化学应用的结果，因此要求正极板处的电解液流动性要好。所以在装配蓄电池时，应将隔板有沟槽的一面对着正极板，以便电解液流通。

（3）蓄电池放电终了时，极板上尚余有 70%～80%的活性物质没有起作用。因此，要减轻蓄电池的质量，提高供电能力，应该充分提高极板活性物质的利用率，在结构上提高极板的多孔性，减少极板的厚度。

2.3.2 蓄电池的工作特性

蓄电池的工作特性包括静止电动势、内阻和充放电特性的变化规律。

1. 静止电动势

蓄电池内部工作物质运动处于静止状态（不充电也不放电）时，蓄电池的电动势称为静止电动势。

静止电动势主要取决于电解液的密度和温度。电解液相对密度为 1.05～1.30g/cm³，蓄电池静止电动势可用下面的经验公式计算。

$$E_j = 0.84 + \rho_{25℃}$$

式中：E_j——蓄电池的静止电动势，V；

$\rho_{25℃}$——25℃时电解液的密度，g/cm³。

测量电解液密度时，如果其温度不是标准的 25℃时，则需要进行换算，换算公式为

$$\rho_{25℃}=\rho_t+\beta(t-25)$$

式中：ρ_t——实测的电解液密度，g/cm³；

β——密度温度系数，取 β=0.00075；

t——测量时电解液温度。

2. 蓄电池内阻

蓄电池内阻包括极板电阻、隔板电阻、电解液电阻和连条电阻等。

极板电阻很小，其阻值随活性物质而变化。充电后电阻减小，放电后电阻增大。

隔板电阻与材料有关，木质隔板多孔性差，其电阻值比微孔橡胶、微孔塑料隔板的阻值大。

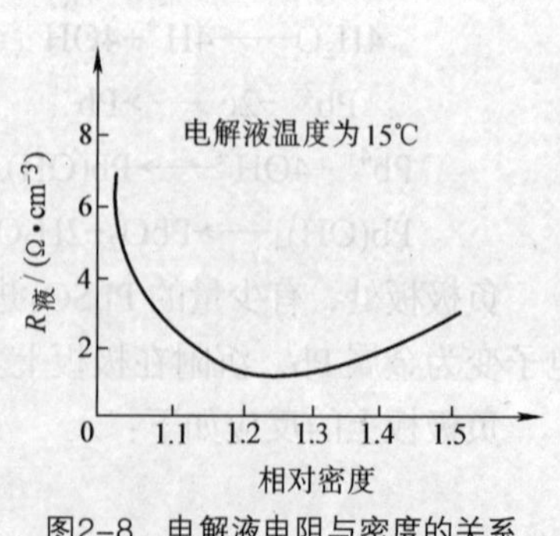

图2-8 电解液电阻与密度的关系

电解液的电阻随着密度、温度不同而变化。实验证明，电解液的密度在 1.20g/cm³（15℃）时，阻值最小，如图 2-8 所示。原因是该密度值时，H_2SO_4 离解出的 H^+ 和 HSO_4^- 的数

量较多。温度降低时，离子活动能力差，电阻增大。

一个技术状态良好的蓄电池的内阻只有 0.01Ω左右，因此在起动时可以输出较大电流，满足起动机的需要。

3. 蓄电池的放电特性

蓄电池的放电特性是指充足电的蓄电池在恒流放电过程中，端电压 U、电解液密度 $\rho_{25℃}$ 随时间变化的规律。蓄电池以 20h 放电率恒流放电的特性曲线如图 2-9 所示。

电解液密度是随着放电的进行按直线规律下降的。这是因为在恒流放电过程中，单位时间内消耗的硫酸和生成水的数量是一定的缘故。

端电压的变化规律是不均衡的。放电开始时，端电压下降较快，中间平缓，接近终了时，又迅速下降，当电压降到 1.75V 时（若继续放电，电压将急剧下降到零），若切断放电电流，端电压又上升到一定值。

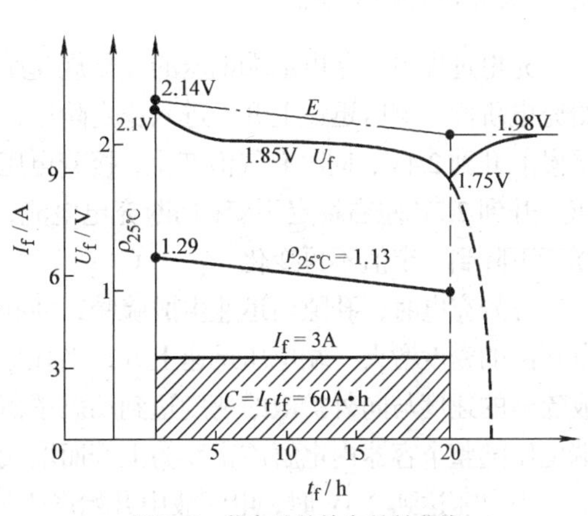

图2-9 蓄电池的放电特性曲线

开始放电时，化学反应在极板孔隙内进行，首先消耗的是极板隙内的硫酸，因极板孔隙较小，所以极板内电解液密度迅速下降，电动势迅速下降，端电压迅速下降。

随着极板孔隙内电解液密度的不断下降，孔隙内外电解液的密度差不断增大，在密度差的作用下，硫酸向孔隙内渗透。当渗透到孔隙的硫酸与消耗的硫酸达到动态平衡时，孔隙内部的电解液密度将随着孔隙外电解液密度一起下降，端电压按近似直线规律缓慢下降。

在迅速下降阶段，由于极板表面和孔隙中生成的硫酸铅体积较大，孔隙变小，使孔隙外的电解液向内渗透困难，所以孔隙内已稀释的电解液很难与孔隙外的电解液混合，密度下降很快；同时，由于硫酸铅本身的导电性能差，放电时间越长，生成的硫酸铅越多，内电阻越大。

通常把端电压急剧下降的临界点，称为放电终了。当蓄电池达到放电终了时，必须停止放电。放电终了后再继续放电，称为过放电。由于极板孔隙被太大颗粒的硫酸铅堵塞，电解液无法渗入内部参加化学反应，极板孔隙内电解液密度急剧下降到零，端电压也将急剧下降到零，这将影响蓄电池使用寿命和容量。

停止放电后，由于放电电流为零，内阻上的电压降为零。随着孔隙外的硫酸向孔隙内逐渐渗入，孔隙内电解液密度缓慢上升，端电压可逐渐回升到 1.95V。

放电终了的特征如下。

（1）单格电压降至放电终止电压（用 20h 放电率的电流放电时，终止电压为 1.75V，而用 10h 放电率的电流放电时，终止电压则为 1.70V）。

（2）电解液密度降低到最小许可值。

此外，放电所允许的终止电压与放电电流的大小有关，如表 2-6 所示，放电电流越大，放电时间则越短，允许的放电终止电压也越低。

4. 蓄电池的充电特性

蓄电池的充电特性是指恒流充电过程中，单格电池的端电压 U 和电解液密度 $\rho_{25℃}$ 随时间的变化规律。蓄电池以 20h 放电率恒流充电的特性曲线如图 2-10 所示。因为充电电流恒定，单位时间内生

成的硫酸数量是一定的，所以电解液密度随充电时间的增加而呈直线上升。

表 2-6　　放电电流与终止电压的关系

放电电流/A	0.05C	0.1C	0.25C	1C	3C
连续放电时间	20h	10h	3h	30min	5.5min
单格电池终止电压/V	1.75	1.70	1.65	1.55	1.5

注：C 为蓄电池额定电容。

充电过程中，蓄电池端电压的变化规律是：开始充电阶段，电压迅速上升；进入稳定阶段，电压缓慢上升到 2.4V，同时有气泡产生；接着电压又迅速上升到 2.7V 左右稳定不变；切断充电电流，电压逐渐下降到一定值不再变化。

开始充电时，孔隙内迅速生成硫酸，使孔隙内电解渡的密度增大，端电压迅速上升，当孔隙内生成硫酸的速度与向外扩散的速度达到动态平衡时，端电压随整个容器内电解液密度的上升而增大。

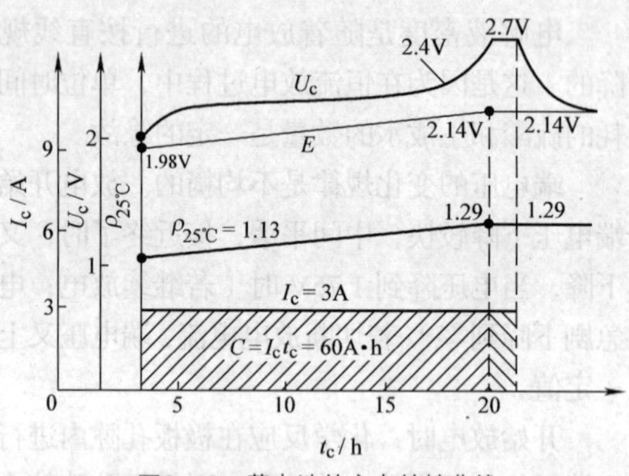

图2-10　蓄电池的充电特性曲线

当电压达到 2.4V 时，电解液中开始产生气泡，表明蓄电池已基本充足电，正、负极板上的硫酸铅已基本转变为二氧化铅和铅，部分电流用于电解水，产生了氢气和氧气，它们以气泡的形式出现，形成“沸腾”现象。

继续充电时，随着少量硫酸铅的继续转化，电解水的电流增大，产生的 H_2 以离子状态 H^+集结在电解液中的负极板处，来不及立即全部变成气泡放出，故在负极板周围聚积着大量的氢离子，从而在电解液与负极板间产生了约为 0.33V 的附加电压，使得端电压上升至 2.7V 左右。此时，应切断电源，停止充电，否则容易造成“过充电”。实际使用中，为了使蓄电池活性物质全部还原，往往再继续充电 2h。

充电终了后再继续充电，称为过充。过充电产生大量的气泡从极板孔隙中冲出，导致活性物质脱落，使蓄电池的容量降低，使用寿命缩短，因此应避免长时间过充电。

停止充电后，内压降立即消失，积聚在负极板周围的氢离子形成氢气逸出，孔隙内的硫酸向外扩散，使电解液混合均匀，端电压下降到稳定的电动势值。

蓄电池充电终了的特征如下。

（1）电解液中产生大量气泡，呈“沸腾”现象。

（2）端电压上升到最大值（2.7V）且 2h 内不再增加。

（3）电解液密度上升到最大值，2h 内不再增加。

5. 蓄电池的容量及影响因素

（1）蓄电池的容量。蓄电池的容量是指在规定的放电条件下，完全充足的蓄电池所能提供的电量。蓄电池的容量是衡量蓄电池对外放电能力、质量优劣，以及选用蓄电池最重要的指标。当蓄电池以恒流放电时，其容量 C 等于放电电流 I_f 和放电时间 t_f 的乘积，即：

$$C = I_f t_f$$

式中：C——蓄电池的容量，A · h；

I_f——放电电电流，A；

t_f——放电时间，h。

蓄电池的容量与放电电流的大小及电解液的温度有关，因此蓄电池的标称容量是在一定的放电电流、一定的终止电压和一定的电解液温度下确定的。标称容量分为额定容量和起动容量。

① 额定容量。额定容量是检验蓄电池质量的重要指标之一。根据国标《起动用铅酸蓄电池技术条件》(GB/T 5008.1—2005)的规定，将充足电的新蓄电池，在电解液密度$\rho_{25℃}$为(1.28±0.01) g/cm^3，初始温度为(25±5)℃的条件下，以20h放电率的放电电流(0.05倍额定容量的电流)，连续放电至单格电压为1.75V时输出的电量，称为蓄电池的额定容量，用C20表示，单位为A·h。例如，105Ah充足电的蓄电池以5.25A(0.05×105)电流放电至10.5V(6×1.75)，放电时间超过或等于20h则合格。

选择合适型号的蓄电池很重要，如果选择容量较大的蓄电池，会导致充电不足，而容量较小的蓄电池，容易发生过度充放电循环，会导致蓄电池使用寿命降低。

② 起动容量。起动容量表示蓄电池接起动机时的供电能力，有常温和低温两种起动容量。

常温起动容量：指电解液温度为25℃时，以5min放电率(3倍额定容量的电流)连续放电至单格电压降到1.5V时所输出的电量，其放电持续时间应在5min以上。

低温起动容量：是指电解液温度-18℃时，以3倍额定容量的电流连续放电至单格电压降到1.5V时所放出的电量，其放电持续时间应在2.5min以上。

(2)蓄电池容量的影响因素。蓄电池的容量与放电电流、电解液的温度、电解液的密度及产品的结构等因素有关。

① 放电电流。放电电流过大时，化学反应作用于极板表面，电解液来不及渗入极板内部，就已被表面生成的硫酸铅堵塞，致使极板内部大量的活性物质不能参加化学反应，使蓄电池容量减小。

② 电解液温度。温度低则容量减小，这是因为低温下电解液黏度增加，离子运动速度慢，电解液向极板孔隙内层渗入困难，极板孔隙内的活性物质不能充分利用。冬季用起动机起动汽车时，发动机内阻增加需要放电电流大，而冬天温度低，使蓄电池容量减小，造成冬季起动时总感到较夏天动力差一些。

③ 电解液的密度。在一定范围内，适当加大电解液密度，可以提高电解液的渗透速度和蓄电池的电动势，并减小内阻，使蓄电池的容量增大。但相对密度超过某一数值时，由于电解液黏度增大使渗透速度减低，内阻和极板硫化增加，又会使使蓄电池的容量减小。当电解液相对密度为1.24～1.285时，蓄电池的容量最大。

④ 产品的结构。极板有效面积越大、片数越多、极板越薄、极板间中心距越小、极板上活性物质的孔率越大则蓄电池的容量就越大。

2.4 蓄电池的充电

2.4.1 充电种类

1. 初充电

新蓄电池或更换过极板后的蓄电池在使用之前的首次充电为初充电。初充电对蓄电池性能和使用寿命影响很大，若初充电不足，则蓄电池的容量会降低，寿命显著缩短；若初充电过量，隔板和极板将受到严重腐蚀，其寿命也会大大降低。研究发现：蓄电池充电过程对蓄电池寿命影响最大，放电过程的影响较少。由此可见，采用正确的充电方式对蓄电池的使用寿命具有举足轻重的作用。

初充电的特点是充电电流小，充电时间长（一般为 70～90h）。初充电的步骤如下。

（1）首先检查蓄电池外壳有无破裂，拧下加液口盖的螺塞，确保通气良好。

（2）依据季节与气温情况，按蓄电池制造厂的规定，选择电解液密度，将温度不超过 30℃的电解液缓缓加入蓄电池内，且要求液面要高出极板上沿 10～15cm。

（3）静等 3～6h，让电解液充分渗入极板，并适当补充电解液弥补由于电解液涌入极板中而导致的液面高度的下降，待电解液温度低于 35℃时，将充电机与蓄电池相连准备充电。

（4）进行充电作业，此步骤分为两个阶段进行：第一阶段的充电电流约为蓄电池额定容量的 1/15，充电至电解液中有气泡，单格电压达到 2.4V 为止；第二阶段将充电电流减半，继续充电到蓄电池满电为止，全部充电时间为 60～70h。在充电过程中，如果温度上升至 40℃，可将电流减半或停止充电，待温度下降后再继续充电。

（5）初充电接近终了时，如果电解液密度不符合规定，应用蒸馏水或密度为 1.40g/cm^3 的稀硫酸进行调整，再充电约 2h，直至蓄电池单格电压上升到最大值，并在 2～3h 内不再增加，并产生大量气泡，电解液呈“沸腾”状态，这表明蓄电池已充满电，应切断电源，以免过充。

（6）初充电后，为确保蓄电池技术状况良好，不能直接使用，而应静放 1～2h 后，再进行一次放电试验，以检查蓄电池的输出容量。放电的方法是以 20h 放电率放电，如 6-Q-105 型蓄电池以 5.25A 恒流持续放电至单格电压 1.75V，再按补充充电的电流充足，即完成一次放电试验。

2. 补充充电

补充充电蓄电池在使用过程中，常有充电不足的现象，应根据需要及时进行补充充电，如发现下列现象，必须随时进行补充充电。

（1）电解液密度下降到 1.15g/cm^3 以下。

（2）冬季放电超过额定容量的 25%，夏季超过 50%。

（3）单格电池电压降到 1.7V 以下。

（4）起动机运转无力。发动机不工作时，灯光比平时暗淡，喇叭声音变小。

（5）蓄电池放置时间超过一个月。

补充充电既可采用定电流充电，也可采用定电压充电。如采用定电流充电，其充电过程与初充电相似，但充电电流可提高一些。第一阶段的充电电流为 $1/10C_{20}$，充电至单格电压达到 2.4V，充电电流减半，直至充满电为止，定流充电法可有效防止硫化。定压充电法具有充电时间短，初始充电电流大的特点，并随着充电时间推移充电电流逐渐下降直至为零。

3. 间歇过充电

蓄电池充电终了后，继续充电是有害的。但考虑到蓄电池在汽车上经常处于充电不足或部分放电状况，可能产生极板硫化现象，因此每隔一定时间（多为三个月），在完成补充充电的基础上，应进行一次预防硫化过充电，即有意识地将充电时间延长，让蓄电池充电更彻底些，以消除可能产生的轻微极板硫化。具体的做法是：用平时补充充电的电流值将电池充足，中断 1h，再用 $1/20C_{20}$ 的充电电流值进行充电至电解液“沸腾”。反复几次，直到刚接入充电 1～2min，蓄电池电解液立即“沸腾”为止。

4. 锻炼循环充电

蓄电池在使用中常处于部分放电状态，参加化学反应的活性物质有限。为使极板的活性物质得到充分利用，避免活性物质长期不工作而收缩，从而确保蓄电池容量不下降，可每隔三个月进行一次锻炼循环充电，即在正常充电后，用 20h 的放电率放完电，然后再实施正常补充充电，一般要求循环锻炼充电后的蓄电池，容量应达到额定容量的 90%以上，否则应进行多次充电放电循环。

2.4.2 充电方法

蓄电池的充电方法有常规充电法和快速充电法。常规充电法有定电压充电和定电流充电。

1. 定电流充电法

在充电过程中，使充电电流保持恒定的充电方法称为定电流充电法，简称定流充电。采取定流充电时，被充电的蓄电池无论是 6V 或 12V，均可串联在一起进行充电，其连接方式如图 2-11 所示。所串联的蓄电池的容量应尽可能相同，如果不相同，充电电流应以小容量的电池来计算。当小容量的蓄电池充足电后，应随之去除，再继续给大容量的蓄电池充电。定电流充电的优点是通用性好，可选择和调整充电电流，有益于延长蓄电池的寿命。这种充电方法可用于各种不同的蓄电池充电，如新蓄电池的初充电、补充充电及间歇过充电等。其缺点是充电时间长，且需要经常调节充电电流，充电效率低，易造成过充电。

2. 定电压充电法

在充电过程中，充电电压始终保持不变的充电方法称为定电压充电法，简称定压充电。被充电蓄电池的连接方式如图 2-12 所示。采取此方法时，要求各支路蓄电池的额定电压必须相同，容量也应一致。

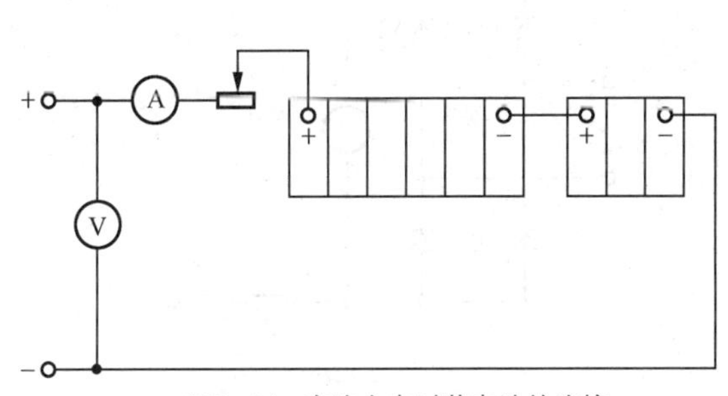

图2-11 定流充电时蓄电池的连接

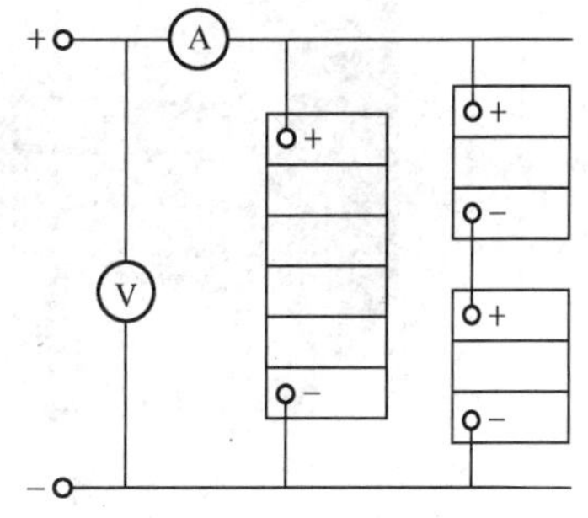

图2-12 定压充电时蓄电池的连接

定压充电的优点是：充电效率高，开始充电后 4～5h 蓄电池就能获得 90%～95%的充电量，因而可大大缩短充电时间；操作方便，充电时不需专人照管，充电过程中，充电电流逐渐减小，充足电时，电流自动接近零，不易发生过充电现象。

其缺点是：不能调整充电电流的大小，因而不能用于蓄电池的初充电和去硫化充电；充电初期电流过大，易造成电解液温升过快、极板弯曲、活性物质脱落，影响蓄电池的技术性能和使用寿命。

3. 快速脉冲充电法

上述两种方法统称为“常规充电”，要完成一次初充电需 60～70h，补充充电也需 20h 左右。快速充电是指用较短的时间向蓄电池充入大量电荷的一种充电方法，主要用于补充充电。

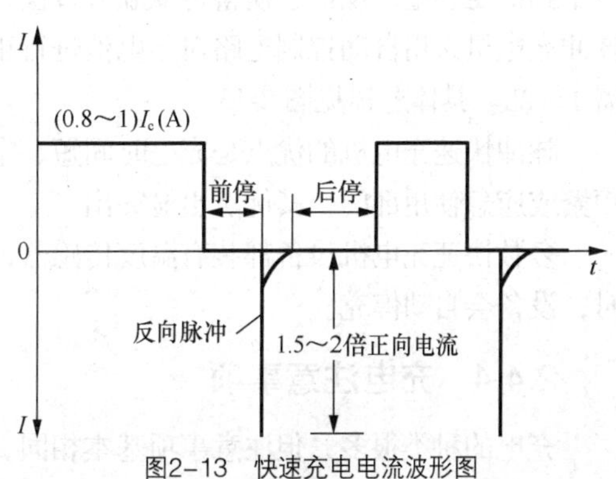

图2-13 快速充电电流波形图

脉冲快速充电的电流波形如图 2-13 所示，整个过程由脉冲充电控制电路进行自动控制，其具体过

程如下。

（1）初期正脉冲充电阶段。采用 0.8～1C_{20} 的大电流充电，使蓄电池在较短时间内达到额定容量的 60%左右。当单格电压升到 2.4V，电解液开始冒泡时，则由控制电路控制，开始脉冲充电。

（2）前停阶段。先停止充电 24～30ms。

（3）负脉冲瞬间放电阶段。向蓄电池冲反向脉冲电流，其脉冲宽度为 150～1000μs、电流峰值为 1.5～3 倍的正向充电电流。

（4）后停阶段。停止负脉冲瞬间放电 25ms。

整个充电过程按上述过程循环进行，即正脉冲充电→前停阶段→负脉冲瞬间放电→后停阶段→正脉冲充电，直至蓄电池充电结束。

2.4.3 充电设备

1. 硅整流充电机

目前使用较多的是 GCA 系列硅整流设备，这种变换交流电为直流电的设备，专供汽车运输部门、修理厂或修配站及蓄电池充电站作为蓄电池补充电能用的直流电源。硅整流充电机如图 2-14 所示，具有操作简单、体积小、重量轻、维护方便、整流效率高、寿命长等优点。

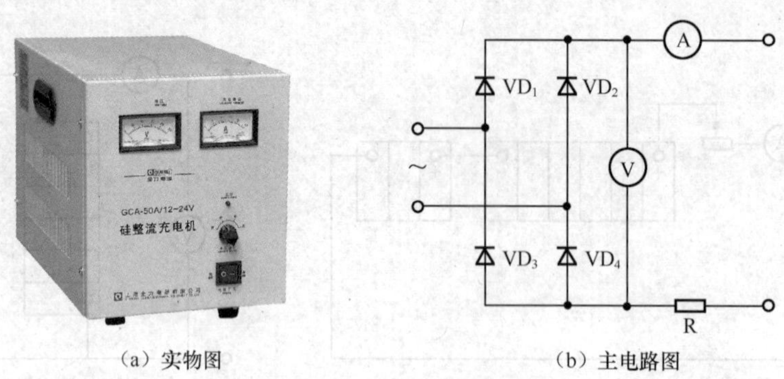

（a）实物图　（b）主电路图

图2-14　硅整流充电机

2. 快速充电机

用常规的充电完成一次初充电需 60～70h，补充充电需 20h 左右，由于充电的时间长，给使用带来很大不便。但是，单纯加大充电电流来缩短充电时间是不行的，因为这样不仅在充电时蓄电池达不到额定容量，反而会使蓄电池温升过快，产生大量气泡，造成活性物质脱落而影响寿命。快速脉冲充电机采用自动控制电路对蓄电池进行正反向脉冲充电，可提高充电效率，蓄电池补充充电只需 1～2h。具体过程见图 2-13。

脉冲快速充电机的优点是充电时间短、空气污染小、节电省能等。因此，在蓄电池集中、充电频繁或应急使用部门，其优点更显突出。

多数快速充电机设备都装有温度传感器，将其插入蓄电池的加液孔中，当电解液温度超过 50℃时，设备会自动停充。

2.4.4 充电注意事项

充电的种类很多，但注意事项基本相同。

（1）严格遵守充电操作规范。

（2）充电过程中，要及时检查各单格电池电解液密度和端电压，确定其充电程度。

（3）整个充电过程必须随时测量各单格电池的温度，以免温度过高影响蓄电池的性能。

（4）初充电工作应连续进行，不可长时间中断。

（5）配制和灌注电解液时，必须严格遵守安全操作规范和器皿使用规则。

（6）室内充电时，应旋下加液孔盖，使氢气和氧气能顺利逸出，以免发生事故。

（7）充电室要安装通风设备。

（8）充电室要严禁烟火。

2.5 改进的蓄电池

目前，在汽车上广泛使用的蓄电池是在普通铅酸蓄电池的基础上改进的各种新型蓄电池。

2.5.1 免维护蓄电池

免维护蓄电池也叫 MF 蓄电池（见图 2-15），其含义是蓄电池在合理的使用期限内，无须进行日常维护或只需较少维护，具体而言是指在不需要补加蒸馏水，不需要进行补充充电等的维护作业。

图2-15 免维护蓄电池

1. 免维护蓄电池的特点

（1）免维护蓄电池的正极板栅架采用铅—钙合金或铅—低锑合金，负极板栅架采用铅—钙合金，提高了氧在正极、氢在负极的析出电位，使蓄电池在使用时失水量少，在规定寿命期内不必补充蒸馏水。

（2）隔板采用袋式微孔聚氯乙烯隔板，将正极板包住，用来保护正极板上活性物质不致脱落，这样可取消壳体内底部的凸肋，使极板上部容积增大，提高了电解液的储存量。

（3）通气孔采用新型安全通气装置，免维护蓄电池上部盖板内设有迷宫式液气分离结构且含有催化剂钯的中央通气孔，这一装置不但能够将充电过程中产生的水蒸气和硫酸蒸气冷却并将其收集回流，还能借助钯的催化作用将氢气和氧气还原成水回流，避免电解液的损失。

（4）免维护蓄电池充电时依然会有少量气体从盖上的中央通气孔逸出，所以免维护蓄电池一般都接有通气软管将这些气体排出车外。在维修操作中注意不要拔下或阻塞该软管，以保证蓄电池的正常排气。

（5）免维护蓄电池一般都内置温度补偿式密度计，俗称电眼，也称为蓄电池状态指示器。电眼的结构有两种，一种是单色小球，另一种是双色小球。单色小球的电眼是利用绿色的浮子球在不同密度的电解液中沉、浮的状态，再通过显色杆折射放大后在观察窗中显示出对应颜色的环状图形，来判断蓄电池的荷电状态的。通过观察电眼的观察窗颜色可以判断蓄电池的技术状况，一般绿色表示电量充足；深绿色或黑色表示电量不足，需进行补充充电；无色或淡黄色表示电解液不足，应报废或更换。单色小球电眼结构如图 2-16 所示。

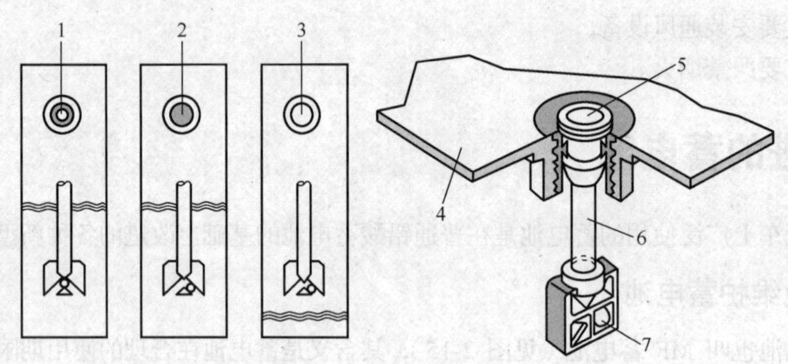

图2-16 单色小球电眼结构

1—绿色（充电程度为 65%或更高）；2—黑色（充电程度低于 65%）；3—无色或黄色（蓄电池有故障）；4—蓄电池盖；5—观察窗；6—光学的荷电状况指示器；7—绿色浮子球

双色小球电眼结构如图 2-17 所示。这种蓄电池电眼内装有红色和蓝色两种小球，同样也是利用两种颜色的浮子球在不同密度的电解液中沉、浮的状态，再通过显色杆折射放大后在观察窗中显示出对应颜色的环状图形，来判断蓄电池的荷电状态。

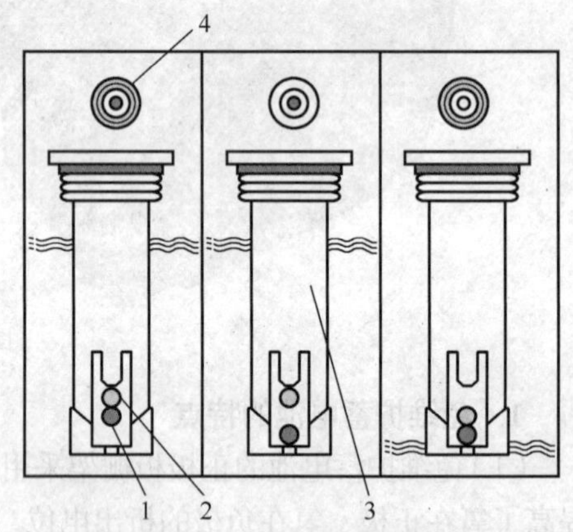

图2-17 双色小球电眼结构

1—蓝色小球；2—红色小球；3—显色杆；4—观察窗

2. 免维护蓄电池的优点

免维护蓄电池由于在极板材料和结构上做了很大的改进，因此，与普通蓄电池相比有如下一些特点。

（1）免去了添加蒸馏水、调整电解液液面的工作。

（2）免去了进行补充充电的工作。

（3）使用寿命长。免维护蓄电池的使用寿命一般都在 4 年左右，为普通蓄电池使用寿命的 2～3 倍。

（4）极柱腐蚀小。免维护蓄电池由于加液孔盖的改进，不但能阻止蓄电池中的硫酸和水蒸气的通过，还能保持其顶部干燥，因而减少了对蓄电池极柱的腐蚀。

（5）内阻小、起动性好。免维护蓄电池由于单格电池采用穿壁式连接，减小了蓄电池内阻，因此，比普通蓄电池具有更好的起动性能。

2.5.2 干荷蓄电池

在极板组干燥状态下，可较长时间保存制造过程中所得电荷的蓄电池称为干荷式电铅酸蓄电池，简称干荷蓄电池。干荷蓄电池在汽车上运用广泛，汽车上除了免维护蓄电池外基本上都是干荷蓄电池。

干荷蓄电池负极板的制造工艺与普通铅蓄电池不同。普通蓄电池因负极板上的活性物质是海绵状铅，由于表面积大，化学活性高，容易氧化而使电量消失。干荷蓄电池在负极板的制造过程中加入松香、油酸、硬脂酸等防氧化剂，并且在化合过程中有一次探放电循环，使活性物质达到深化。化合后的负极板，先用清水冲洗后，再放入防氧化剂溶液（硼酸、水杨酸混合液）中进行浸渍处理，让负极板表面生成一层保护膜，并采用特殊干燥工艺，即可制成干荷电极板。

干荷蓄电池的特点是存放期长，可长达 2 年。在存入期内启用，只要注入标准密度电解液至规定高度，静置 20～30min 后即可使用，无须初充电，因此极大地方便了用户。对储存期超过两年的干荷蓄电池，因极板上有部分氧化，使用前应进行补充充电。

干荷蓄电池与普通蓄电池相比，自放电小，不存在过于苛刻的密封要求，使用方便，可节省大量的时间、人力和电能，有利于提高汽车的运输效率，故对无充电条件的长途汽车及个体汽车而言更为适宜。干荷蓄电池日常补充充电和补充水较少，在较低环境温度下能迅速起动汽车，在储存期内不易变质，电器性能好，使用寿命长，应用广泛。

2.6 蓄电池的使用维护和故障诊断

2.6.1 蓄电池正确使用和维护

1. 蓄电池的正确使用

（1）不要连续使用起动机。每次起动的时间不得超过 5s，如果一次未能起动，应停顿 15s 以上再作第二次起动，连续三次起动不成功者，应查明原因，排除故障后再起动发动机。若查明是蓄电池亏电所导致，可采用临时借用其他车辆电量充足的蓄电池应急跨接。应急跨接示意如图 2-18 所示。

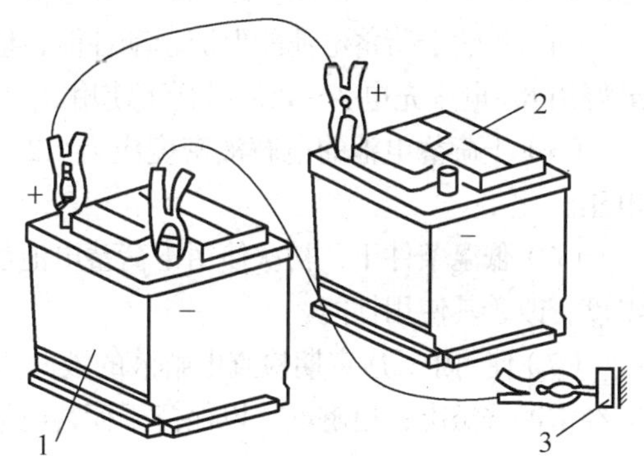

图2-18 应急跨接

1—应急蓄电池；2—故障车蓄电池；3—故障车上接地点

（2）严寒地区在冬季应对蓄电池采取保温措施。

（3）安装和搬运蓄电池时，应轻搬轻放，不可敲打或在地上拖曳。蓄电池在汽车上应固定牢靠，以防行车时振动和移位。

2. 蓄电池的维护

（1）及时清除极柱和电缆卡子上的氧化物。对蓄电池、蓄电池托架、极柱和电缆卡子进行清洗时，应先用碱水或 10%苏打水溶液或者氨水擦洗，再用清水冲洗，最后干燥，如图 2-19 和图 2-20 所示。注意，清洗蓄电池之前，要拧紧加液孔盖，防止苏打水进入蓄电池内部。

（2）经常疏通加液孔盖上的通气孔。

（3）放完电的蓄电池在 24h 内应及时充电。

（4）停驶车辆的蓄电池，每两个月应进行一次补充充电。

（5）常用车辆的蓄电池，放电程度冬季达 25%，夏季达 50%时即应充电，必要时及时进行补充充电。

（6）拆卸蓄电池电缆时，应先拆下蓄电池负极，再拆下蓄电池正极；安装蓄电池电缆时，应先安装蓄电池正极，再安装蓄电池负极。

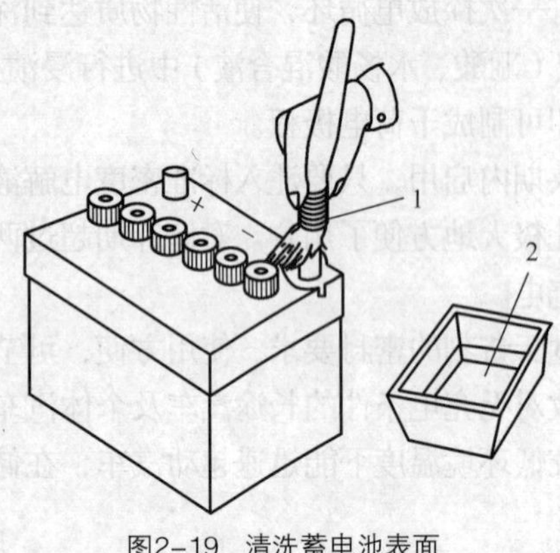

图2-19 清洗蓄电池表面

1—刷子；2—苏打水溶液

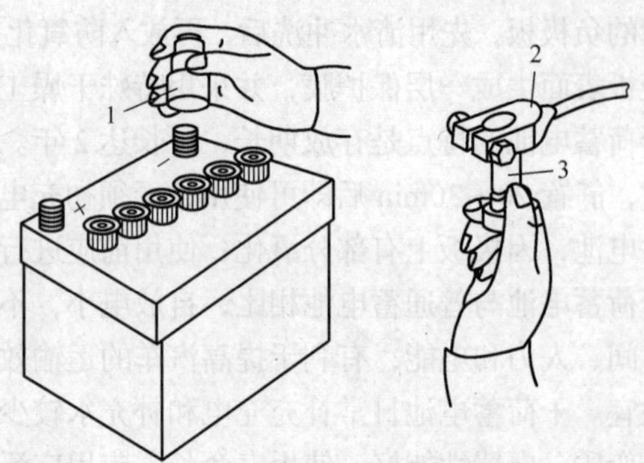

图2-20 清洁蓄电池极柱和电缆卡子

1—极柱清洁器；2—蓄电池极柱顶端；3—电缆接头清洁器

3. 干荷蓄电池的使用维护要点

（1）在未加注电解液时，切忌打开通气孔塞蜡封或拧开加液口孔塞，以防干荷蓄电池内部受潮而影响其性能。

（2）电解液必须使用纯净的硫酸和蒸馏水配制，以防止干荷蓄电池自放电而降低容量。

（3）初次加注好电解液几分钟后，电解液液面将有所下降，此时应重新向每个单格电池内添加相同密度的电解液，以恢复原来的电解液液面高度，盖上通气孔塞后即可使用。

（4）虽然干荷蓄电池能保证起动性能，但是电荷量并非十分充足，因此使用前若有充裕时间，最好用 6A 电流充电 3～4h，以利于使用。

（5）干荷蓄电池的电解液密度应为 1.27（夏季）～1.29g/cm³（冬季），以保证其有足够高的端电压。

（6）低温条件下，初次使用干荷蓄电池前应进行短时间的快速充电，以提高电解液和蓄电池的温度，改善其使用性能。

（7）使用中，应定期检查电解液的液面高度，必要时添加蒸馏水，使液面保持在标准液面高度；应经常冲洗溢出的电解液，以保持干荷蓄电池壳体清洁，并在极柱上涂一层油脂，以防腐蚀。

2.6.2 蓄电池技术状况的检验

1. 电解液面高度的检查

检测液面高度判断电解液量是否充足。蓄电池电解液液面应高于隔板上沿 10～15mm。对于外壳有高度指示标线的蓄电池，可外部观察，正常液面高度应介于两线之间，如图 2-21 所示。如果观察不便，可用直径为 3～5mm 的玻璃管测量，如图 2-22 所示，液面过低时应补充蒸馏水。对于不透明外壳的全封闭免维护蓄电池则不能也无须进行电解液面高度的测量。

2. 蓄电池电解液密度的检测

检测电解液密度可以用来判断蓄电池的放电程度，电解液密度随蓄电池放电程度的增加而按比例下降。实践证明，蓄电池由全充电至全放电（即放电 100%），电解液密度下降 0.16g/cm³ 左右。电解液密度每下降 0.01g/cm³，蓄电池放电约 6%。电解液密度的大小可用吸管式密度计或冰点测试仪进行检测。对于不透明外壳的全封闭免维护蓄电池则无须进行电解液面密度的测量，而是通过其内置温度补偿式密度计反应在电眼上的颜色来表示。

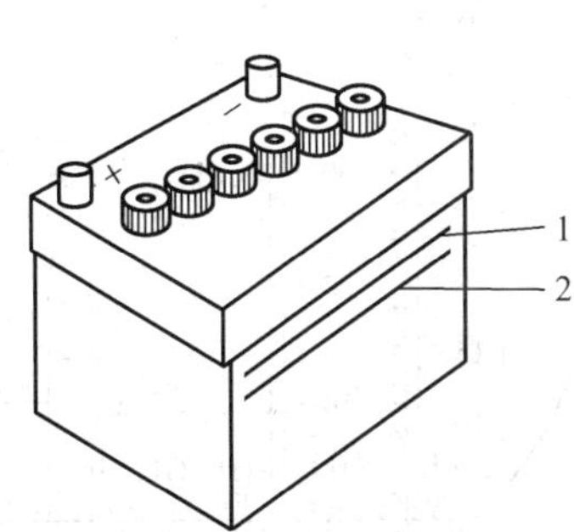

图2-21 用观察法测量

1—电解液液面最高刻度线；2—电解液液面最低刻度线

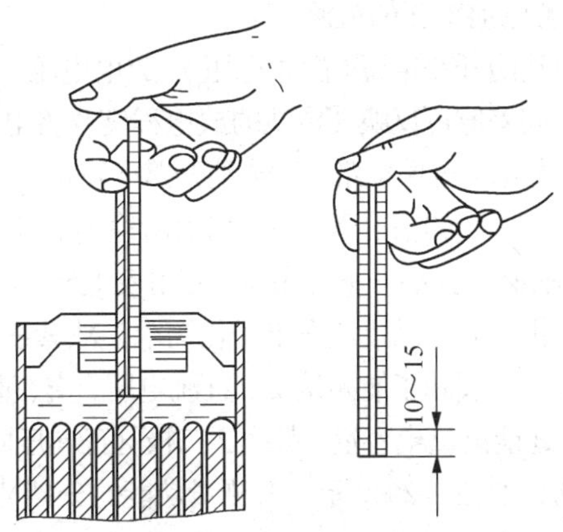

图2-22 用玻璃管测量

（1）吸管式密度计测量。吸管式密度计测量电解液密度的操作方法如图 2-23 所示。吸入适量的电解液，使密度计浮起至中央位置，电解液液面所在的刻度即为密度值。

（2）冰点测试仪测量。冰点测试仪及结构如图 2-24 所示，它是利用光的折射原理来检测的。

YDT-4T 冰点测试仪视场如图 2-25 所示。

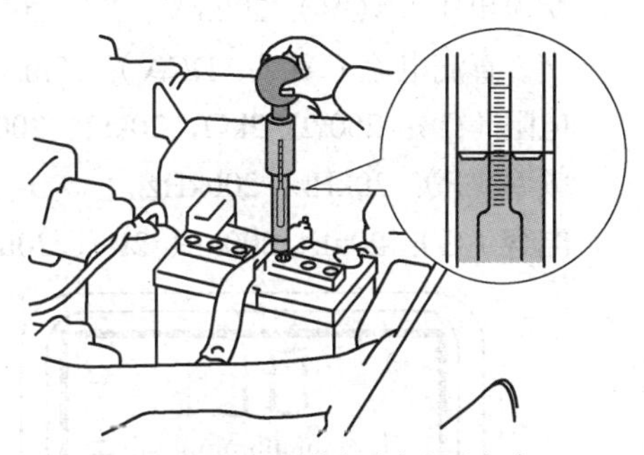

图2-23 检测蓄电池电解液密度

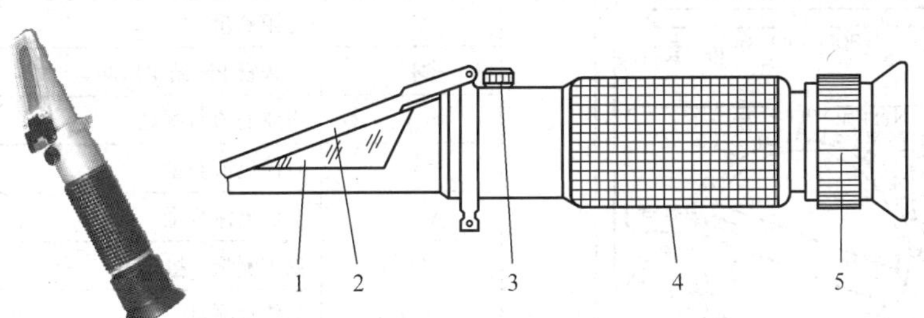

图2-24 YDT-4T冰点测试仪

1—棱镜；2—盖板；3—校正钉；4—把套；5—目镜

YDT-4T 冰点测试仪视场说明：左测标尺测量电解液密度（BATTERY FLUID）；1.10～1.20 表示需充电（RECHARGE）；1.20～1.25 表示电量够用（FAIR）；1.25～1.30 表示电量充足（GOOD）。中间标尺测量防冻液冰点、乙二醇（ETHYLENE GLYCOL）型防冻液冰点、丙三醇（PROPYLENE GLYCOL）型防冻液冰点；此项测试需要根据冷却液补充罐上的符号选择测试。右侧标尺测量玻璃水和玻璃清洗剂冰点。

根据各单格电池电解液密度的差值判断蓄电池是否失效。如果各单格电池具有相同的密度值，即使密度偏低，该电池一般可以通过补充充电恢复其容量。如果单格电池之间的密度相差超过 0.05g/cm^3，则该蓄电池失效。

3. 蓄电池电压的检测

蓄电池的开路电压（静止电压）、放电电压（工作电压）及两者之间差值可反映蓄电池的放电程度及蓄电池的好坏。

（1）蓄电池开路电路。蓄电池开路电路是指蓄电池没有电流输入或输出的情况下，用万用表所检测的静止电压。因此，在此有必要介绍一下万用表。万用表主要分为指针式和数字式，由于后者满足汽车电子化需求，故其最为常用。

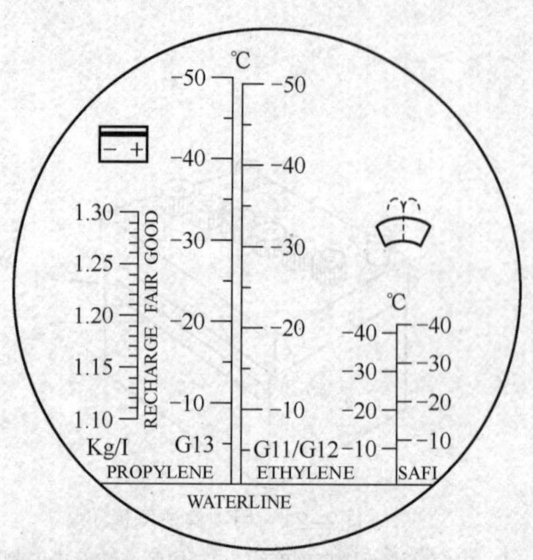

图2-25 YDT-4T冰点测试仪视场

数字万用表除了能测量交、直流电压，交、直流电流及电阻外，还能测量电容量、频率、二极管正向压降，检查线路的通断，如图 2-26 所示，各测量功能的分挡情况如下。

直流电压（DCV）：200mV、2V、20V、200V、1000V。

交流电压（ACV）：200mV、2V、20V、200V、700V。

交、直流电流（ACA、DCA）：20mA、200mA、20A。

电阻（Ω）：200Ω、2kΩ、20kΩ、200kΩ、2MΩ、20MΩ。

频率（F）：20kHz、200kHz。

电容（C）：20nF、200nF、2μF、20μF。

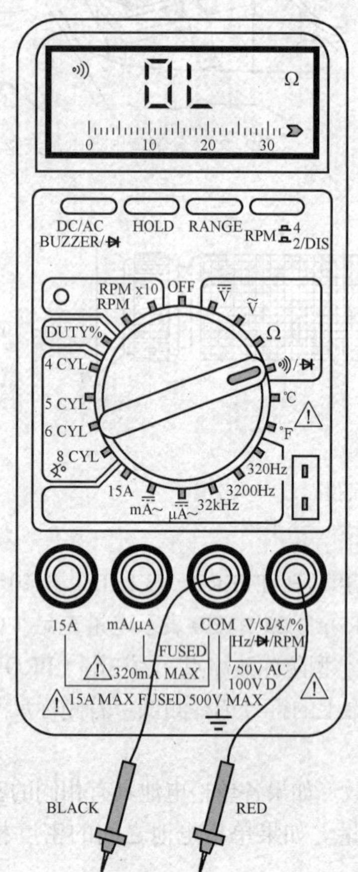

功能开关位置	功能说明
V（直流）	直流电压测量
V（交流）	交流电压测量
Ω	电阻测量
二极管符号	二极管 PN 结电压测量
•)))	电路的通断测量
A（直流）	直流电流测量
A～	交流电流测量
℃	温度测量（摄氏度）
hFE	晶体管测量
DUTY	占空比（%）测量
闭合角符号	汽车点火闭合角测量（单位：度）
TACH×10	汽车发动机转速测量（单位：转/分）
HOLD	数据保持开关
Power	电源开关

图2-26 汽车用数字万用表的功能说明

除以上测量功能外，数字万用表还有自动校零、自动显示极性、过载指示、读数保持、显示被测量单位的符号等功能。

检测电压时，由数字式万用表“+”引出的红表笔应接所检测元件的高电位端，数字式万用表“-”引出的黑表笔应接所检测元件的低电位端；万用表有几个供选择的挡位，各挡的量程不同，读数也有所不同，所选择的量程挡应以得到最精确读数为准。测量电阻时，如果显示为“-1”则表示电阻在超过此量程所检测的值；当选择的量程为 200kΩ 时，仍显示“-1”则表示此元件断路，或者说明此元件绝缘性能好。

按上述使用方法，将万用表调到电压挡 20V 量程处，再将红表笔接蓄电池正极柱、黑表笔接蓄电池负极柱进行检测其开路电压。注意检测时蓄电池应处于静止状态，蓄电池充、放电或加注蒸馏水后，应静置 0.5h 或更长时间后再测量。

（2）蓄电池放电电压。检测蓄电池放电电压就是测量蓄电池以起动电流放电时的端电压，可以判断蓄电池的技术状况、放电程度和起动能力。检测时可用蓄电池测试仪或就车起动检测。

蓄电池测试仪如图 2-27 所示，它是模拟起动机工作状态，检测蓄电池容量的仪表。蓄电池测试仪由一只电压表和一只负载电阻组成，接入蓄电池时，蓄电池对负载电阻放电，放电电流可达 100A 以上。检测时将蓄电池测试仪的正、负夹子分别压在蓄电池的正、负极柱上，保持 5s，观察表头指针变化，其结果有 3 种可能：

① 如果电压在 9V 以上，并保持稳定，说明性能良好。

② 如果电压低于 9V，但 5s 内尚能稳定则说明存电不足，应进行补充充电。

③ 如果电压低于 9V，且指针迅速下降，说明蓄电池内部有短路、断路或严重硫化故障，应进行修理或更换。

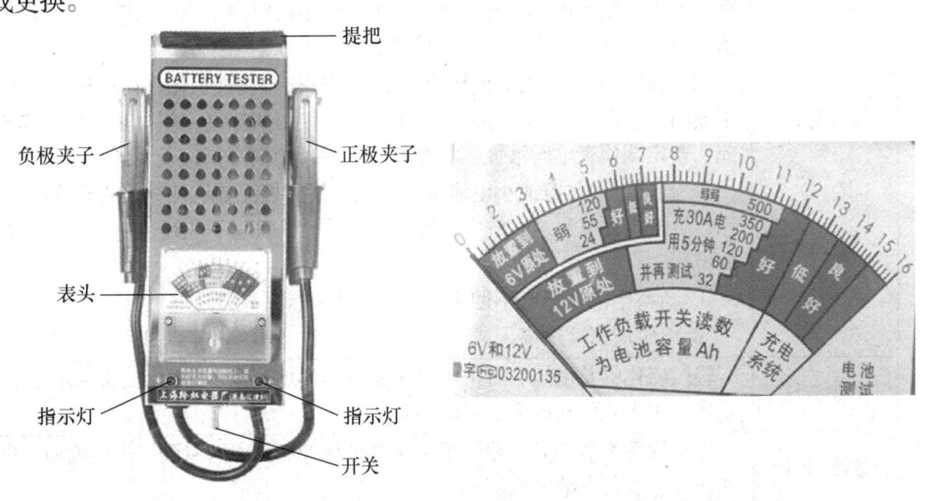

（a）蓄电池测试仪实物图　（b）蓄电池测试仪表头

图2-27　蓄电池测试仪结构

表 2-7 所示为蓄电池存电状态与放电电压的对应关系，因此可见当放电电压为 10.5V 以上时，说明存电充足，当放电电压为 9V（单格低于 1.5V）以下时，说明存电不足。

表 2-7　蓄电池存电状态与放电电压的对应关系

存电状态/%	100	75	50	25	0
单格放电电压/V	1.7～1.8	1.6～1.7	1.5～1.6	1.4～1.5	1.3～1.4

就车起动检测就是利用上述原理，先检测蓄电池静止电压，再在起动机正常的情况下，接通起动机进行检测。检测时先拔下分电器中央高压线并搭铁；将万用表置于 20V 量程电压挡，万用表的正、负表笔分别接在蓄电池正、负极柱上；接通起动机 5s（大电流输出），读取电压表读数，对于 12V 蓄电池，应在 9.6V 以上，并保持稳定。同时，对比静止电压与放电电压，其差值越小则说明蓄电池存放电性能越好。

2.6.3 蓄电池的常见故障及排除

蓄电池常见的故障可分为外部故障和内部故障。外部故障明显，一般直观可以看到。外部故障有外壳裂纹、封胶干裂、极柱腐蚀或松动等。内部故障无法直观看到，在使用中可发现异常。内部故障主要有极板硫化、极板短路、自放电等。常见内部故障的故障特征、故障原因和排除方法如表 2-8 所示。

表 2-8 常见内部故障的故障特征、故障原因和排除方法

名　称	项　目	说　明
极板硫化	故障特征	极板上生成难溶解的白色粗结晶硫酸铅，在正常充电时不能转化为活性物质。产生故障的蓄电池在放电时，电压急剧降低，过早降至终止电压，电池容量降低；电解液密度低于正常数值。蓄电池在充电时，单格电压上升过快，电解液温度迅速升高，但密度增加缓慢，过早产生气泡，甚至充电时就有气泡
	故障原因	① 长期充电不足或放电后没有及时充电，导致极板上的硫酸铅有一部分溶解于电解液中，环境温度越高，硫酸铅溶解度越大，当环境温度降低时，溶解度减小，溶解的硫酸铅就会析出，由于蓄电池工作时温度变化，因此，析出硫酸铅在极板上再次结晶析出，形成硫化。不能将半放电的蓄电池长期搁置，尤其要注意给蓄电池定期补充充电，使之保持完全充电状态 ② 电解液液面过低，使极板上部与空气接触而被氧化，在行车中，电解液上下波动与极板氧化部分接触，会生成大晶粒硫酸铅硬化层，使极板上部硫化，因此，要定期检查电解液面高度和密度，发现液面降低应及时添加蒸馏水 ③ 长期过量放电或小电流深度放电，使极板深处活性物质的孔隙内生成硫酸铅，不能让蓄电池过度放电，每次接通起动机时间不应超过 5s，避免低温大电流放电 ④ 新蓄电池初充电不彻底，活性物质未得到充分还原 ⑤ 电解液密度过高、成分不纯
	排除方法	轻度硫化的蓄电池，可用小电流充电和换加蒸馏水的方法予以排除，硫化较严重者采用去硫化充电方法消除硫化
活性物质脱落	故障特征	正极活性物质二氧化铅脱落，充电时从加液孔中可看到有褐色物质，电解液浑浊，会造成蓄电池容量减小
	故障原因	① 蓄电池充电电流过大，电解液温度过高，使活性物质膨胀、松软而易于脱落 ② 蓄电池经常过充电，极板孔隙中逸出大量气体，在极板孔隙中造成压力，而使活性物质脱落 ③ 蓄电池经常低温大电流放电使极板弯曲变形，导致活性物质脱落。因此，铅蓄电池在使用过程中，将放电电流和电解液比重控制在最低值，是防止正极板活性物质脱落的可行措施 ④ 汽车行驶中的颠簸振动，这在汽车行驶过程中是不可避免的

续表

名　称	项　目	说　明
活性物质脱落	排除方法	若沉积物较少时，可清除后继续使用；若沉积物较多时，应更换新极板和电解液
极板短路	故障特征	蓄电池正、负极板直接接触或被其他导电物质搭接称为极板短路。此故障的现象表现为蓄电池充电时端电压回升相对缓慢，若用蓄电池放电测试端电压时，电压很低且会迅速下降为零。电解液温度迅速升高，相对比重上升很慢，充电末期气泡很少
	故障原因	① 隔板损坏使正、负极板直接接触 ②活性物质沉积过多，会将正、负极板连通 ③ 极板组弯曲，铅蓄电池过量放电，或者极板活性物质脱落较多，或者蓄电池中含有杂质，都会造成极板弯曲 ④ 导电物体落入电解液内
	排除方法	出现极板短路时，必须将蓄电池拆开检查，找出出现极板短路的原因。或者更换破损的隔板，或消除沉积的活性物质，或校正或更换弯曲的极板组等
自放电	故障特征	蓄电池在开路搁置状态时，其容量自然损耗的现象称为自放电。一般情况下，维护良好、充足电的蓄电池在20℃～30℃的环境中开始搁置28d，其容量损失超过20%，称为自放电过大
	故障原因	① 电解液不纯，杂质与极板之间及沉附于极板上的不同杂质之间形成电位差，通过电解液产生局部放电 ② 蓄电池长期存放，硫酸下沉，使极板上、下部产生电位差引起自放电 ③ 蓄电池溢出的电解液堆积在电池盖的表面，使正、负极柱连通 ④ 蓄电池活性物质脱落，下部沉积物过多使极板短路
	排除方法	应将蓄电池完全放电，倒出电解液，用蒸馏水进行清洗，再加入新的电解液，充足电后即可使用

习题与复习题

一、选择题

1. 用蓄电池检测仪测试蓄电池，当测试处于放电状态下观察发现指针从绿色区域迅速降到0，说明此蓄电池（　　）。

A. 损坏严重　　B. 存电不足需要重新充电
C. 存电充足　　D. 以上都不对

2. 汽油轿车大多采用低压（　　）电压供电，柴油货车大多采用低压（　　）电压供电。

A. 24V，12V　　B. 24V，24V　　C. 12V，24V　　D. 12V，12V

3. 铅酸蓄电池的内阻主要取决于（　　）。

A. 极板的电阻　　B. 隔板的电阻　　C. 极柱　　D. 电解液的电阻

4.（　　）铅酸电池使用前，一定要进行初充电。

A. 普通　　B. 干荷　　C. 免维护　　D. 以上都不对

5. 蓄电池的电解液的相对密度一般为（　　）。

A. 1.15～1.24　B. 1.24～1.28　C. 1.32～1.45　D. 1.3～1.45

6. 下列不是充电终了时的特征的是（　　）。

A. 电压不再上升　B. 大量冒泡　C. 密度达到最大值　D. 电容最大

7. 蓄电池在正常使用过程中发现电解液液面高度下降，应及时的添加（　　）。

A. 电解液　B. 蒸馏水　C. 矿泉水　D. 稀硫酸

8. 蓄电池电解液浑浊，并伴有褐色物质大量产生，说明蓄电池存在（　　）故障。

A. 自行放电　B. 极板硫化　C. 活性物质脱落　D. 极板短路

二、判断题

1. 车用蓄电池是一种可逆的低压直流电源。（　　）
2. 在放电过程中，蓄电池的放电电流越大，其容量越大。（　　）
3. 连接蓄电池与起动机的电瓶线的粗细与发动机的排量无关。（　　）
4. 拆卸汽车蓄电池时，应先拆下正极接线。（　　）
5. 蓄电池每格的正极板总比负极板多一片。（　　）
6. 在充电过程中生成 Pb 的极板是正极板。（　　）
7. 在放电过程中生成 $PbSO_4$ 的极板一定是正极板。（　　）
8. 免维护蓄电池在使用过程不需要补加蒸馏水。（　　）
9. 蓄电池极板硫化的原因主要是长期充电不足，电解液不足。（　　）
10. 蓄电池单格与单格之间是串联关系。（　　）

三、思考题

1. 蓄电池的作用有哪些？
2. 简述蓄电池放电特性。
3. 普通铅酸蓄电池如何进行维护？
4. 蓄电池在使用过程应注意什么问题？
5. 简述蓄电池常见故障及原因。
6. 什么是免维护蓄电池？它的结构与材料有何特点？

Chapter 3

第3章 汽车充电装置

学习目标：

- ❖ 能正确描述交流发电机类型与基本结构。
- ❖ 能正确描述交流发电机的工作原理。
- ❖ 能正确描述交流发电机的工作特性。
- ❖ 能正确描述电压调节器的作用。
- ❖ 掌握交流发电机的维护、拆装与检修。
- ❖ 掌握电压调节器的检测方法。
- ❖ 掌握充电系统故障诊断与排查方法。

3.1 充电装置的功用

汽车充电装置是由交流发电机与调节器组成的，它向蓄电池充电并且向电器装置供电，即在起动机起动以及发动机停止时由蓄电池向全车用电设备供电，在发动机运行时由发电机向电器装置供电同时也要给蓄电池充电，从而保证蓄电池随时都处在可使用状态。目前，传统的直流发电机已完全被硅整流发电机取代，故在此只介绍后者。

发电机安装在发动机前面，发动机通过皮带带动其运转，如图 3-1 所示，产生的交流电被二极

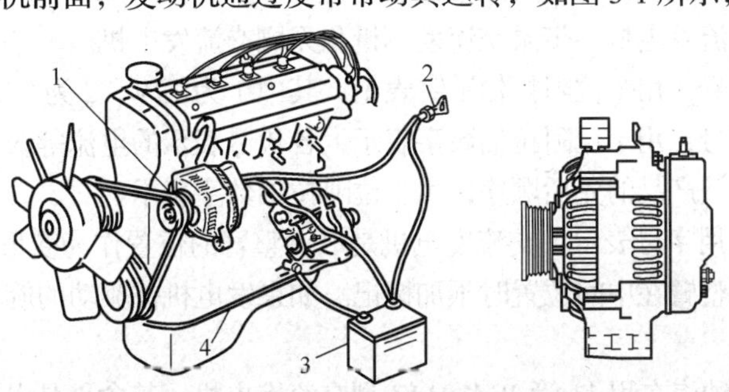

图3–1 充电装置及标准形发电机（内置电压调节器）

1—发电机；2—点火开关；3—蓄电池；4—曲轴

管整流为直流电。但是，发电机在高速转动时产生的电压会过高，会导致蓄电池过充电，并会导致用电设备损坏。为了防止上述故障的发生，需要通过调节器将发电机的发电电压控制在适当的范围内。

3.2 交流发电机的类型与型号

3.2.1 交流发电机的分类

（1）按总体结构分为 6 类。

① 普通交流发电机，使用时需要配装电压调节器的发电机，如 JF132。

② 整体式交流发机，电压调节器内置于发电机并与发电机构成一体，如 JFZ1913。

③ 带泵交流发电机，发电机上安装有制动系统用的真空助力泵，如 JFZB292。

④ 无刷交流发电机，不需要电刷的发电机，如 JFW1913。

⑤ 永磁交流发电机，磁极为永磁铁制成的发电机，如 JFW1712。

⑥ 水冷交流发电机，采用水冷系统，多为赛车采用。

（2）按整流器结构分为 4 类。

① 6 管交流发电机，如东风 EQ1090 车用的 JF132 型发电机。

② 8 管交流发电机，如天津夏利 TJ7100 轿车用 JFZ1542 型发电机。

③ 9 管交流发电机，如北京 BJ1022 轻型货车用 JFZ141 型发电机。

④ 11 管交流发电机，如桑塔纳轿车用 JFZ1913Z 型发电机。

（3）按磁场绕组搭铁方式分为 2 类。

① 内搭铁式交流发电机。磁场绕组的一端（负极）直接搭铁（与壳体相联），目前较少采用。

② 外搭铁式交流发电机。磁场绕组的一端（负极）接入调节器，通过调节器后再搭铁。目前广泛应用的整体式发电机都采用外搭铁形式。

3.2.2 交流发电机的型号

根据中华人民共和国汽车行业标准《汽车电气设备产品型号编制方法》（QC/T 73—1993）的规定，汽车交流发电机的型号组成如下。

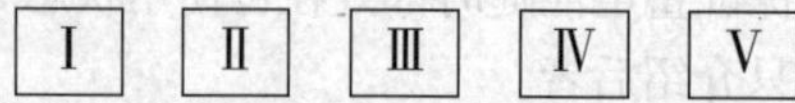

Ⅰ——产品代号，交流发电机的产品代号用字母表示，如 JF、JFZ、JFB、JFW 分别表示普通交流发电机、整体式交流发电机、带泵交流发电机和无刷交流发电机。

Ⅱ——电压等级代号，用 1 位阿拉伯数字表示，其中 1 为 12V、2 为 24V、6 为 6V。

Ⅲ——电流等级代号，用 1 位阿拉伯数字表示，各代号表示的电流等级如表 3-1 所示。

Ⅳ——设计序号，按产品的先后顺序，用 1 位阿拉伯数字表示。

Ⅴ——变形代号，用字母表示，交流发电机是以调整臂的位置作为变形代号，从驱动端看，Y 为右边、Z 为左边，调整臂在中间位置时不加标记。如果发电机被驱动的旋转方向为逆时针，则最后一个字母为 N。

例如，奥迪、桑塔纳汽车用 11 管 JFZ1913Z 型交流发电机，其含义是电压等级为 12V，输出电流不小于 90A，第 13 次设计，调整臂位于左边的整体式交流发电机。

表 3-1 发电机电流等级代号

电流等级代号	1	2	3	4	5	6	7	8	9
电流/A	≤19	19～29	29～39	39～49	49～59	59～69	69～79	79～89	≥90

3.3 交流发电机的结构

汽车用交流发电机主要由转子、定子、整流器、前后端盖等组成。图 3-2 所示为 JF132 交流发电机的结构图。

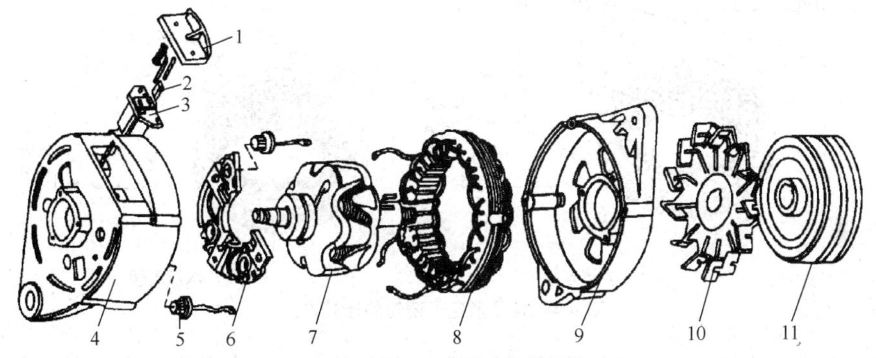

图3-2 JF132交流发电机的结构

1—电刷弹簧压盖；2—电刷；3—电刷架；4—后端盖；5—硅二级管；6—散热板；
7—转子；8—定子；9—后端盖；10—风扇；11—带轮

3.3.1 交流发电机的结构

1. 转子

交流发电机的转子是发电机的磁极部分，用来产生磁场，由集电环、转子轴、爪极、磁轭、磁场绕组等部件组成，其组成如图 3-3 所示。

两块爪极压装在转子磁场绕组外，内腔装有磁轭，在磁轭上绕有磁场绕组，绕组两端的引线分别焊接在与转子轴绝缘的两个集电环上。两个电刷装在与端盖绝缘的电刷架内，通过弹簧使电刷与集电环保持接触。当发电机工作时，两电刷与直流电源连通，可为磁场绕组提供定向电流并产生轴向磁通，使两块爪极被分别磁化为 N 极和 S 极，从而形成犬牙交错的磁极，并沿圆周方向均匀分布。磁极对数可为 4 对、5 对和 6 对，我国设计的交流发电机的磁极对数多为 6 对。爪极凸缘的外形呈鸟嘴型，其目的是使磁场呈正弦分布，当发电机工作时，即转子转动时可在定子铁心内部形成近似正弦变化的交变磁场，从而使电枢绕组产生的感应电动势有较好的正弦波形。

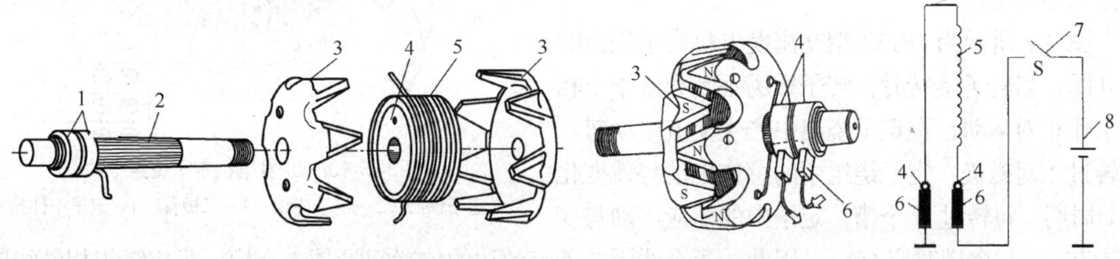

图3-3 交流发电机的转子及磁场电路

1—集电环；2—转子轴；3—爪极；4—磁轭；5—磁场绕组；6—电刷；7—开关；8—蓄电池

2. 定子

定子又称为电枢，其功用是用来产生交流电动势，由定子铁心和定子绕组组成。定子铁心一般由相互绝缘且内圆带有嵌线槽的环状硅钢片叠制而成，定子槽内嵌有三相对称绕组。

当转子转动时，定子线圈切割旋转磁场的磁力线而产生三相交流电动势。三相绕组的连接方法可以分为星形（Y形）连接和三角形（△形）连接 2 种，通常采用星形接法。星形接法在发电机低速运转时也能发出足够的电量，所以被广泛用在汽车硅整流发电机上。例如，桑塔纳、奥迪等轿车的交流发电机的定子绕组均采用星形接法；而北京切诺基等轿车发电机定子绕组采用三角形接法。定子及定子绕组的连接方式如图 3-4 所示。

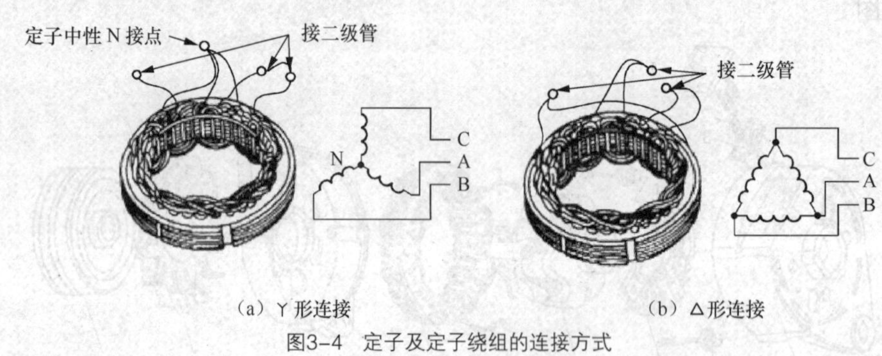

图3-4 定子及定子绕组的连接方式

为保证电枢三相绕组产生大小相等、频率相同、相位差 120°（电角度）的对称电动势，三相绕组的绕制应遵循以下原则。

① 每相绕组的线圈个数和每个线圈的匝数应完全相等，保证每相绕组所产生的电动势大小相等。例如，JF132 型交流发电机磁极 6 对，定子总槽数为 36，即每相绕组占用的槽数应为 12。因采用单层集中绕法，即每个槽内放置 1 个有效边，故每相绕组由六组线圈串联而成，在每个线圈有 13 匝，则每相绕组共有 78 匝，如图 3-5 和图 3-6 所示。

② 每个线圈的节距必须相等。

③ 三相绕组的起端 A、B、C 在定子槽内的排列必须相隔 120° 。

三角形绕组的每条线圈的端点与另一绕组的端点首尾相连，形成一个闭合的串联电路。而Y形绕组中，每 2 个线圈绕组形成串联电路，而 3 个绕组的公共点为中性点。发电机中最常使用的是Y形绕组（70A 发电机）。三相绕组用于可使用圈套绕组的大功率发电机。

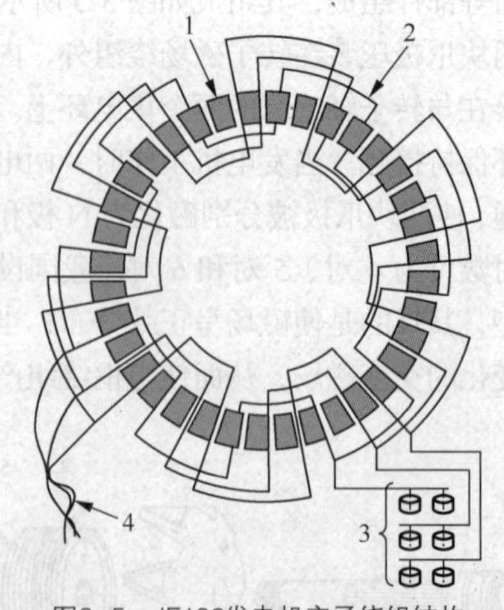

图3-5 JF132发电机定子绕组结构

1—定子铁心；2—定子绕组；3—二极管；4—定子中性接点

图 3-6 所示为 JF132 型交流发电机定子绕组的展开图，当转子旋转时，转子磁场不断和定子三相绕组作相对运动，在定子绕组中产生交流电动势。每转过 1 对磁极，定子绕组中的感应电动势就变化 1 个周期，每转过 6 个槽，定子中的感应电动势变化 360° ，每个槽对应 60° 。因此，每个线圈 2 条有效边的位置间隔是 3 个槽，每相绕组相邻线圈始边之间的距离为 6 个槽，三相绕组始边的相互间隔可以是 2、8、14 个槽等。

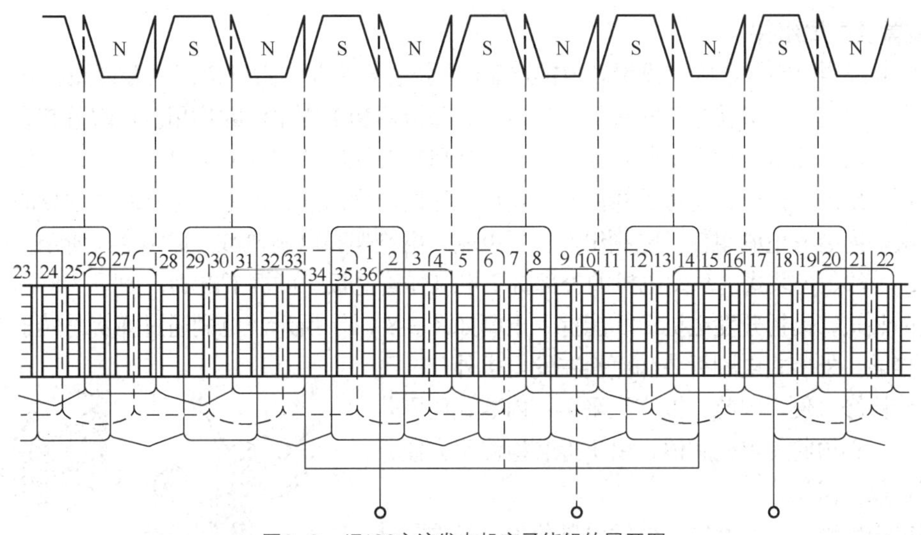

图3-6 JF132交流发电机定子绕组的展开图

3. 整流器

整流器由正整流板与负整流板组成，板内嵌入硅整流二极管，如图 3-7 所示。其作用：一是将定子绕组产生的三相交流电转换为直流电；二是可阻止蓄电池电流向发电机灌流。

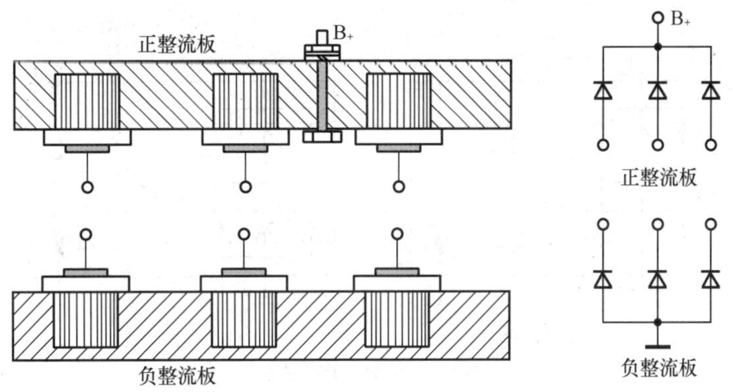

图3-7 交流发电机的整流器

交流发电机的整流器大多由 6 只硅二极管所组成。另外还有 8 管、9 管、11 管及 12 管组成的整流器。外壳为正极、中心引线为负极的二极管，一般在管壳底上注有黑色标记；外壳为负极、中心引线为正极的二极管，称为正极管，一般在管壳底上有红色标记。

安装二极管的散热板称为整流板，通常用合金制成以利于散热。现代汽车用交流发电机都有两块整流板，安装 3 只正极管的整流板（装有外侧）称为正整流板，安装 3 只负极管的整流板称为负整流板，并要求两块整流板之间必须绝缘。

3 只正极管和 3 只负极管的引线端通过 3 个接线柱一一对应连接，并分别连接图 3-4 所示的三相绕组的 A、B、C 端，就组成了三相桥式全波整流电路。

固定在散热板上的螺栓伸出发电机壳体外部，作为发电机的输出接线柱，该接线柱为发电机的正极，相应的标记为“B 或“+”“电枢”等。

4. 端盖及电刷组件

前、后端盖均由铝合金压铸或用砂模铸造而成。铝合金为非导磁材料，可减少漏磁并具有轻便、散热性能良好等优点。端盖起着固定转子、定子、整流器和电刷组件的作用。前端盖铸有安装臂、调整臂与出风口，后端盖铸有安装臂与进风口。当风扇转动驱动空气从进风口流入，经发电机定子铁心表面再从出风口流出，将定子线圈对外输出电流时产生的热量带走，达到散热的目的。

在后端盖内装有电刷组件，电刷组件包括电刷、电刷架和电刷弹簧，如图 3-8 所示。电刷架有 2 种形式，一种是外装式，从发电机的外部拆下电刷弹簧盖板即可拆下电刷，如图 3-8（a）所示；另一种是内装式，需拆开发电机后才能拆下电刷如图 3-8（b）所示。电刷通过弹簧与转子轴上的滑环来保持接触。外装式电刷拆装和更换在发电机外部即可进行，拆装检修方便，因此，被广泛采用；内装式电刷若需更换电刷，必须将发电机解体，由于拆装检修不方便，因此，现在很少采用。

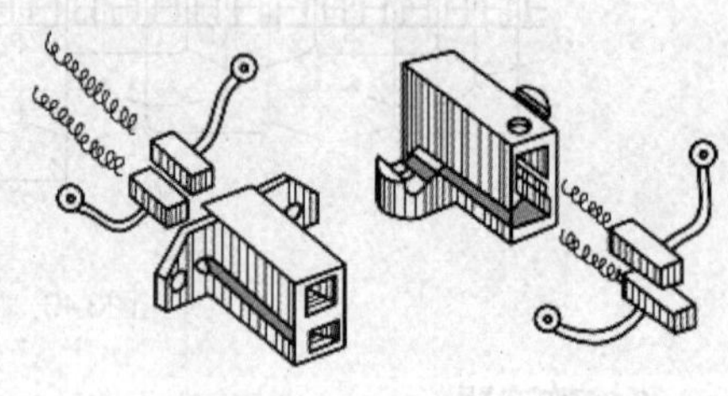

（a）外装式　（b）内装式

图3-8　发电机电刷架的形式

根据电刷搭铁方式的不同，把发电机分为内搭铁和外搭铁 2 种。在内搭铁发电机的 2 个电刷中，一个电刷的引线与固定在发电机端盖上的，与端盖绝缘的磁场接线柱相接，另一个电刷的引线与发电机外壳相接，直接搭铁；外搭铁发电机的 2 个电刷通过引线均与绝缘接线柱相接，磁场绕组通过接线柱经电压调节器搭铁，如图 3-9 所示。

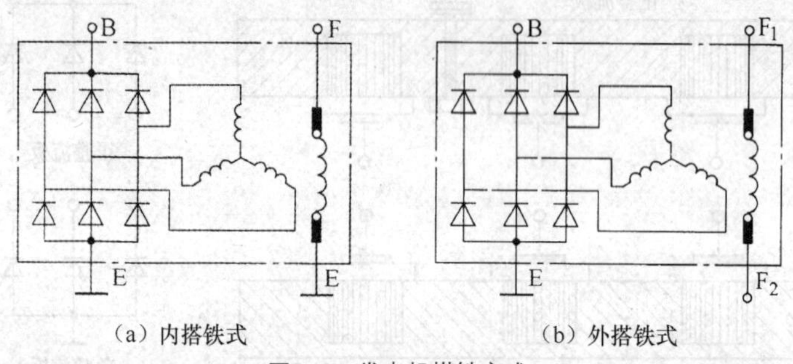

（a）内搭铁式　（b）外搭铁式

图3-9　发电机搭铁方式

3.3.2　无刷交流发电机的结构

无刷交流发电机是指没有集电环、电刷与电刷架装置的交流发电机。它最大的优点是不需要对发电机进行维护，不存在电刷和集电环的磨损；其次，也不会产生火花，从而减少了无线电干扰；另外，还具有结构新颖、性能优良、工作稳定、故障少等优点。但与有刷发电机相比，在相同体积条件下，其设计功率将有所下降。

目前，机动车辆上应用的无刷交流发电机主要有爪极式和感应式 2 种。

1. 爪极式无刷交流发电机的结构

爪极式无刷交流发电机的结构与一般交流发电机大致相同，只不过其励磁绕组是静止的，不随转子转动，所以绕组两端可直接引出，不需要集电环和电刷。

爪极式无刷交流发电机的结构如图 3-10 所示。励磁绕组装在发电机中部的磁轭托架上，磁轭托架用螺栓固定在端盖上。爪极用非导磁材料固定成整体（固定两爪极的常用方法有非导磁连接环固定法和铜焊接法），再固定在转子轴上，并随转子轴一起旋转。

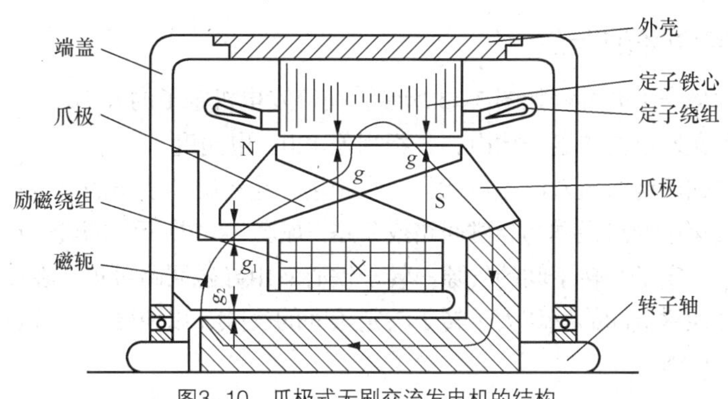

图3-10 爪极式无刷交流发电机的结构

爪极与轴之间有一空腔，磁轭托架由此伸入爪极的腔室内，磁轭托架与爪极、转子磁轭之间均需留出附加间隙 g_1 和 g_2，以便转子转动。

当励磁绕组通过电流时，其主要磁通路由转子磁轭出发，经附加间隙 g_1→磁轭托架→附加间隙 g_1→左边爪极→主气隙 g_2→定子铁心→主气隙 g→右边爪极→转子磁轭，形成闭合回路。当转子旋转时，磁力线切割定子绕组，在三相绕组中产生三相交变电动势。

2. 感应式无刷交流发电机

感应式无刷交流发电机由定子、转子、整流器和机壳组成。它的转子由齿轮状硅钢片铆成，其上有若干个沿圆周均匀分布的齿形凸极，而没有励磁绕组。励磁绕组和电枢绕组均安放在定子槽内，因而发电机内没有集电环和电刷，如图 3-11 所示。

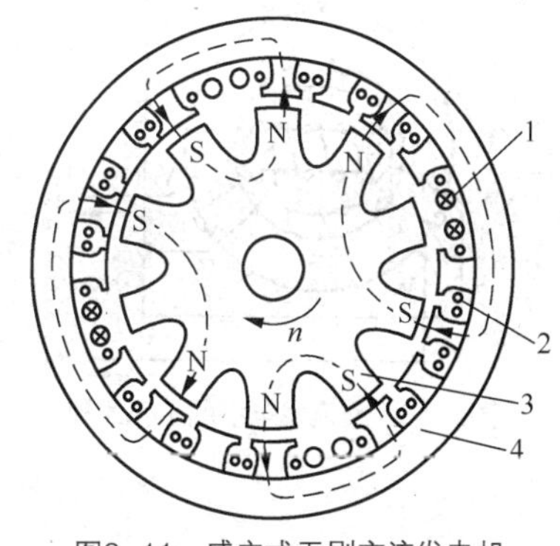

图3-11 感应式无刷交流发电机

1—磁场绕组；2—电枢绕组；3—转子；4—定子

当定子槽内的磁场绕组通入直流电后，在定子铁心中产生固定的磁场。由于转子有凸齿和凹槽，当转子转动时，转子与定子凸齿之间的气隙就会不断变化。转子凸齿正对定子凸齿时气隙最小而磁通量最大，转子凹槽对着定子凸齿时气隙大而磁通量减小。因此，随着转子的转动，定子内的磁场呈脉动变化，电枢绕组便产生交变的感应电动势。感应式无刷交流发电机的缺点是比功率较低。

3.4 交流发电机的工作原理

3.4.1 电磁感应原理

电磁感应又称磁电感应现象，是指闭合电路的一部分导体在磁场中作切割磁感线运动导体中就会产生电流的现象，如图 3-12 所示。这种利用磁场产生电流的方法称为电磁感应，产生的电流叫做感应电流。

交流发电机就是基于电磁感应原理，利用产生磁场的转子旋转，使穿过定子绕组的磁通量发生变化，从而在定子绕组内产生交流感应电动势。

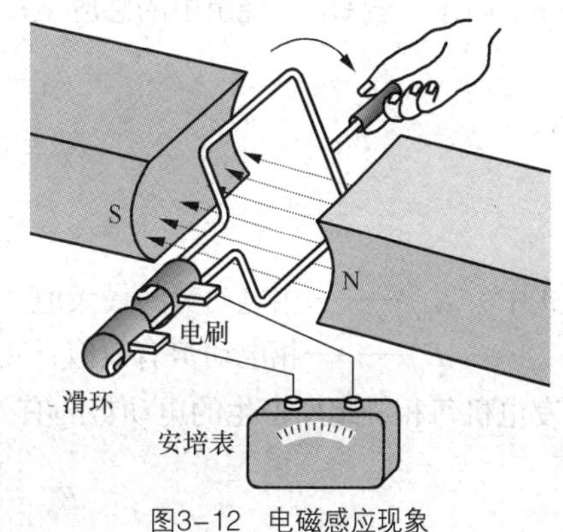

图3-12 电磁感应现象

3.4.2 交流电动势的产生

交流发电机电动势产生的过程如图 3-13 所示。交流发电机定子的 U_1U_2 、 V_1V_2 、 W_1W_2 三相绕组按一定的规律排列在发电机的定子槽内，各相相差 120° 电角度。

发电机转子上的磁场绕组通入电流后就会产生磁场，流经磁场绕组的电流称为磁场电流。磁场电流所产生的磁力线穿过的路径称为导磁回路或磁路，如图 3-14 所示，即转子铁心→N 极→转子与定子间的气隙→定子→定子与转子间的气隙→转子铁心。由导磁回路可见，在设计交流发电机时，必须保证转子相邻异性磁极间的气隙大于转子与定子间的气隙，以使磁力线穿过定子，定子绕组才能切割磁力线而发出电能。

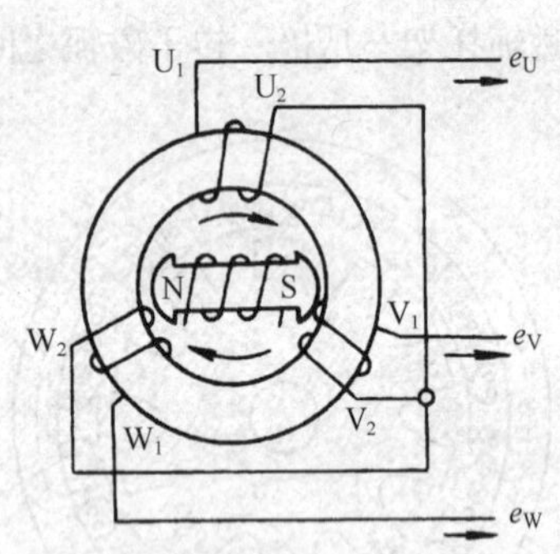

图3-13 交流发电机的工作原理

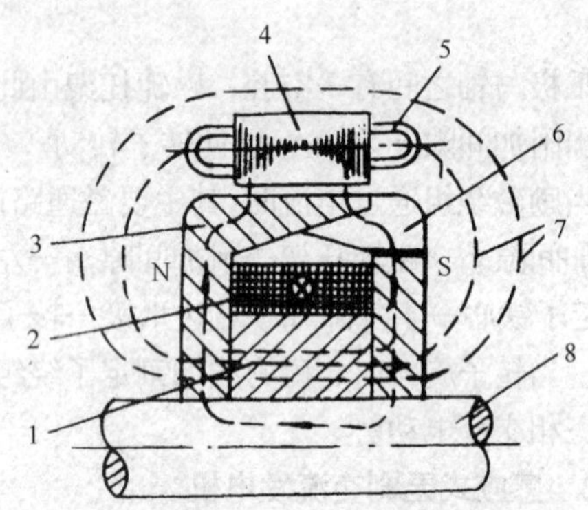

图3-14 交流发电机的磁路

1—转子铁心；2—磁场绕组；3、6—磁极；4—定子铁心；5—定子绕组；7—漏磁通；8—转子轴

当转子旋转时，因为定子绕组与磁力线之间会产生相对运动，所以定子绕组就要切割磁力线并在三相绕组中感应产生频率相同、幅值相等、相位互差 120° 电角度的交流电动势 e_U 、 e_V 和 e_W 。电角度 ω（rad/s）、发电机的机械转速 n（r/min）、交变电动势的频率 f（Hz）三者关系为

$$\omega=2\pi f$$

$$f=\frac{pn}{60}$$

式中：p——转子磁极对数。

由于 U_1U_2 、 V_1V_2 、 W_1W_2 三相绕组中感应的交流电动势的波形近似于正弦波形，如图 3-15（b）所示，若 U_1U_2 绕组中的感应电动势初相为 0，则三相绕组瞬时感应电动势可分别表示为：

$$e_U=E_m\sin\omega t=\sqrt{2}E_\phi\sin\omega t \quad (3\text{-}1)$$

$$e_V=E_m\sin\left(\omega t-120^\circ\right)=\sqrt{2}E_\phi\sin\left(\omega t-120^\circ\right) \quad (3\text{-}2)$$

$$e_W=E_m\sin\left(\omega t+120^\circ\right)=\sqrt{2}E_\phi\sin\left(\omega t+120^\circ\right) \quad (3\text{-}3)$$

式中：E_m ———一相电动势的最大值，V；

E_ϕ ———一相电动势有效值，V。

发电机每相绕组所产生的电动势的有效值 E_ϕ 为

$$E_\phi=\frac{E_m}{\sqrt{2}}=\frac{2\pi KN\Phi_m f}{\sqrt{2}}=4.44KN\Phi_m f \quad (3\text{-}4)$$

式中：K——绕组系数，一般小于 1（交流发电机采用整距集中绕组时，K=1）；

N——每相绕组的匝数；

Φ_m——转子磁通最大值，Wb。

由于汽车用的蓄电池为直流电源，车用各种电器也是采用直流电源供电模式，所以交流发电机内必须配置硅整流器，将三相绕组中的电动势整流成直流电。

3.4.3 整流原理

二极管具有单向导电特性。当给二极管加上正向电压时，二极管导通，呈现低阻态；当给二极管加上反向电压时，二极管截止，呈现高阻态。汽车交流发电机定子绕组中感应产生的交流电，通过 6 只二极管组成的三相桥式整流电路转变为直流电输出。

6 只硅整流二极管组成的三相桥式整流电路如图 3-15（a）所示，二极管的导通原则如下：

（1）二极管 VD_1、VD_3、VD_5 为正极管子，其正极分别接在发电机三相绕组的首端，负极连接在一起，在某一瞬间，正极电位最高者导通。

（2）二极管 VD_2、VD_4、VD_6 为负极管子，其负极分别接在发电机三相绕组的首端，正极连接在一起，某一瞬间负极电位最低者导通。

（3）在同一瞬间，同时导通的二极管就只有 2 个，即正极管、负极管各一个。三相桥式整流电路中二极管的依次循环导通，使得负载 R_L 两端得到一个比较平稳的脉动直流电压。

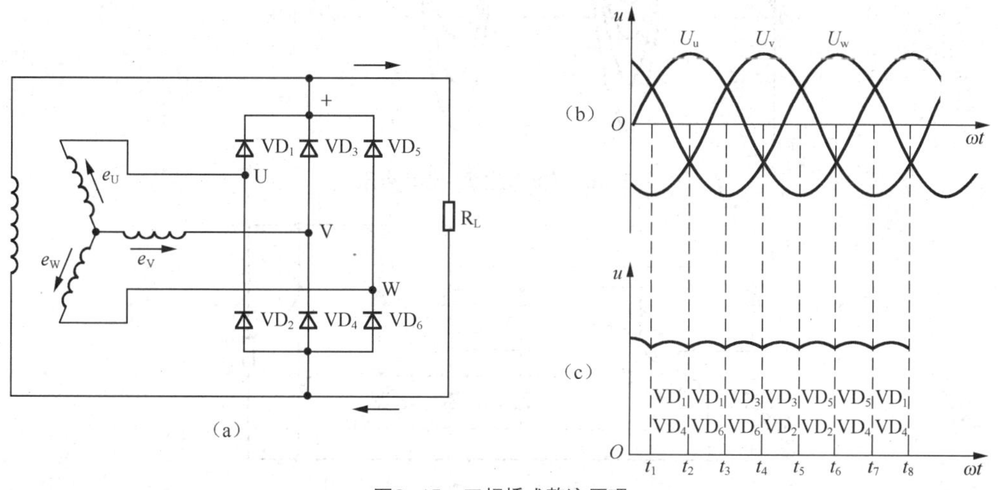

图3-15 三相桥式整流原理

根据上述原则，依据图 3-15（b）所示，其不同时间段上的整流过程如下。

（1）在 t_1～t_2 时间内，U 相的电压 U_U 最高，V 相的电压 U_V 最低，故 VD_1、VD_4 处于正向电压下而导通，负载 R_L 两端得到的电压为 U_{UV}，电流走向：U 相→VD_1→R_L→VD_4→V 相→U 相。

（2）在 t_2～t_3 时间内，U 相的电压最高，W 相的电压最低，故 VD_1、VD_6 处于正向电压下而导通，负载 R_L 两端得到的电压为 U_{UW}。

（3）在 t_3～t_4 时间内，VD_3、VD_6 导通，R_L 两端的电压为 U_{VW}。

依此类推，循环反复，就在 R_L 两端得到一个比较平稳的脉冲直流电压，如图 3-15（c）所示。

有的发电机具有中性点接线柱。中性点接线柱是从三相绕组的末端引出，标记为“N”，输出电压为 U_N。由于 U_N 是通过 3 个搭铁的负极二极管整流后得到的直流电压（即三相半波整流），所以

其大小为

$$U_N = \frac{1}{2}U \tag{3-5}$$

交流发电机中性点电压 U_N 一般用来控制各种用途的继电器，如磁场继电器、充电指示灯继电器等。

交流发电机的转速高到一定程度，中性点电压高过发电机输出电压，中性点电压波形如图 3-16 所示。因此，部分发电机在中性点接上 2 只中性点二极管，对中性点电压进行全波整流，如图 3-17 所示，从而可以有效利用中性点电压来增加发电机的功率。实验表明：加装中性点二极管的交流发电机，在结构不变的情况下可以提高发电机的功率 10%～15%。

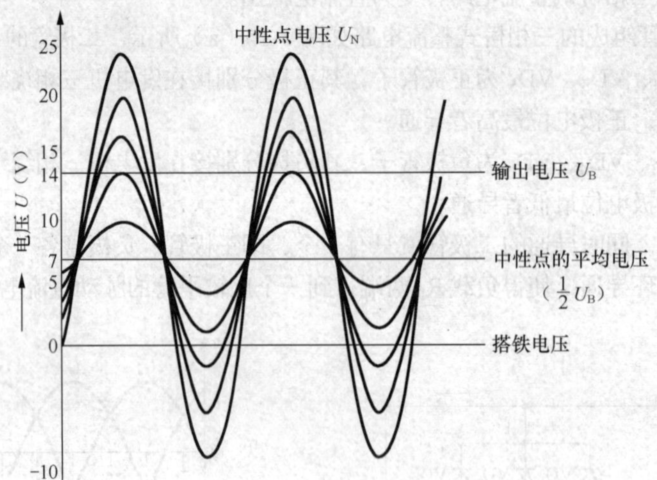

图3-16 交流发电机中性点电压

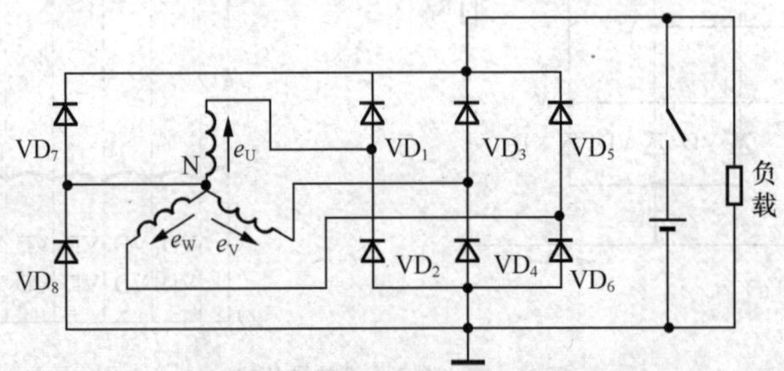

图3-17 交流发电机中性点全波整流

3.4.4 交流发电机的励磁方式

汽车交流发电机的磁场靠磁场绕组通电才会有磁场产生。发动机转速低时（发动机起动期间）需先由蓄电池供给励磁电流，当发电机电压达到蓄电池电压时，即由发电机自己供给励磁电流，也就是由他励转变成为自励。

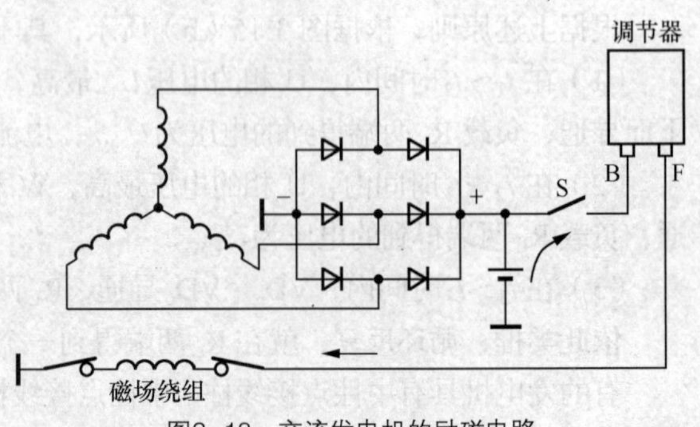

图3-18 交流发电机的励磁电路

交流发电机的励磁电路如图 3-18 所示。当发电机起动时，S 开关接通，他励励磁电路为：

蓄电池正极→点火开关 S→调节器“B”接线柱→调节器→调节器“F”接线柱→发电机励磁绕组→搭铁。

当发动机起动后，发电机的输出电压略高于蓄电池电压时，自励励磁电路为：发电机正极→点火开关 S→调节器“B”接线柱→调节器→调节器的“F”接线柱→发电机励磁绕组→搭铁。

以上分析的励磁电路只是一个基本电路，该电路还存在着一个缺点，即驾驶员如果在发动机熄火后忘记将点火开关 S 关闭，蓄电池就会通过调节器向发电机励磁线圈长时间放电。针对这一缺点，有很多车型采用了 9 管交流发电机。如图 3-19 所示，该电路增加了 3 个功率较小的硅二极管，专供励磁电流，称为励磁二极管，励磁二极管同时控制充电指示灯。3 只励磁二极管与 3 只负极二极管同样组成桥式整流电路，D+点与 B 点电位相等。

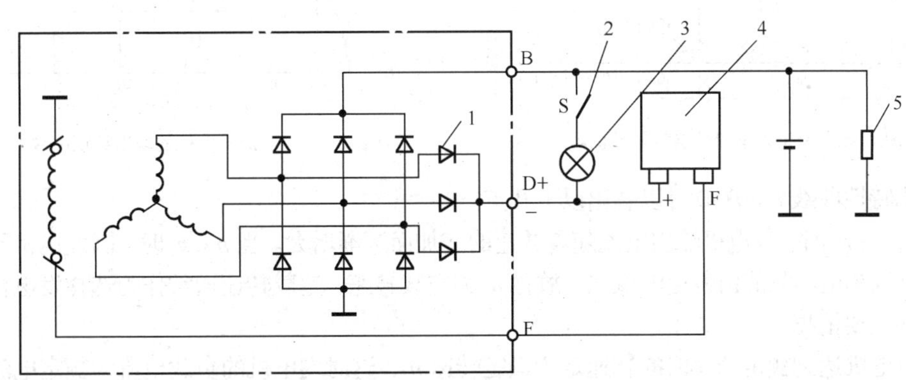

图3-19 9管交流发电机的原理图

1—励磁二极管；2—点火开关；3—充电指示灯；4—调节器；5—负载

其工作原理如下。

（1）在发动机起动期间，发电机电压 U_{D+}小于蓄电池电压时，由蓄电池供给磁场电流。他励励磁电路为：蓄电池+→点火开关→充电指示灯→调节器→磁场绕组→搭铁。这时充电指示灯亮，表示蓄电池亏电。

（2）当发动机起动后（怠速工况），发电机电压大于蓄电池电压，发电机自励，自励电路为：D+→调节器→磁场绕组→搭铁。由于充电指示灯两端电位相等（$U_B=U_{D+}$），充电指示灯熄灭。如果充电指示灯没有熄灭，说明发电机不放电或充电指示灯电路有故障。

3.5 交流发电机的工作特性

交流发电机的工作特性是指发电机经整流后输出的直流电压 U 、电流 I 和转速 n 之间的关系，包括空载特性、输出特性和外特性。

3.5.1 空载特性

空载特性是指发电机空载时，发电机端电压 U 与发电机转速 n 之间的关系，即负载电流 $I_L=0$ 时，$U=f(n)$ 的曲线。发电机的空载特性曲线如图 3-20 所示，从曲线的上升速率和达到蓄电池电压的转速高低可判断发电机的充电性能好坏。

3.5.2 输出特性

当发电机输出电压一定时（12V 发电机保持 14V，24V 发电机保持 28V），输出电流 I 与发电机转速 n 之间的关系，即 U = 常数时，$I = f(n)$ 的函数关系，称为发电机的输出特性，如图 3-21 所示。

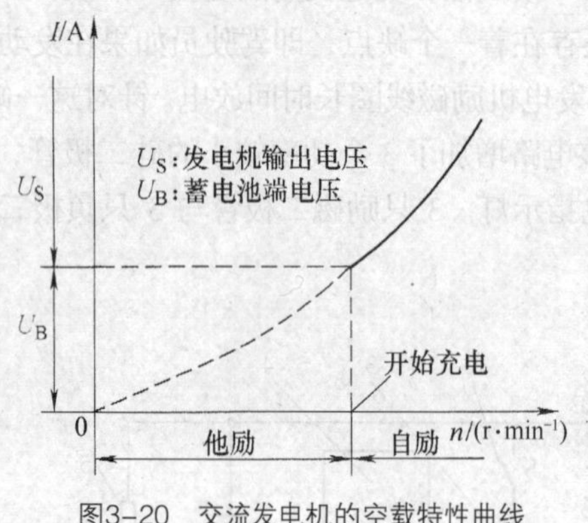

图3-20 交流发电机的空载特性曲线

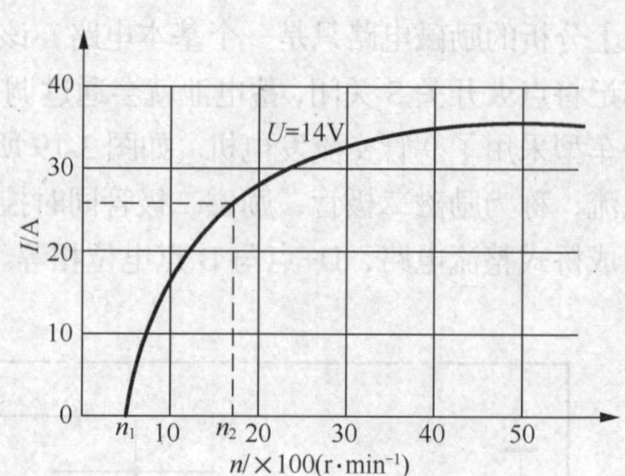

图3-21 交流发电机的输出特性曲线

由输出特性曲线 $I = f(n)$ 可以看出以下几点。

（1）当 $n > n_1$ 时，发电机输出电流随着转速的增加而逐渐增大。当 $n < n_1$ 时，因发电机不能向外输出电流，汽车电器只能由蓄电池供电，故称 n_1 为空载转速，空载转速通常作为选择发电机与发动机传动比的主要依据。

（2）发电机达到额定功率时的转速定为额定转速 n_2，这时发电机的负载电流为额定电流 I_N。转速 n_2 是判断发电机性能的重要指标。

空载转速与额定转速是测试交流发电机性能的重要依据。发电机出厂时，通过试验，规定了空载转速与额定转速，并列入产品说明书。在使用过程中，可通过检测这两个数据，来判断发电机性能的好坏。国产交流发电机的主要性能指标如表 3-2 所示。

表 3-2　国产交流发电机的主要性能指标

交流发电机型号	额定电压/V	额定电流/A	空载转速/（r·min⁻¹）	额定转速/（r·min⁻¹）	使用车型
JF1314ZD	14	25	1 000	3 500	CA1090
JF1314B	14	25	1 000	3 500	EQ1090-1
JFZ 1913	14	90	1 050	6 000	桑塔纳
JFZ1918	28	27	1 150	5 000	切诺基
JFZ1512	14	55	1 050	6 000	广州标致

（3）当发电机转速达到一定值后，发电机的输出电流就不再随转速的增加而上升，此时的电流为发电机的最大输出电流或限流值，其原因如下。

① 发电机电枢绕组定子的感抗作用。发电机的转速很高时，电动势的交变频率很高，电枢绕组的感抗作用增大，使发电机的内压降增大。

② 发电机电枢反应的影响。发电机的输出电流增大时，电枢反应增强，使发电机的电动势下降。

交流发电机的这种自动限流作用使发电机具有自我保护能力，不需要设置限流器。

3.5.3 外特性

外特性是指发电机转速一定时，发电机的端电压 U 与输出电流 I 之间的关系，即 n=常数时，$U=f(I)$ 的曲线，如图 3-22 所示。

外特性曲线表明，在一定的转速下，输出电流增加时，发电机端电压有较大幅度的下降，因此，要使输出电压稳定，必须配备电压调节器。另外，在发电机高速运转时，如果突然失去负载，端电压会急剧升高，电器设备中的电子元件将有击穿的危险。

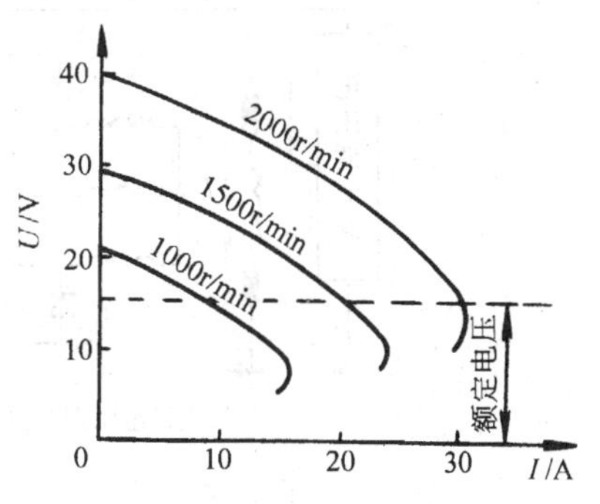

图3-22 交流发电机的外特性曲线

3.6 电压调节器

交流发电机的外特性表明，电源系统必须配备电压调节器。交流发电机调节器的作用就是当发动机转速变化时，自动对发电机的电压进行调节，使发电机的电压稳定，以满足汽车用电设备的要求。

3.6.1 交流发电机调节器的工作原理

由式（3-4）可知，交流发电机的每相绕组电动势的有效值为

$$E_{\phi}=4.44KfN\Phi_{\mathrm{m}}$$

其中：

$$f=\frac{pn}{60}$$

故

$$E_{\phi}=4.44K\frac{pn}{60}N\Phi_{\mathrm{m}}$$

令

$$C=4.44K\frac{pn}{60}$$

则

$$E_{\phi}=CN\Phi_{\mathrm{m}} \qquad (3\text{-}6)$$

由公式（3-6）可知，交流发电机的输出电压与发电机转数及磁场绕组磁通量成正比关系，因此要实现对电压的调节，就必须调节发电机的转数或磁场绕组的磁通量。然而，交流发电机是由发动机按一定的传动比（1.7～3）驱动的，转速变化范围很大（1：8）。因此，当发电机转速变化时，只能相应地改变发电机的磁通，而磁通的强弱又取决于励磁电流的大小，即发电机的电压调节是通过控制磁场绕组的励磁电流大小来实现的。

汽车用发电机电压调节器调节电压的方法如图 3-23（a）所示。调节器动作的控制参量为发电机电压，即当发电机的电压达到设定的上限值 U_2 时，调节器动作，使磁场绕组的励磁电流 I_f 下降或断流，从而减弱磁极磁通量，致使发电机电压降；当发电机电压下降至设定的下限值 U_1 时，调节器又动作，使 I_f 增大，磁通量加强，发电机电压又上升；当发电机的电压上升至 U_2 时又重复上述过程，使发电机的电压在设定的范围内波动，得到一个稳定的平均电压 U_e。发电机在某一转速下，调节器起作用后的发电机电压波形如图 3-23（b）所示。

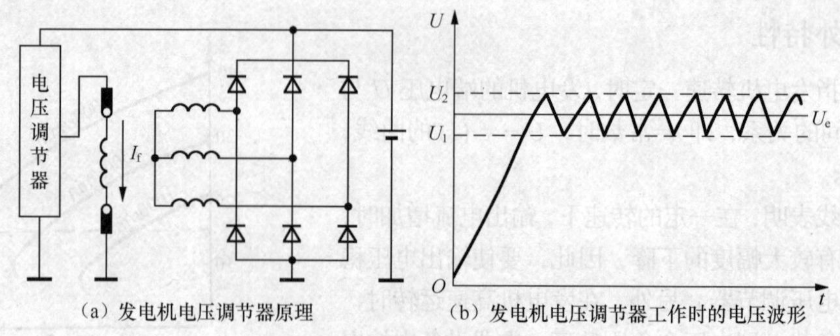

（a）发电机电压调节器原理　　（b）发电机电压调节器工作时的电压波形

图3-23　电压调节器的基本原理

3.6.2　交流发电机调节器的类型与型号

1. 调节器的类型

（1）按结构形式分为两类。

① 触点式。也称电磁振动式，触点式按触点的数目又可分单级和双级两种。触点式电压调节器应用较早，这种调节器存在机械惯性和电磁惯性，电压调节精度低（±1V），触点易产生火花，对无线电干扰大，可靠性差，寿命短，现已被淘汰。

② 电子式。又可分为晶体管式和集成电路式两种。晶体管式是伴随着半导体技术发展而发展起来的，其优点是开关频率高，且不产生火花，调节精度高（±0.5V），还具有重量轻、体积小、寿命长、可靠性高、电波干扰小等优点。主要应用于东风、解放等货车上。集成电路调节器除具有晶体管式调节器的优点外，精度更高达到±0.3V，而且还具有超小型的特点。它安装发电机内部，减小了外接线，并且冷却效果得到了改善，现广泛应用于桑塔纳、奥迪等轿车上。

（2）按安装方式分为两类。

① 外置式。电压调节器与发电机外形安装，置于发电机外部，如CA1091型载货汽车用JFT106调节器。此类型可以代用，要求标称电压等规定参数应与原调节器相同。

② 内置式。电压调节器安置在发电机内部，此类型应用广泛，并多为电子式，且不能代用，只能专用。

（3）按搭铁形式分为两类。

① 内搭铁式。与内搭铁式交流发电机配套使用。

② 外搭铁式。与外搭铁式交流发电机配套使用，目前采用较多的是外搭铁式。

2. 调节器的型号

电压调节器的型号编制规则如下。

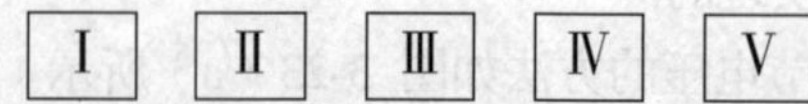

Ⅰ——产品代号，电压调节器的产品代号用字母表示，如FT、FID、JFT分别为机械电磁振动式、电子式和晶体管式（早期）。

Ⅱ——电压等级代号，用1位阿拉伯数字表示，其中1为12V、2为24V、6为6V。

Ⅲ——结构形式代号，1为单联、2为双联、4为三极管式、5为集成电路式。

Ⅳ——设计序号，按设计次序，用阿拉伯数字表示。

Ⅴ——变形代号，变形代号，用字母A、B、C……顺序表示。

例如：FT126C表示12V的双联机械电磁振动式调节器，第6次设计、第3次变形。FTD152

表示 12V 的集成电路调节器，第 2 次设计。

3.6.3 触点式电压调节器

触点式电压调节器以电磁振动的方式工作，通过电磁铁控制触点的开闭来控制磁场绕组的励磁电流，实现对发电机电压的调节。因此，触点式电压调节器也称为电磁振动式电压调节器。触点式电压调节器目前应用越来越少了，尤其是为单级触点式电压调节器基本被淘汰，现以 FT61 型双级触点式电压调节器为例，如图 3-24 所示，重点介绍其 5 步调节电路工作过程。

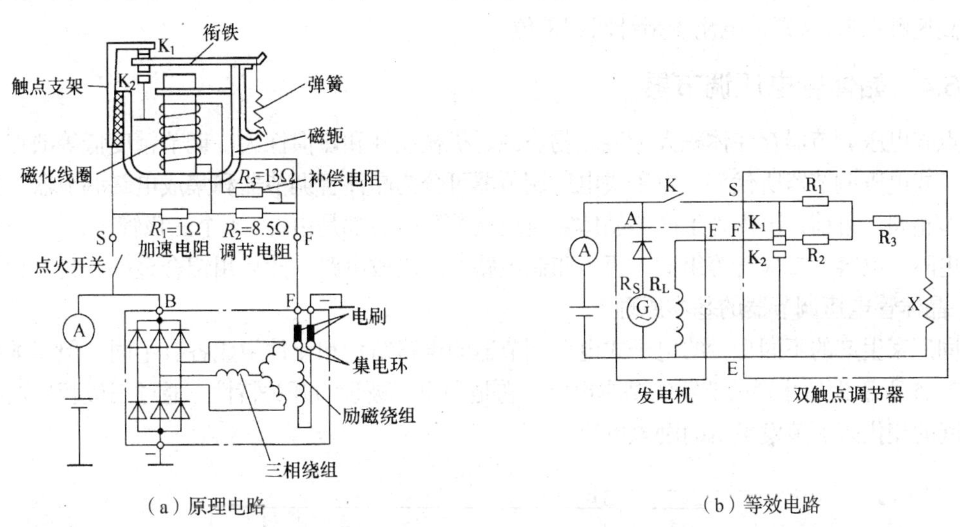

图3-24 FT61型双级触点式调节器原理电路

（1）闭合点火开关，当发电机转速很低，其端电压低于蓄电池端电压时，由于流经磁化线圈的电流不够大，磁化线圈所产生的吸力不足以克服弹簧的拉力将衔铁吸下，所以调节器低速触点 K_1 闭合，由蓄电池向发电机提供励磁电流（即他励）。励磁电路为：蓄电池正极→电流表→点火开关→调节器相线接线柱 S→低速触点 K_1→衔铁→调节器磁场接线柱 F→发电机励磁绕组→搭铁→蓄电池负极。这种情况下，用电设备均由蓄电池供电，电流表指向“-”的一侧，调节器不起调节作用。

（2）当发电机转速升高，其端电压略高于蓄电池的端电压，但低于第一级调压值（14V），调节器低速触点仍闭合，发电机由他励转入自励而正常发电。励磁电路为：发电机正极→点火开关→调节器相线接线柱 S→低速触点 K_1→衔铁→调节器磁场接线柱 F→发电机励磁绕组→搭铁→发电机负极。与此同时，所有用电设备均由发电机供电（包括给蓄电池补充充电）。电流表指定“+”的一侧，调节器的工作电路为发电机正极→点火开关→调节器火线接线柱 S→R_1→磁化线圈→R_3→搭铁→发电机负极。

（3）当发动机转速继续升高，发电机的电压达到第一级调压值时，磁化线圈所产生的电磁力克服弹簧力，使低速触点 K_1 打开，但尚不能使高速触点 K_2 闭合。其励磁电路为：发电机正极→点火开关→调节器火线接线柱 S→R_1→R_2→调节器磁场接线柱 F→发电机励磁绕组→搭铁→发电机负极。由于在励磁电路中串入 R_1 和 R_2，使励磁电流减小，端电压又下降，低速触点又闭合；低速触点 K_1 重新闭合后，励磁电路中的电阻 R_1 和 R_4 被短路，使励磁电流再次增大，端电压再次升高，低速触点再次打开。如此循环下去，在低速触点 K_1 不断开合，振动下实现第一级电压的调节工作。

（4）当发动机转速较高，发电机的电压将超过第一级调压值，达到第二级调压值时，磁化线圈中产生的电磁力远大于弹簧力，使高速触点 K_2 闭合，此时的励磁电路为：发电机正极→点火开关→调节器火线接线柱 S→R_1→R_2→磁轭→衔铁→搭铁→发电机负极。即励磁绕组被短接搭铁，于是励磁电流为“0”，发电机端电压急速下降，高速触点 K_2 重新断开，励磁电路又被接通，励磁电流又增大，电压又上升，高速触点又闭合。如此循环下去，在高速触点 K_2 不断开闭振动下实现第二级电压的调节工作。

（5）发动机停转时，断开点火开关，发电机不发电，调节器恢复到不工作状态，即低速触点 K_1 常闭，高速触点 K_2 常开，电流表指针回到零位。

3.6.4 晶体管电压调节器

触点式电压调节器存在体积大、触点易烧蚀、机械惯性和磁惯性大、调节精度低等缺点，已逐步被电子式电压调节器所代替。电子式电压调节器可分为晶体管调节器和集成电路调节器，其工作原理基本相同。目前，国内外生产的晶体管电压调节器一般都是由 2～4 个三极管，1～2 个稳压管和一些电阻、电容、二极管等组成，再由印制电路板连接成电路，然后用铝合金外壳将其封装。

1. 晶体管电压调节器的基本原理

不同厂家生产的不同型号的电子式电压调节器的电路结构和元件组成各有不同，但基本原理相同。图 3-25 所示为晶体管调节器的基本电路，它是利用三极管的开关特性，通过三极管导通和截止相对时间的变化来调节发电机的励磁电流。

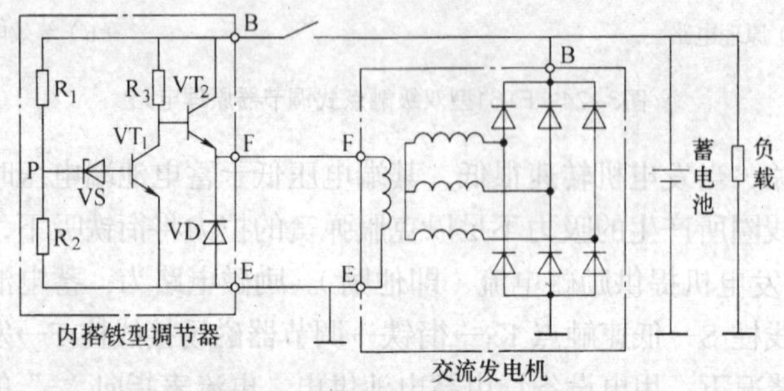

图3-25 晶体管电压调节器的基本电路（内搭铁式）

电阻 R_1、R_2 串联组成一个分压器，接在发电机输出端 B+和搭铁 E 之间，直接监测发电机的输出电压 U_B，分压电阻 R_2 两端的电压 U_P 为

$$U_P = \frac{R_2}{R_1 + R_2} U_B \tag{3-7}$$

由式（3-7）可见，当发电机输出电压将一定比例的电压 U_B 升降，分压电阻 R_2 上的电压 U_P 也升降。U_P 作用于二极管 VS 上，通常把 P 点叫检测点。当发电机输出电压 U_B 达到规定的调压值时（如桑塔纳为 13.5～14.5V），U_P 恰好能使稳压管 VS 反向击穿，为小功率三极管 VT_1 提供基极电流，使 VT_1 导通。

具体的工作原理如下。

（1）点火开关 S 闭合后，蓄电池的电压就加到分压器的两端，由于蓄电池电压小于发电机输出电压的调整值，故 U_B 也小于稳压管 VS 的反向击穿电压，稳压管 VS 处于截止状态，VT_1 的基极电流 I_{b1} 等于零，VT_1 截止；而 VT_2 由于发射结处于较高的正向电压下而导通饱和，产生励磁电流（他

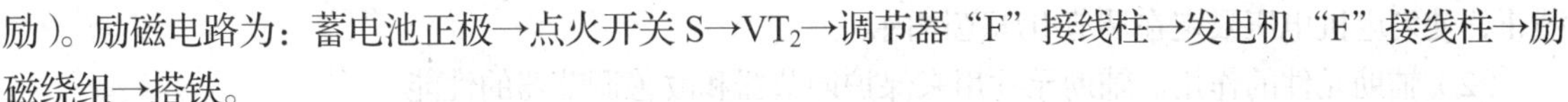

励)。励磁电路为：蓄电池正极→点火开关 S→VT_2→调节器“F”接线柱→发电机“F”接线柱→励磁绕组→搭铁。

(2)发动机起动后，发电机的输出电压将高于蓄电池的电压，发电机的励磁电流由他励转变为自励。励磁电路为：发电机正极→点火开关 S→VT_2→调节器“F”接线柱→发电机“F”接线柱→励磁绕组→搭铁。

(3)随着转速的升高，当发电机输出电压稍高于调整上限值时，U_P 电压达到了稳压管 VS 的反向击穿电压，稳压管 VS 导通，使 VT_1 产生基极电流而导通，同时把 VT_2 的发射结短路，使其由导通状态转化为截止状态，切断发电机的励磁电路，使发电机的输出电压急剧下降。当发电机的输出电压下降到稍低于调整下限值时，稳压管 VS 又由击穿状态恢复到截止状态，VT_1 也由导通状态化为截止状态，使 VT_2 导通。如此反复，就使发电机的端电压维持在规定的调整值上。

以上分析的基本电路与实际应用的晶体管调节器工作电路相比有很大缺点，如在 VT_2 导通变为截止的瞬间，会由于励磁电流的突变，在励磁绕组中产生很大的自感电动势，这瞬间高压电动势将会损坏调节器的其他电子元件。所以在实际应用的调节器电路中，会对上面的基本电路作必要的补充和完善。

2. JFT106 型调节器

JFT 106 型电压调节器属于外搭铁式晶体管调节器，调节电压为 13.8～14.6V，可与 14V、750W 的的外搭铁式 9 管交流发电机配套使用，也可与 14V、功率小于 1000W 的外搭铁式 6 管交流发电机配套使用。图 3-26 所示为解放 CA1092 型汽车用的 JFT106 型晶体管调节器的电路图。

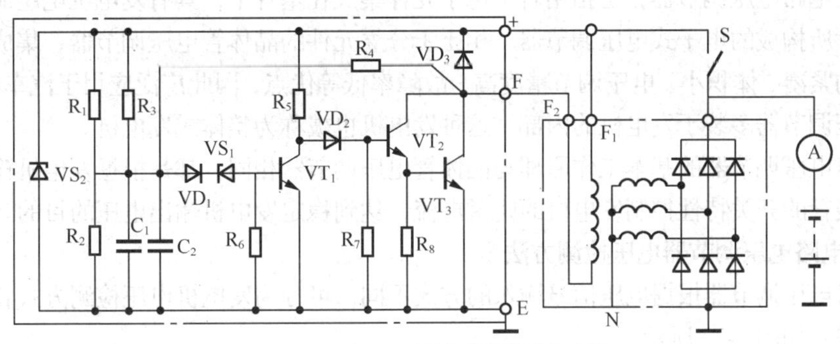

图3-26 JFT106型晶体管调节器的电路

(1)JFT106 调节器的工作原理。结合前面所述的晶体管电压调节器的基本原理，其电路工作过程分析如下。

① 接通点火开关 SW 且发电机运转。当其电压低于蓄电池电压时，蓄电池电压加在分压器 R_1、R_2 上，R_2 上的分压低于 VS_1 的击穿电压，VS_1 截止，VT_1 截止。蓄电池电压经 R_5 加在 VD_2、R_7 上，电阻 R_7 使 VT_2 获得正向偏压而导通；VT_2 导通后，偏流电阻 R_8 使 VT_3 获得正向偏压而导通，接通磁场电路。其电流回路为：蓄电池正极→电流表 A→点火开关 S→发电机“F_1”接线柱→磁场绕组→发电机“F_2”接线柱→调节器“F”接线柱→VT_3→调节器“E”接线柱→蓄电池负极。发电机电压随转速的升高而升高。

② 当发电机电压达到上限额电压时，电阻 R_2 的分压加在 VD_2、VS_1、R_6 上，使 VS_1 击穿导通，VT_1 随之导通，VT_1 集电极对地的电压几乎为零，使 VT_2 失去正向偏压而截止，并使 VT_3 截止，磁场电流为零，发电机电压下降：当发电机电压稍低于下限额值时，VS_1 截止，VT_1 截止，VT_2、VT_3 管获正向偏压而导通，磁场绕组中又有电流通过，发电机电压又上升。VT_1、VT_2、VT_3 管交替导通、

截止，使发电机电压限定在调节电压范围内。

（2）辅助元件的作用。辅助元件用来保护调节器和改善调节器的性能。

① 电阻 R_3 为调整电阻。其阻值在 1.3～13kΩ，通过调整其阻值的大小可以调整调节器限额电压的高低。R_3 的阻值增大，限额电压升高，反之限额电压降低。

② VD_3 为续流二极管。在三极管 VT_3 截止瞬间，磁场绕组产生的自感电动势经 VD_3 构成回路放电，保护 VT_3 管不被击穿。

VD_2 为温度补偿二极管。它与稳压管反向串联，其温度系数为负值，工作温度升高，管压降降低，反之管压降升高。稳压管的温度系数为正值，当温度变化时，起补偿作用，使调节器性能稳定。

VD_1 为分压二极管。当 VT_1 导通时，由于 VD_1 分压的作用，使 VT_2、VT_3 可靠截止，减小 VT_1 温度变化时对 VT_2、VT_3 的影响。

VS_2 为稳压二极管。并联在发电机两端，起过压保护作用。

③ R_4 称为正反馈电阻。其作用是提高 VT_3 的开关速度，减小三极管的耗散功率，延长调节器的使用寿命。

④ 电容器 C_1、C_2 称为降频电容。并联在分压电阻 R_2 两端，利用其两端电压不能突变的特性来降低 VT_1 的开关频率，减小 VT_1 的开关次数，从而减小耗散功率，延长调节器的使用寿命。

3.6.5 集成电路电压调节器

所谓集成电路电压调节器，是指用若干电子元件集成在基片上，具有发电机电压调节全部或部分功能的芯片所构成的电子式电压调节器。相比于分立元件的晶体管电压调节器，集成电路电压调节器具有结构紧凑、体积小、电压调节精度高、故障率低等优点，因此广泛应用于汽车电子工业中。集成电路电压调节器多装于发电机的内部，这种发电机也被称为整体式发电机。

集成电路电压调节器的基本工作原理与晶体管电压调节器相同，都是根据发电机输出的电压信号，利用三极管的开关特性控制发电机的励磁电流，达到稳定发电机输出电压的目的。

1. 集成电路电压调节器电压检测方法

集成电路电压调节器根据电压信号输入的方式不同，可分为发电机电压检测方式和蓄电池电压检测方式两类，如图 3-27 所示。

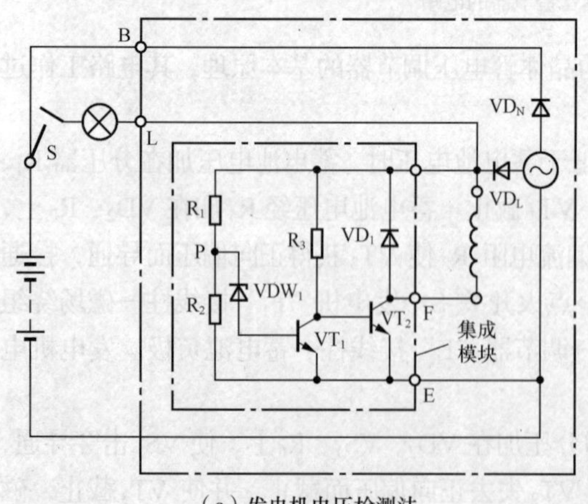

（a）发电机电压检测法

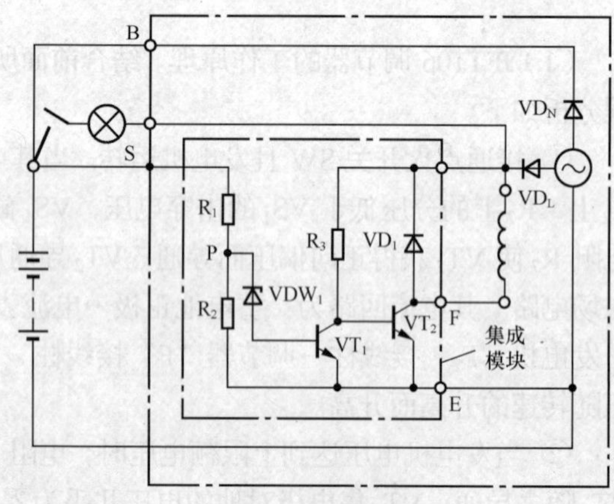

（b）蓄电池电压检测法

图3-27 发电机电压检测电路

（1）发电机电压检测方式。发电机电压检测法的原理电路如图 3-27（a）所示。加在分压器 R_1、R_2 上的电压是发电机励磁输出端 L 的电压 U_L，而发电机输出电压为 U_B。因为 $U_L=U_B$，因此，电压调节器检测点 P 的电压加到稳压管 VDW_1 上，其电压检测点 P 的电压 U_P 与发电机的端电压 U_B 成正比，所以该线路称为发电机电压检测法线路。

发电机电压检测电路的特点：发电机到检测电路距离近，可不用导线连接，直接接在发电机输出端，连接可靠，不致使检测电路检测不到信号。这种检测方式的缺点是当发电机与蓄电池之间的连接线路因接触不良而有较大电压降时，就会造成加在蓄电池端的电压偏低而充电不足。

（2）蓄电池电压检测方式。蓄电池电压检测法的原理电路如图 3-27（b）所示。加在分压器 R_1、R_2 上的电压为蓄电池端电压，由于通过检测点 P 加到稳压管 VDW_1 上的反向电压与蓄电池端电压成正比，所以该线路称为蓄电池电压检测法线路。

两种基本电路相比，如果采用发电机电压检测法线路，发电机的引出线可以少一根。不足之处在于，发电机电压检测原理电路中 B 点到蓄电池正极之间的电压降较大时，蓄电池的充电电压会偏低，使蓄电池充电不足。因此，一般大功率发电机要采用蓄电池电压检测法线路的调节器。

在采用蓄电池电压检测法时，当 B 点与蓄电池正极之间或 S 点与蓄电池之间断路时，由于不能检测出发电机的端电压，发电机电压将会失控。为了克服这一缺点，在线路上应采用一定的措施。图 3-28 所示为实际采用的蓄电池电压检测法的线路，在该线路中，在调节器的分压器与发电机 B 点之间增加了一个电阻 R_4 和一个二极管 VD_2，这样，当 B 点与蓄电池正极之间出现断路时，由于 R_4 的存在，仍能检测出发电机的端电压 U_B，使调节器正常工作，可以防止出现发电机电压过高的现象。

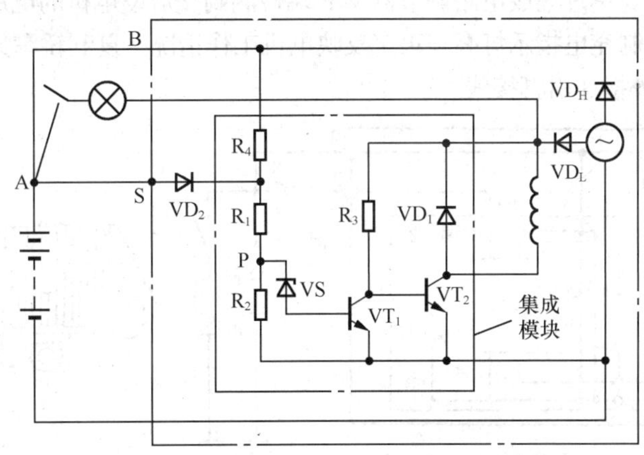

图3-28 具有保护作用的蓄电池电压检测电路

2. 集成电路电压调节器实例

（1）国产 JFT152 型集成电路调节器。国产 JFT152 型集成电路调节器是长沙汽车电器厂生产的一种厚膜混合集成电路调节器，适用于 14V、350～500W 的外搭铁交流发电机，如东风 EQ1090 汽车装用的 JFZ132N、JFZ13A、JFZ13E 等交流发电机，其电路图如图 3-29 所示。

JFT152 型集成电路调节器的基本工作原理如下。

接通点火开关 SW 后，蓄电池的端电压加在控制电路的分压器上，由于分压电阻 R_3 上的电压降小于稳压管 VS 的反向击穿电压，故 VS 截止，VT_1 因无正向偏压而截止。在偏置电阻 R_5 的作用下，复合管 VT_2、VT_3 导通，蓄电池向发电机提供励磁电流，发电机输出电压随转速上升。

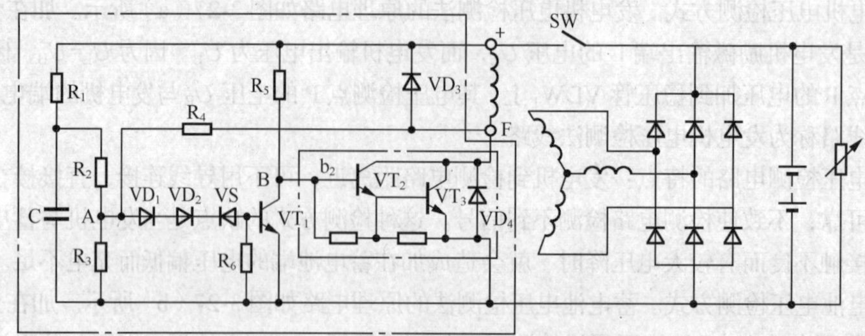

图3-29 JFT152型集成电路调节器电路图

当发电机输出电压随转速上升且高于调节电压上限时，分压电阻 R_3 上的压降升高至稳压管 VS 的击穿电压，稳压管 VS 被击穿导通，VT_1 随之饱和导通，复合管 VT_2、VT_3 截止，切断发电机的励磁电流，使发电机的输出电压迅速降低。

当输出电压降低于调节电压下限时，稳压管 VS 又截止，VT_1 截止，复合管 VT_2、VT_3 又导通，磁场电路中又有励磁电流产生，使发电机的输出电压又逐渐升高。周而复始，可使发电机的输出电压保持稳定。

（2）夏利轿车集成电路调节器。图 3-30（a）所示为夏利轿车用集成电路调节器电路图。该调节器内有一单片 IC 电路，它的“IG”端经点火开关接至蓄电池，用于检测蓄电池和发电机电压，从而控制三极管 VT_2 的导通与截止。它的 P 端接至发电机定子绕组某一相上，该点电压为交流发电机直流输出电压的一半。单片集成电路调节器从 P 端检测到交流发电机的电压从而控制三极管 VT_1 的导通与截止，从而控制充电指示灯亮与灭来反映电机工作情况。夏利轿车集成电路调节器实物图如图 3-30（b）所示，外接 3 引脚接线。

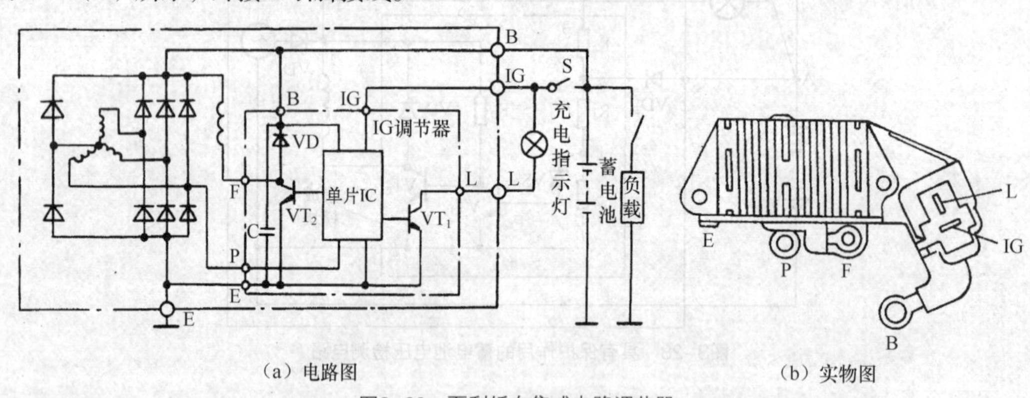

（a）电路图 （b）实物图

图3-30 夏利轿车集成电路调节器

该调节器的工作原理如下。

① 接通点火开关，发电机未运转时，蓄电池电压经点火开关加到发电机的“IG”端和调节器的“IG”端，单片 IC 电路检测出该电压，使 VT_2 导通，于是磁场电路接通。其电路为：蓄电池“+”极→发电机“B”端→磁场绕组→调节器“F”端→VT_2（c→e）→搭铁→蓄电池“–”极。

此时，发电机不发电，P 端电压为零，单片 IC 电路检测出该电压，使 VT_1 导通，于是充电指示灯亮，指示蓄电池放电。

充电指示灯电路为：蓄电池“+”极→点火开关→充电指示灯→“L”端→VT_1（c→e）→E 端

→搭铁→蓄电池“-”极。

② 当发电机转速升高，输出电压超过蓄电池电压时，P 端电压信号使 IC 电路控制 VT_1 截止，于是充电指示灯熄灭，指示发电机开始向蓄电池充电并向用电设备供电。

③ 当发电机电压升高，超过调节电压值时，“B”端电压信号使 IC 电路控制 VT_2 截止，切断了励磁电流，使发电机电压下降。当发电机电压下降到低于调节电压值时，IC 电路又控制 VT_2 导通，磁场电流又接通，发电机电压又升高，该过程反复进行，使“B”端电压稳定于调压值。

④ 当磁场电路断路使发电机不发电时，P 端电压为零，单片 IC 电路检测出该点电压信号后便控制 VT_1 导通，使充电指示灯亮，从而告知驾驶员充电系统出现故障。

⑤ 发电机运行中，如发电机输出端“B”与蓄电池正极的连线断开时，单片 IC 电路仍能检测出发电机“B”端电压，使调节器仍然正常工作，防止了发电机输出电压过高。

3.7 典型汽车电源系电路

汽车电源系统电路包括蓄电池、交流发电机、电压调节器、电流表或充电指示灯等。现代汽车绝大部分都用充电指示灯来表示电源系统的工作情况，部分货车仍采用电流表指示蓄电池充、放电。控制充电指示灯的常用控制方法有 3 种：第一种，利用交流发电机中性点电压，通过继电器或电子控制器进行控制；第二种，利用交流发电机输出端电压，通过电子控制器进行控制；第三种，利用 9 管交流发电机进行控制。

带有集成电路调节器的整体式交流发电机与外部（蓄电池、线束）连接端子通常用 B+（或+B、BATT）、IG、L、S（或 R）和 E（或“-”）等符号表示，这些符号通常在发电机端盖上标出，其代表的含义如下。

B+（或+B、BATT）为发电机输出端子，用一根粗导线连接至蓄电池正极或起动机上。

IG 通过线束连接至点火开关，有的发电机上无此端子。

L 为充电指示灯连接端子，通过线束接充电指示灯或充电指示继电器。

S（或 R）为调节器的电压检测端子，通过导线直接连接蓄电池的正极。

E 为发电机和调节器的搭铁端子。

下面介绍几种典型车型电源系电路。

3.7.1 解放 CA1092 型汽车电源电路

该车型电路由 JF152D 或 JF1522A 型交流发电机与 JF106 型晶体管电压调节器和 6-QA-100 型干荷电蓄电池组成。既有电流表也有充电指示灯来显示蓄电池充、放电状况，充电指示灯利用中性点电压，通过起动组合继电器控制，其电路如图 3-31 所示。

K_2 为组合继电器常闭触点，除对起动机具有防止误起动作用外，还用来控制充电指示灯的亮灭；L_2 为保护继电器磁化线圈，承受发电机中性点电压。

充电指示灯的电路为：蓄电池“+”→起动机电源接线柱→30A 熔丝→电流表→点火开关→充电指示灯→组合继电器 L 接线柱→常闭触点 K_2→搭铁→蓄电池“-”极。

发电机励磁绕组电路为：蓄电池“+”→起动机电源接线柱→30A 熔丝→电流表→点火开关→5A 熔断器→发电机 F_2 接线柱→励磁绕组→发电机 F_1 接线柱→调节器 F 接线柱→搭铁→蓄电池“-”极（F_1 与 F_2 两接柱上的导线可互换）。

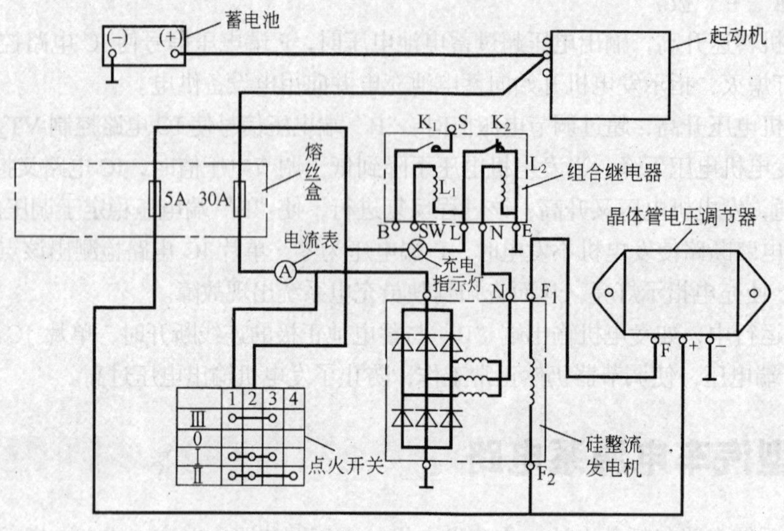

图3-31 解放CA1092型汽车电源电路

3.7.2 桑塔纳系列轿车电源系

桑塔纳系列轿车采用的内装集成电路调节器的整体式交流发电机，其电源系统电路如图 3-32 所示。

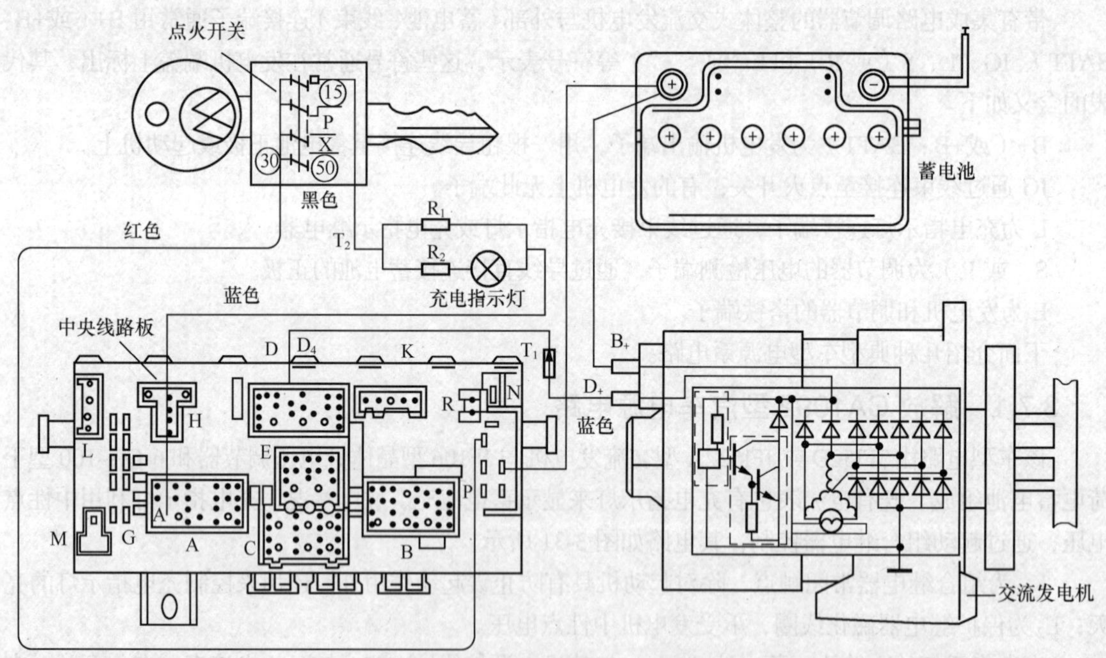

图3-32 桑塔纳2000轿车电源系统电路

交流发电机内部由 3 只磁场二极管与 6 只整流二极管组成一个三相桥式全波整流电路。外围电路有两个端子，其一整流电路输出端 B_+用红色导线与起动机 30 端子连接，给全车用电设备及蓄电池供电；其二输出端 D_+的连接电路构成充电指示工作电路，通过指示灯就否点亮来表示电源系充电状态。具体的电路如下：蓄电池正极→中央线路板 P 插座 P_6 端子→中央线路板内部线路→中央线路板 P 插座 P_2 端子→点火开关 30 端子→点火开关 15 端子→电阻 R 和充电指示灯→二极管→中央线路板 A 插座 A_{16} 端子→中央继电器盒内部→中央线路板 D 插座 D_4 端子→单端子连接器 T_1→交流发电机 D_+ 端子→发电机内部励磁绕组→电子调节器功率管→搭铁→蓄电池负极。当蓄电池电压高于交流发电机 D_+ 端子时（发电机不发电时），此电路构成闭合回路，充电指示灯亮。当发电机正常发电时 D_+ 端子电压高于蓄电池电压时，则由 3 只励磁二极管 D_+ 直接向励磁绕组提供电流，充电指示灯灭。

3.7.3 丰田威驰汽车电源系统

丰田威驰汽车电源系统是内装集成电路调节器（检测蓄电池电压）整体式交流发电机，其电源系电路如图 3-33 所示。

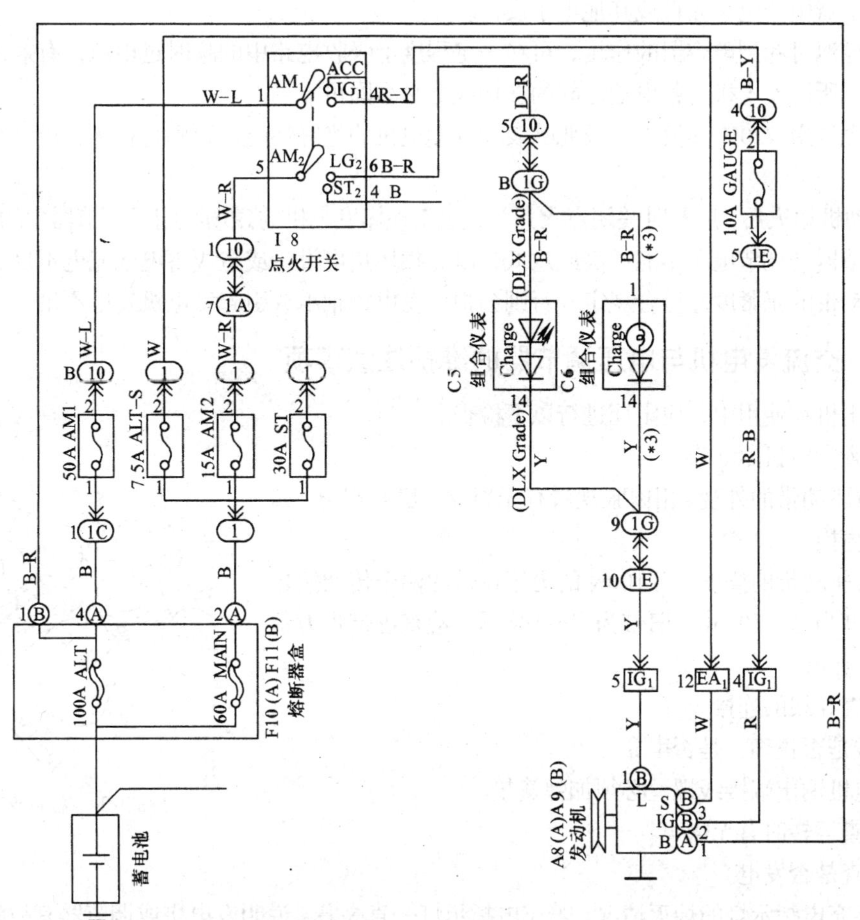

图3-33 丰田威驰轿车电源系统电路

发电机 B 插接器有 3 个端子：1 号端子 L 从点火开关 IG_2 端子开始，经组合仪表充电指示灯，控制充电指示灯的亮与灭；2 号端子 IG 从点火开关的 IG_1 端子，经 10A 的熔断器，给集成电路调节器提供工作电压；3 号端子 S 经 7.5A 和 60A 两个熔断器，检测蓄电池端电压高低。发电机 B 端子经熔断器盒 100A 熔断器与蓄电池正极连接，为蓄电池及用电设备提供电源。

3.8 交流发电机与电压调节器的检测与实验

3.8.1 交流发电机与电压调节器的使用注意事项

交流发电机整流器、晶体管调节器和集成电路调节器内部均装有电子元件，当受到瞬时过电压或过电流时，都会造成损坏。在使用和维修中应注意以下事项。

（1）蓄电池为负极搭铁，不能接反，否则会烧坏发电机或调节器的电子元件。

（2）严禁采用在发电机输出端搭铁试火的方法检查发电机是否有电，否则将损坏电子元件。

（3）发电机正常运行时，不可任意拆动各电器的连接线，以防引起电路中的瞬时过电压，损坏二极管及调节器中的电子元件或其他电子设备。

（4）蓄电池可起到电容器的作用，可在一定程度上吸收电路中的瞬时过电压，有效保护电路中的电子元件，所以发电机与蓄电池之间的连接线务必牢固可靠。

（5）不允许用 220V 交流电压或兆欧表检查发电机的绝缘性能，否则将损坏二极管及调节器中的电子元件。

（6）发动机熄火后，应及时关闭点火开关，避免损坏发电机的磁场绕组及调节器中的电子元件。

（7）调节器的调节电压不能过高或过低，以免损坏用电设备或造成蓄电池充电不足。

（8）传动带的张紧度应符合规定，否则会损坏发电机轴承或引起发电机发电不足。

3.8.2 交流发电机与电压调节器的维护注意事项

交流发电机在使用中，应定期进行以下检查。

（1）检查发电机驱动带。

① 检查驱动带的外观。用肉眼观看有无裂纹或磨损现象，如有此现象应更换。

② 检查驱动带的挠度。用 100N 的力压在带的两个传动轮之间，新带挠度为 5～10mm，旧带为 7～14mm。检查皮带张力示意如图 3-34 所示。

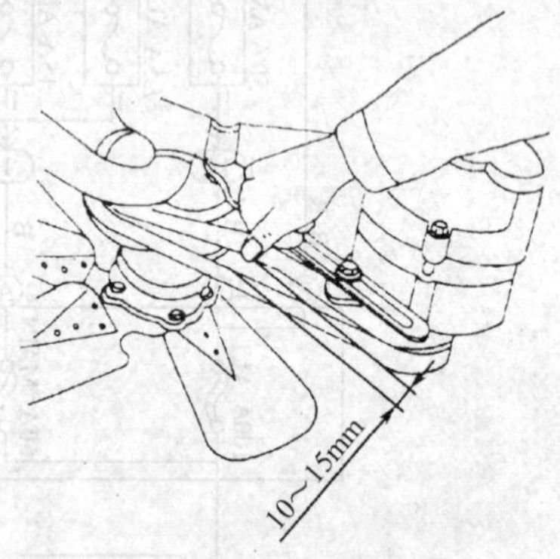

图3-34 检查皮带张力

（2）检查导线的连接。

① 接线是否正确，是否牢靠。

② 发电机输出端接线螺丝必须加弹簧垫。

（3）检查运转时有无噪声。

（4）检查是否发电。

① 观察充电指示灯的熄灭情况。若充电指示灯一直亮着，说明发电机或调节器有故障，也可能是充电指示灯线路有故障，应及时维修。

② 用万用表直流电压挡测量电压。在发电机未转动时测量蓄电池端电压，并记录下电压值，起动发动机并将转速提高到怠速以上，测量蓄电池端电压，若能高于原电压值，说明发电机正常发电，若测量电压一直不上升，说明发电机或调节器有故障，应及时维修。

3.8.3 交流发电机整机检测与实验

当充电系统出现故障时，若检查明确为交流发电机自身故障，需其从汽车上拆下，进行整机检测与实验。

1. **整机检测**

用指针万用表电阻挡测量发电机F与E之间的电阻值，测量发电机B与E之间的电阻值，若所测电阻值不符合表3-3中规定值，则表示发电机有故障。

表3-3 各接线柱之间的参考值

交流发电机型号		F与E之间/Ω	B与E之间/Ω		N与E之间/Ω	
			正向	反向	正向	反向
有刷	JF13、JF15、JF21	5～6	40～50	＞10kΩ	10	＞10kΩ
	JF22、JF23、JF25	19.5～21				
无刷	JFW14	3.5～3.8				
	JFW28	15～16				

（1）F与E之间的电阻值。即为励磁绕组的电阻，若超过规定值，可能是电刷与滑环接触不良；若小于规定值，可能是励磁绕组之间有匝间短路或搭铁故障；若电阻为零，可能是两个滑环之间有短路或F接线柱有搭铁故障。

（2）B与E之间的电阻值。若测量值为40～50Ω，可认为无故障；若所测示值正反两次均∞，则说明有失效的整流二极管，需拆检；若示值为零，则说明有不同极性的二极管击穿，需拆检。

若交流发电机有中性抽头（N）接线柱，用数字万用表二极管挡，测N与E及N与B之间的正反向电压，可进一步判断故障在正极管还是在负极管。

2. **整机性能实验**

按图3-35所示的接线方法，在试验台上对发电机进行发电机空载试验和负荷试验，测出发电机在空载和满载情况下发出额定电压时对应的最小转速，从而判断发电机的工作是否正常。

（1）空载转速的测试。空载电压的测试在试验台上进行，先将开关S_1闭合，由蓄电池给发电机提供他励电流，接着起动电动机，逐步提高电动机的转速。当转速上升到500～800 r/min时，发电机开始自励，继续提高转速，同时观察电压表的读数，转速上升到规定值时，如果电压值低于额定值，则表明发电机有故障。

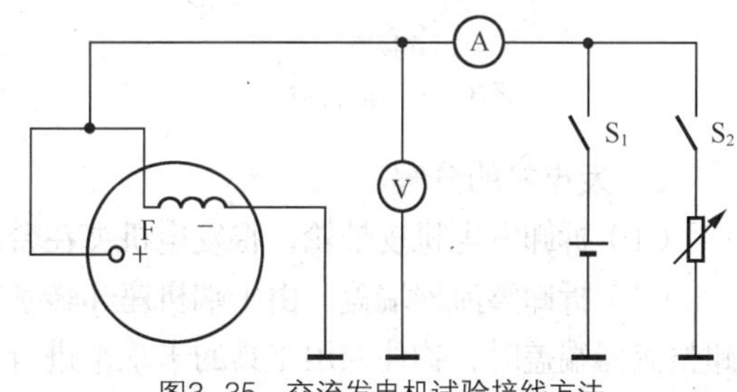

图3-35 交流发电机试验接线方法

（2）额定转速的测试。断开开关S_1，发电机转为自励，合上开关S_2，调节可调电阻R，在发电机转速为1000 r/min时，发电机电压应大于12V或24V；在发电机转速为2500 r/min时，电压应达到14V或28V，电流应该达到或接近该发电机的额定电流。

3. **输出电压波形检测**

当交流发电机有故障时，其输出电压的波形将出现异常。因此，根据输出电压波形可以判断交流发电机内部二极管及定子绕组是否有故障，出现各种故障时输出电压波形如图3-36所示。

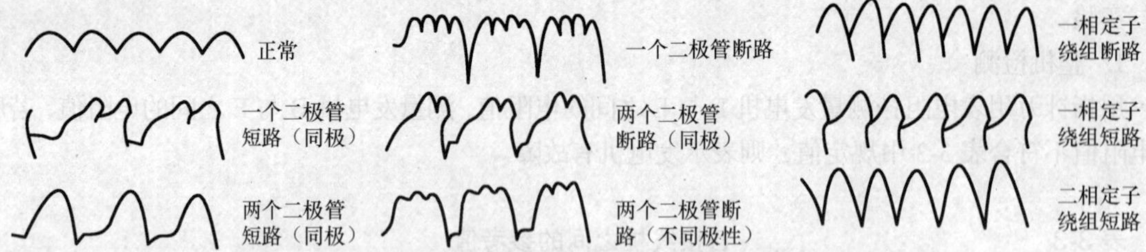

图3-36 交流发电机出现内部故障时输出电压的波形

3.8.4 交流发电机的拆解与检测

1. 发电机的就车拆卸

（1）断开蓄电池负极端子电缆断开蓄电池负极电缆之前，对 ECU 等元件内保存的信息作一个记录，如 DTC（故障诊断码）、选择的收音机频道、座椅位置（带有记忆系统）、方向盘位置（带有记忆系统）等。

（2）断开发电机电源线及连接器，如图 3-37 所示。

（3）拆卸发电机。拧松发电机贯穿螺栓或张紧轮，然后拆卸传动皮带。拆卸发电机固定螺栓，然后拆卸发电机，如图 3-38 所示。

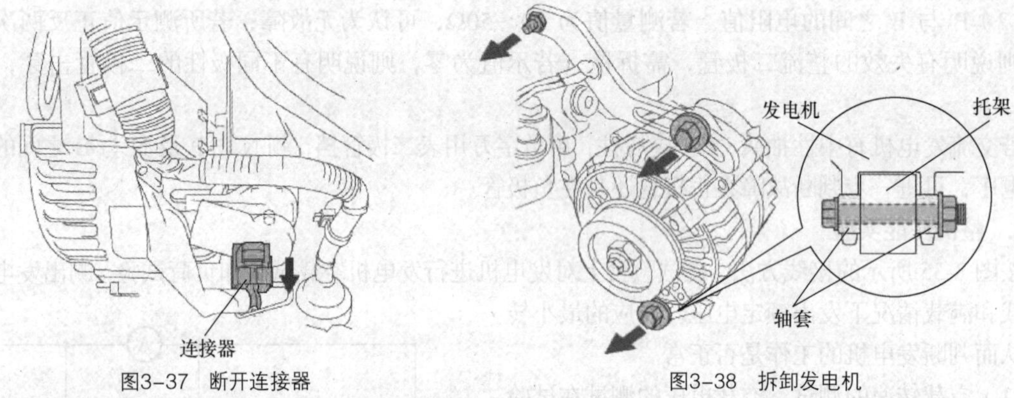

图3-37 断开连接器　　图3-38 拆卸发电机

2. 发电机的分解

（1）拆卸发电机皮带轮，将发电机夹在台虎钳上，采用如图 3-39 所示的方法将皮带轮拆下。

（2）拆卸整流器端盖。由于端机座和转子轴承是结合在一起的，所以需要专用工具来拆卸。拆卸整流器端盖时，钩住专用工具的卡爪来进行，如图 3-40 所示。

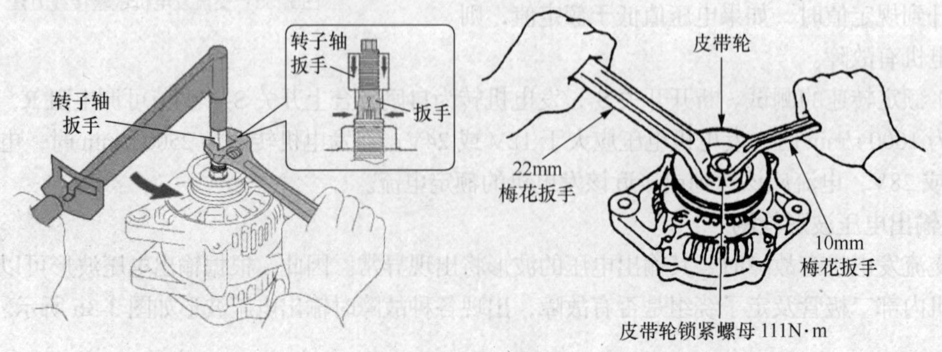

图3-39 拆卸皮带轮

（3）拆卸发电机转子。通过用锤敲打，从主动机座一端拆卸转子。注意，用锤子敲时，转子会掉下来，所以事先应当在下面摊开一块布料，如图 3-41 所示。

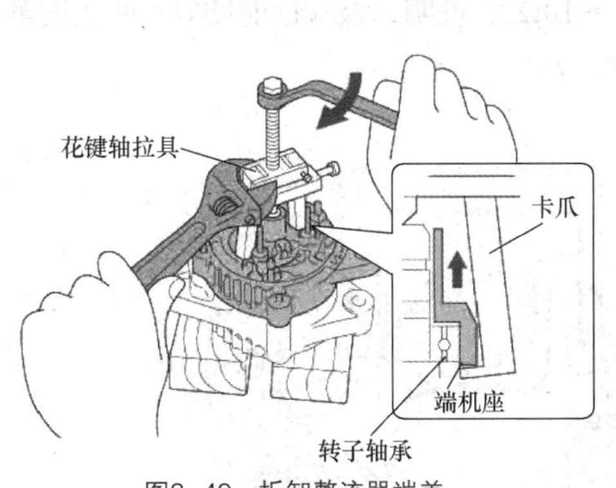

图3-40 拆卸整流器端盖

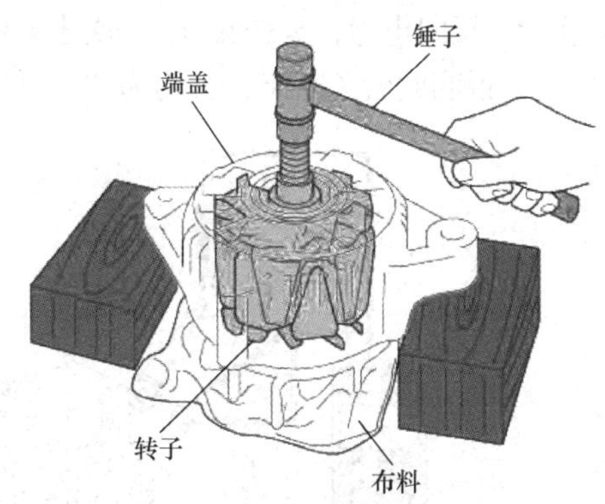

图3-41 拆卸转子

3. 发电机的拆卸后的检查

（1）转子的检测。用万用表检查定子绕组是否有短路、断路，如图 3-42 所示。用万用表检测励磁绕组的电阻，如果阻值低于标准值（见表 3-3），则说明励磁绕组短路；如果阻值为无穷大，则说明励磁绕组断路。

用万用表 10kΩ 挡检测按图 3-43 所示方法励磁绕组是否搭铁，如果阻值很小说明励磁绕组搭铁。

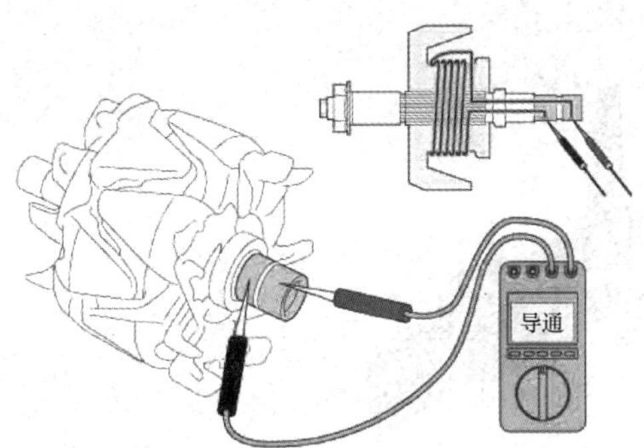

图3-42 检查励磁绕组是否短路、断路

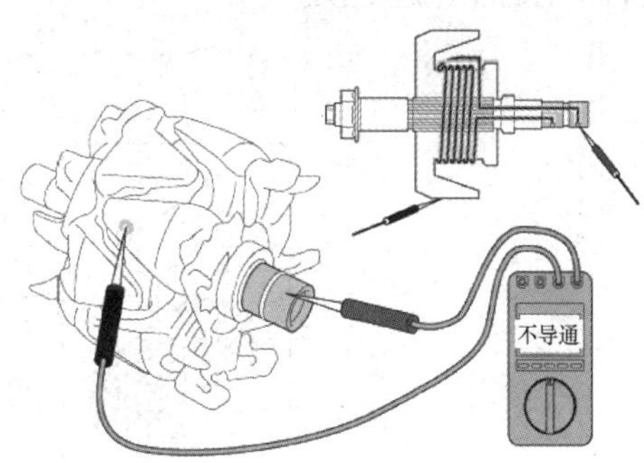

图3-43 检查励磁绕组是否搭铁

（2）定子的检测。用万用表检测定子绕组是否断路或搭铁。如图 3-44 所示，进行检测是否断路作业，方法是每次取定子绕组两个首端，测量 3 次，每次测量的阻值都应小于 0.3Ω；如图 3-45 所示，进行检测是否搭铁作业，万用表显示应为无穷大。若不正常，需要更换定子总成。

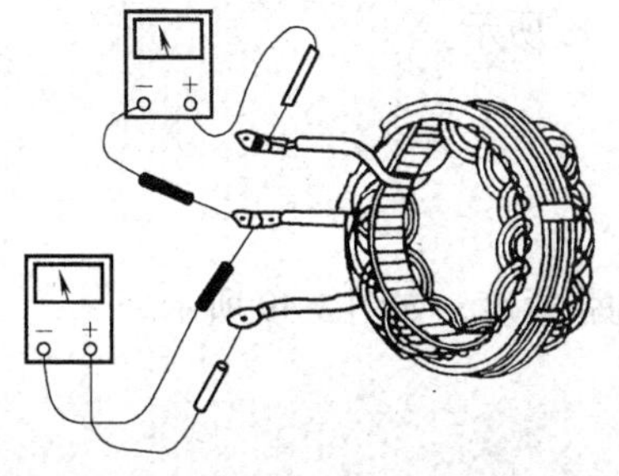
图3-44 检查定子绕组是否断路

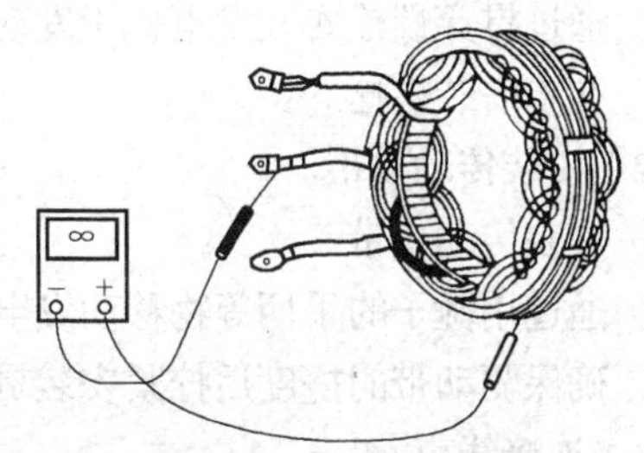

图3-45 检查定子绕组是否搭铁

（3）整流器的检测。将定子绕组与硅整流二极管的连线拆开，用指针式万用表欧姆挡分别接到二极管的引线（如图 3-46 中的 P_1、P_2、P_3、P_4 端子）与壳体上，然后更换表笔再测量，若两次测量值一次大（反向电阻，＞10kΩ）、一次小（正向电阻，8～10Ω），说明二极管性能良好；两次测量都为“∞”，说明此管子断路；若均为“0”，说明此管子被击穿。

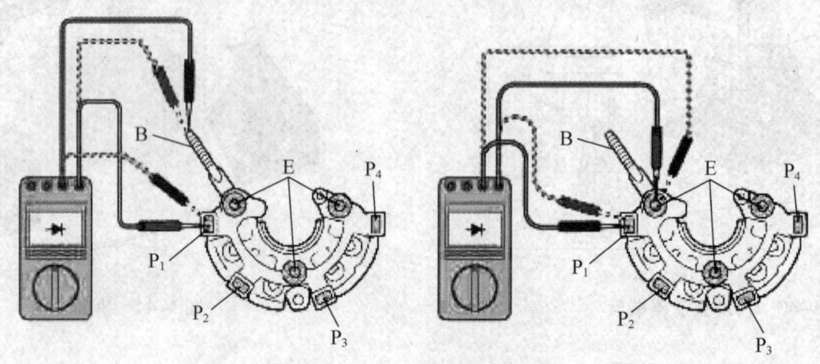

图3-46 整流器二极管的检测

（4）电刷的检测。用游标卡尺测量电刷的长度，如图 3-47 所示。在电刷的中部测量（电刷的）长度，因为这个地方磨损最严重。滑环接触电刷，当自身旋转时接通成电流。因此，当电刷的长度短于规定值时，接触会恶化，影响电流的流动，发电机的发电性能下降。如果测量值小于标准值，将电刷和电刷座一起更换。

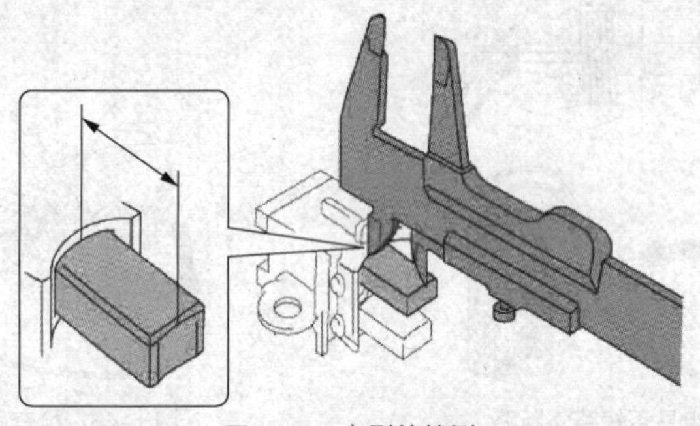

图3-47 电刷的检测

4. 交流发电机的装复

（1）安装发电机。

① 按拆卸的逆序安装发电机整机。

② 通过贯穿螺栓安装发电机于发动机前端，如图 3-48 所示。

③ 初步安装螺栓。

（2）安装传动皮带。

① 安装传动皮带。

② 通过用锤子的手柄等物移动发电机来调整皮带的张紧度，如图 3-49 所示。

③ 确保驱动带的挠度后拧紧安装贯穿螺栓和螺栓。

（3）连接线束。

① 发电机电缆，安装防短路罩壳。

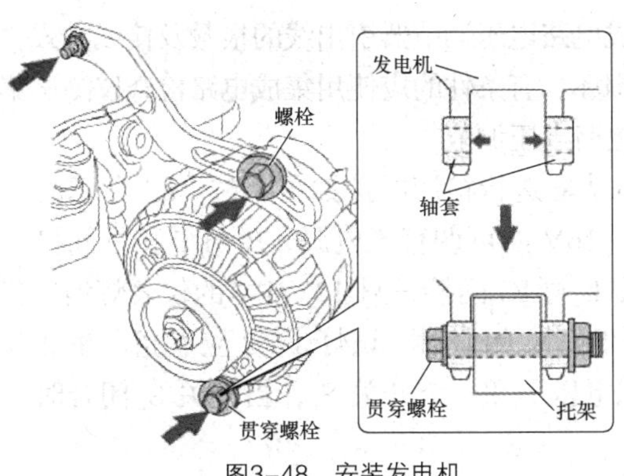

图3-48 安装发电机

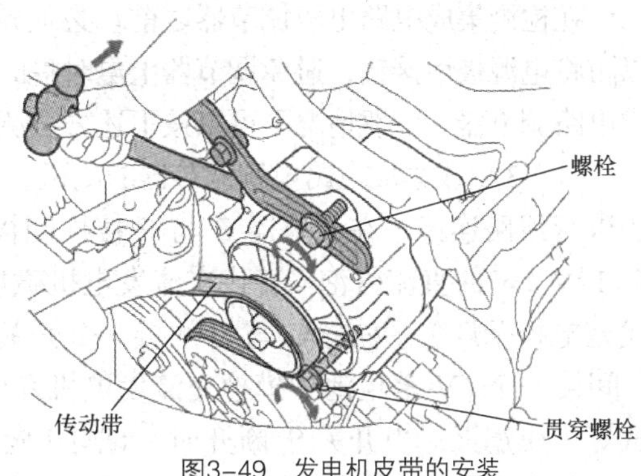

图3-49 发电机皮带的安装

② 连接发电机连接器。

③ 连接蓄电池负极端子电缆，恢复车辆信息，如选择的收音机频道、时钟设置、方向盘位置（带有记忆系统）、座椅位置（带有记忆系统）等。

3.8.5 电压调节器的检测与实验

对晶体管式电压调节器进行检查前，应先了解调节器的电路特点及搭铁类型，再确定相应的测试方法。

1. 内搭铁式晶体管电压调节器的测试

将可调直流电源与调节器按图 3-50 所示的线路接好，再逐步提高电源电压。当电压达到 6V 左右时，指示灯点亮。继续提高电源电压，当电压达到 13.5～14.5V 时，指示灯应熄灭，此时电压即为调节器的调节电压。若灯泡在电压达 6V 时不亮，或者发电机电压超过规定值后灯泡仍不熄灭，则说明该调节器有故障。

2. 外搭铁式晶体管电压调节器的测试

外搭铁交流发电机工作时，磁场绕组通过调节器搭铁，具体测试线路连接如图 3-51 所示。其测试方法与内搭铁式晶体管电压调节器的测试方法完全相同。

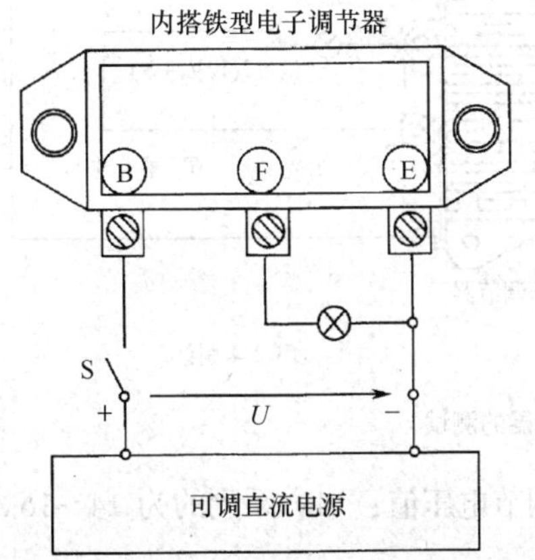

图3-50 内搭铁式晶体管电压调节器的测试

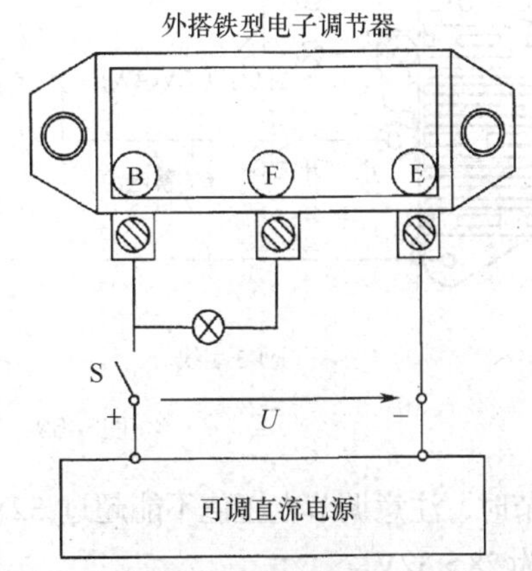

图3-51 外搭铁式晶体管电压调节器的测试

3. 集成电路电压调节器的检测与实验

在检测集成电路电压调节器之前，必须弄清楚集成电路电压调节器引出线的根数及接线方式，以防将电源极性接错，避免调节器上电时瞬时短路而损坏。有条件的应使用集成电路检查仪测试集成电路调节器。一般情况下可以按下述方法测试集成电路电压调节

（1）3 引线集成电路电压调节器的测试。对电压调节器进行检测时按如图 3-52（a）所示的方法进行线路连接。在调节器 B 与 E 接柱间接一个 0～16V 的可调直流电源，B 与 F 接柱间接一个 12V/4W 的直流灯泡（替代交流发电机磁场绕组），L 与 IG 间接一只 12V/4W 的仪表灯泡（替代充电指示灯），并在 IG 与 B 间接一个开关 S_1。当开关 S_1 闭合时，试灯 1、2 应点亮。在 P 与 E 间接一个 6V 蓄电池（模拟交流发电机发电时的相电压）和一个开关 S_2，当开关 S_2 闭合时，试灯 1 应熄灭；当开关 S_2 断开时，试灯 1 应点亮。

调节可调直流电源，当电压升高到 15.0～15.5V（不同车有一定的差别）以上时，试灯 2 应熄灭；当电压下降到 13.5V 以下时，试灯 2 应又点亮。

若结果不符合上述要求，表明集成电路电压调节器损坏。

（2）4 接柱式的集成电路电压调节器的测试。检测 4 接柱电压调节器时，按图 3-52（b）所示方法进行线路连接。检查时，在调节器 B、S 与 E 接点间各接一个 0～16V 的可调直流电源，B 与 F 接点间接一个 12V/4W 的直流灯泡（代替交流发电机磁场绕组），L 与 IG 间接一个 12V/4W（代替充电指示灯）的仪表灯泡，并在 IG 与 B 间接一个开关 S_1，当开关 S_1 闭合时，试灯 1、2 应点亮。在 P 与 E 间接一个 6V 蓄电池和一个开关 S_2，当开关 S_2 闭合时，试灯 2 应熄灭；当开关 S_2 断开时，试灯 2 应点亮。调节可调直流电源 1，当电压升高到 15.0～15.5V 以上时，试灯 2 应熄灭；当电压下降到 13.5V 以下时，试灯 2 应又点亮。调节可调直流电源 2，当电压下降到 13.5V 以下时试灯 1 应又点亮。若结果不符合上述要求，表明集成电路电压调节器损坏。

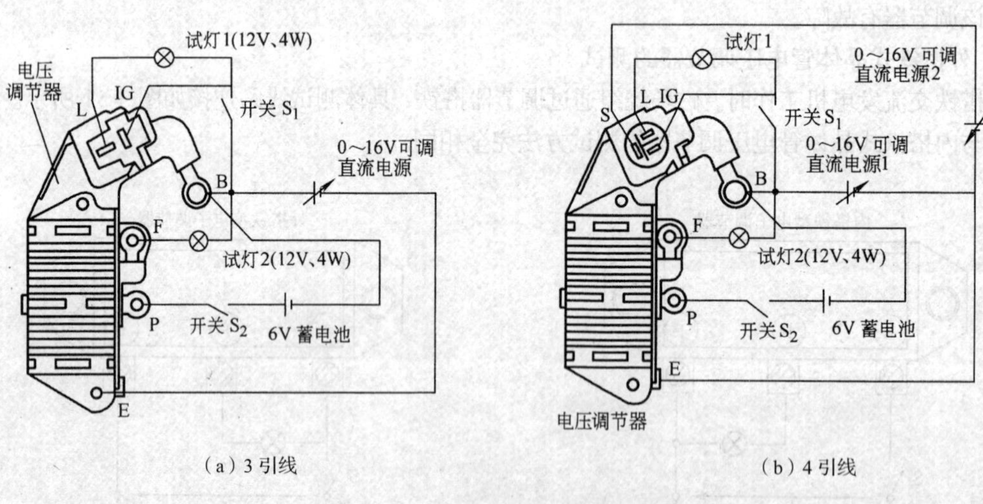

图3-52 集成电路电压调节器的测试

调节时，注意调节电压值不能超过 32V。调节器的调节电压值：14V 系列的为 14～16V，28V 系列的为 28～32V。

3.8.6 就车检验

交流发电机的就车检验法就是在汽车上关掉点火开关，临时拆下蓄电池负极线，在发电机火线B接线柱与火线原接线之间串接电流表（0～40A），并用万用表检测B与E之间电压值，连接好蓄电池的搭铁线。起动发动机，并将发动机提升至转速为 2 500r/min，此时，万用表的电压值应显示为14V或28V以上，电流表值应为10A左右。此时打开前照灯、雨刮器等电器，电流应为20A左右，则表明复装后的发电机工作正常。

3.9 充电系统故障诊断

3.9.1 充电系统常见故障及分析

充电系统故障可通过仪表上的充电指示点亮来表示。充电系统有故障时应及时进行检修排故，以免造成更大的损失。

充电系统常见故障有不充电、充电电流过小、充电电流过大、充电不稳定等。故障原因可能是发电机皮带打滑、发电机故障、调节器故障、磁场继电器故障及充电电路故障，以及蓄电池、充电指示灯、点火开关等故障。诊断充电系统故障时，应综合考虑整个系统各部分之间的关系，仔细阅读说明书和线路图，按照一定的检查步骤逐步找出故障点。

1. 不充电

发动机以中速以上运转时，故障现象表现为电流表指示仍在放电或充电指示灯亮，说明为不充电故障，此故障最为常见。故障部位及原因如表3-4所示。

表3-4 不充电故障的部位及原因

故障部位		故障原因	排除方法
风扇皮带		过松或断裂	更换
电流表或指示灯		损坏	更换
发电机	定子绕组	断路或搭铁	建议更换发电机总成
	励磁绕组	断路或搭铁	建议更换发电机总成
	滑环或碳刷	滑环严重烧蚀、脏污或裂纹、碳刷过度磨损、卡滞	可通过焊接、机加工修复、更换碳刷
	整流器	二极管脱焊	脱焊的故障可以通过补焊修复、或更换整流器总成
调节器		晶体管调节器损坏	更换调节器
外部线路		断路或接柱松脱	接通电路、拧紧接柱

2. 充电电流过小

若将发动机转速由低速逐渐升高至中速时，故障现象表现为打开大灯时灯光暗淡或按喇叭时音量过小，电流表指示放电，说明为充电电流过小故障。故障部位及原因如表3-5所示。

表 3-5 充电电流过小故障部位及原因

故障部位		故障原因	排除方法
风扇皮带		张紧度不够	按要求张紧
发电机	定子绕组	匝间短路	建议更换发电机总成
	励磁绕组	匝间短路	建议更换发电机总成
	滑环或碳刷	滑环轻度烧蚀、脏污或裂纹、碳刷磨损不均、接触不良	可用细砂纸打磨滑环、更换碳刷及碳刷弹簧
	整流器	个别二极管损坏	对于压装的二极管可以个别更换，否则更换整流器总成
调节器		晶体管调节器损坏	更换调节器
外部线路		接柱松动或接触不良	拧紧接柱

3. 充电电流过大

发动机转速在中速以上，故障现象表现为蓄电池电解液消耗过快且有气味，点火线圈过热，熔断器易烧坏，用电设备易损坏，说明为充电电流过大故障。

故障部位及原因如下。

① 调节器调节电压过高或失控，机械式调节器低速触点烧蚀。

② 发电机“+”接柱和磁场接柱短路。

③ 蓄电池亏电不多，蓄电池内部短路。

4. 充电不稳

发动机正常运转时，仪表上安装有电流表的车故障现象表现为汽车上的电流表指示充电，但指针左右摆动，忽大忽小，或者大灯亮度不停的在变化，这说明为充电不稳故障。

故障部位及原因如下。

① 发电机皮带过松、跳动或皮带轮失圆。

② 发电机内部接线松动、接触不良。

③ 发电机电刷磨损过度，电刷弹簧弹力减退或折断，滑环脏污或失圆。

④ 调节器触点接触不良，磁场线接触不良。

3.9.2 充电系统的故障诊断流程

依据图 3-32 所示桑塔纳 2000 轿车电源系统电路，并结合表 3-4 所示，制定出“发电机不发电”故障诊断流程图如图 3-53 所示。

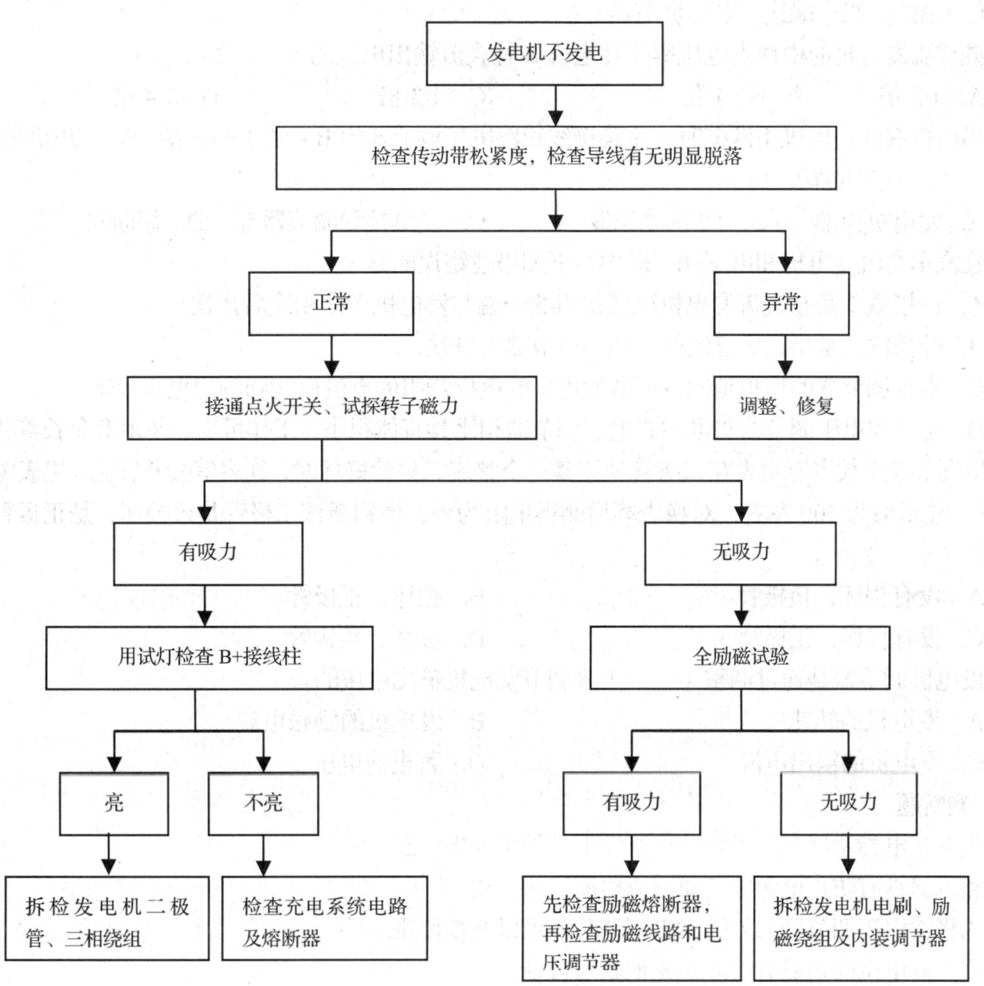

图3-53 桑塔纳2000充电系统故障诊断流程

习题与复习题

一、选择题

1. 交流发电机中产生磁场的装置是（ ）。

   A. 转子 B. 定子 C. 整流器 D. 电压调节器

2. 交流发电机定子的作用是（ ）。

   A. 产生磁场 B. 生产直流电 C. 产生三相交流电 D. 变交流为直流

3. 11 管整流的交流发电机有（ ）个负二极管。

   A. 3 B. 6 C. 9 D. 11

4. 关于内搭铁式电压调节器的说法，错误的是（ ）。

   A. 励磁绕组在电压调节器之前

   B. 励磁绕组一端直接搭铁

C. 励磁绕组一端连接电压调节器

5. 硅整流发电机的中性点电压等于发电机 B 柱直流输出电压的（　　）。

A. 1/2 倍　　B. 1 倍　　C. 1/3 倍　　D. 1/4 倍

6. 当内搭铁式发电机不发电时，用跨接线短路电压调节器的 B＋端子和 F 端子后，开始充电，则说明（　　）存在故障。

A. 发电机内部　　B. 调节器内部　　C. 发电机和调节器都　　D. 熔断器

7. 在汽车交流发电机和电压调节器中，下列描述错误的是（　　）。

A. 内搭铁式是指交流发电机磁场绕组的一端与发电机壳体相连后搭铁

B. 外搭铁式是指磁场绕组的一端经调节器后搭铁

C. 电压调节器的作用是通过调节发电机的电枢绕组的电流而达到输出电压稳定

D. 电子式电压调节器与电磁式电压调节器相比具有体积小，工作可靠，使用寿命长等特点

8. 用汽车专用数字万用表在二级管处测量一个整流二极管好坏时，红表笔接其管壳，黑表笔接中心引线，显示值为 500 左右，对换表笔后测得电阻为∞，请判断该二极管是否损坏，是正极管还是负极管。（　　）

A. 没有损坏，负极管　　B. 损坏，正极管

C. 没有损坏，正极管　　D. 损坏，负极管

9. 发电机调节器是通过调整（　　）来调节发电机输出电压的。

A. 发电机的转速　　B. 发电机的励磁电流

C. 发电机的输出电流　　D. 蓄电池电压

二、判断题

1. 汽车充电指示灯亮，表明硅整流发电机处于发电状态。（　　）
2. 整流器具有防止电源电压向整流器灌流的作用。（　　）
3. 内搭铁电压调节器与外搭铁电压调节器可以互换使用。（　　）
4. 交流发电机的励磁方法应是先他励后自励（　　）
5. 整体式交流发电机严禁采用试火的方法检查故障。（　　）
6. 在整流过程中，任何时刻负二极管只有一个导通。（　　）
7. 小型发电机的定子绕组多采用Y型接法。（　　）
8. 采用中性点二极管的目的是充分利用中性点电压的直流分量。（　　）

三、思考题

1. 简述交流发电机的工作原理。
2. 简述交流发电机的空载特性、输出特性和外特性。
3. 为什么交流发电机不需要限流器来限制电流？
4. 试分析 JFT106 型晶体管调节器的工作原理。
5. 交流发电机与电压调节器的检查测试有哪些内容，如何检测？
6. 分析充电系统不充电的原因有哪些？

第4章 起动系统

学习目标：

- ❖ 能正确描述起动系统的作用与组成。
- ❖ 能正确描述直流电动机的结构及工作原理。
- ❖ 能正确描述起动机的组成与结构。
- ❖ 能描述直流电动机的工作特性。
- ❖ 掌握起动机工作过程分析。
- ❖ 掌握起动系电路分析。
- ❖ 掌握起动系故障诊断与排除。

4.1 起动系统的作用与组成

4.1.1 起动系统的作用

起动系统的作用是通过起动机将蓄电池的电能转换为机械能，克服发动机曲柄连杆机构的静止惯性，驱动发动机运转。发动机起动后，起动机便立即停止工作。发动机常用的启动方式有人力起动、辅助汽油机起动和电力起动机起动 3 种，其中后者为目前绝大多数车辆所采用。电力起动机起动方式是由直流电动机通过传动机构将发动机起动，具有操作简单、体积小、重量轻、安全可靠、起动迅速并可重复起动的优点，一般将这种电动起动机简称为起动机。起动机均安装在汽车发动机飞轮壳前端的座孔上，用螺栓紧固。

4.1.2 起动系统的组成

起动系统的组成如图 4-1 所示，主要由蓄电池、点火开关、起动继电器、起动机等组成。

起动机在点火开关或起动按钮的控制下，将蓄电池的电能转化为机械能，通过飞轮齿环带动发动机曲轴转动。为增大转矩，便于起动，起动机与曲轴的传动比：汽油机一般为 13～17，柴油机一般为 8～10。

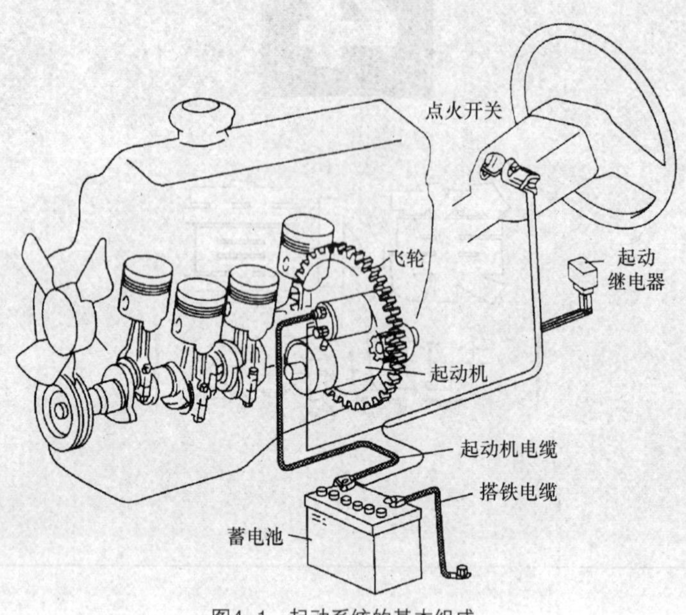

图4-1 起动系统的基本组成

4.1.3 起动机的组成

起动机一般由直流电动机、传动机构和电磁操纵机构三部分组成，如图 4-2 所示，各部分的功用如下。

（1）直流电动机的作用是产生电磁转矩。

（2）传动机构的作用是在发动机起动时，使起动机小齿轮与飞轮齿圈啮合，将起动机转矩传给发动机飞轮；在发动机起动后，使起动机自动脱开飞轮齿圈。

（3）电磁操纵机构的作用是控制起动机的运转和传动机构的啮合与分离。

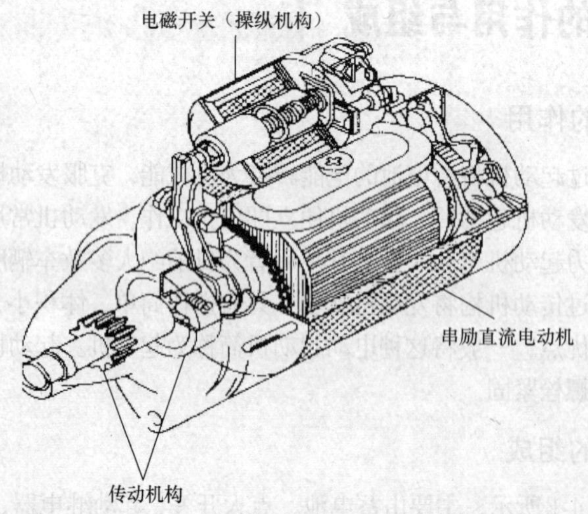

图4-2 起动机的组成

4.1.4 起动机的型号

根据中华人民共和国行业标准《汽车电气设备产品型号编制方法》（QC/T 73—1993）规定，起动机的规格型号如下：

Ⅰ	Ⅱ	Ⅲ	Ⅳ	Ⅴ

Ⅰ——产品代号。起动机的产品代号 QD、QDJ、QDY 分别表示起动机、减速起动机及永磁起动机。

Ⅱ——电压等级代号，用 1 位阿拉伯数字表示，其中 1 为 12V、2 为 24V、6 为 6V。

Ⅲ——功率等级代号。其含义如表 4-1 所示。

Ⅳ——设计序号，按产品的先后顺序，用 1～2 位阿拉伯数字表示。

Ⅴ——变形代号。

例如，QD124 表示额定电压为 12V、功率为 1～2kW、第 4 次设计的起动机；QD1225 表示额定电压为 12V、功率为 1～2kW、第 25 次设计的起动机。

表 4-1 功率等级代号的意义

功率等级代号	1	2	3	4	5	6	7	8	9
功率/kW	～1	1～2	2～3	3～4	4～5	5～6	6～7	7～8	8～9

4.2 直流电动机的结构与工作原理

4.2.1 直流电动机的结构

汽车用起动电动机一般为串励式直流电动机，它主要由电枢、磁极、电刷与电刷架以及机壳等部件组成。

1. 电枢

电枢由电枢轴、电枢铁心、电枢绕组、换向器等组成，其作用是产生电磁转矩，电枢的结构如图 4-3（a）所示。铁心由外圆带槽的硅钢片叠制而成，压装在电枢轴上，电枢绕组嵌装在铁心的槽内。为了得到较大的转矩，流经电枢绕组的电流很大，一般为 200～600A，故电枢绕组采用较粗的矩形裸铜线绕制。为了防止裸铜线绕组间短路，在铜线与铜线之间、铜线与铁心之间，用绝缘性能较好的绝缘纸隔开。电枢绕组各线圈的端头均焊接在换向器上。电枢绕组一般用波形绕法，如图 4-3（b）所示，与每一绕组两端相连的换向器片相隔 90°。这种绕法电阻较低，有利于提高转矩。

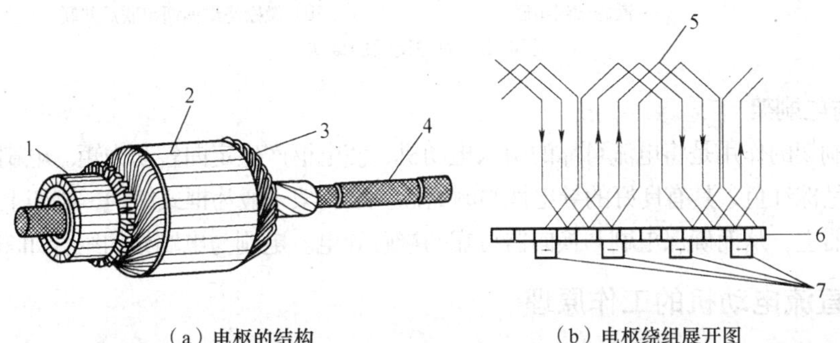

（a）电枢的结构　（b）电枢绕组展开图

图4-3 电枢

1、6—换向器；2—铁心；3、5—电枢绕组；4—电枢轴；7—电刷

换向器由铜片和云母片相互叠压而成，压装在电枢轴上。其作用是将电源提供的直流电转换方向，以保证电枢绕组所产生的转矩方向不变。

2. 磁极

磁极的作用是产生磁场，分为励磁式和永磁式两类，前者最为常见。励磁式磁极由铁心和励磁绕组构成。为增大磁场强度，大多数起动机通常采用4个磁极。磁场绕组与电枢绕组串联，用矩形裸铜线绕制。定子与转子铁心形成的磁力线回路如图4-4所示，低碳钢板制成的机壳是磁路的一部分。

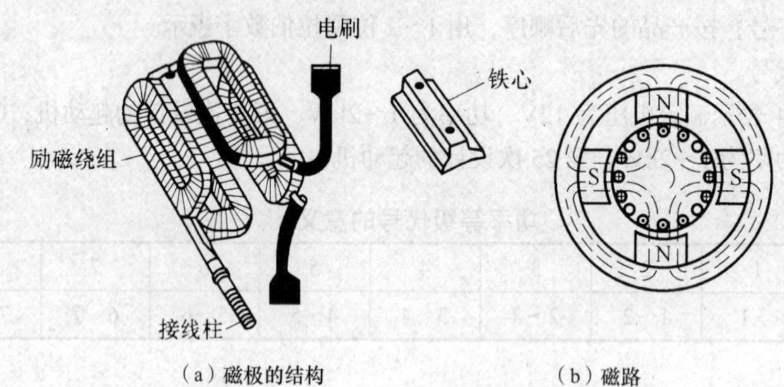

（a）磁极的结构　　（b）磁路

图4-4　磁极与磁路

4个磁场绕组的连接方式有两种，如图4-5所示，无论采用哪一种形式，4个磁极绕组所产生的磁极都应该是相互交错的。由于励磁绕组与电枢绕组串联，故这种电动机称为直流串励式电动机。

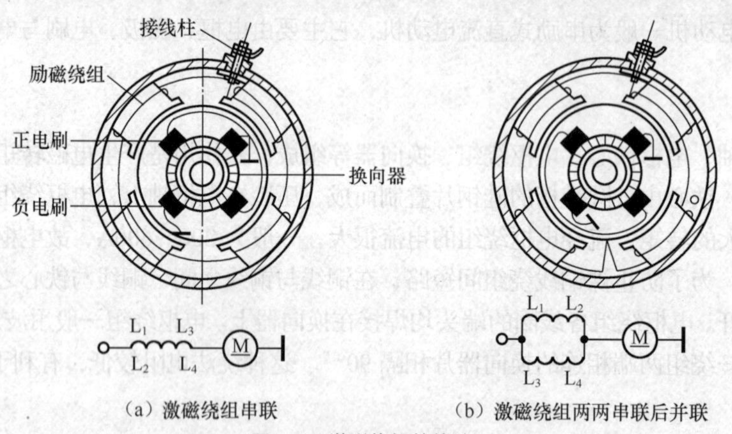

（a）激磁绕组串联　　（b）激磁绕组两两串联后并联

图4-5　激磁绕组的接法

3. 电刷与电刷架

电刷与电刷架的作用是将电流可靠的引入电动机，使电枢产生定向转动力矩。电刷由铜粉与石墨粉压制而成，呈棕红色，具有良好的导电性与耐磨性。电刷架一般为框式结构，刷架上的盘形弹簧将电刷压在换向器上，从而确保电刷与换向器可靠的接触导电。电刷与电刷架的组合如图4-6所示。

4.2.2 直流电动机的工作原理

直流电动机将电能转变为机械能，它根据通电导体在磁场中受电磁力作用的原理工作的。汽车用直流电动机多采用串励式，其工作原理如图4-7所示。

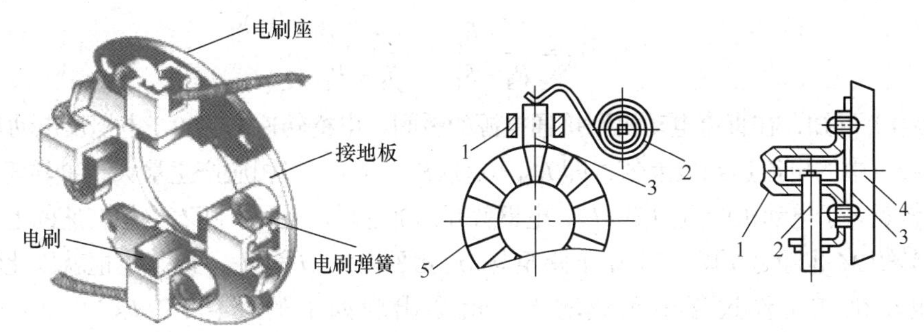

图4-6　电刷与电刷架的组合

1—框式刷架；2—盘形弹簧；3—电刷；4—前端盖；5—换向器

当电路接通时，如图 4-7（a）所示，线圈 abcd 的电流方向是：蓄电池正极→励磁绕组→电刷→换向片 A→线圈（a-d）→换向片 B→电刷→搭铁。此时，励磁绕组中产生电磁场，磁场磁极如图中所示；根据左手定则可知，线圈中的有效边 ab 与 cd 所受磁场力 F 的方向如图中所示；此时线圈产生的转矩方向为逆时针。当线圈转过半周后，如图 4-7（b）所示，线圈 abcd 中的电流方向发生改变，电流方向是：蓄电池正极→励磁绕组→电刷→换向片 B→线圈（d-a）→换向片 4→电刷→搭铁。此时，线圈中的电流方向虽改变为 d→a，但线圈中有有效边 ab 与 cd 所受的磁场力 F 的方向同时改变，故线圈产生的转矩方向不变，仍为逆时针方向。

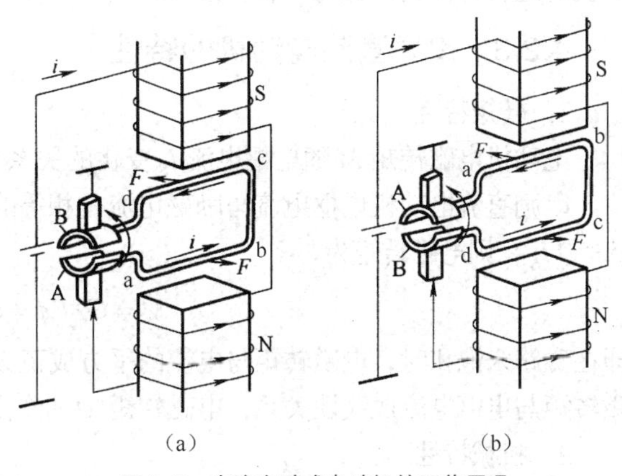

图4-7　直流串励式电动机的工作原理

由于一个线圈所产生的力矩太小，转速又不稳定，所以电动机的电枢绕组是由很多线圈组成的，换向器的片数也随线圈的增加而增加，从而形成电枢的形态。由电工学得知，电动机转矩为

$$M = C_{\mathrm{m}} I_{\mathrm{s}} \phi \tag{4-1}$$

式中：C_{m}——电动机常数，与电动机的结构有关；

I_{s}——电枢电流；

ϕ——磁极磁通。

当直流电动机接入直流电源时，产生的电磁转矩使电枢旋转。而电枢旋转，其绕组又切割磁力线而产生感应电动势，其方向按右手定则判断，恰与电枢电流的方向相反，称为反电动势，其大小为

$$E_{\mathrm{f}} = C_{\mathrm{m}} \phi n \tag{4-2}$$

式中：E_{f}——反电动势；

n——电动机的转速。

这样，外加电压 U 一部分降落在电枢绕组 R_{S} 和励磁绕组的电阻 R_{L} 上，另一部分则用来平衡电动机的反电动势 E_{f}，即

$$U = E_{\mathrm{f}} + I_{\mathrm{S}} R_{\mathrm{S}} + I_{\mathrm{S}} R_{\mathrm{L}} \tag{4-3}$$

式（4-3）称为电动机的电压平衡方程式。由上式可得

$$I_S=\frac{U-E_f}{R_S+R_L}=\frac{U-C_m\phi n}{R_S+R_L} \quad (4\text{-}4)$$

由式（4-4）可知，在直流电动机刚接通电源的瞬间，电枢转速 n 为 0，电枢反电动势也为 0，此时，电枢绕组中的电流达到最大值，即 $I_{SM}=U/(R_L+R_S)$，将相应产生最大电磁转矩 M_{max}，若此时的电磁转矩大于电动机的阻力矩 M_z，电枢就开始加速转动起来。随着电枢转速的上升，$E_f\uparrow$，$I_S\downarrow$，电磁转矩 M 也随之下降。当 M 下降至与 M_z 相平衡（$M=M_z$）时，电枢就以此转速运转。如果直流电动机在工作过程中负载增大，就会出现如下的变化：$M<M_z\rightarrow n\downarrow\rightarrow E_f\downarrow\rightarrow I_s\uparrow\rightarrow M\uparrow\rightarrow M=M_z$，达到新的稳定；或直流电动机的工作负载减小，则出现如下变化：$M>M_z\rightarrow n\uparrow\rightarrow E_f\uparrow\rightarrow I_s\downarrow\rightarrow M\downarrow\rightarrow M=M_z$，达到新的稳定。可见，串励直流电动机，当负载发生变化时，其转速、电流和转矩，将会自动发生相应的变化，以满足负载变化的需要，串励直流起动机的这种特性我们称为“软特性”。

4.2.3 串励直流电动机的特性

1. 转矩特性

电动机电磁转矩 M 随电枢电流 I_S 变化的关系 $M=f(I_S)$ 称为转矩特性。

串励直流电动机电枢电流与励磁电流是相等的，故 ϕ 在磁路未饱和时，磁通与电流成正比，即 $\phi=C_1I_S$，则电磁转矩为

$$M=C_mI_s\phi=C_mC_1I_S^2=C\ I_S^2 \quad (4\text{-}5)$$

即在磁路未饱和时，电磁转矩与电流的平方成正比；在磁路饱和后，电流增大，磁通保持不变，电磁转矩与电枢电流成线性关系，电磁转矩 M 曲线如图 4-8 所示。

2. 机械特性

电动机的转速 n 随电磁转矩 M 而变化的关系 $n=f(M)$ 称为机械特性。

由电压平衡方程式可得

$$n=\frac{U-I_S(R_S+R_L)}{C_m\phi} \quad (4\text{-}6)$$

在磁路未饱和时，I_S 增大时，ϕ 也增大，其转速 n 将迅速下降，如图 4-8 中 n 曲线所示。

由于 $M\propto I_S^2$，所以串励直流电动机的转速随转矩的增加而迅速下降，即具有软的机械特性，如图 4-9 所示。

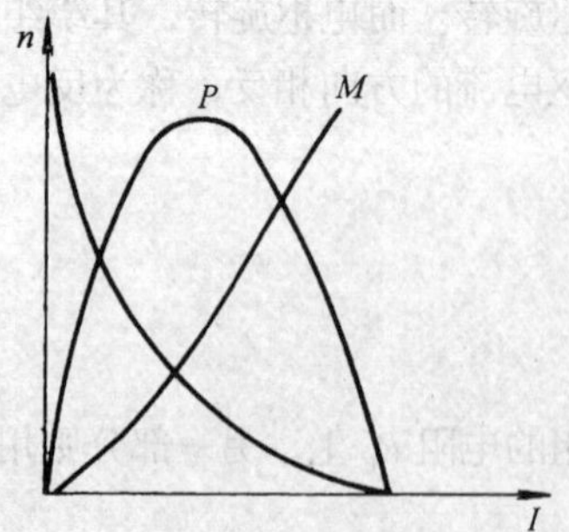

图4-8 串威直流电动机的特性曲线

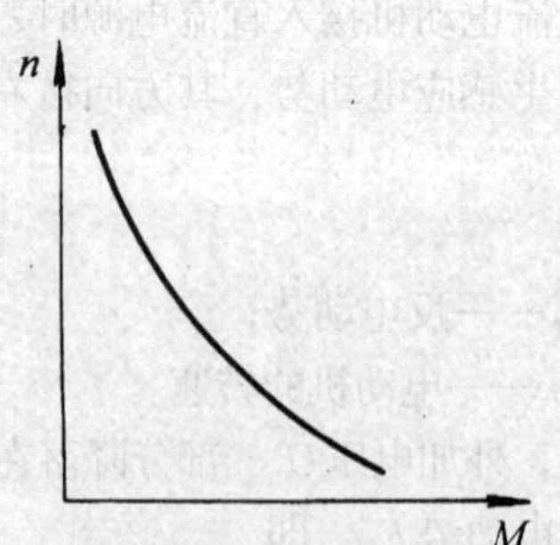

图4-9 串励直流电动机的机械特性

3. **起动机的功率及其影响因素**

（1）起动机的功率。起动机的功率 P（kW）可由下式确定：

$$P=\frac{Mn}{9550} \tag{4-7}$$

式中，M ——起动机输出转矩，N·m；

n ——起动机的转速，r/min。

起动机在全制动（$n=0$）和空载（$M=0$）时，其输出功率均为零，而在 I_S 接近全制动电流的一半时其输出功率最大。由于起动机工作时间短暂，允许在最大功率状态下工作。通常将起动机的最大功率作为它的额定功率。

（2）影响起动机功率的因素。起动机工作过程中电流很大，所以其输出功率受起动机内部的电阻影响较大，除此之外，还受以下几方面因素的影响。

① 接触电阻和导线电阻。接触电阻包括导线与蓄电池极柱、起动机接线柱以及起动机内电刷与换向器等的接触电阻。接触电阻大、导线截面积过小及导线过长，都会造成较大的电压降，从而导致起动机功率下降。

② 蓄电池的容量。蓄电池的容量越小，其内阻越大，起动时电动机的端电压就越低，此时会引起起动机的输出功率减小。

③ 温度。温度降低时，蓄电池的容量下降，内阻变大，导致起动机输出功率下降。

4.3 传动机构

起动机的传动机构又称啮合机构或啮合器，其作用是在起动时将电枢的电磁转矩传递给发动机飞轮。

4.3.1 起动机传动机构应符合的要求

（1）起动机的驱动齿轮与发动机的飞轮齿圈啮合时可靠、平稳，不能发生冲击现象。

（2）传动机构应具有单向传递的功能，即发动机工作后其动力不能传递到起动机电枢上。如此可避免发动机带动起动机电枢高速旋转而造成电枢组“飞散”。

（3）要求起动机的驱动齿轮与发动机的飞轮齿圈完全啮合之后，方由起动机的电磁开关给直流电动机输入大电流，电枢输出大扭矩。

4.3.2 传动机构的结构与传递原理

一般起动机的传动机构是指包括驱动齿轮的单向离合器和拨叉。

起动机不工作时，驱动齿轮和飞轮齿环脱离啮合，如图 4-10（a）所示。发动机起动时，按下按钮或起动开关，线圈通电产生电磁力将铁心吸入，带动拨叉推出离合器，使驱动齿轮啮入飞轮齿环，如图 4-10（b）、（c）所示。发动机起动后，只要松开按钮或开关，线圈即断电，电磁力消失，在回位弹簧的作用下，铁心退出，拨叉返回，拨叉头将打滑工况下的离合器拨回，驱动齿轮脱离飞轮齿环。

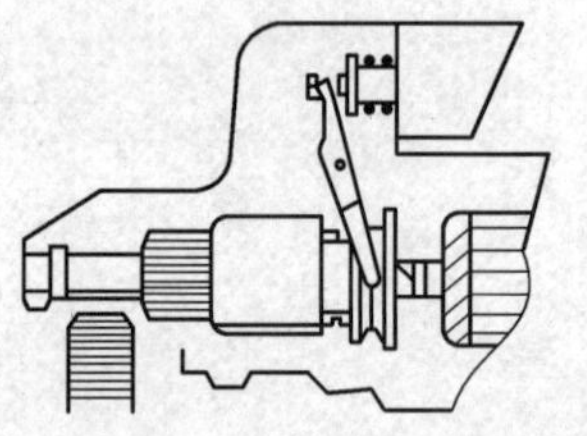

（a）起动机不工作

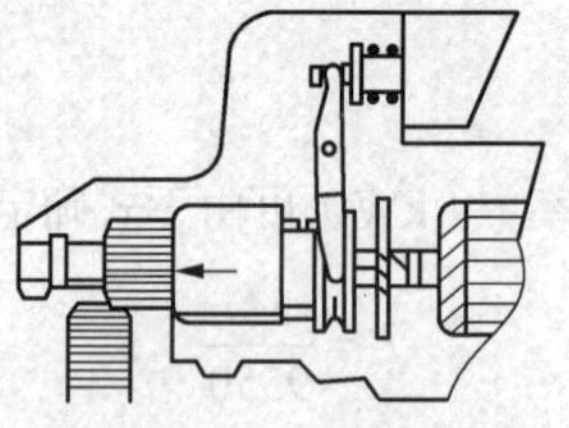

（b）电磁开关通电

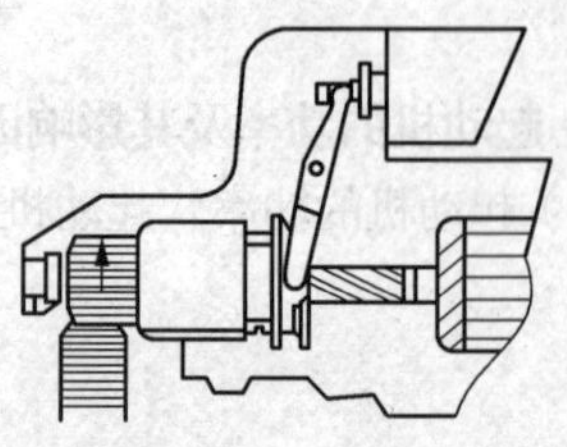

（c）主开关的电磁力通过拨叉将小齿轮推向啮合

图4-10 起动机传动机构的工作过程

4.3.3 常见的起动机单向离合器

1. 滚柱式离合器

滚柱式离合器的构造如图 4-11 所示，驱动齿轮 1 与外壳 2 制成一体，外壳内装有十字块 3 和滚柱 4、压帽和弹簧 5。十字块与花键套筒 8 固连，壳底与外壳相互扣合密封。花键套筒的外面装有啮合弹簧 10 及垫圈 6，末端安装拨环 11 与卡簧 12。整个离合器总成套装在电动机轴的花键部位上，可作轴向移动和随轴转动。在外壳与十字块之间，形成 4 个宽窄不等的楔形槽，槽内分别装有一套滚柱、压帽及弹簧。滚柱的直径略大于楔形槽的窄端，略小于楔形槽的宽端。因此，可通过滚柱滚入窄端或宽端，来实现传递力矩或中断传递力矩。

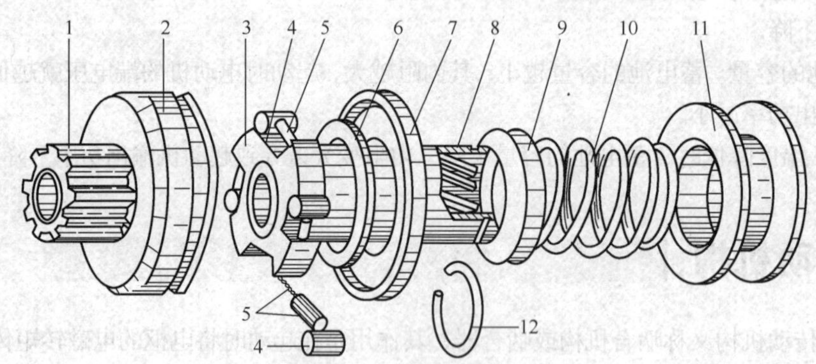

图4-11 滚柱式离合器的构造

1—驱动齿轮；2—外壳；3—十字块；4—滚柱；5—压帽和弹簧；6—垫圈；7—护盖；8—花键套筒；9—弹簧座；10—啮合弹簧；11—拨环；12—卡簧

滚柱式离合器的工作原理如下。如图 4-12（a）所示，发动机起动时，经拨叉将离合器沿花键推出，驱动齿轮啮入发动机飞轮齿环。由于十字块处于主动状态，随电动机电枢一起旋转，这时滚柱 4 在摩擦力作用下滚入楔形槽的窄端，将花键套筒与外壳挤紧，于是电动机电枢的转矩就可由十字块经离合器外壳传给驱动齿轮，从而达到驱动发动机飞轮齿环旋转起动发动机运转的目的。如图 4-12（b）所示，发动机起动后，飞轮齿环的转速高于驱动齿轮，十字块处于被动状态，在摩擦力作用下，促使滚柱进入槽的宽端而打滑，这样转矩不能从驱动齿轮传给电枢轴，从而防止了电枢超速“飞散”。

滚柱式离合器结构简单，工作可靠，因此应用广泛，但传递转矩受限不能用到大功率起动机上。

2. 摩擦片式离合器

摩擦片式单向离合器多用于功率较大的柴油机起动机上。摩擦片式单向离合器的结构如图 4-13

所示。花键套筒 10 套在电枢轴的螺旋花键上，它的外表面上有 3 条螺旋花键套着内接合毂 9，内接合毂上有 4 个轴上槽，用来插放主动摩擦片的内凸齿，被动摩擦片的外凸齿插在与驱动齿轮成一体的外接合毂 1 的槽中。主、被动摩擦片 8、6 相间排列。离合器工作时，利用主、被动摩擦片产生的摩擦力传递转矩。

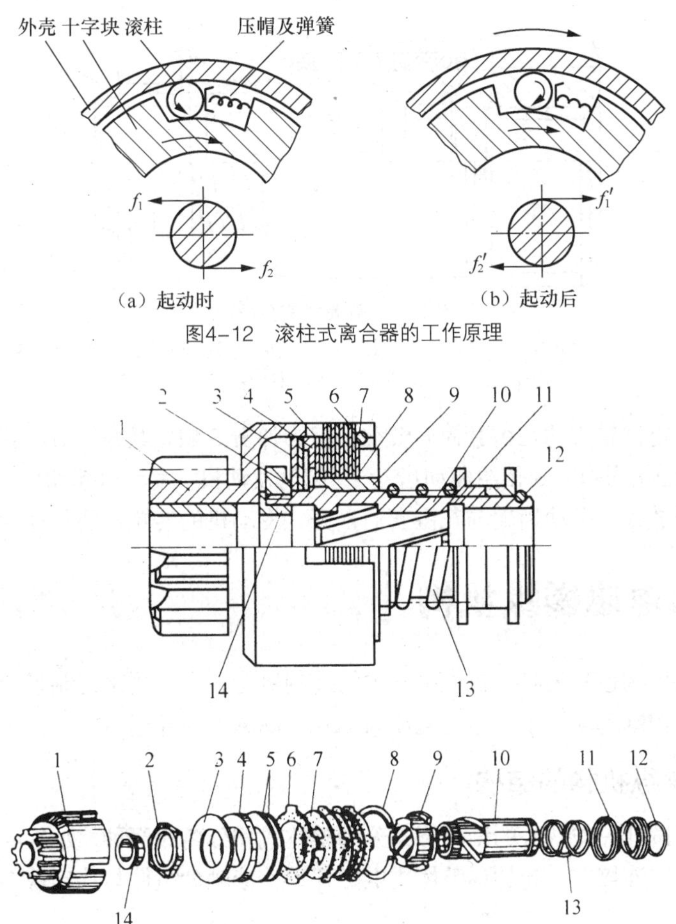

（a）起动时　（b）起动后

图4-12　滚柱式离合器的工作原理

图4-13　滚柱式离合器的工作原理

1—驱动齿轮外接合毂；2—螺母；3—弹性圈；4—压环；5—调整垫圈；6—被动摩擦片；7、12—卡环；8—主动摩擦片；9—内接合毂；10—花键套筒；11—移动衬套；13—缓冲弹簧；14—挡圈

发动机起动时，内接合毂开始瞬间是静止的，在惯性力作用下，内接合毂由于花键套筒的旋转而左移，从而使主、被动摩擦片压紧而传递动力，电枢转矩最终传给驱动齿轮，起动发动机运转。发动机起动后，飞轮齿圈的转速高于驱动齿轮，于是内接合毂又沿花键套筒的螺旋花键右移，使主、被动摩擦片出现间隙而打滑，避免了电枢超速“飞散”。

摩擦片离合器可以传递较大转矩，并能在超载时自动打滑。但由于摩擦片易磨损，需要经常检查调整，其结构也较复杂。

3. 弹簧式单向离合器

弹簧式单向离合器结构简单，寿命长，成本低，但其轴向尺寸较大，因此主要用在一些大功率起动机上。弹簧式单向离合器的结构如图 4-14 所示。花键套筒 6 套在电枢轴的螺旋花键上，驱动齿轮 2 套在电枢轴的光滑部分，两者之间用两个月形键 4 联结，使驱动齿轮 2 与花键套筒 6 之间不能作轴向移动，但可以相对转动。在驱动齿轮柄和花键套筒外装有扭力弹簧 5，弹簧的两端各有 1/4 圈内径较小，分别箍紧在齿轮柄和花键套筒上。

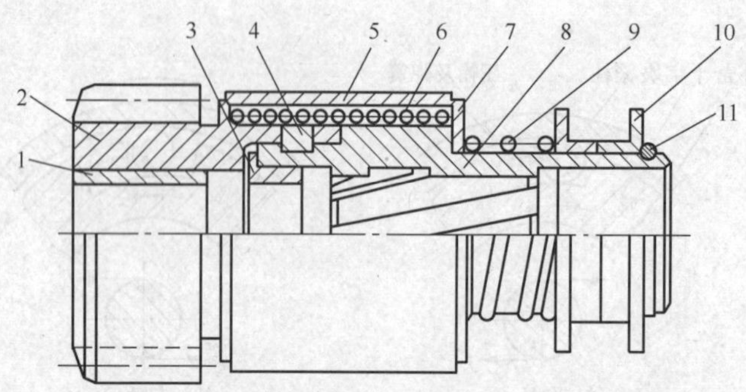

图4-14 弹簧式离合器

1—衬套；2—驱动齿轮；3—挡圈；4—月形圈；5—扭力弹簧；6—花键套筒；7—垫圈；8—传动套筒；9—缓冲弹簧；10—移动衬套；11—卡簧

起动发动机时，电枢轴带动花键套筒 6 转动，扭力弹簧 5 顺着其螺旋方向将齿轮柄与花键套筒 6 包紧，起动机转矩经扭力弹簧 5 传给驱动齿轮 2，起动发动机。发动机起动后，驱动齿轮转速高于花键套筒，扭力弹簧放松，驱动齿轮与花键套筒松开，发动机的转矩不能传递给电动机电枢。

4.4 起动机电磁操纵机构

起动机电磁操纵机构也称为起动机电磁开关的控制机构，主要用来控制起动机驱动齿轮与发动机飞轮齿圈啮合，并控制起动机主电路（电流为 200～600A）的导通。

4.4.1 电磁操纵机构的结构

常见的电磁开关按开关与铁心的结构形式分为整体式和分离式两种，如图 4-15 所示。开关接触盘组件与活动铁心固定连接在一起的称整体式电磁开关；接触盘组件与移动铁心不固定在一起的称分离式开关。

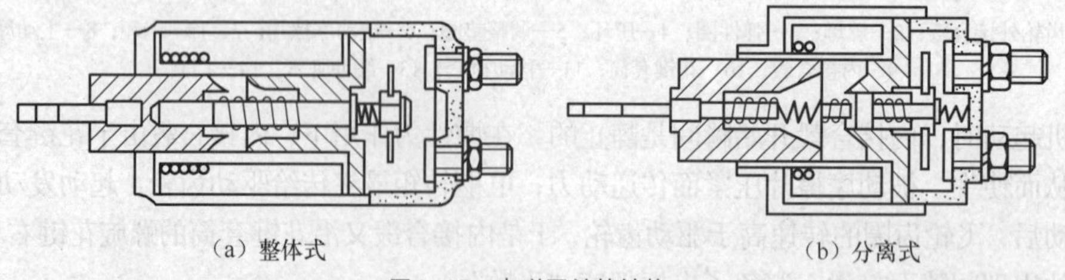

（a）整体式 （b）分离式

图4-15 电磁开关的结构

电磁开关主要由吸引线圈 6、保持线圈 5、活动铁心 4、接触盘 10 等组成，如图 4-16（a）所示。其中，吸引线圈与电动机 14 串联，保持线圈直接搭铁。活动铁心一端通过接触盘控制主电路的导通；另一端通过拨叉 3 控制驱动齿轮 1 的啮合。在起动机电磁开关上有 3 个接线柱（见图 4-26（b））：主接线柱 11（接蓄电池的起动电缆线）、主接线柱 12（接电动机励磁绕组及电枢绕组）、起动接线柱 7（接点火开关起动挡或起动继电器）。

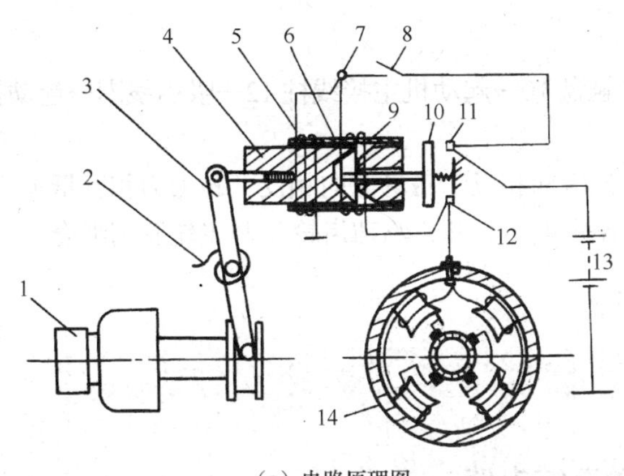

（a）电路原理图

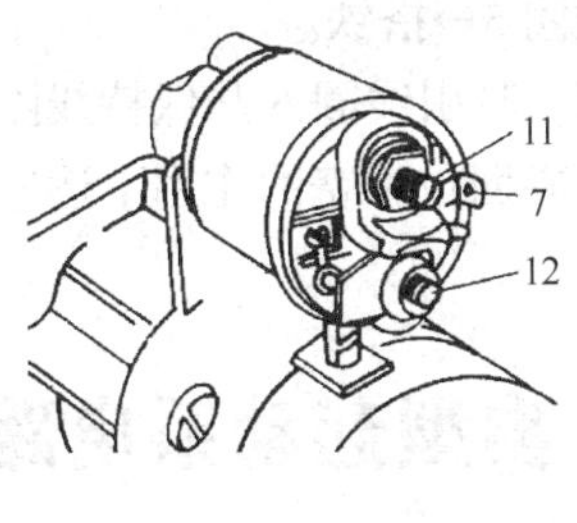

（b）电磁开关实物图

图4-16 富康轿车起动机

1—驱动齿轮；2—加位弹簧；3—拨叉；4—活动铁心；5—保持线圈；6—吸引线圈；7—起动接线柱；8—点火开关；9—铁心套筒；10—接触盘；11、12—主接线柱；13—蓄电池；14—电动机

4.4.2 起动机的工作过程

依据图4-10起动机传动机构的工作过程，可将起动机的工作过程分为3个阶段：啮合阶段、工作阶段及复位阶段。以具有典型代表的富康轿车起动机（见图4-16）为例，其电路分析如下。

1. 啮合阶段

起动时，将点火开关打到起动（ST）挡，电磁开关通电，其电路如下。

控制电路Ⅰ：蓄电池正极→起动机主接线柱11→点火开关8→起动接线柱7→保持线圈5→搭铁。

控制电路Ⅱ：蓄电池正极→起动机主接线柱11→点火开关8→起动接线柱7→吸引线圈6→起动机主接线柱12→电动机14（励磁绕组→电刷→电枢绕组→电刷）→搭铁。

此时，吸引线圈6与保持线圈5的电流方向相同、磁场方向相同，活动铁心4在两个线圈磁场力的共同作用下克服回位弹簧的作用向右移动，通过拨叉3使驱动齿轮1与发动机飞轮啮合。控制电路Ⅱ中吸引线圈与电动机是串联，电动机分压使得电枢输出低转速、小转矩运动，小齿轮实现直线运动与旋转运动的叠加而形成螺旋运动，从而保证驱动齿轮1与飞轮可靠啮合，避免冲击。当驱动齿轮1与飞轮啮合后，接触盘10将主接线柱11、12内侧触头接通。

2. 工作阶段

此阶段接触盘10将主接线柱11、12内侧触头接通，电动机获得大电流，起动机主电路导通，其工作电路如下。

工作电路：蓄电池正极→主接线柱11→接触盘10→主接线柱12→电动机14→搭铁。

要维持接触盘接通，还需要一路控制电路工作：蓄电池正极→起动机主接线柱11→点火开关8→保持线圈5→搭铁。

此时，吸引线圈由于两端电压等于蓄电池电压，从而被短路了，由保持线圈所产生的磁场力来克服回位弹簧的作用力，从而保持接触盘接通，主电路持续工作。直流电动机产生电磁转矩，通过单向离合器由驱动齿轮带动曲轴旋转，起动发动机。

3. 复位阶段

发动机起动后，单向离合器打滑。松开点火开关，点火开关从起动（ST）挡回到点火（IG）挡，这时从点火开关到起动接线柱7已没有电流，吸引线圈与保持线圈在电势的作用下由原来的并联变为串联，其电路为：

蓄电池正极→起动机主接线柱 11→接触盘 10→起动机主接线柱 12→吸引线圈→起动接线柱 7→保持线圈 5→搭铁。

此时，吸引线圈 6 与保持线圈 5 的电流方向相反、磁场方向相反，磁力力相互抵消，因此活动铁心 4 在回位弹簧的作用下迅速左移，使主电路断开，驱动齿轮 1 与飞轮脱离啮合，起动机停止工作。

4.5 典型起动系电路

4.5.1 点火开关直接控制的起动系统电路

桑塔纳系列轿车起动机为永磁起动机，起动系统由点火开关（ST）挡直接控制，线路如图 4-17 所示。

当点火开关打到起动（ST）挡时，点火开关上端子 30 与端子 50 接通，使起动机的电磁开关通电，起动机进入工作状态。其控制电路为：蓄电池正极→中央线路板 P6 端子→中央线路板内部线路→中央线路板 P2 端子→点火开关端子 30→点火开关→点火开关端子 50→中央线路板 B8 端子→中央线路板内部线路→中央线路板 C18 端子→起动机端子 50→{保持线圈→搭铁。吸引线圈→电动机→搭铁。}

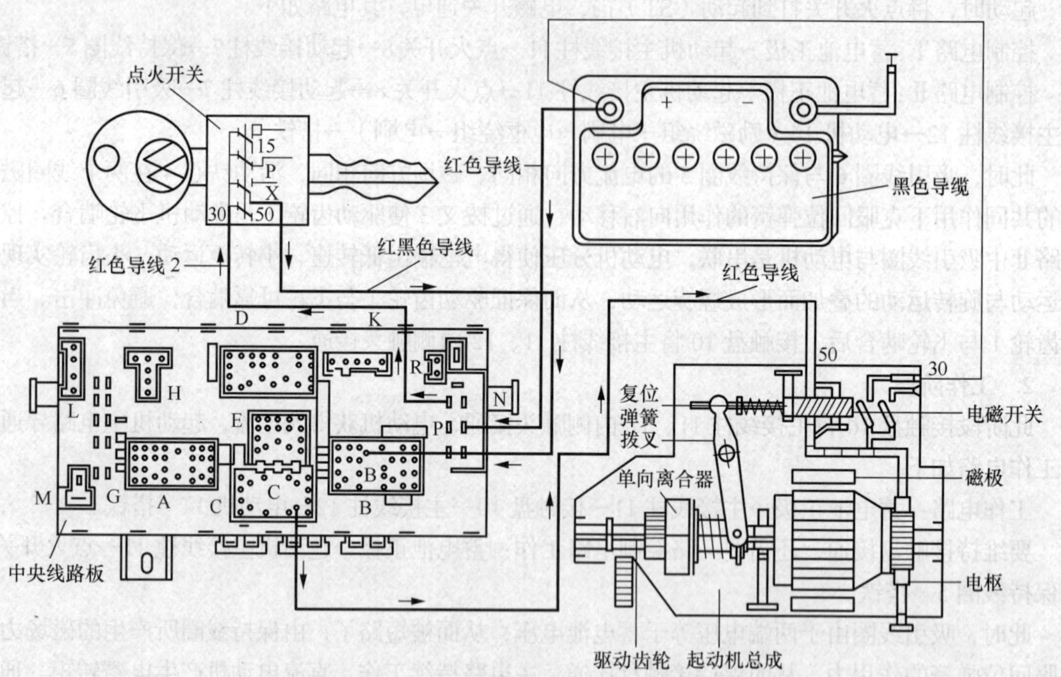

图4-17 桑塔纳系列轿车起动系统线路

工作电路为：蓄电池正极→起动电缆→电磁开关→触盘→电动机→搭铁→搭铁电缆→蓄电池负极。

4.5.2 带起动保护的起动系统电路

1. CA1091 载货汽车起动系统电路

带起动保护的起动控制电路在载货汽车上较为常见，图 4-18 所示为 CA1091 载货汽车起动系统电路。

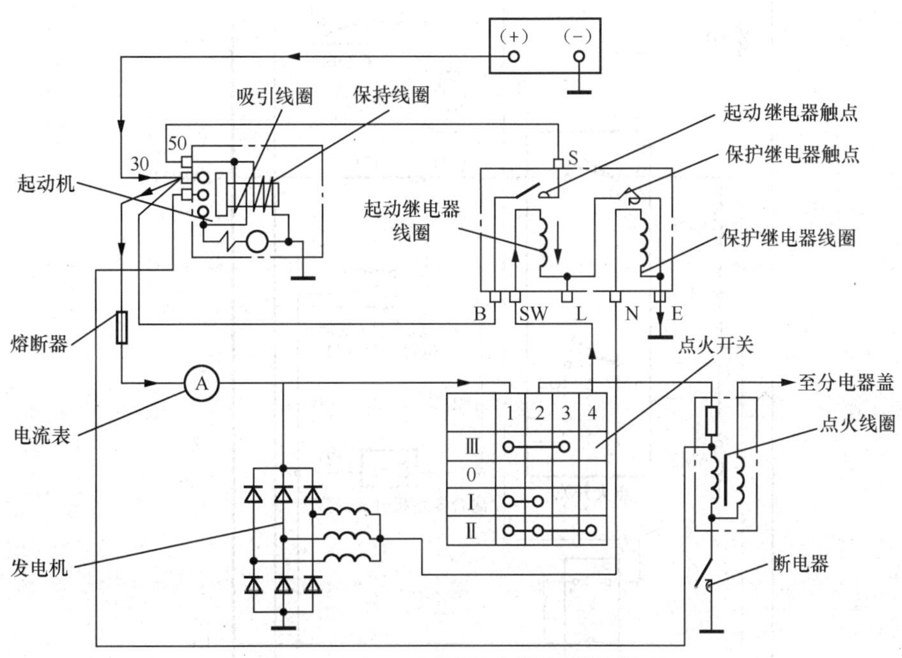

图4-18 CA1091载货汽车起动系统电路

当点火开关打至Ⅱ挡（起动挡）时，点火开关端子 1 与端子 4 接通，形成起动系统控制电路Ⅰ：

蓄电池（+）→起动机端子 30→电流表→点火开关端子 1→点火开关端子 4→组合继电器端子 SW→起动继电器线圈→保护继电器触点（常闭）→搭铁→蓄电池（−）。

该控制电路构成闭合回路，电流通过起动继电器线圈，其产生磁场力，起动继电器触点吸合，通过组合继电器端子 B 与端子 S，形成起动系统控制电路Ⅱ：

蓄电池（+）→起动机端子 30→组合继电器的端子 B→起动继电器触点→组合继电器的端子 S→起动机接线柱 50→（保护线圈→搭铁）吸引线圈→电动机→搭铁→蓄电池（−）。

控制电路Ⅱ构成闭合回路，吸引、保持线圈共同作用，使起动机小齿轮与飞轮齿环啮合，同时将主电路触点接通，形成工作电路：

蓄电池（+）→起动机端子 30→触盘→电动机→搭铁→蓄电池（−）。

起动机工作。

发动机点火工作后，发电机的中性点 N 的对地电压（约为发电机调节电压的 1/2）使组合继电器 2 中的起动保护继电器动合触点断开，切断充电指示灯搭铁电路（L 端子接充电指示灯），充电指示灯熄灭，表明发电机工作正常。同时也切断了起动继电器线圈的搭铁通路，当发动机正常工作时，即使误将点火开关扳到Ⅱ挡，电磁开关不动作，避免打坏飞轮齿环与起动机，起到保护起动机的作用。

2. 丰田卡罗拉轿车起动电路

图 4-19 所示为丰田卡罗拉起动系统电路图，它是由一个起动继电器及离合器开关（MT）或 P/N

挡开关（AT）组成保护电路。

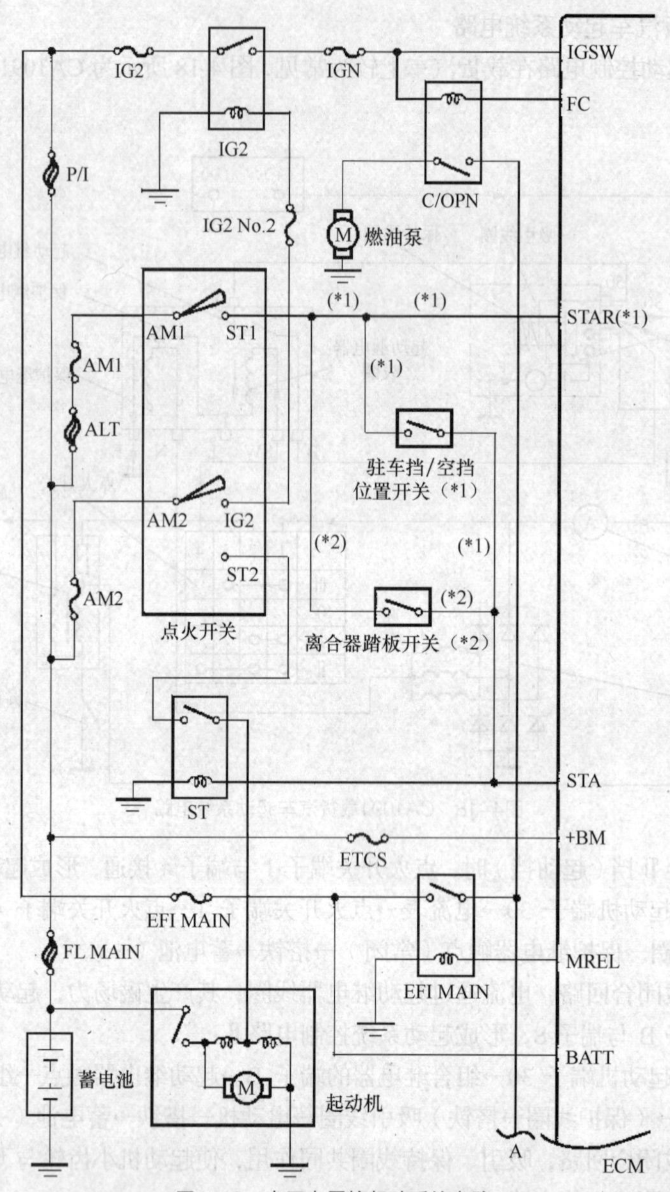

图4-19　丰田卡罗拉起动系统电路

着车时，首先将离合器踏板踏下，再将点火开关拨至起动挡（ST），则形成起动控制电路Ⅰ：蓄电池正极→FL MAIN 熔断器→ALT 熔断器→AM1 熔断器→点火开关 AM1 端子→点火开关 ST1 端子→离合器踏板开关→起动继电器磁场线圈→搭铁。

控制电路Ⅰ构成闭合回路，起动继电器磁场线圈在电流作用下吸合起动继电器触点，形成控制电路Ⅱ：蓄电池正极→FL MAIN 熔断丝→AM2 熔断丝→点火开关 AM2 端子→点火开关 ST2 端子→起动继电器触点→（起动机保持线圈→搭铁）起动机吸引线圈→电动机→搭铁。

控制电路Ⅱ构成闭合回路，起动机接触盘接通，形成工作电路：蓄电池正极→触盘→电动机→搭铁→蓄电池负极。

4.6 减速起动机和永磁起动机

4.6.1 减速起动机

在起动机电动机轴与驱动齿轮之间装有减速器的起动机称为减速起动机。减速起动机可以解决直流电动机转速高与汽车发动机要求起动转矩大的矛盾。减速起动机不仅解决了高转速低扭矩的问题，同时减轻了电动机的体积和重量，而且由于其工作电流较小，可减轻蓄电池的负担，延长蓄电池的使用寿命，因此应用广泛，特别是进口车更为普遍。常用减速起动机的减速器转速比约为 4 : 1。

减速起动机中的减速器，按齿轮的啮合方式不同，可分为外啮合式减速器、内啮合式减速器和行星齿轮减速器 3 种。

图 4-20（a）所示为外啮合式减速器。它的主动齿轮轴与从动齿轮轴平行，但两轴中心距较大。优点是结构简单、工作可靠、噪声小、便于维修，缺点是增加了起动机的径向尺寸。

图 4-20（b）所示为内啮合式减速器。其特点是两轴中心距离较小，工作可靠，但噪声较大。

图 4-20（c）所示为行星齿轮减速器，两轴中心线重合，有利于起动机的安装；因为扭力负载平均分布在几个行星齿轮上，故可采用塑料内齿圈和粉末冶金的行星齿轮，既减轻了起动机重量又抑制了噪声，是应用较广泛的一种。

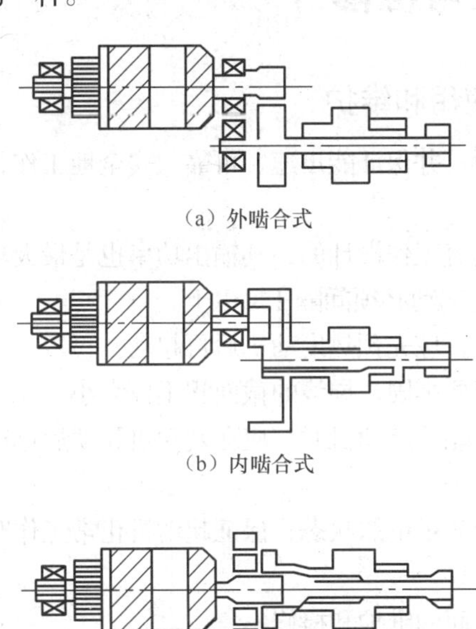
（a）外啮合式

（b）内啮合式

（c）行星齿轮啮合式

图4-20 减速起动机减速器的3种形式

4.6.2 永磁起动机

用永磁材料制成起动机的磁极，以取代原有的磁场绕组和磁极铁心的起动机称为永磁起动机。

图 4-21 所示为奥迪 100 型轿车使用的永磁起动机控制原理图。由于取消了磁场绕组和磁极铁心，起动机的体积和质量大大减小，机械特性和换向性能得到改善，使换向火花造成的高频干扰减小，起动机的工作可靠性提高，但永磁材料随着使用时间的加长，会产生退磁现象，这样就使起动功率

随使用期的延长而下降，所以目前仅限于在小功率起动机上应用。

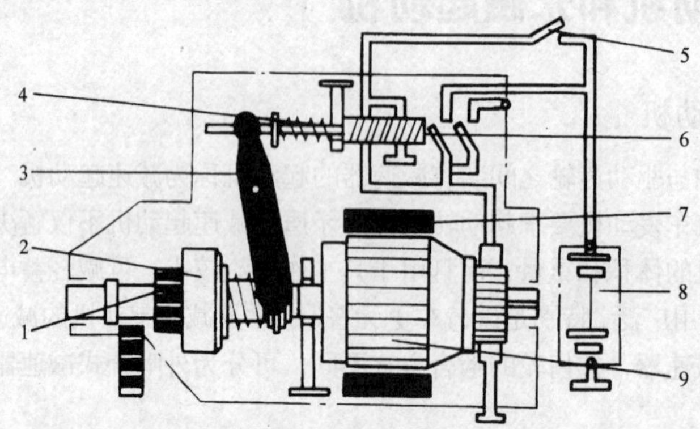

图4-21 永磁起动机

1—驱动齿轮；2—滚柱式单向离合器；3—拨叉；4—回位弹簧；5—起动开关；6—电磁开关；7—磁极；8—蓄电池；9—电枢

在永磁起动机电枢轴与驱动齿轮之间加装减速器，就产生了永磁减速起动机。它同时具有永磁起动机和减速起动机的特点，国产奥迪 100 型轿车采用了永磁减速起动机。

4.7 起动机的试验与检修

4.7.1 起动机的正确使用和维护

为了延长起动机的使用寿命，并保证能迅速、可靠、安全地工作，起动机的正确使用和维护要求如下。

（1）起动机是按短时间大电流工作设计的，其输出功率也是最大功率。因此，使用起动机时，每次工作时间不得超过 5s，重复起动必须间隔 15s 以上。

（2）在低温下起动发动机时，应先预热发动机后再起动。

（3）起动机电路的导线连接要牢固，导线的截面积不应太小。

（4）使用不具备自动保护功能的起动机时，应在发动机起动后迅速松开起动开关。在发动机正常工作时，切勿随便接通起动开关。

（5）应尽可能使蓄电池处于充足电的状态，保证起动机正常工作时的电压和容量，减少起动机重复工作的时间。

（6）应定期对起动机进行全面的维护和检修。

4.7.2 起动机试验

起动机性能是否良好，可通过空载实验和全制动实验来检测。

1. 空载试验

空载试验的目的是检查起动机内部是否有电器故障和机械放障。

将起动机夹紧在实验台上，如图 4-22 所示连接起动机电路。起动机不带负荷，接通电源，测量起动机的空载转速与电流，并与标准值进行比较（见表 4-2），以判断起动机有无故障。若测得的起动机电流超出标准值，而转速低于标准值，则可能是起动机的电枢轴弯曲、轴承与电枢轴不同心、轴承磨损等造成的，也可能是电枢绕组和磁场绕组与机体短路或匝间短路所致；若电流和转速均低于标准值，则表明导线连接处或起动机内部电路接触不良，电刷弹簧弹力过小等。

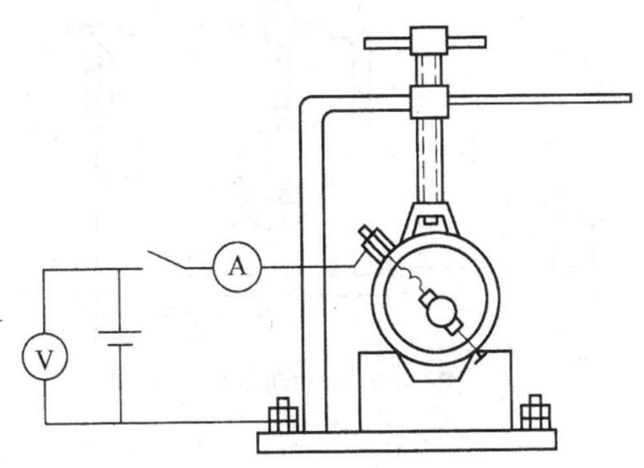

图4-22　空载实验

表 4-2　常用车型起动机的主要技术数据

型号	规格		空载特性			全制动特性			电刷	适用车型
	额定电压/V	额定功率/W	电压/V	电流不大于/A	转速不低于/（r · min^{-1}）	电压/V	电流不大于/A	转矩不小于/（N ·m）	弹簧力/N	
QD124F	12	1.5	12	95	5000	8	600	24.0		CA1091
QD1215	12	1.5	12	90	5000	6	700	24.0		
QD124H	12	1.5	12	90	5000	8	650	29.4	2～15	
QD124F	12	1.47	12	90	5000	8	650	29.4	8～13	EQ1090
QD1211	12	1.47	12	90	5000	7.5	750	34.0		
321	12	1.1	12	100	5000	6	525	15.7		BJ2020N
QD1225	12	0.96	12	45	6000	7	480	13.0		桑塔纳
QD142A	12	3	12	90	5000	7	650	25.0	12～15	依维柯
Dw1.4	12	1.4	12	67	2900	9.6	160	13.0		切诺基
D6RA37	12	0.57	12	220	1000		350	85		富康

此外，空转试验时，换向器上不应有强烈火花，电枢旋转应平稳，不应有机械碰擦声。试验的时间不能超过 1min，以免引起起动机过热。

2. 全制动试验

全制动试验的目的是检测起动机全制动时的电流和转矩，并与标准值进行比较（见表 4-2），以判断起动机的机械和电器故障。其转矩不得低于标准转矩的 90%。

全制动试验方法如图 4-23 所示。将起动机驱动齿轮锁住，接通电源，测出起动机的电流值及弹簧秤读数与制动臂长度，并换算成转矩值。若试验时转矩很小，而起动机消耗电流超过标准值，则可能有电枢绕组或磁场绕组短路或搭铁故障；若起动机转矩和电流均低于标准值，则线路中可能有接触不良；若驱动齿轮锁死后电枢轴仍能缓慢转动，则说明单向离合器打滑。

全制动试验时，每次接通电路的时间不应超过 5s，且应停歇 10s 以上再次进行试验，以免损坏起动机。

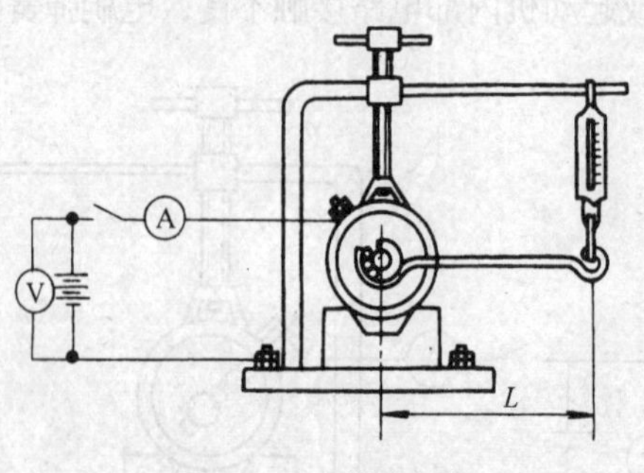

图4-23 全制动实验

4.7.3 起动机检修

1. 起动机的解体和清洗

首先将待修起动机外部的尘污、油污清除干净，拆下电磁开关，如图 4-24 所示。接着拆下起动机贯穿螺栓，轻撬下后端盖，再用钢丝提起电刷弹簧取出电刷（拆卸难点），将电枢与磁轭分离，最后拆下中间轴承板、拨叉和单向离合器，如图 4-25 所示。单个总成是否进一步分解，应视具体情况而定。

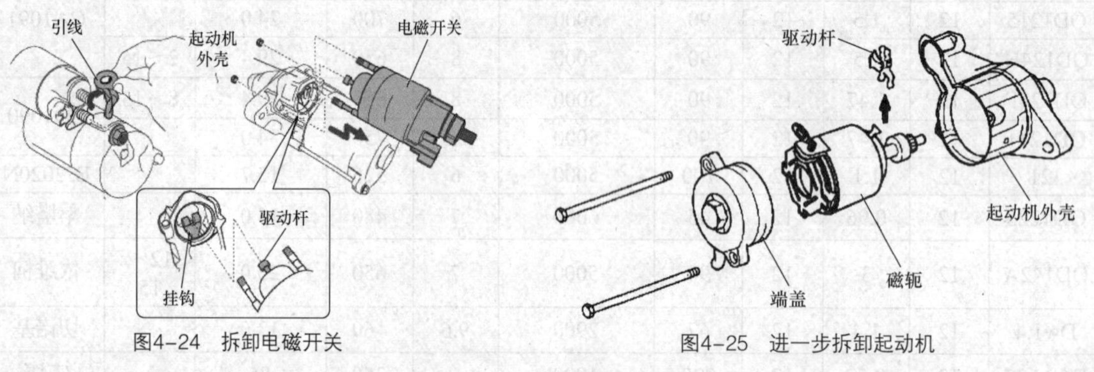

图4-24 拆卸电磁开关

图4-25 进一步拆卸起动机

对分解的零件进行清洗：清洗时，对所有的绝缘部件，只能用干净布蘸少量的汽油擦拭，其他机械零件可放入汽油、煤油或柴油中洗刷干净并掠干。

2. 电枢的检修

（1）换向器的检修。检查换向器表面有无烧蚀和圆度。轻微烧蚀用 00 号砂纸打磨，严重时应车削，换向器与电枢轴的同轴度不大于 0.03mm，否则在车床上修整。换向器直径不小于标准值 1.10mm，换向片高出云母片 0.40～0.80mm。

（2）电枢轴的检修。用游标卡尺测轴颈外径与衬套内径，配合间隙应为 0.035～0.077mm，最大不能超过 0.15mm。间隙过大应更换衬套，并重新铰配。电枢轴弯曲可用百分表检测，其轴线的径向圆跳动应不大于 0.15mm，否则应予校正，如图 4-26 所示。

（3）电枢绕组的检修。

① 电枢绕组短路的检修。如图 4-27 所示，把电枢放在电枢检验器上，接通电源，将锯片放在电枢上转动电枢，若锯片振动表明电枢绕组短路，应修理或更换。

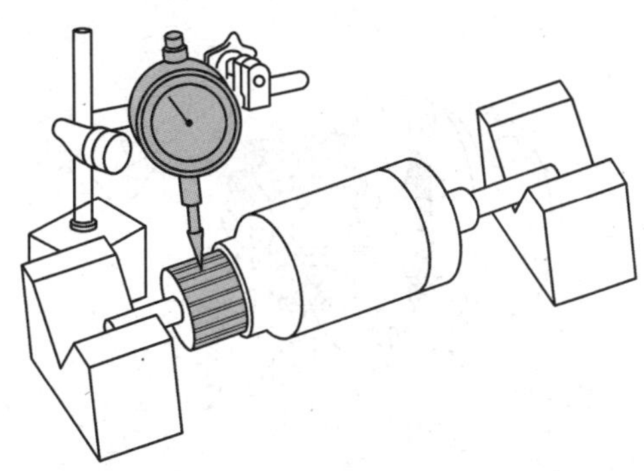

图4-26 电枢轴的检查

② 电枢绕组搭铁的检修。将万用表置于欧姆挡，两表笔分别接换向器和铁心，如图 4-28 所示，电阻应为∞，否则表明电枢绕组搭铁，应修理或更换。

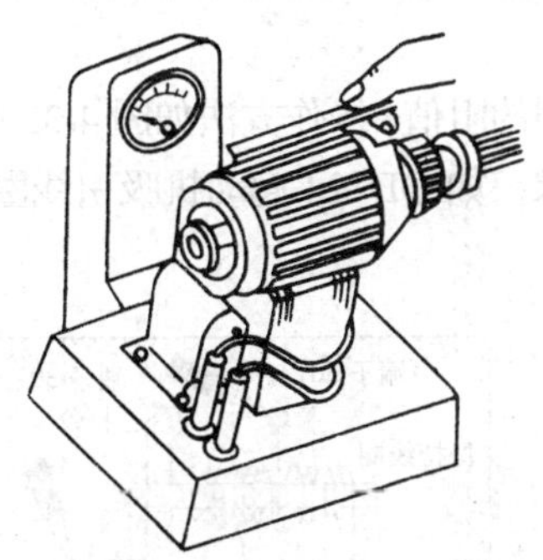

图4-27 电枢绕组短路的检查

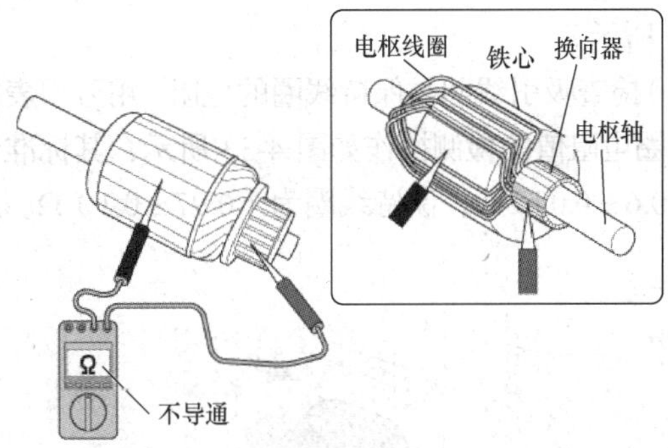

图4-28 电枢绕组搭铁的检查

3. 磁场绕组的检修

磁场绕组的常见故障有接头脱焊、绕组短路、断路或搭铁等，可通过检测磁场绕组搭铁检测及上电测磁场力的简易方式来判定故障。

（1）磁场绕组搭铁的检测。用万用表的欧姆挡测量绕组端子与外壳之间的电阻，如果电阻为∞，则无搭铁故障；若电阻为零，则为搭铁故障。

（2）上电测磁场力。用 12V 蓄电池检查磁场绕组短路、断路，如图 4-29 所示。方法是用蓄电池正极接起动机接线柱，负极接正电刷，将一字起放在每个磁极上迅速检查对其的吸力，4 个磁极吸力应相同。磁极吸力弱的为匝间短路，各磁极均无吸力为断路。

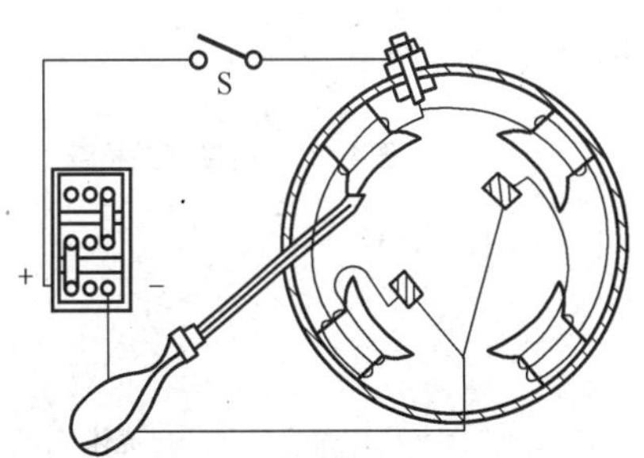

图4-29 磁场绕组短路、断路检查

4. 电刷总成的检修

电刷与电刷架的检修。电刷的高度应不低于新电刷高度的 2/3（国产起动机新电刷的高度为 14mm），电刷与换向器的接触面积应在 75%以上，电刷在电刷架内应活动自如无卡滞现象，否则需进行修磨或更换。用弹簧秤检查弹簧的弹力，应为 11.76～14.7N，过弱应更换。

5. 单向离合器的检修

按顺时针转动驱动齿轮，应自由转动；逆时针转动时应该被锁住，如图 4-30 所示。

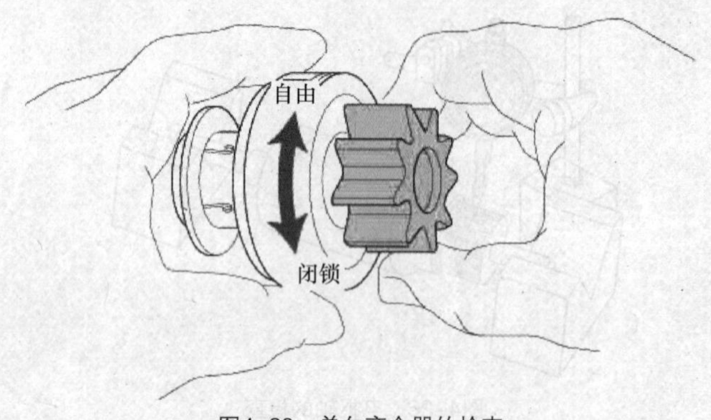

图4-30 单向离合器的检查

6. 电磁开关的检查

（1）回位弹簧检查。用手指按下活动铁心，松开手指之后柱塞应能顺畅地返回其原来位置，如图 4-31 所示。

（2）检查吸引线圈与保持线圈的电阻。用万用表检查吸引线圈的阻值，操作方法如图 4-32 所示，保持线圈电阻值的检测操作如图 4-33 所示，其标准值应符合要求，如 QD124 起动机吸引线圈电阻值为（0.6 ± 0.05）Ω，保持线圈为（0.97 ± 0.1）Ω。

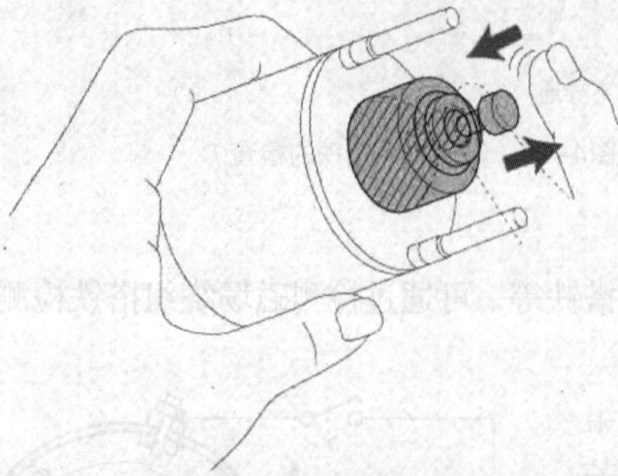

图4-31 电磁开关检查

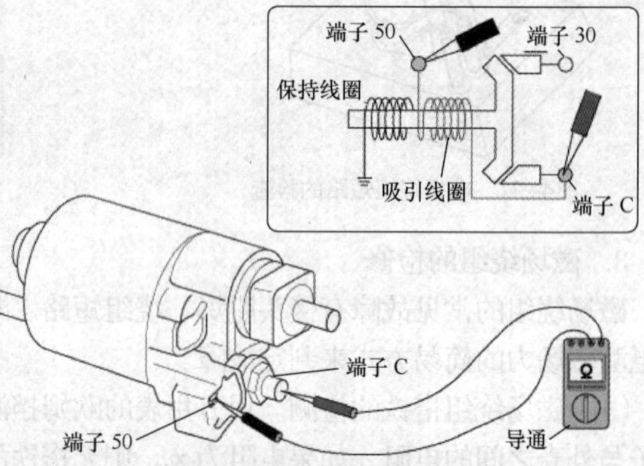

图4-32 检查吸引线圈电阻

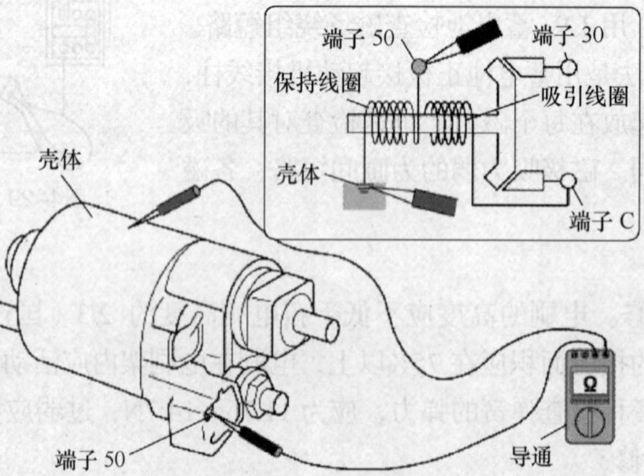

图4-33 检测保持线圈电阻

（3）电磁开关动作测试。首先按起动机啮合阶段电路给电磁开关接线，如图 4-34 所示，上电后可观察到活动铁心动作，并可听到触盘吸合声；接着给吸引线圈断电，保持线圈应能维持活动铁心不回弹，接触盘仍能可靠接触主接线柱；进一步断开保持线圈，活动铁心应迅速回位，接触盘断开。若以上上电测试动作都能完成，则说明电磁开关工作正常、可靠。

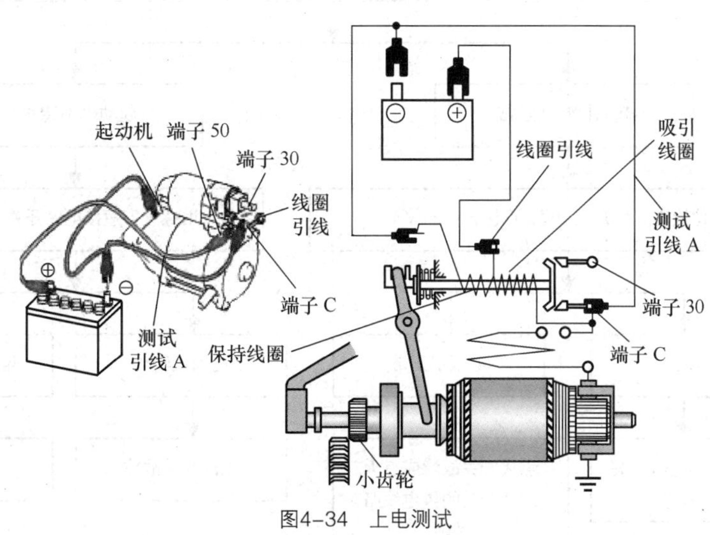

图4-34　上电测试

4.7.4　起动系常见故障诊断与排除

1. 起动机不转

（1）故障现象。着车时将点火开关打至起动挡时，起动机无反应。

（2）故障原因。

① 供电系统故障。蓄电池储电量严重不足，亏电太多；起动机电缆线与蓄电池接线柱连接松动或接线柱氧化。

② 起动机故障。起动机电磁开关吸引线圈或保持线圈出现搭铁、断路、短路故障，电磁开关触点烧蚀，或因调整不当使接触盘与触点接触不良；磁场绕组或电枢绕组断路、短路或搭铁；电刷在电刷架内卡死、弹簧折断等；换向器油污、烧蚀、磨损，产生沟槽。

③ 保护电器设备故障。起动继电器故障，如触点烧蚀、油污，内部线圈断路、短路或搭铁；离合器开关或 P/N 挡开关损坏。

④ 点火开关故障。点火开关起动挡失灵。

⑤ 线束故障。起动系统电路上存在开路、短路及插接头接触不良故障。

（3）故障诊断。针对以上可能存在故障原因，以桑塔纳起动系统不能工作为例，其电路图见图 4-17，并依据故障概率高的先检测及易于检测项目安排在作业前面的故障诊断原则，制定故障诊断流程如图 4-35 所示，并按此流程图进行检修，直至找到故障点。

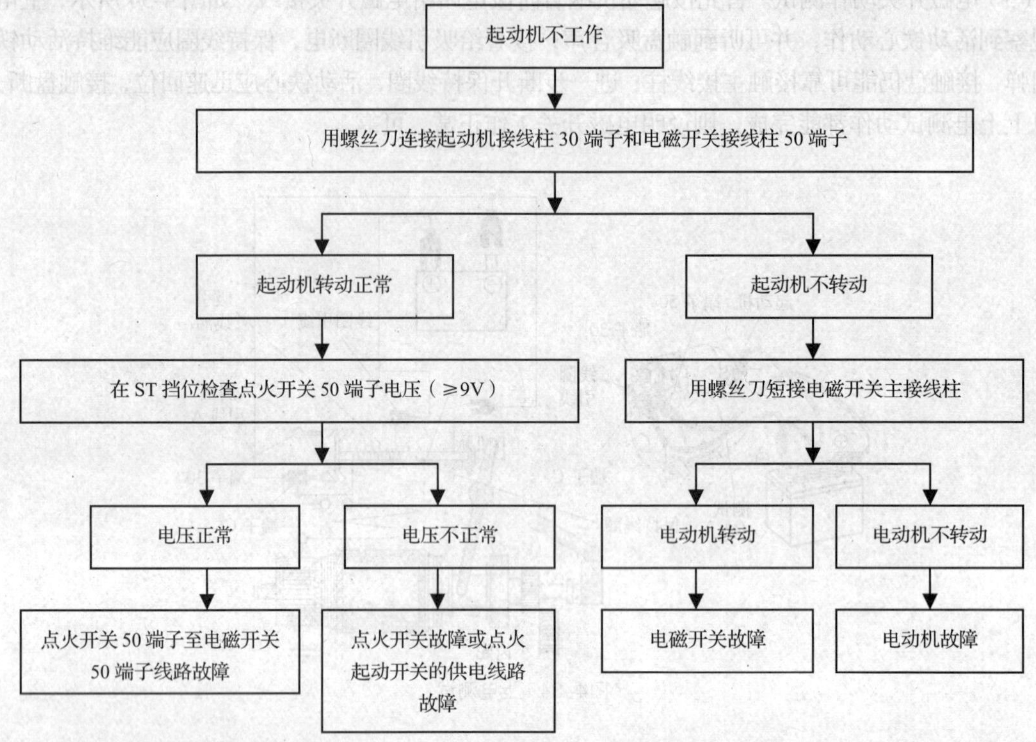

图4-35 桑塔纳起动机不工作故障诊断流程图

2. 起动机运转无力

（1）故障现象。着车时，发动机运转缓慢，无法着车。

（2）故障原因。

① 蓄电池储存电荷不足，或起动机电缆线与蓄电池接线柱接触不良或接线柱氧化。

② 起动机故障。换向器过脏，用电过多或电刷弹簧压力不足导致电刷接触不良，磁场绕组或电枢绕组局部短路，起动机电磁开关触点烧蚀。

③ 发动机起动阻力矩过大。

（3）故障诊断。在起动电机的情况下，迅速检测蓄电池工作电压及起动机 30 端子电压，若蓄电池电压低于 9V，则进行蓄电池充电作业；若蓄电池电压正常起动机 30 端子压降较大，则说明起动机电缆线上存在接触不良。排除上述可能原因后，起动机仍运转无力，则拆下起动机防尘箍，取出电刷，观察换向器表面有无烧蚀与污垢，以及电刷与压簧是否良好，再视情况对起动机进一步拆检。

习题与复习题

一、选择题

1.（　　）表示额定电压为 12V、功率为 1～2kW、第 25 次设计的起动机。

A. QD1225　　B. QD2125　　C. QD6225　　D. QD125

2. 起动机之所以被称为直流串励式起动机是因为（　　）。

A. 保持线圈与吸引线圈串联　　B. 吸引线圈与直流电动机串联
C. 吸引线圈与电枢绕组串联　　D. 励磁绕组与电枢绕组串联

3. 为了获得足够的转矩，通过起动机电枢的电流很大，通常发动机的起动电流为（　　）A。
A. 20～60　B. 60～100　C. 200～600　D. 600～1000

4. 全制动试验时，每次接通电路的时间不应超过（　　），且应停歇（　　）以上再次进行试验，以免损坏起动机。
A. 1s　B. 5s　C. 10s　D. 30s
A. 5s　B. 10s　C. 30s　D. 60s

5. 电刷的高度应不低于新电刷高度的（　　），电刷与换向器的接触面积应在（　　）以上，否则需要更换或维修。
A. 1/2、50%　B. 2/3、50%　C. 2/3、75%　D. 3/4、80%

6. 起动机起动无力，短接起动机两接线柱后，起动机仍然转动缓慢，甲认为是起动机本身故障，乙认为是蓄电池电量不足，你认为（　　）。
A. 甲对　B. 乙对　C. 都对　D. 都错

7. 下列（　　）不可能导致起动机无法起动。
A. 触盘烧蚀　B. 拨叉卡死　C. 蓄电池严重亏电　D. 发电机不发电

8. 起动发动机时，每次起动机启动时间限制为5秒左右，是因为（　　）。
A. 防止起动机过热　　B. 防止电流过大，使起动电路的线束过热起火
C. 防止电流过大，使点火开关烧坏　　D. 蓄电池的端电压下降过快

二、判断题

1. 在起动机处于啮合阶段时，保持线圈与吸引线圈是并联关系。（　　）
2. 电磁开关中保持线圈电阻一定大于吸引线圈电阻。（　　）
3. 在起动机复位时，起主导作用是回位弹簧，与保持线圈及吸引线圈无关。（　　）
4. 减速起动机多采用行星齿轮减速装置。（　　）
5. 串励式起动机励磁线圈与电枢线圈是采用串联方式。（　　）
6. 起动机转速越高，其通过的电流就越大。（　　）
7. 单向离合器的作用是防止飞轮带着起动机电枢转。（　　）
8. 大功率起动机可在空载下运行。（　　）

三、思考题

1. 起动机由哪些部分组成？各组成部分起什么作用？
2. 起动机是如何分类的？
3. 起动机单向离合器有几种类型？
4. 起动机的正确使用与维护要求有哪些？
5. 分析图4-16所示起动机在啮合阶段、工作阶段及复位阶段的电路。
6. 起动机常见故障有哪些？如何进行故障判断？

第5章 点火系统

学习目标：

- ❖ 了解点火系的发展概况。
- ❖ 掌握点火系的结构组成。
- ❖ 理解点火系的工作原理及工作特性。
- ❖ 掌握点火系的元件性能检测方法。
- ❖ 掌握点火系常见故障的诊断与排除方法。

5.1 点火系统概述

5.1.1 点火系统的发展概况

1886 年，第一辆以四冲程内燃机为动力的汽车是以磁电机为电源的点火系统。这种点火装置结构较复杂，且低速时的点火性能较差，目前仍应用在小排量摩托车上。

1908 年，美国人首先在汽车上使用蓄电池点火装置，这种以蓄电池和发电机为电源的点火系统经过不断地改进，结构性能逐渐完善，半个多世纪以来曾在汽车上得到广泛的应用，并称之为传统点火系统。但它无法满足不断进步的汽车技术对高转速、低能耗、低排放的要求。

20 世纪 60 年代，出现了有触点电子点火系统。这种点火装置利用原分电器中断电器的触点，来控制晶体管的导通和截止，因而流经触点的电流很小，解决了传统点火系工作时由于断电器触点火花较大而带来的一系列问题，并使点火性能得到了较大的提高。

20 世纪 70 年代，无触点的电子点火系统开始应用并得到了迅速的发展，现在已基本普及，但点火提前机构仍然延用了传统点火系统中的机械式点火提前机构及真空式点火提前机构。

20 世纪 70 年代末期，随着微机控制的电子燃油喷射系统的应用与发展，以微机控制点火时刻的点火系开始在汽车上使用。这种微机控制的点火系统，解决了传统点火系统中点火提前装置不能适应发动机工况和状态改变时实际需要的问题，使发动机的油耗和排污进一步降低。

5.1.2 点火系统的作用与要求

1. 点火系统的作用

点火系统的作用是将汽油发动机工作时吸入气缸的可燃混合气，在压缩行程终了时，及时地用电火花点燃可燃混合气，并满足可燃混合气充分燃烧及发动机工作稳定的性能要求，使汽油发动机顺利地实现从热能到机械能的转变。

2. 对点火系统的要求

根据发动机各工况的要求，点火系统应保证在各种使用条件下能可靠地点燃可燃混合气。对此，对点火系统的要求如下。

（1）能产生足以击穿火花塞间隙的电压。火花塞电极击穿而产生火花时所需要的电压称为击穿电压。点火系统产生的次级电压必须高于击穿电压，才能使火花塞跳火。影响击穿电压的因素有火花塞电极间隙、气缸内混合气的压力与温度、电极的温度与极性。发动机正常工作时击穿电压一般均在 15kV 以上；发动机在满载低速时击穿电压为 8～10kV；起动时需 19kV。考虑各种不利因素的影响，通常点火系的设计电压为 30kV。

（2）火花应具有足够的能量。发动机正常工作时，由于混合气压缩终了的温度接近其自燃温度，仅需要 1～5mJ 的火花能量。但在混合气过浓或是过稀时，发动机起动、怠速或节气门急剧打开时，则需要较高的火花能量。随着现代发动机对经济性和排气净化要求的提高，都迫切需要提高火花能量。因此，为了保证可靠点火，高能电子点火系统一般应具有 80～100mJ 的火花能量，起动时应产生高于 100mJ 的火花能量。

（3）点火时刻应适应发动机的各种工况。首先，发动机的点火时刻应满足发动机工作循环的要求，即点火系统应按发动机的工作顺序进行点火，一般四缸发动机的点火顺序是 1—3—4—2，六缸发动机的点火顺序是 1—5—3—6—2—4。其次，必须在最有利的时刻进行点火，发动机的点火时刻用点火提前角来表示，即从发出电火花开始到活塞到达上止点为止的一段时间内曲轴转过的角度，最有利的时刻即为最佳点火提前角。发动机的转速、负荷、温度和燃油品质等，都直接影响混合气的燃烧速度。点火系统必须能适应上述情况变化并能在最佳点火提前角时点火。

5.1.3 点火系统的分类

1. 按点火能量的储存方式分类

（1）电感储能式电子点火系统。其定义是指点火系统火花的能量以磁场的形式储存在点火线圈中的点火系统。蓄电池点火系统属于电感储能式点火系统。

（2）电容储能式电子点火系统。其定义是指点火系统火花的能量以电场的形式储存在专门的储能电容中的点火系统。

2. 按信号发生器的原理分类

（1）电磁感应式电子点火系统，如丰田车系。

（2）霍尔效应式电子点火系统，如大众车系。

（3）光电式电子点火系统，如日产车系。

3. 按照初级电路的控制方式分类

（1）传统点火系统：或称为蓄电池点火系统，其技术虽已淘汰，但点火原理仍在继承。

（2）电子点火系统：应用于化油器式发动机的点火系统，如国产的 CA1091、EQ1091 及早期生产的普桑、捷达、奥迪、红旗等车型。

（3）微机控制点火系统：广泛应用于电控发动机的点火系统。

4. 按照高压电的配电方式分类

（1）机械配电点火系统（有分电器点火系统）。

（2）微机配电点火系统（无分电器点火系统）。

在以上各种点火系统装置中，相对于电容储能式来说，电感储能式点火系统的应用较为广泛；电感储能式点火系统中，以电磁感应式和霍尔效应式的应用较为广泛；有分电器的点火系统在中低档车中的应用较为广泛，无分电器点火系统在中高档车中的应用较为广泛，并向中低档车普及。

5.2 传统点火系统

5.2.1 传统点火系统的组成

传统点火系统主要由蓄电池、点火开关、点火线圈、分电器、高压线及火花塞等组成，如图5-1所示。蓄电池供给点火系统所需电能，点火开关接通或断开点火系统电源。点火线圈储存点火能量，并将蓄电池电压转变为点火高压。分电器由断电器、配电器和点火提前机构等部分组成。断电器的作用是接通或切断点火线圈初级电路；配电器的作用是将点火线圈产生的点火高压，按照发动机的工作顺序输送至各缸火花塞；点火提前机构的作用是随发动机转速、负荷和汽油辛烷值变化调节点火提前角。火花塞将点火高压引入气缸燃烧室，并在电极间产生电火花，点燃可燃混合气。

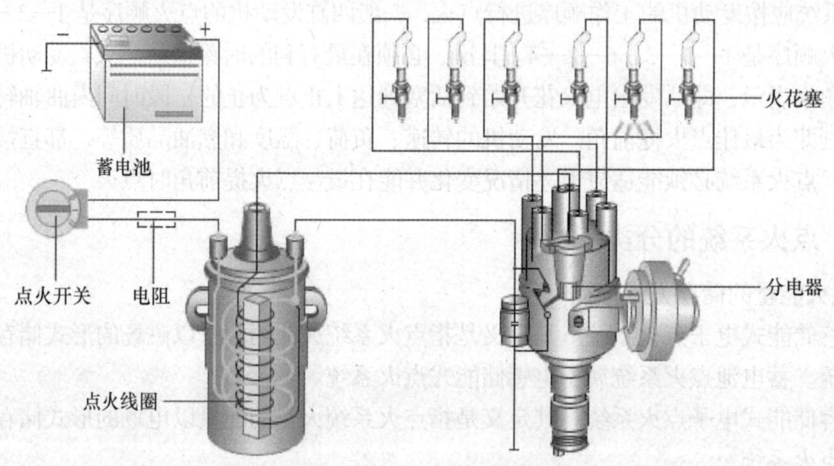

图5–1 传统点火系统的组成

5.2.2 传统点火系统的基本工作原理

传统点火系统的基本工作原理如图5-2所示。发动机工作时，由发动机配气机构的凸轮轴以1∶1的传动关系驱动分电器轴。分电器轴上的凸轮使断电器触点交替地闭合和打开。在闭合时，接通点火线圈初级绕组的电路，形成低压电路；当触点打开时，切断点火线圈初级绕组的电路，使点火线圈的次级绕组中产生高压电，并经火花塞的电极产生电火花，点燃混合气。点火过程可分为两个阶段。

1. **触点闭合，初级电流逐步增长**

当点火开关接通的情况下，当断电器触点闭合时，点火线圈的初级绕组形成闭合回路，产生初级电流 i_1，初级电流所流过的电路称为低压电路。低压电路的路径是；蓄电池正极→电流表→点火开关→点火线圈“+”接线柱→点火线圈初级绕组 W_1→点火线圈“-”接线柱→断电器触点 K→搭铁→蓄电池负极。

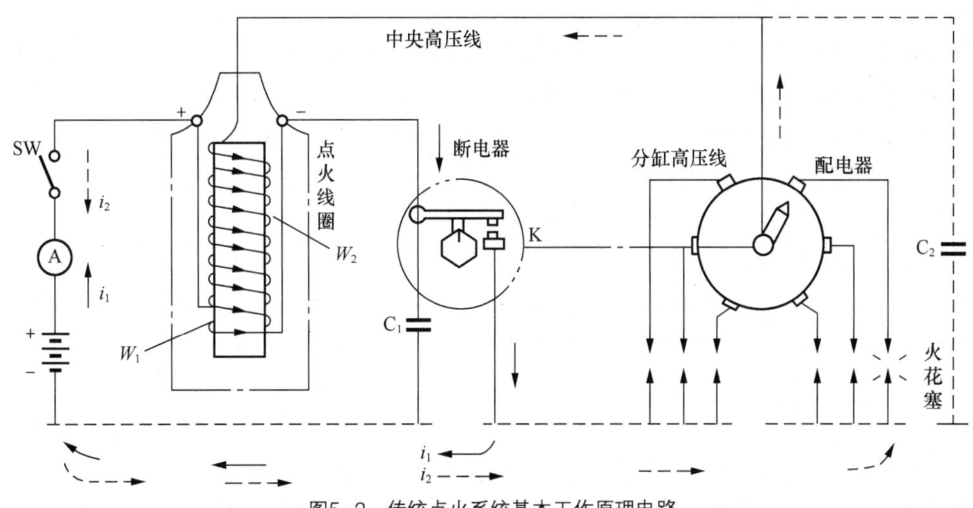

图5-2 传统点火系统基本工作原理电路

在断电器触点由断开到闭合的一瞬间，初级绕组中从无电流到有电流，根据楞次定律，在初级绕组中产生了一个与初级电流 i_1 方向相反的自感电动势，它阻碍初级电流的迅速增长，使初级电流 i_1 按指数规律增长，如图 5-3（a）所示。当触点保持继续闭合时，大约 20ms 后，初级电流 i_1 将达到最大稳定值。

2. **触点断开，次级线圈产生高压，形成电火花点燃混合气**

分电器轴转转过一定角度触点打开时，初级电路被切断，初级电流及磁场迅速消失，由电磁感应定律 $e=-\dfrac{d\phi}{dt}=-L\dfrac{di}{dt}$ 可知，在初级绕组中自感出电动势 $U_1=-L_1\dfrac{di}{dt}N_1$，而次级绕组互感产生电动势 $U_2=-L_2\dfrac{di}{dt}N_2$。由于初级电流迅速消失，变化率 $\dfrac{di}{dt}$ 很大，在初级绕组中，可感应出 200～300V 的自感电动势 U_1。由于次级绕组 W_2 的匝数多，因而在次级绕组内就感应出 15～20kV 的互感电动势 U_2，次

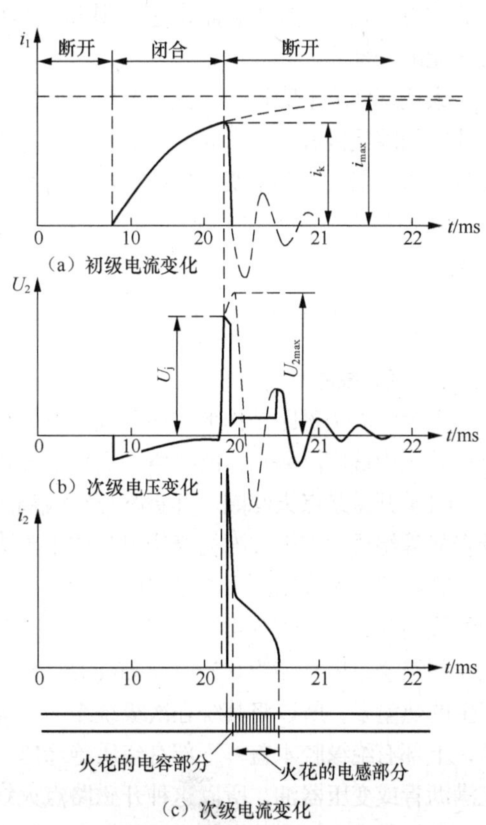

图5-3 传统点火系工作过程波形图

级电压$U_2 = U_1 \frac{N_2}{N_1}$（假设两组绕组磁自感系统$L_1 = L_2$），$U_2$称为次级点火高压，通过高压线输送给火花塞，击穿火花塞的电极间隙产生火花，点燃混合气。从点火线圈到火花塞的电路被称为高压电路，高压电路的路径是：次级绕组W_2→附加电阻→点火线圈“+”接线柱→点火开关→电流表→蓄电池→搭铁→火花塞侧电极→中心电极→分缸高压线→配电器（旁电极、分火头）→中央高压线→次级绕组W_2（次级电路电流i_2用虚线表示）。

当断电器触点断开时，初级绕组所产生的自感电动势加在触点之间，并击穿触点间隙形成电火花，使初级电流i_1不能迅速断流而造成铁心中磁场的下降速率减小，次级绕组的互感电动势降低，且触点间的电火花会很快烧蚀触点，使点火系不能正常工作。为此，在断电器触点之间并联一个电容C_1，在触点断开瞬间，迅速吸收初级绕组所产生的自感电动势，由此减小触点间的电火花，提高次级绕组的互感电动势，延长触点的使用寿命。

此外，在高压导线与高压导线之间、高压导线与机体之间、火花塞中心电极与侧电极之间存在一个分布电容C_2，相当于在次级绕组两端并联一个电容。如果火花塞电极间隙过大而不被击穿，则次级电压将达到最大值$U_{2\max}$。此后，次级电压将随初级电流的变化进行衰减振荡，如图 5-3（b）中虚线所示。

一般来说，火花塞的击穿电压U_j总是低于$U_{2\max}$。当增长的电压U_2达到U_j时，火花塞电极间隙被击穿而形成电火花，次级电流i_2迅速增加，次级电压U_2急剧下降，如图 5-3（b）、（c）所示。

当火花塞电极间隙击穿以后，储存在C_1、C_2中的电场能得以释放。这部分由电容储存的能量维持的放电过程，称为“电容放电”，其特点是放电时间极短，放电电流很大。因此电容放电只消耗了磁场能的一部分。

火花塞间隙击穿以后，火花塞电极间的“电阻”减小，铁心中剩余的磁场能得以沿着电离了的火花塞间隙缓慢放电，形成“电感放电”，又称“火花尾”。其特点是放电时间较长，放电电流较小，放电电压较低。实验证明，电感放电的持续时间越长，点火性能越好。

以上为传统点火的工作过程，当发动机完成一个工作循环，点火系按点火顺序各缸轮流点火一次。

5.2.3 传统点火系统的部件结构

1. 点火线圈

点火线圈按磁路结构形式的不同，一般分为开磁路式和闭磁路式两种。开磁路点火线圈在传统点火系统中被广泛采用，闭磁路点火线圈多用于电子点火系统和微机控制的点火系统中。

（1）开磁路点火线圈。开磁路点火线圈的基本结构如图 5-4 所示，主要由铁心、绕组、胶木盖及瓷杯等组成。点火线圈初级绕组从胶木盖上引出两个低压接线柱，分别标注“+”“−”符号。

开磁路点火线圈的中心是用硅钢片叠成的铁心，在铁心外面套有绝缘的纸板套管，点火线圈的初级绕组和次级绕组分层绕在套管上。次级绕组用直径为 0.06～0.10 mm 的漆包线绕 1 1000～2 3000 匝，初级绕组用直径为 0.5～1.0mm 的高强度漆包线绕 230～370 匝。由于初级绕组的通过电流大，产生的热量多，所以将其绕在次级绕组的外面，以利于散热。点火线圈绕组与外壳之间装有导磁钢套，上部有绝缘胶木盖，下部有瓷质绝缘座。为加强绝缘并防止潮气浸入点火线圈，外壳内一般都充满沥青或变压器油，所以这种开磁路点火线圈也称为湿式点火线圈。

绕组外壳之间，装有导磁用的钢片，用来引导磁通，减小磁阻。当初级电流流过初级绕组时，使铁心磁化，由于磁路上、下部分都是从空气中通过，铁心未构成回路，所以称为开磁路点火线圈，磁路如图 5-5 所示。开磁路点火线圈的磁阻大，漏磁损失多，能量转换效率低。

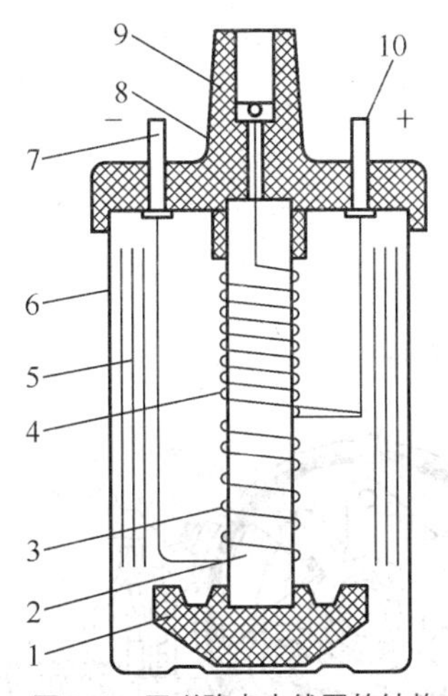

图5-4　开磁路点火线圈的结构

1—绝缘座；2—铁心；3—初级绕组；4—次级绕组；5—导磁钢套；6—外壳；7—低压接线柱“—”；8—胶木盖；9—高压接线柱 10—低压接线柱“+”

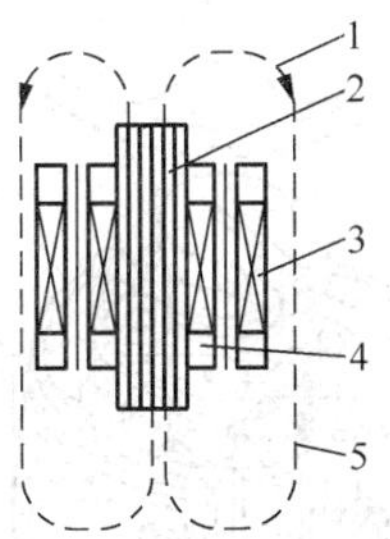

图5-5　开磁路点火线圈的磁路

1—磁力线；2—铁心；3—初级绕组；4—次级绕组；5—导磁钢片

（2）闭磁路点火线圈。闭磁路点火线圈的结构如图 5-6 所示，铁心为“日”字形，铁心上绕有初级绕组，其上绕次级绕组，整个铁心只留有一个微小空气隙，磁力线经铁心构成闭合磁路，减小了磁滞损失，其磁路如图 5-7 所示。闭磁点火线圈漏磁少，磁路磁阻小，能量转换率高达 75%，而开磁路点火线圈的能量转换率只有 60%。

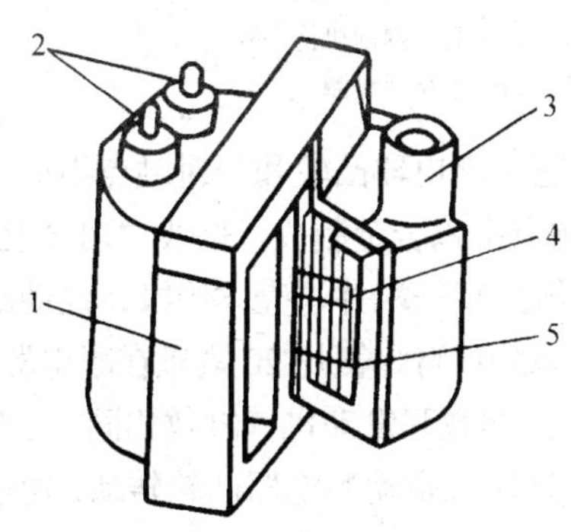

图5-6　闭磁路点火线圈的结构

1—“日”字铁心；2—高压插孔；3—次级绕组；4—初级绕组

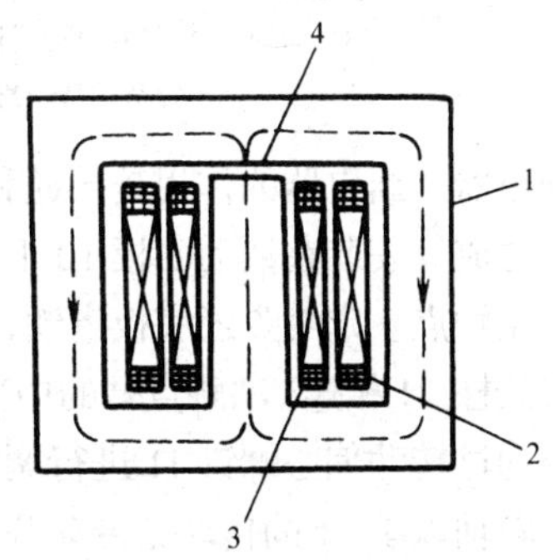

图5-7　闭磁路点火线圈的磁路

1—“日”字铁心；2—次级绕组；3—初级绕组；4—空气隙

此外，闭磁路点火线圈的壳体通常以热熔性塑料注塑成型，填充物采用热固性树脂，使其绝缘性和密封性均优于开磁路点火线圈。闭磁路点火线圈体积的日益小型化，使其能直接安装在分电器盖上，不仅可省去点火线圈与分电器之间的高压线，而且使点火系统的结构更紧凑。

因此，与开磁路式相比，闭磁路式点火线圈具有漏磁少、转换率高、体积小、质量轻、铁心裸露易于散热等优点，故在电子点火系统中得到广泛应用。

2. 分电器

分电器主要由配电器、断电器、点火提前调节机构、电容器组成，如图 5-8 所示。

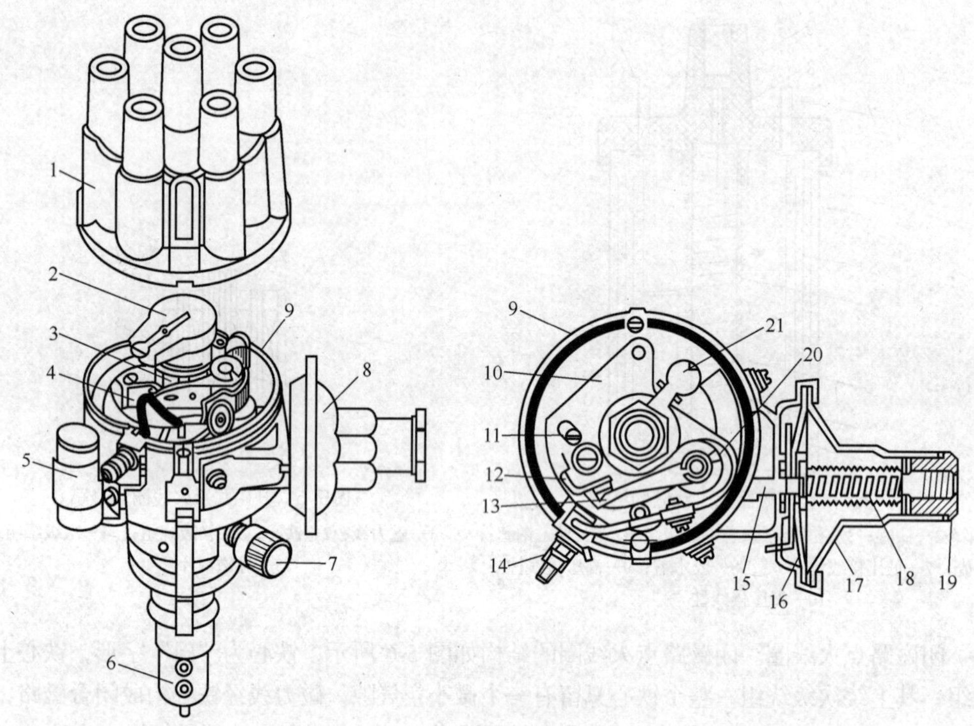

图5-8 传统点火系统中分电器的组成结构

1—分电器盖；2—分火头；3—凸轮；4—断电器触点及底板总成；5—电容器；6—联轴节；7—油杯；8—真空提前机构；9—分电器壳体；10—活动底板；11—偏心螺钉；12—定触点与支架；13—动触点臂；14—接线柱；15—拉杆；16—膜片；17—真空提前机构外壳；18—弹簧；19—螺母；20—触点臂弹簧片；21—油毡及夹圈

（1）断电器。断电器的作用是接通和切断低压电路，它由断电器凸轮和一对触点组成。断电器触点和底板总成 4 安装在活动底板 10 上。断电器的一对触点由钨合金制成，俗成“白金触点”，分为动触点和定触点。定触点经底板搭铁，动触点安装在动触点臂一端并与壳体绝缘，经动触点弹簧片与绝缘接线柱 14 相连。动触点臂的中部装有胶木顶块，靠触点臂弹簧片 20 紧压在断电器凸轮上。触点间隙可通过转动偏心螺钉 11 进行调整。断电器凸轮的凸角数和发动机气缸数相同。工作时，配气机构的凸轮轴以 1∶1 的传动比带动分电器轴旋转，分电器轴又带动断电器凸轮转动，通过胶木顶块间歇地打开和闭合动触点。

触点间隙对闭合角有直接的影响。如图 5-9（a）所示，若触点间隙过大，则凸轮转动时，触点提前打开，触点闭合角 β 变小，触点的闭合时间缩短，初级电流减小，从而使次级电压和点火能量下降。若触点间隙减小，触点闭合角 β 变大，初级电流增大，但触点间隙过小，造成触点断开时触点处产生火花，使点火能量损失、次级电压降低，如图 5-9（b）所示。断电器的白金触点间隙为 0.35～0.45mm 为宜。

（2）配电器。配电器的作用是将点火线圈产生的高压电按发动机各气缸的点火顺序配送火花塞，主要由分电器盖、分火头和高压线组成。配电器安装在断电器上方。分电器盖的中央有一高压线插孔，插孔内装有带弹簧的电刷，电刷靠其弹簧压在分火头的导电片上。分电器盖中央插孔的周围均布有各缸高压分线插孔，插孔内有金属套与分电器盖内的旁电极连接，通过高压分线将各旁电极分别与各缸火花塞连接。分火头安装在凸轮的顶端，随凸轮一起旋转，分火头随点火信号发生器转子一起旋转。分火头的顶端铆有铜质导电片，分火头端部与旁电极有 0.2～0.8 mm 的间隙。当断电器触点打开时，点火线圈产生的高压电由分火头导电片跳至与其相对的旁电极，再经高压分线送至火花塞电极。

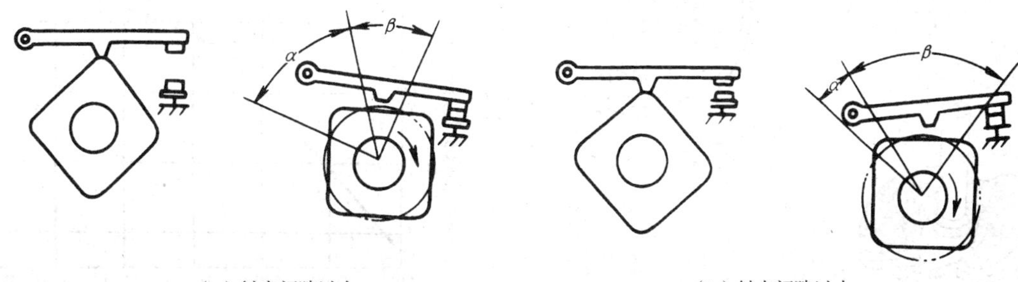

（a）触点间隙过大　　（b）触点间隙过小

图5-9　触点间隙大小对闭合角的影响

（3）点火提前机构。点火提前机构的作用是随发动机工况变化而自动调节点火提前角，保证发动机具有最佳点火提前角。汽油发动机从点火时刻起到活塞到达压缩上止点这段时间内曲轴转过的角度称为点火提前角。点火提前的目的是混合气在活塞到达上止点之前进行点火，若能使气缸内的最高燃烧压力出现在达到上止点后 10°～15°，此时发动机的功率最大、热能利用最高，而此角度为最佳点火提前角。传统点火系统一般仅考虑转速和负荷汽油对最佳点火提前角的影响，在分电器上设置了离心提前机构和真空提前机构。

① 离心提前机构。离心提前机构的作用是随发动机转速的变化而自动调节点火提前角。发动机转速越高，最佳点火提前角越大。这是因为发动机转速升高时，在单位时间内，活塞将移动较大距离，曲轴也相应地转过较大的角度，如果混合气燃烧速率不变，则最佳点火提前角应按线性规律增长。但当转速升高到一定程度时，由于混合气的压力和温度的提高以及扰流的增强，使燃烧速度也随之加快，因此最佳点火提前角随发动机转速的升高呈非线性增大。

离心提前机构安装在断电器固定底板的下面，其结构如图 5-10 所示。在分电器轴 4 上固定有托板 7，两个重块 5 分别套在托板的销钉 9 上，可绕销钉转动。重块的另一端由弹簧 6 拉向轴心。断电器凸轮及拨板 3 为一体，套装在分电器轴上，拨板的矩形孔套在重块的柱销 8 上，受重块驱动。当分电器轴转动时，重块上的柱销即通过拨板带动断电器凸轮相对分电器轴转动一个角度。

当发动机转速升高时，重块的离心力逐渐增大，克服弹簧拉力使重块向外甩开。重块上的柱销便推动拨板带着断电器凸轮顺着分电器轴旋转的方向向前转过一个角度，使断电器凸轮提前顶开触点，点火提前角增大。转速越高，重块的离心力越大，重块甩开的程度就越大，点火提前角也就越大。反之，当转速降低时，离心力减小，弹簧便拉动重块，拨板和断电器凸轮逆着分电器轴旋转的相反方向向后退回一个角度，使点火提前角减小。

为满足发动机的工作需要，离心飞块的回位弹簧通常由一粗一细两根弹簧组成，较细的弹簧只要离心飞块甩开就起作用，而粗弹簧两端的钩环为椭圆形，只有发动机转速提高到一定程度，离心飞块甩开到一定角度时才能起作用。发动机在高速范围内运转时，由于两弹簧同时起作用，随发动机转速的提高，点火提前角的增量较小。离心提前机构的工作特性如图 5-11 所示。

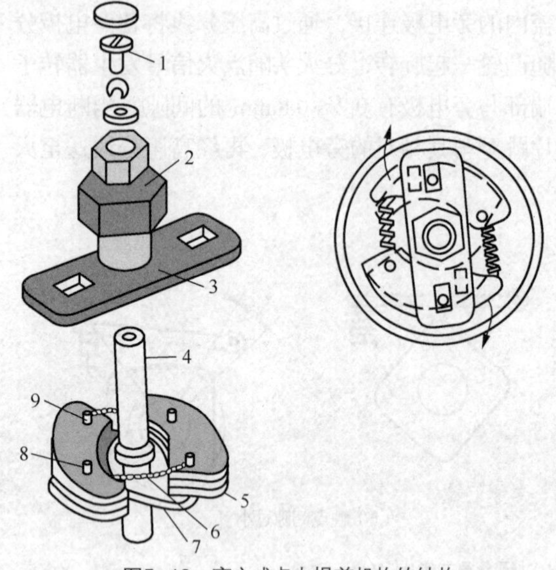

图5-10 离心式点火提前机构的结构

1—凸轮固定螺钉及垫圈；2—凸轮；3—拨板；4—分电器轴；
5—重块；6—弹簧；7—托板；8—柱销；9—销钉

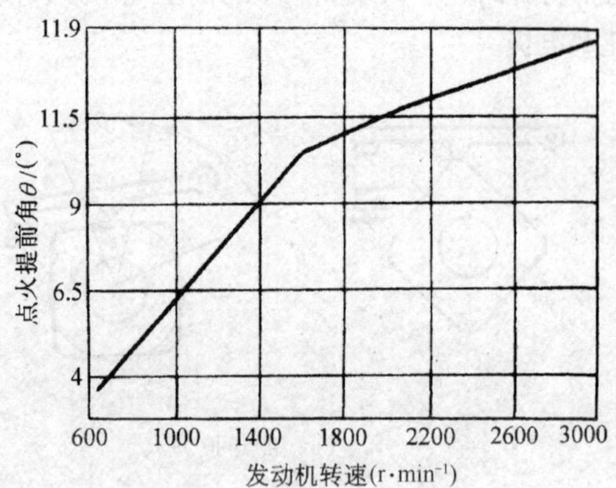

图5-11 离心提前机构的工作特性

② 真空点火提前机构。真空提前机构的作用是随发动机负荷的大小自动调节点火提前角。在相同转速下，随着发动机负荷的增大，最佳点火提前角将随之减小。这是由于发动机负荷大即节气门开度大时，吸入气缸的混合气增多，压缩终了时的气缸压力和温度增高，使燃烧速度加快，因此最佳点火提前角应随负荷增大而减小。

真空提前机构安装在分电器壳体的外侧，内部结构如图 5-12（a）所示。壳体内装有膜片 5，将其内部分成两个空腔，位于分电器壳体一侧的空腔与大气相通，另一空腔用真空软管与进气总管（节气门后）相通。膜片中心固装着拉杆 4，拉杆的另一端连接到断电器活动底板上。拉杆的移动可带动断电器活动底板转动，转动的最大角度由固定底板上的长形孔限制。

真空提前机构的工作原理如图 5-12（b）所示。当发动机负荷由小逐渐增大，即节气门开度由小逐渐增大，真空度由大逐渐减小，即左腔的绝对压力增大，克服弹簧弹力向右拱曲，膜片通过拉

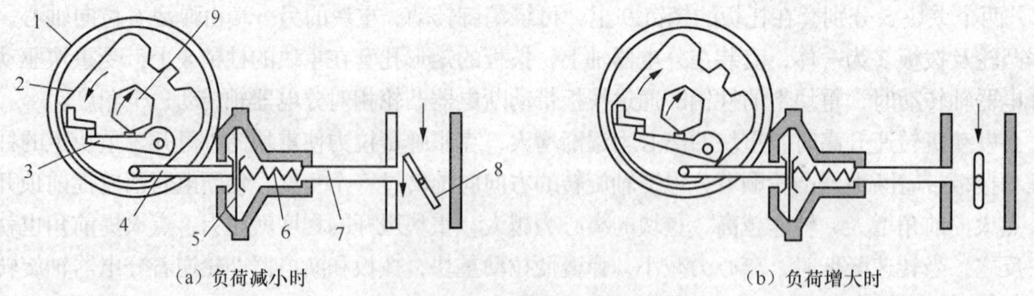

图5-12 真空点火提前机构的工作原理

1—分电器壳体；2—断电器活动底板；3—触点；4—拉杆；5—膜片；6—回位弹簧；7—真空管；8—节气门；9—凸轮

杆推动活动底板顺着凸轮旋转方向顺时针转过一个角度，使触点推迟打开，实现点火推迟。反之，如图 5-12（a）所示，发动机负荷由大逐渐减小，真空度逐渐增大，导致活动底板与凸轮旋转方向相反，点火提前。真空提前机构的工作特性如图 5-13 所示，其中 p 为真空度压力值。

3. 火花塞

（1）火花塞的结构。火花塞的作用是将点火线圈产生的高压电流以电弧的形式引入燃烧室，并点燃混合气。火花塞如图 5-14 所示，主要由金属杆（钢心）、瓷绝缘体（能够导热的绝缘体），以及 1 对电极（其中一个在瓷绝缘体内被绝缘，称为中心电极，另一个通过壳体搭铁，称为侧电极）等组成。

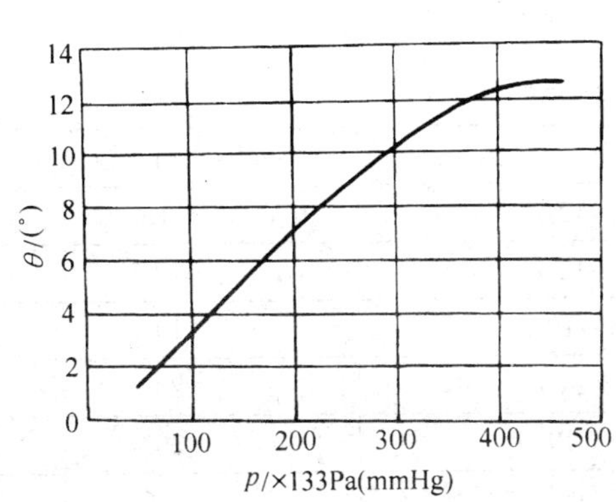

图5-13 真空点火提前机构的特性

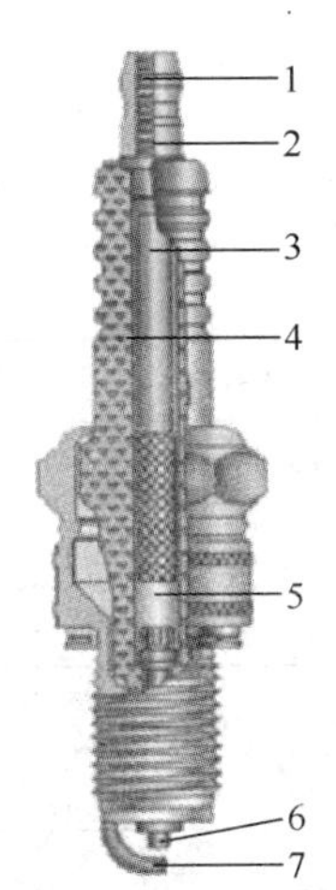

图5-14 火花塞的结构

1—插线螺母 2—连接螺纹 3—金属杆 4—绝缘体 5—导电密封玻璃 6—中心电极 7—侧电极

火花塞的绝缘体固定在钢制壳体内，以保证中心电极与侧电极之间绝缘。在绝缘体中心孔中装有金属杆和中心电极，金属杆顶端与分高压线插线螺母相连，金属杆底端与中心电极之间用导体玻璃密封。中心电极用镍—锰合金制成，具有良好的耐高温、耐腐蚀和导电性能。壳体下端是弯曲的侧电极，它与中心电极之间保持一定的间隙，间隙的大小一般为 0.6～0.7mm。采用高能电子点火装置，其火花塞间隙可增大至 1.0～1.2mm。火花塞壳体具有螺纹，用来将火花塞安装在发动机气缸盖上。铜制密封垫圈可起到密封和传热的功用。很多车用火花塞在其顶部的接线柱与中心电极之间有 1 个电阻器，这个电阻器能够减少射频干扰，从而避免收音机出现噪声。值得注意的是，来自射频干扰的电压也会干扰甚至损坏车载计算机。因此，如果汽车出厂时配有电阻型火花塞的话，更换火花塞时也必须选用电阻型的。

（2）火花塞的热特性。要使火花塞能正常工作，其绝缘体裙部的温度应保持在 500℃～750℃，使落在绝缘体上的油滴立即烧掉，不致形成积炭，该温度为火花塞的“自净温度”。如果绝缘体裙部的温度低于自净温度，就会引起火花塞积炭；若温度过高，则混合气与炽热的绝缘体接触时，会引起炽热点火而产生形成早燃、爆燃等现象。

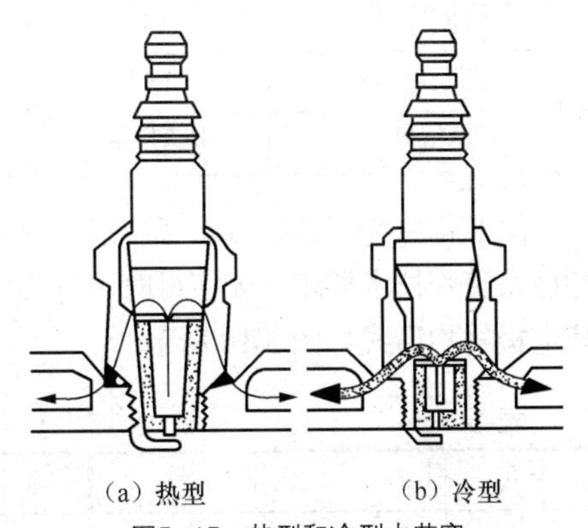

(a) 热型 (b) 冷型

图5-15 热型和冷型火花塞

影响火花塞裙部温度的主要因素是裙部长度。裙部越长，受热面积越大，散热路径越长，散热困难，则裙部温度越高，称为热型火花塞；反之，裙部越短，裙部温度越低，称为冷型火花塞。热型与冷型火花塞如图 5-15 所示，

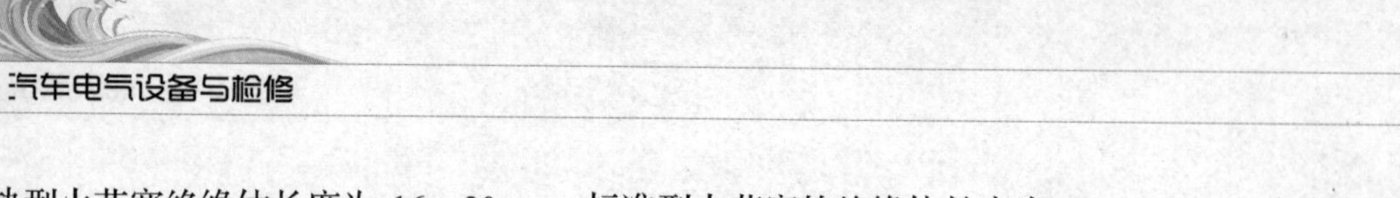

热型火花塞绝缘体长度为 16～20mm，标准型火花塞的绝缘体长度为 11～14mm，冷型火花塞的绝缘体长度小于 8mm。热型火花塞适用于功率小、转速和压缩比低的发动机；冷型火花塞适用于功率大、转速高和压缩比大的发动机。

（3）火花塞型号。

① 国产火花塞。根据 ZBT37003—1989《火花塞产品型号编制方法的规定》，国产火花塞的型号由 3 部分组成。

Ⅰ Ⅱ Ⅲ

第一部分为汉语拼音字母，表示火花塞结构类型及主要尺寸。各字母含义如表 5-1 所示。

表 5-1 火花塞的型号及规格参数

字母	螺纹规格	安装座型式	螺纹旋合长度/mm	壳体六角对边/mm
A	M10×1	平座	12.7	16
C	M12×1.25	平座	12.7	17.5
D		平座	19	17.5
E	M14×1.25	平座	12.7	20.8
F		平座	19	20.8
J		平座	12.7	16
K		平座	19	16
L		矮型平座	9.5	19
N		矮型平座	7.8	19
P		锥座	11.2	16
Q		锥座	17.5	16
R	M18×1.5	平座	12	20.8
S		平座	19	（22）
T		锥座	10.9	20.8

第二部分为阿拉伯数字，表示火花塞热值，其热值特性如表 5-2 所示。

表 5-2 火花塞的热值特性参数

热值代号	3	4	5	6	7	8	9
裙部长度/mm	15.5	13.5	11.5	9.5	7.5	5.5	3.5
热特性	热型←—		—中型—			—→冷型	

第三部分为汉语拼音字母或通用符号字母，表示火花塞派生产品结构特征、发火端特征、材料特性及特殊技术要求。无字母时为标准（普通）型火花塞。火花塞电极的特性参数如表 5-3 所示，其电极结构形式如图 5-16 所示。

表 5-3 火花塞电极的特征参数

字母	含义	字母	含义	字母	含义
	标准型	H	环状电极型	U	电极缩入型

续表

字母	含义	字母	含义	字母	含义
B	半导体型	J	多电极型	V	V 型
C	镍铜复合电极	R	电阻型	Y	沿面跳火型
F	非标准型	P	屏蔽型		
G	贵金属	T	绝缘体突出型		

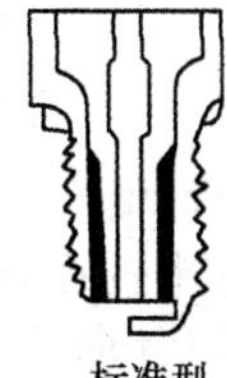
标准型

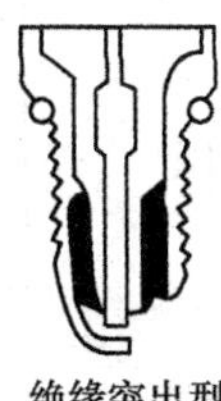
绝缘突出型

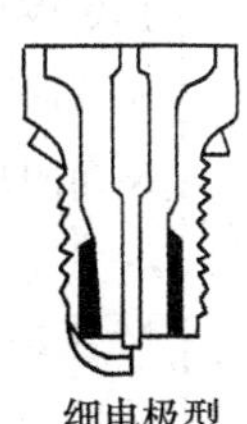
细电极型

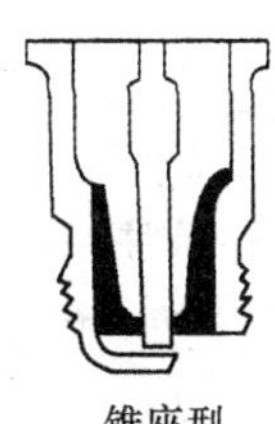
锥座型

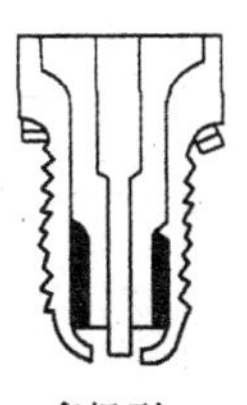
多极型

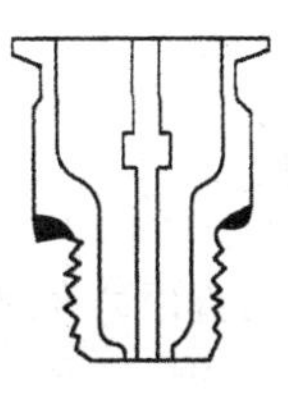
沿面跳火型

图5-16　火花塞电极结构形式

型号示例：如“K6RTC”型火花塞，为螺纹旋合长度 19mm，壳体六角对边 16mm，热值代号 6 的 M14×1.25 带电阻及镍铜复合电极的突出型平座火花塞。

② 典型国外产火花塞。

（a）NGK 火花塞。NGK 型号编制如表 5-4 所示。

表 5-4　　NGK 型号编制（单位：mm）

Ⅰ	Ⅱ	Ⅲ	Ⅳ	Ⅴ	Ⅵ	Ⅶ
螺丝直径	类型	电阻型	热值	螺纹长度	使用特征	火花塞间隙
B-14/20.6 C-10/16 D-12/18 （公称直径/六角对边）	P-绝缘体突出型 L-短座型 R-带阻尼电阻型 S-屏蔽型	R－电阻型 Z－卷线型电阻	见表 5-7	L-11.2 H-12.7（赛车型 12.5） E-19（赛车型 18） 无标注 -12（ϕ18）/9.5（ϕ14）	Y-中心电极 V-V 字形切口中心电极 IX-铱合金 IX 火花塞 VX-VX 型火花塞 K-外侧两极电极 T-外侧三极电极 M*-外侧两极电极 Q*-外侧四极电极 B-CVCC 发动机专用 J-两极斜放电极 A-特殊规格 C-斜放电极 P-白金片式电极 U-半沿面型	9-0.9 10-1.0 11-1.1 13-1.3

备注：带*号为转子发动机专用。

例如，BR9ES 表示螺纹公称直径 14mm、螺纹长度 19mm、热值 9、带阻尼电阻、铜芯电极型

火花塞。

（b）DENSO 火花塞。DENSO 型号编制如表 5-5 所示。

表 5-5 DENSO 型号编制（单位：mm）

Ⅰ	Ⅱ	Ⅲ	Ⅵ	Ⅶ
螺丝直径	热值	螺纹长度	火花塞类型	火花塞间隙
M-18/25.4 W-14/20.6 X-12/18 U-10/16 （公称直径/六角对边）	见表 5-7	E-19 F-12.7 L-11.2 无标注-12（ϕ18）/9.5mm（ϕ14）	P-绝缘体突出型 L-短座型 S-普通型 R-带阻尼电阻型 N-赛车型 M-小型 U-U 型槽电极型	9-0.9 10-1.0 11-1.1 13-1.3 L-中间热值 N-外侧电极的尺寸等有若干不同

例如，W24ER 表示螺纹公称直径 14mm、螺纹长度 12.7mm、热值 24、带阻尼电阻型火花塞。

（c）BOSCH 火花塞。BOSCH 型号编制如表 5-6 所示。

表 5-6 BOSCH 型号编制（单位：mm）

Ⅰ	Ⅱ	Ⅲ	Ⅵ	Ⅶ	Ⅶ	Ⅷ
火花塞底座形式及螺纹尺寸	结构类型	热值代号	螺纹旋合长度及点火位置*	侧电极形式	中心电极材料	变形
D-M18×1.5、六角对边 20.8 F-14×1.25、六角对边 16 H-12×1.25、六角对边 16 M-18×1.5、六角对边 26	B-直径 7mm 屏蔽电缆防水抗干扰型 C-直径 5mm 屏蔽电缆防水抗干扰型 E-不带侧电极并采用沿面间隙型 G-带侧电极并采用沿面间隙型 H-半螺纹型 L-采用沿面空气间隙点火技术 M-赛车专用型 Q-快热型 R-抑噪电阻型 S-低功率发动机专用	见表 5-7	A-12.7/11.2/1 B-12.7/11.2/3 C-19/17.5/1 D-19/17.5/3 E-9.5/-/1 F-9.5/-/3 H-19.5/17.5/7 K-19/17.5/4 L-19/17.5/5 M-26.5/25/3 N-26.5/-/4 S-26.5/-/5 T-26.5/-/7	无标识-单级 D-双极 T-三极 Q-四极	C-铜 E-镍钇合金 P-铂金 S-银 I-铂钇合金	R-自洁电阻型 S-0.7 T-0.8 U-1.0 V-1.3 W-0.9 X-1.1 Y-1.5 Z-2.0 +-加强型

注：带*处 A-12.7/11.2/1 其含义是 12.7 表示为平口螺纹旋合长度，11.2 为坡口螺纹旋合长度，1 表示中心电极突出值。

例如，FR7DPX 表示为螺纹公称直径 14mm、六角对边为 16mm、热值 7、螺纹长度 19mm、中心电极突出值为 3mm、火花塞间隙为 1.1mm、带抑噪电阻型铂金单极火花塞，主要用于别克凯越、乐风、雪铁龙 C2 等车型。

品牌火花塞的热值等价表如表 5-7 所示。

表 5-7　　品牌火花塞的热值等价表（单位：mm）

NGK 热值代号	2	4	5	6	7	8	9	10	11
DENSO 热值代号	9	14	16	20	22	24	27	31	34
BOSCH 热值代号	10	9	8	7.6	5	4	3	2	–
热特性	热型←			——中型——			——→冷型		

5.3 无触点电子点火系统

无触点电子点火系作为第三代点火装置，它具有次级电压上升速度快，点火能量大，对火花塞积炭不敏感，高速点火可靠等优点，使发动机燃烧更充分、工作更可靠，同时还对降低燃料的消耗和改善排放污染起到了积极的作用。

5.3.1 无触点电子点火系统的组成

无触点电子点火系统的组成如图 5-17 所示，主要由点火信号发生器、点火器、点火线圈、分电器和火花塞等组成。与传统点火系统相比，无触点电子点火系统采用信号发生器和点火器取代白金触点控制点火线圈初级电流的接通与关断。

无触点电子点火系统的按信号发生器的工作原理，可分为磁感应式、霍尔效应式、光电式、电磁振荡式等，其中磁感应式、霍尔效应式应用广泛。

5.3.2 磁感应式电子点火系统

磁感应式电子点火系统，主要由磁感应式信号发生器、点火器、分电器、点火线圈、火花塞等组成，如图 5-17 所示。

1. 磁感应式信号发生器

信号发生器的作用是产生与发动机曲轴位置相应的磁感应电压脉冲信号，并输入点火器作为点火控制信号。磁感应式信号发生器的结构如图 5-18 所示，由信号转子、永久磁铁、铁心和绕在铁心上的感应线圈等组成。信号转子安装在分电器轴上，凸齿数与发动机气缸数相等，其工作原理如图 5-19 所示。

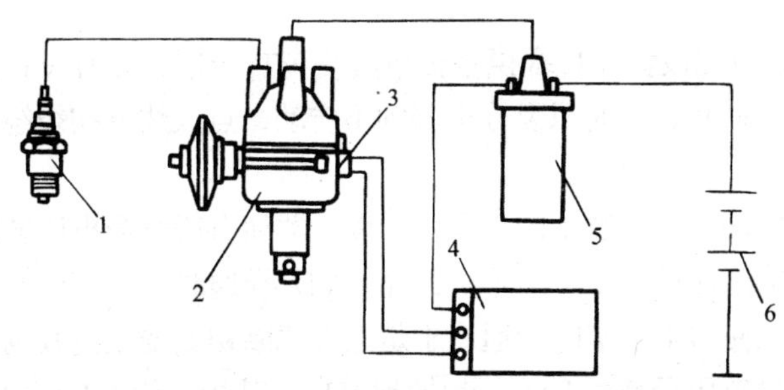

图5-17　无触点电子点火系统的组成（磁感应式）

1—火花塞；2—分电器；3—磁感应信号发生器；4—点火器；5—点火线圈；6—蓄电池

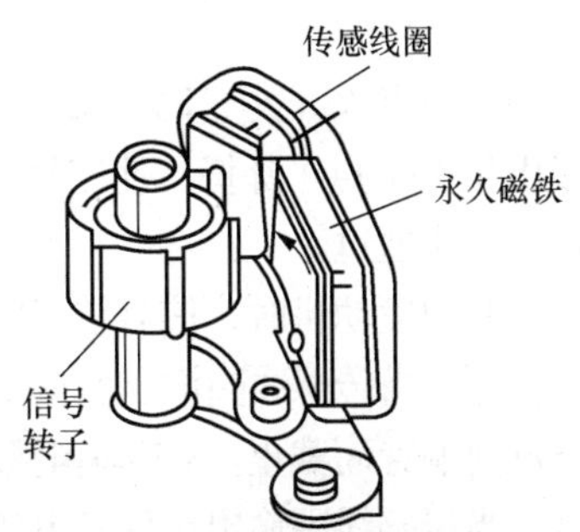

图5-18　磁感应信号发生器结构

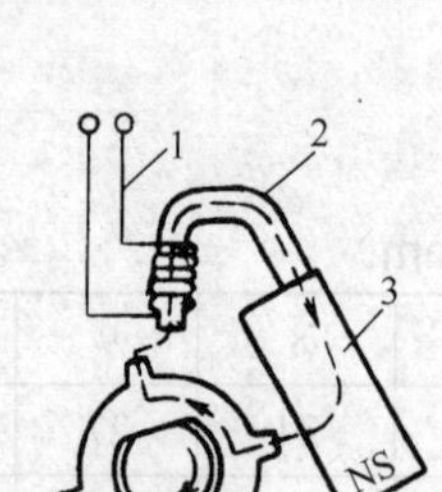

（a）转子的凸齿靠近磁轭

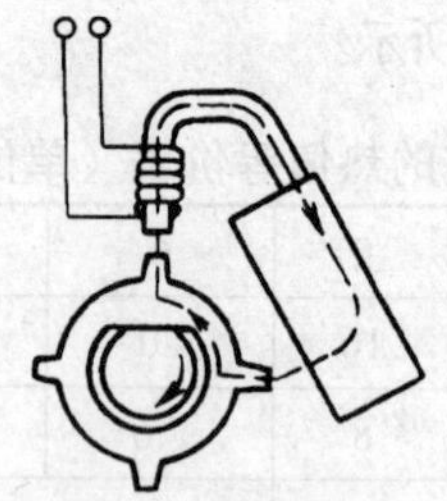
（b）转子的凸齿正对磁轭

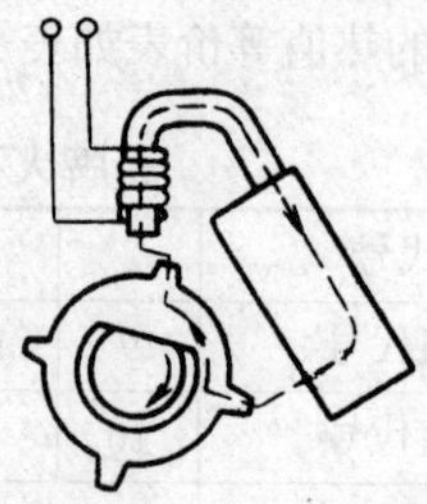
（c）转子的凸齿离开磁轭

图5-19 磁感应信号发生器工作原理

1—感应线圈；2—磁轭；3—永久磁铁；4—信号转子

当信号转子转动时，转子与磁轭之间的空气隙发生变化。转子凸齿靠近磁轭时，空气隙减小，磁路的磁阻减小，磁通量增大；转子凸齿离开磁轭时，空气隙增大，磁路的磁阻增大，磁通量减小。磁通量的交替变化使感应线圈产生交变的感应电动势，输入点火器，感应所产生的波形如图 5-20 所示。

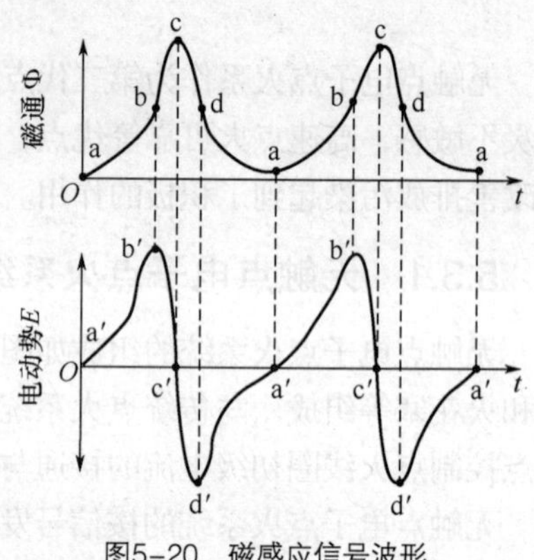

图5-20 磁感应信号波形

2. 点火器

点火器的作用是根据信号发生器的磁感应电压脉冲信号控制点火线圈初级绕组的接通和关断。部分 EQ1090 汽车采用 JKF667 型点火器的电路如图 5-21 所示。其工作原理如下。

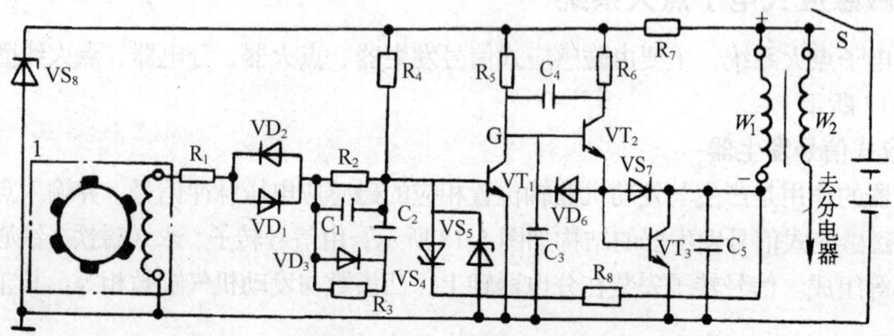

图5-21 JKF667型点火器的电路

当接通点火开关 S 时，蓄电池经电阻 R_4 向三极管 VT_1 提供基极电流使 VT_1 导通，此时 VT_1 集电极电位（G 点）降低，使三极管 VT_2、VT_3 截止，此时只要分电器轴不转动，点火线圈初级绕组中也无电流通过。

当起动发动机时，信号转子随分电器轴转动。分电器中的点火信号发生器便有磁感应电压脉冲信号产生。当传感线圈输出负信号电压时，电流便经 R_2、VD_2 形成回路，VD_2 导通时，使 VT_1 的发射结反向偏置而截止。VT_1 集电极电位升高，使 VT_2、VT_3 导通，于是点火线圈初级绕组便有电流通过；当传感线圈输出正信号电压时，正信号电压经 R_1、VD_1、R_2 加到 VT_1 的基极，使 VT_1 导通，VT_1 集电极电位迅速下降至 0V，VT_2、VT_3 迅速截止，点火线圈初级电流被切断，次级绕组 W_2 中感应出次级高压经分电器分配给各缸火花塞。

该点火器除上述基本点火功能以外，还具有点火能量控制、闭合角控制功能以及各种校正和保护功能。

由电阻 R_7 和稳压管 VS_8 点火能量控制电路使电路的工作电压稳定在 6V 左右，使该点火器控制的点火能量不随电源电压的波动而变化。

由 R_2 和电容 C_1 组成了加速电路，可使电路的开关速度加快，次级电压升高，提高了点火性能。

由二极管 VD_3、电容 C_2 电阻 R_3 等元件组成的闭合角控制电路，使得发动机在低速运转时，自动减小闭合角，即减少末级功率三极管 VT_3 的相对导通时间，以减小初级电流；而发动机高速运转时，则自动增大闭合角，延长功率三极管 VT_3 的相对导通时间，使初级电流有充足的时间上升到规定值，从而避免了发动机低速时点火线圈过热、高速时点火能量不足和断火现象。

电路中 C_3 是一只容量较小的滤波电容，用于滤除三极管在导通和截止的一瞬间产生的高频自激振荡，从而防止了电路自激，提高了电路工作的稳定性。

在 VT_3 的 cd 结上并联了 400V 的稳压二极管 VS_7，能够保护三极管 VT_3 的 cd 结不至因浪涌电压而击穿。VD_6 用于保护三极管 be 结，电容 C_5 用于吸收点火线圈初级绕组的自感电动势，也起保护三极管 VT_3 的作用。

5.3.3 霍尔效应式电子点火系统

霍尔效应式电子点火系统由内装霍尔信号发生器的分电器、点火器、点火线圈和火花塞等组成。国产桑塔纳、红旗、捷达等轿车均采用过该种类型的电子点火系统。

1. 霍尔效应

霍尔效应的原理如图 5-22 所示。当电流 I 通过放在磁场中的半导体基片（又称霍尔元件）且电流方向和磁场方向垂直时，在垂直于电流和磁通的半导体基片的横向侧面上即产生一个电压，这个电压称为霍尔电压 U_H。霍尔电压 U_H 的高低与通过的电流 I 和磁感应强度 B 成正比，可用下式表示：

$$U_H = \frac{R_H}{d} IB$$

式中，R_H——霍尔系数；

d——基片厚度；

B——磁场强度。

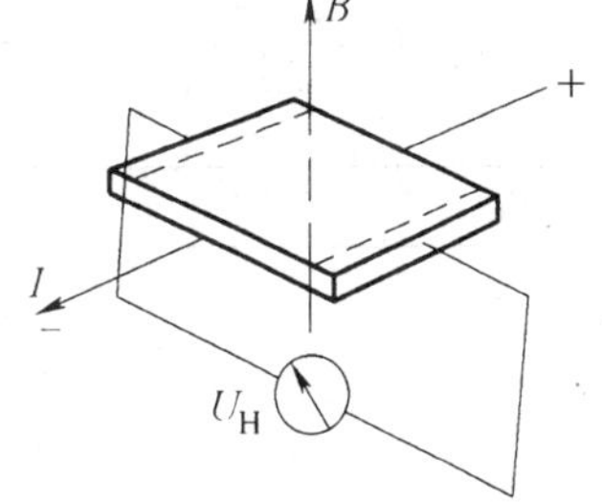

图5-22 霍尔效应原理

由上式可知，当通过的电流 I 为一定值时，霍尔电压 U_H 则与磁场强度 B 成正比，即霍尔电压随磁场强度的大小而变化。

2. 霍尔信号发生器

霍尔信号发生器是根据霍尔效应原理制成的，它装在分电器内。霍尔信号发生器的基本结构如图 5-23 所示，它由触发叶轮 1 和信号触发开关 4 组成。触发叶轮套装在分电器轴的上部，它既可以随分电器轴一起转动。又能相对于分电器轴作少量转动，以保证离心调节装置正常工作。触发叶轮的叶片数与气缸数相等，其上部套装分火头，分火头与触发叶轮一起转动。

信号触发开关 4 由带导板（导磁）的永久磁铁 3 和霍尔集成块 2 组成。触发叶轮 1 的叶片在霍尔集成块 2 和永久磁铁 3 之间转动。当叶片进入永久磁铁与霍尔集成块之间的空气隙时，霍尔集成块中的磁场即被触发叶轮的叶片所旁路（或称隔磁），这时霍尔元件不产生霍尔电压；当叶片离开空气隙时，永久磁铁的磁通便穿过霍尔集成块经导板构成回路，此时霍尔元件产生霍尔电压。信号发生器的作用原理如图 5-24 所示，霍尔信号发生器的工作波形如图 5-25 所示。

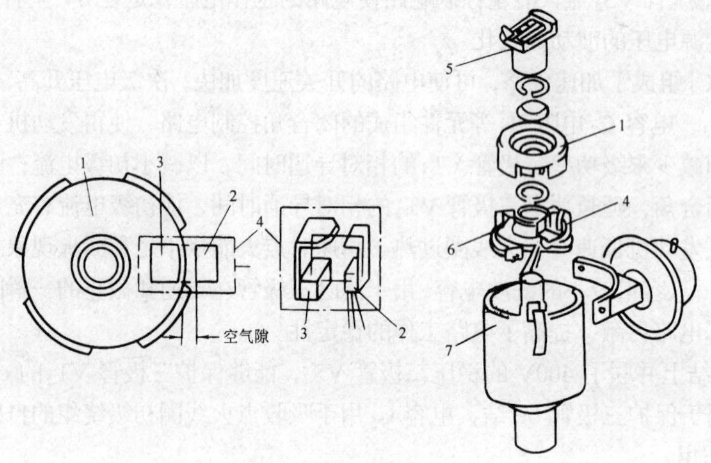

图5-23　霍尔信号发生器

1—触发叶轮；2—霍尔集成块；3—带导板的永久磁铁；4—信号触发开关；5—分火头；6—触发开关托盘；7—分电器壳体

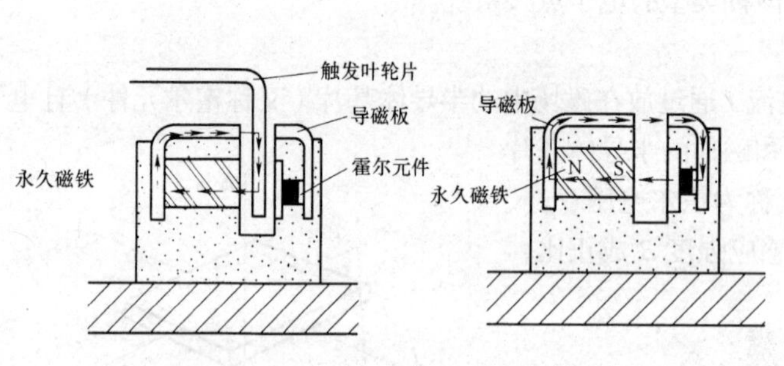

图5-24　信号发生器的作用原理

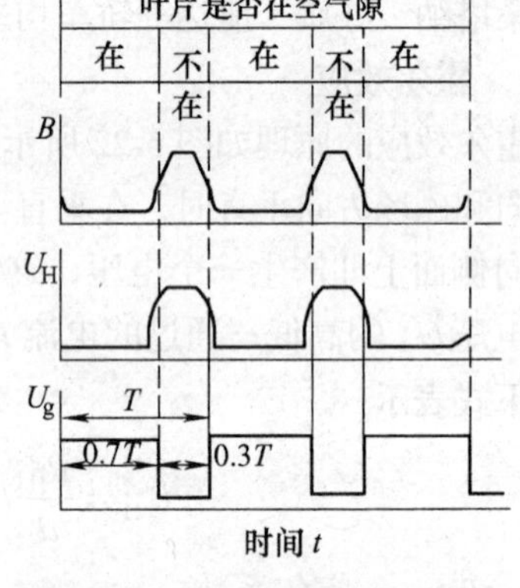

图5-25　霍尔信号发生器工作波形

霍尔集成块 2 由霍尔元件和集成电路组成，如图 5-26 所示，其电路由 3 根导线与点火器连接，分别为电源输入线、信号输出线和接地线。霍尔信号发生器工作时，霍尔元件产生的微弱的霍尔电压信号，经过脉冲整形、放大、变换等部分组成的集成电路处理后，以标准方波输出。

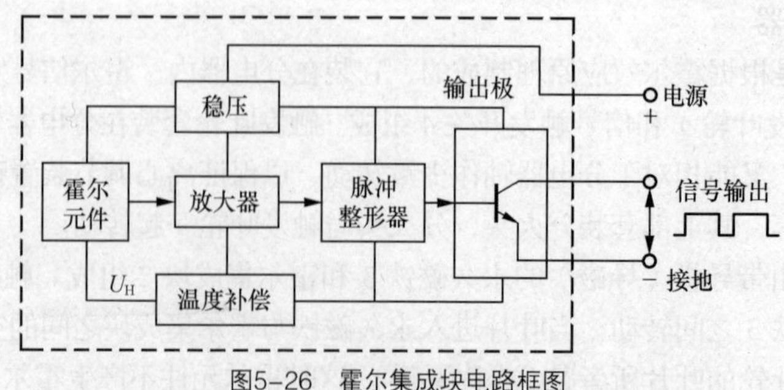

图5-26　霍尔集成块电路框图

3. 点火器

桑塔纳轿车装配的是霍尔式电子点火器，点火系统的电路如图 5-27 所示。其点火器的基本电路如图 5-28 所示。点火器中的核心部件是 L497 双列直插式点火集成块，它有 16 个管脚。该点火器除具有一般点火器的开关作用外，还增加了点火线圈限流控制、闭合角控制、停车断电保护、过压保护等功能。

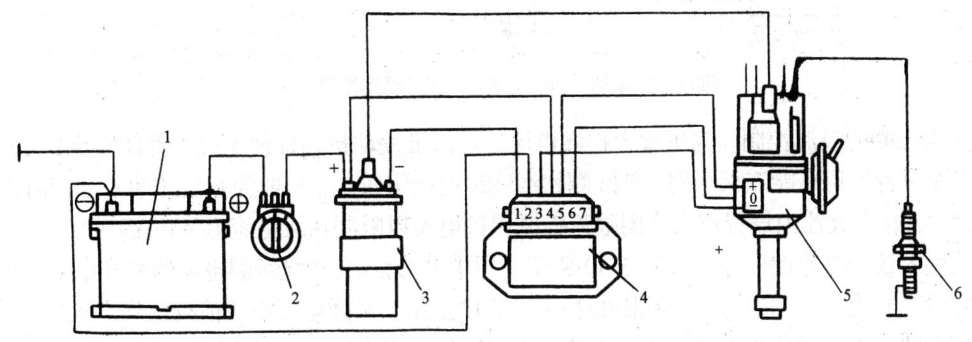

图5-27 桑塔纳轿车霍尔式电子点火系统电路图

1—蓄电池；2—点火开关；3—点火线圈；4—点火器；5—分电器；6—火花塞

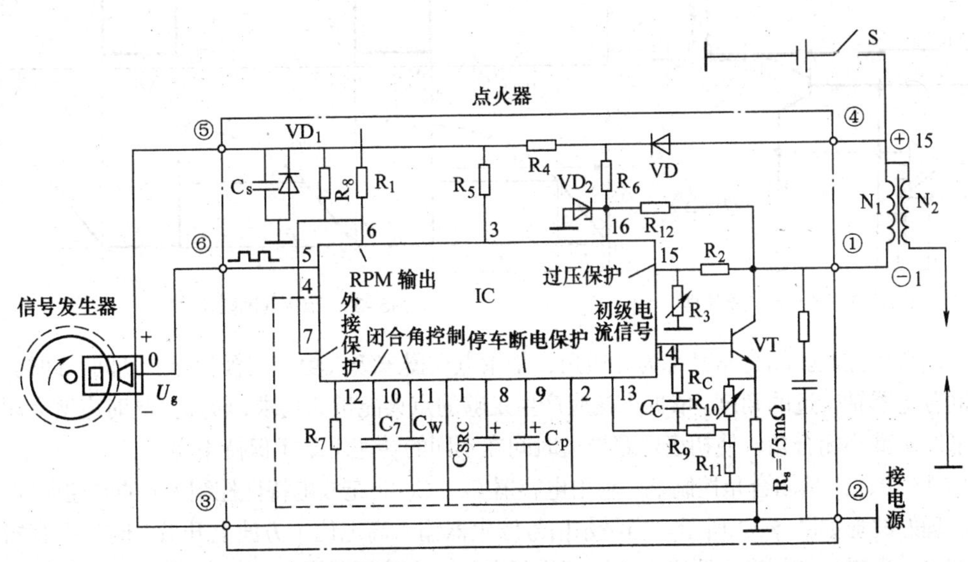

图5-28 桑塔纳轿车点火器基本电路

(1) 基本功能。桑塔纳轿车电子点火系统基本原理如图 5-29 所示。接通点火开关，起动发动机，分电器开始转动，当霍尔信号发生器的触发叶轮进入空气隙时，霍尔信号发生器输出高电位，通过端子 6 和 3 输入点火器。此时，点火器根据发动机的转速、电源电压及点火线圈的特性，适时地使点火器的末级大功率达林顿管 VT 导通，接通初级电路。当霍尔信号发生器的触发叶轮离开空气隙时，霍尔信号发生器输入信号下跳为低电位，点火器末级大功率达林顿管 VT 立即截止，切断点火线圈初级电路，次级绕组产生高压电。

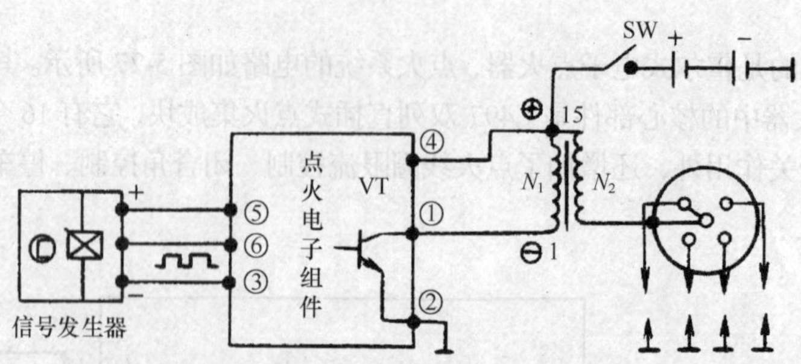

图5-29 桑塔纳轿车电子点火系统基本原理

（2）点火线圈的限流控制。为了增大初级电流，以保证发动机在任何工况下都能实现稳定的高能点火，匹配一种专用高能点火线圈，其线圈初级绕组的电阻较小，一般为 0.5～0.8Ω，桑塔纳轿车采用 0.65Ω。需在点火器内设置点火线圈限流控制保护电路以限制初级电流保持恒定。

点火线圈限流控制电路的原理如图 5-30 所示。图中 R_5 为点火初级线圈电流的采样电阻，当 R_5 电阻值一定时，其电压降与通过点火线圈的初级电流成正比。采样电阻压降值反馈到点火集成块中的限流控制电路，使限流控制电路动作，保持点火线圈的初级电流恒定不变，其限流波形如图 5-31 所示。通常取限流值为 6～8A，桑塔纳轿车为 7.5A。

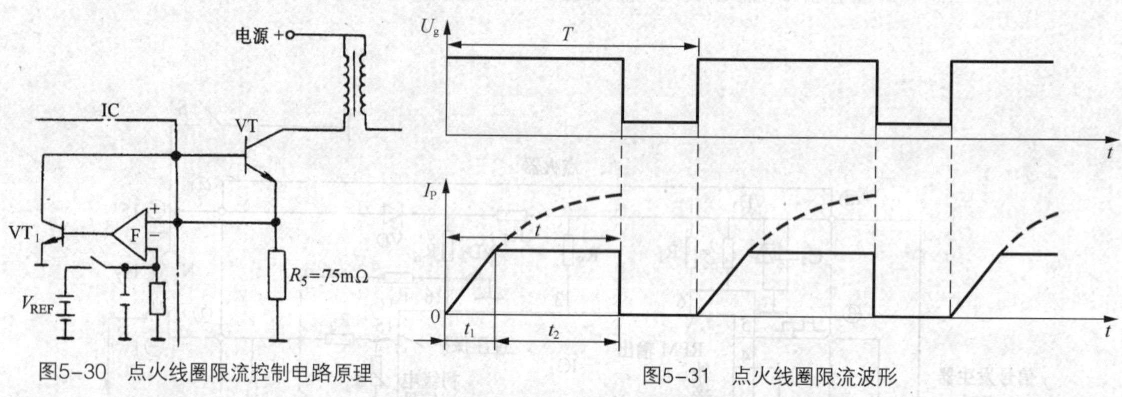

图5-30 点火线圈限流控制电路原理

图5-31 点火线圈限流波形

（3）闭合角控制。闭合角又称为导通角，是指点火器末级大功率三极管导通期间，即初级电路接通期间分电器轴转过的角度。依据火花应产生足够的点火能量的要求，转速升高时应增大闭合角，转速降低时应减小闭合角，使初级电路导通时间在不同的转速下基本保持不变。

L497 脚 10、11 是闭合角控制端，利用电容器 C_T、C_W 的充放电特性控制 VT 的导通时间。闭合角控制原理的波形如图 5-32 所示。当霍尔信号发生器输入高电位（方波上升沿）时，电容器 C_T 恒定电流充电。当霍尔信号发生器输入电压变为低电位（方波下降沿）时，电容器 C_W 开始以恒定电流放电，直到初级电流上升到限流值时，开始以恒定电流充电。C_W 的放电速率比充电速率慢得多。工作中，当电容器 C_T 的充电电压（曲线 1）与电容器 C_W 的放电电压（曲线 2）相等时，即图中两曲线相交时，内部控制开关使驱动级立即工作，使达林顿管 VT 立即导通，接通初级电路。因此，两曲线的相交即是初级电路接通的起始点。电容器 C_W 上的充电电压是与发动机转速密切相关的。如转速降低时，限流时间 t_2 有增长的趋势，电容器 C_W 充电电压增高，曲线 2 向上平移，致使二曲线相交点推迟，使达林顿管 VT 在下一周期中推迟导通；反之，如转速升高时，限流时间 t_2 缩短，电容器 C_W 的充电电压降低，使曲线 2 向下平移，二曲线相交点提前，使达林顿管 VT 在下周期中提前导通，保持初级电路导通时间 t_b 基本不变。

低速、中速及高速下的闭合角控制原理如图 5-33 所示，其中图 5-33（a）所示为不同转速下，霍尔信号电压 U_g 与时间关系图，T 为点火信号周期；图 5-33（b）所示为仅有线圈限流无闭合角控制时，初级电流与时间的关系图；图 5-33（c）所示为既有线圈限流又有闭合角控制时，初级电流与时间的关系图。从图 5-33 中可以看出，与无闭合控制的电子点火系统及传统点火系统相比，有闭合角控制的电子点火系统缩短了点火线圈的有效工作时间，从而使点火线圈的性能与使用寿命得到进一步的改善。

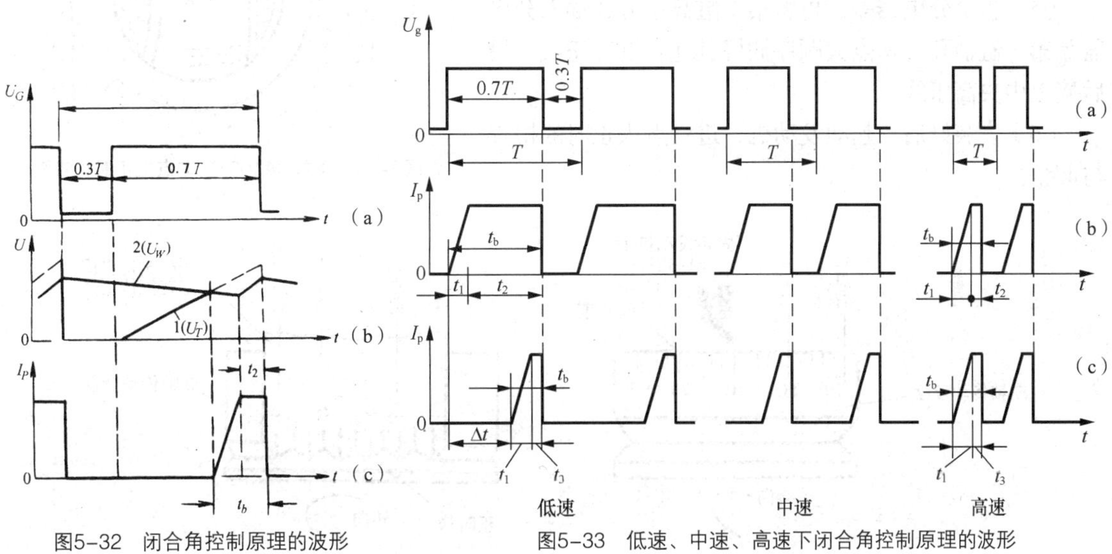

图5-32 闭合角控制原理的波形

图5-33 低速、中速、高速下闭合角控制原理的波形

（4）停车断电保护功能。发动机熄火而点火开关处于“ON”挡时，霍尔信号发生器长时间输入高电位，则点火器的内部比较器使驱动级工作，驱动末级大功率管 VT 缓慢地截止，保护点火线圈和点火器不被烧坏。

5.3.4 电子点火系统维护与检修

1. 使用与维护注意事项

（1）定期的检查点火线圈的外观，外表面应保持清洁，内部应避免受潮，以保持其良好的绝缘性能。

（2）点火线圈高压引出螺钉与高压线的连接应牢固可靠，并防止高压线、火花塞帽松脱。

（3）发动机的清洗作业必须在发动机熄火时进行。

（4）连接或断开点火系统的线路，或连接检测仪表时，应在发动机熄火状态下进行。

（5）不可带电的情况下拔插电路插头，也不可用搭铁试火法来判断电路是否有电。

（6）当点火系统有故障，由其他车辆拖行时，须将点火控制器的插头拔下。

2. 点火正时的对位

（1）首先拆下第一缸火花塞。

（2）然后用手指或棉纱团堵住第一缸火花塞安装孔。

（3）再摇转曲轴，当手指感到有较大压力冲击或棉纱团被冲出时缓慢转动曲轴，同时察看飞轮与离合器壳或曲轴皮带轮与正时齿轮盖上的正时标记。

图 5-34 所示为解放 CA1091 汽车的正时标志，正时对位时飞轮上正时标志与飞轮壳体上的刻度线成一条线。图 5-35 所示为某轿车点火正时标志，当带盘上止点标志 TC 与发动机机体上的正时指针对准时，为第一缸处于上止点位置。

（4）分火头指向分电器壳体上的 1 缸标志，插入分电器。

（5）盖上分电器盖，再将第 1 缸高压分线插入分电器盖第 1 缸插孔，按点火顺序插好其他各缸高压线，最后接上中央高压线。

（6）安装好后，起动发动机，进行点火正时的检查与调整。

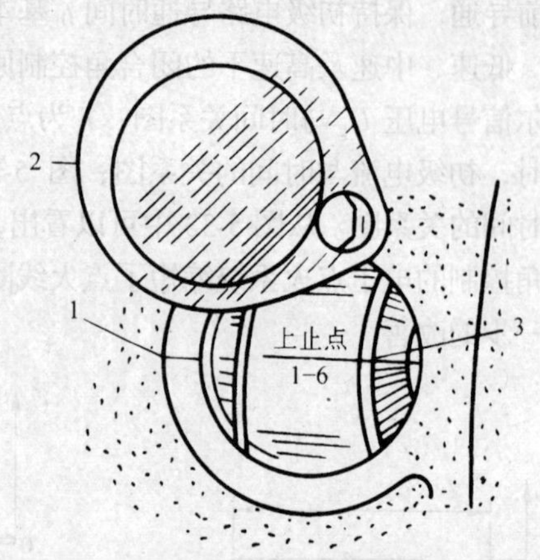

图5-34　解放CA1091汽车点火正时检查孔

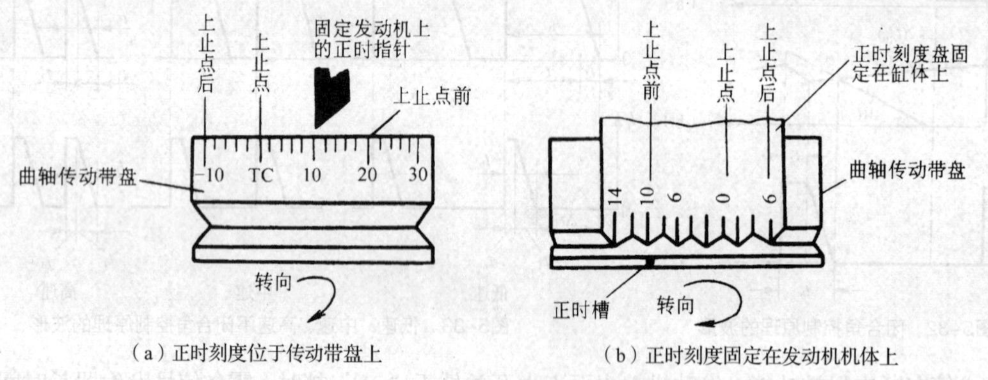

（a）正时刻度位于传动带盘上　　（b）正时刻度固定在发动机机体上

图5-35　轿车发动机点火正时标志

3. 点火正时的检查与调整

（1）点火正时的检查。

① 一般检查。起动发动机，使冷却水温上升到 70℃～80℃，在发动机怠速运转时突然加速。如转速不能随节气门的打开而立即增高，并感到“发闷”，或在排气管中有“突突”声，则说明点火过迟；如发动机内出现金属敲击声，则说明点火过早。

② 正时灯检验。正时灯如图 5-36 所示，不带数字显示的主要由闪光灯、点火感应线圈、整形装置构成，带数字显示的正时灯则多出延时触发装置和显示装置。它是根据灯光闪光与运动同步原理，即一缸跳火正时灯闪光与运动着的带轮（或飞轮）的正时记号同步出现时，利用人们视觉的暂留效应，形成闪光时认为带轮（或飞轮）静止不动的效果，使检查者能看清正时标志。

检测方法如下。

（a）擦拭飞轮或曲轴带轮上的正时标记，使之清晰可见。

（b）运转发动机至正常温度后待检。

（c）连接正时灯。使正时灯的感应线圈夹夹在第一缸点火高压线上，将正时灯电源线夹子分别连接到蓄电池“+”“-”极上，注意电源线红色夹子接蓄电池“+”极。

（d）起动发动机怠速运转，用正时灯照射正时标志，每次第一缸跳火对正时灯的闪光，仔细观察闪光时正时标志对应刻度盘的刻度值，即为第一缸的点火提前角，也就是发动机的初始点火提前角。如果采用带数字显示的闪光灯来检测，可通过调节电位器旋钮，使活动标记和固定标记对齐，在显示器上所显示的角度值即为点火提前角，如图 5-37 所示。

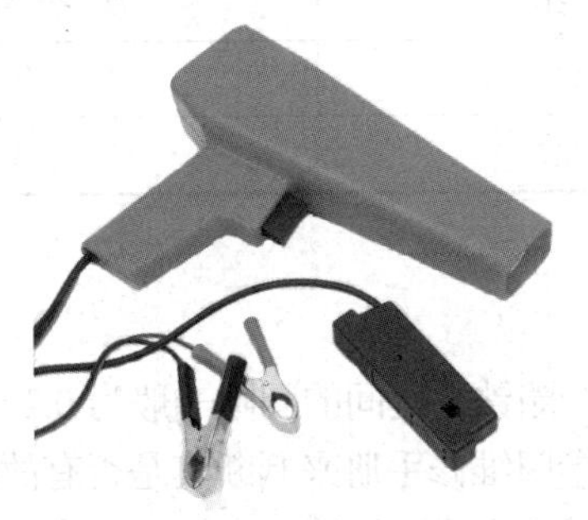

（a）不带数字显示

（b）带数字显示

图5-36　点火正时灯

（e）如点火提前角不符合要求，应转动分电器外壳进行调整。

③ 路试检验。发动机达到正常工作温度后，在平坦的道路上用直接挡行驶，稳定车速，后将加速踏板突然踏到底，可以清晰地听到轻微的敲击声，车速提高时，敲击声很快消失，表明点火提前角合适。如在加速过程中，始终有明显的敲击声，说明点火过早；反之，如加速过程缓慢，且听不到敲击声，说明点火过迟。

（2）点火正时的调整。点火过早或点火过晚，均会导致发动机动力性、经济性和排放污染性下降。为此，在使用中，应根据发动机使用条件、燃料及技术状况等的变化，适当调整初始点火提前角。点火过早时，应顺着分电器旋转方向转动分电器壳体；点火过迟时，则反向转动分电器壳体，操作如图 5-38 所示。无分电器的微机控制的点火系统无须调整点火正时。

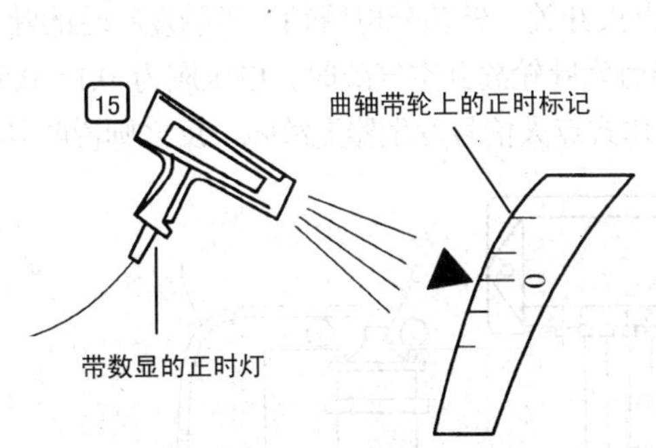

图5-37　点火正时灯检测

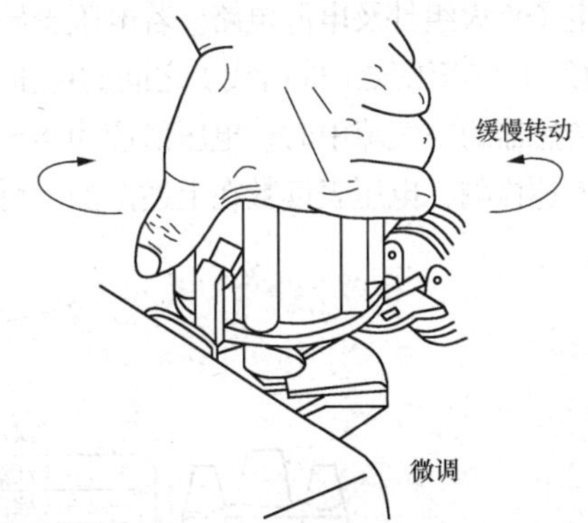

图5-38　转动分电器壳体调整初始点火提前角

4. 点火系统主要部件的检测

（1）点火线圈的检测。电子点火系统的点火线圈为高能点火线圈，初级绕组的电阻一般较小，检测时可查寻维修手册。桑塔纳轿车点火线圈的初级绕组与次级绕组的电阻值如表 5-8 所示。若测量的电阻不符合规定，则需要更换点火线圈。同时应保证点火线圈绝缘盖板清洁、干燥，防止漏电。

点火线圈的性能可在万能电器实验台上进行测试，主要通过测量最大跳火间隙来判断点火线圈的性能。也可通过给初级线圈接 12V 电源给初级线圈通电，再控制其断电，并观察中央高压线输出火花强弱来简易判定其发火性能，此操作需要做好相应保护措施。

表 5-8 桑塔纳点火线圈的电阻额定值

项　　目	初级绕组	次级绕组
有触点式	1.7～2.1Ω	7.0～12.0kΩ
无触点式	0.53～0.76Ω	2.4～3.5kΩ

（2）信号发生器的检测。

① 磁感应式信号发生器的检测。

（a）检查信号发生器的间隙。信号转子与传感器线圈铁心之间的间隙一般为 0.2～0.4mm。

（b）用万用表测量信号发生器感应线圈的电阻，参照维修手册来判断其是否有故障。

（c）在打马达的情况下，用万用表测量信号发生器感应线圈的输出有效电压或频率值。

常见车型的磁感应式信号发生器检测参数如表 5-9 所示。

表 5-9 常见车型电磁式信号发生器检测参数

车型 项目	CA1092 货车	切诺基	神龙富康	丰田轿车	克莱斯勒轿车
电阻/Ω	600～800	400～800	300	140～180	500～700
气隙/mm	—	0.2～0.4	—	0.2～0.4	0.2～0.25

② 霍尔信号发生器的检测。霍尔式点火信号发生器是有源器件，需输入一定电源电压时才能工作。因此，在对霍尔式点火信号发生器进行检查时，应先测量其输入电压是否正常，方法是用直流电压表的“+”、“−”表笔分别接与分电器相连接的插接器“+”端子（红/黑色线）、“−”端子（棕/白色线）。如图 5-39 所示，打开点火开关，显示电压值应为电源电压，否则说明工作电压不正常，需继续检查电子点火组件及电源电路。若电压表显示电压正常，可进一步测量点火信号发生器的信号输出线（绿白线）与搭铁线（棕白线）之间的电压，接通点火开关，转动分电器轴，当触发叶轮的叶片进入霍尔传感器的空气隙中时，电压值应为 8～9V，当触发叶轮离开空气隙时，电压应为 0.1～0.5V。如经过上述检测，电压表读数在上述范围，可认为霍尔式点火信号发生器无故障，反之则说明其损坏。

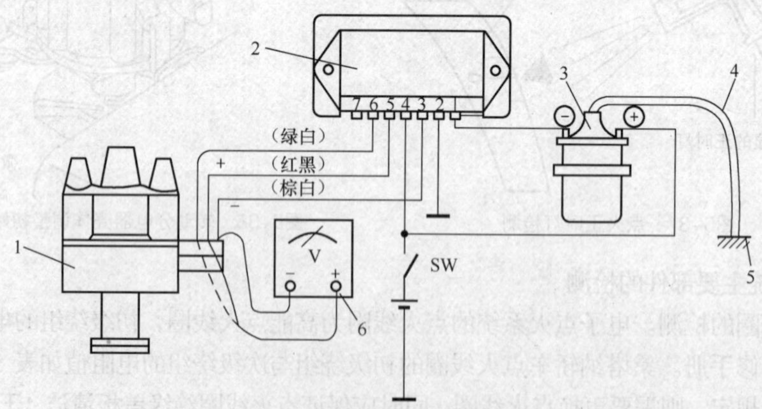

图5-39 检查霍尔信号发生器输出电压

1—分电器；2—电子点火器；3—点火线圈；4—高压线；5—搭铁；6—直流电压表

（3）点火器的检查。在确认点火器电源电路及信号发生器都正常情况下，可怀疑点火器故障。点火器故障多由内部电子元器件短路、断路及漏电等原因导致。进一步确认其故障的检测方法一般是采用高压试火法：拆下分电器总成，将分电器中央高压线拔出，高压线端距离发动机机体 5～8mm，接通点火开关，按分火头的旋转方向转动分电器轴，观察中心高压线是否跳火。如果火花强，则说明电子点火器良好；如果无火或火弱，则说明电子点火器有故障，应给予更换。

（4）火花塞的检修。火花塞在高温、高压的环境下工作，且还要受燃油中添加剂的腐蚀，是易损零件。火花塞的常见故障是绝缘体裂损、电极烧蚀、积炭、电极间隙失准等。

检查时，应注意火花塞壳体与绝缘体的连接是否牢固可靠，若发现火花塞的螺纹及绝缘体有裂纹或壳体与绝缘体连接不牢，应更换新件，或用万用表测量火花塞绝缘电阻，检查火花塞绝缘电阻如图 5-40 所示，电阻值应为 10MΩ 或更大；检查中心电极是否烧损和侧电极是否开焊或脱落，若发现有以上的现象，应更换新件；检查是否有积炭现象，火花塞的积碳检查如图 5-41 所示，火花塞积炭较轻时，可用铜丝刷或软钢丝刷进行清洁，积炭严重或绝缘体裂损、电极烧蚀时必须更换，火花塞的清理和清洗如图 5-42 所示。

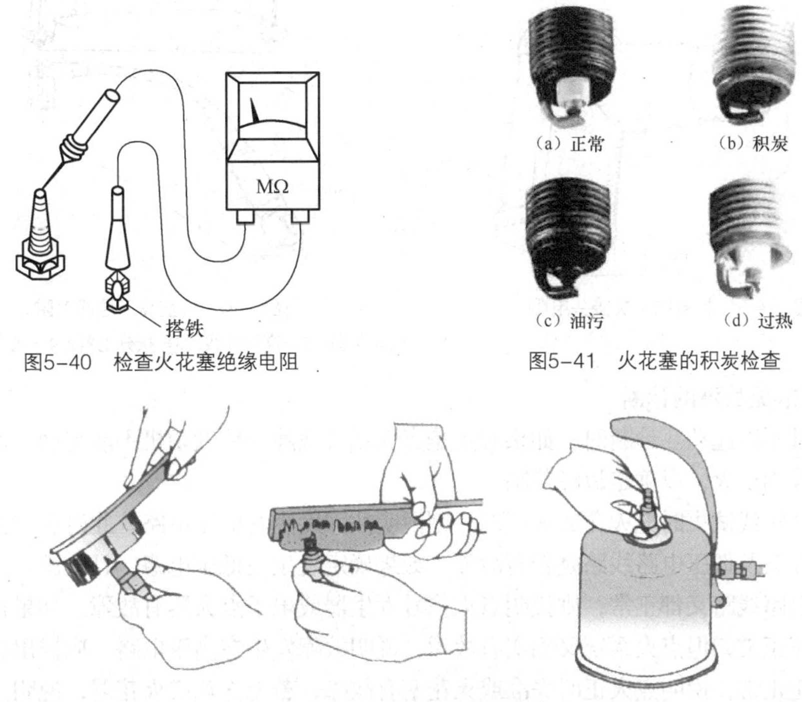

图5-40　检查火花塞绝缘电阻

图5-41　火花塞的积炭检查

图5-42　火花塞的清理和清洗

火花塞的工作情况检查一般都用断缸法，即当发动机低速运转时，将被测火花塞的高压分火线与缸体间短路或断路，这时，若发动机有明显的抖动、运转不稳，说明火花塞工作良好；否则，即为火花塞损坏。

（5）高压回路部件的检修。高压回路部件主要包括分火头、火花塞、防干扰接头及高压导线，以桑塔纳车型为例用欧姆表测量的高压回路部件的电阻，若部件的电阻不在规定范围之内，应更换新件。

① 检查分火头电阻（见图 5-43），其电阻值应为（1±0.4）kΩ。

② 检查火花塞插头电阻（见图 5-44，其电阻值应为（1 ± 0.4）kΩ。

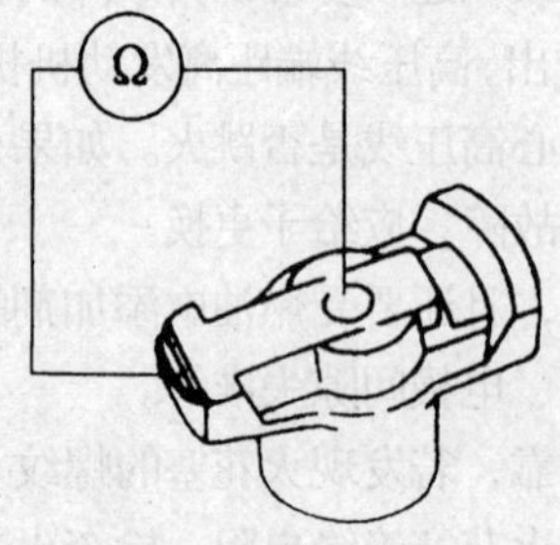

图5-43 检查分火头电阻图

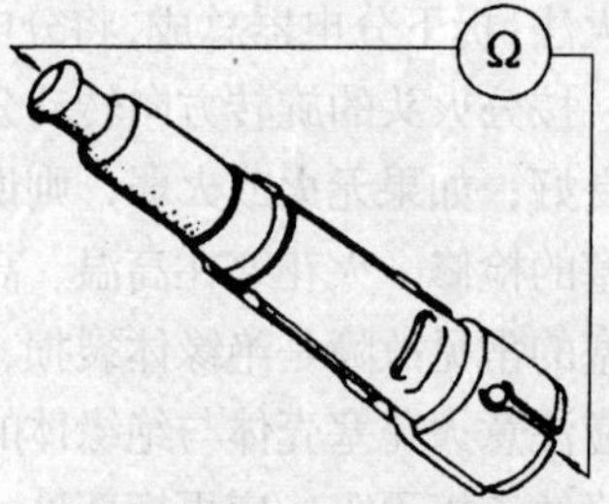

图5-44 检查火花塞插头电阻

③ 检查防干扰接头电阻（见图 5-45），其电阻值应为（1 ± 0.4）kΩ。

④ 检查高压导线电阻（见图 5-46），中央高压线应为 0～2.8kΩ、高压分线应为 0.6～7.4kΩ。

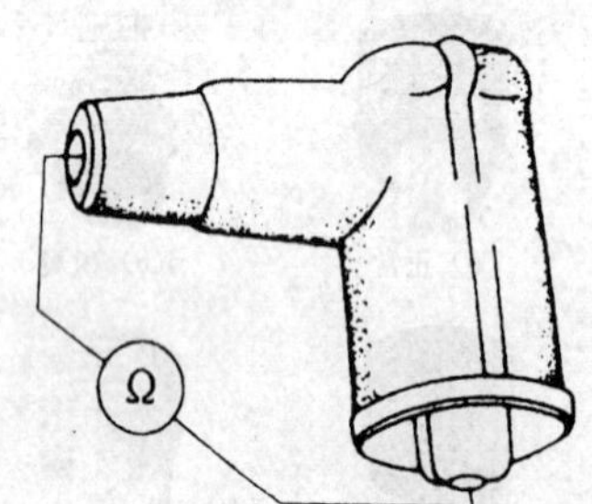

图5-45 检查防干扰接头电阻

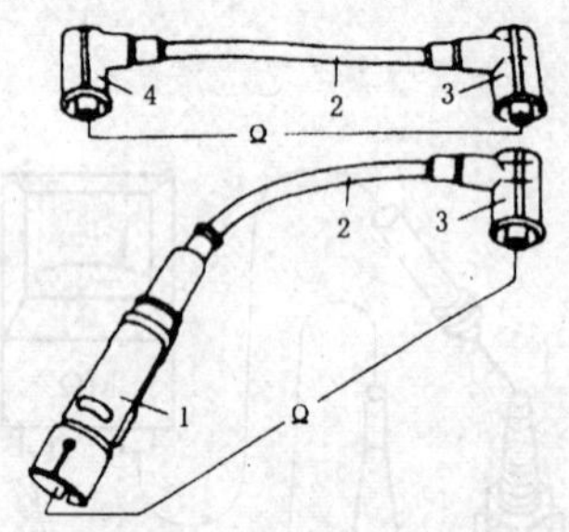

图5-46 检查高压导线电阻

1—接火花塞；2—高压导线；3—接分电器；4—接点火线圈

5. 点火系常见故障的诊断

（1）发动机不能起动。诊断时，如果确定是点火系统故障导致发动机不能起动，通常先将分电器中央高压线拔出试火，以确定故障范围。

如果中央高压线试火时无火花或火花弱，则说明故障发生在低压电路。此时应先检查电源、点火线圈、点火开关及低压电路线路是否有故障。如果确定发生在低压电路，且电源、点火线圈、点火开关及低压电路线路又都正常，则说明点火信号发生器或电子点火器有故障。如果在用中央高压线试火时，火花正常，但点火系统又确实有故障，说明故障发生在高压电路。应拔出各汽缸分高压线试火，若火花正常，说明点火正时失准或火花塞有故障；若无火花或火花弱，说明分电器盖或分火头漏电。具体的故障诊断如图 5-47 所示。

（2）发动机起动后工作异常。发动机工作异常的现象很多，如果确认为点火系统故障，可根据不同现象进行诊断。

① 发动机工作时，运转不均匀并有节奏的振抖，同时排气管冒“黑烟”并发出有节奏的“突突”声。这种现象通常是个别缸不工作所致，应首先用单缸断火法确定不工作的气缸，再从不工作气缸的火花塞上拆下分缸高压线试火，火花正常说明该缸火花塞有故障，火花不正常说明该缸分高压线或分电器盖有故障。

② 发动机怠速工况时有发抖现象，加速工况时有突爆声。这种现象通常是点火过早所致，应检

查分电器盖是否松动，点火正时是否失准。

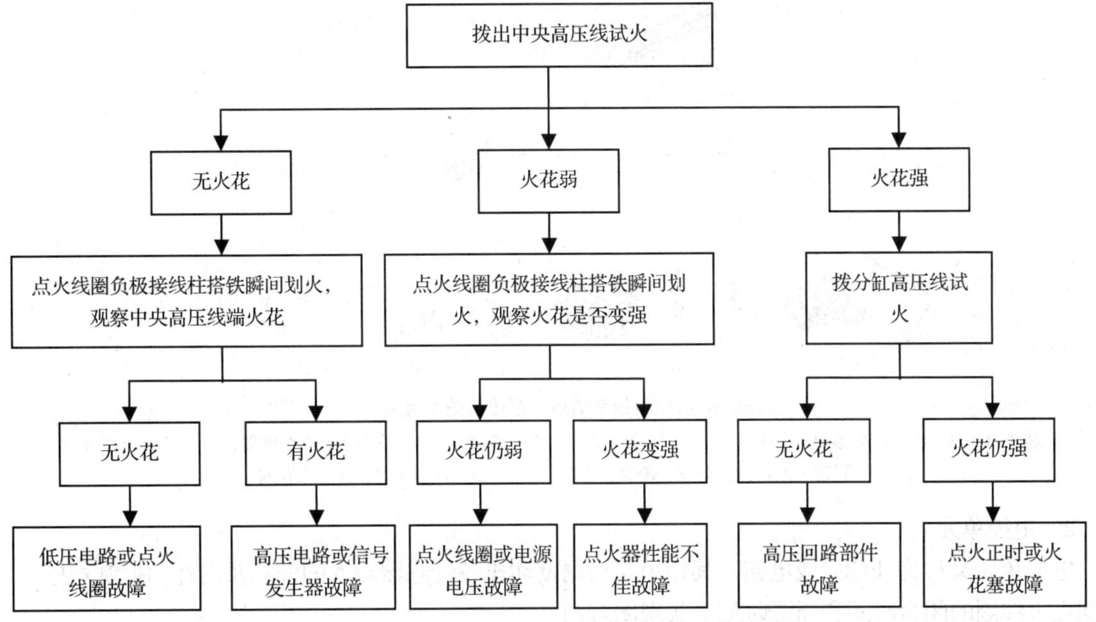

图5-47 发动机不能起动时点火系故障诊断流程

③ 发动机不易起动、加速无力、温度过高。这种现象通常是点火过迟所致，应检查分电器盖是否松动，点火正时是否失准。

④ 发动机不易起动，怠速工况时运转不稳易熄火，中、高速运转时正常。上述现象说明发动机低速运转时缺火，应检查火花塞间隙是否过小。

⑤ 发动机中、低速运转正常，而高速时运转不稳，且排气管有“突突”声。上述现象说明发动机高速缺火，应检查火花塞间隙是否过大。

5.4 微机控制点火系统

微机控制点火系统（ESA）也称为计算机点火系统，采用电控单元控制点火提前角和闭合角，并实现了爆燃控制，取消了点火提前机构，在动力性、燃油经济性及排放性能方面较无触点电子点火系统得到了全面的提升。按照系统的组成可分为有分电器和无分电器两类。

5.4.1 微机控制点火系统的基本组成

微机控制点火系统主要由各类传感器、电控制单元和点火执行器3部分组成，如图5-48所示。传感器是用来检测与发动机点火有关的各种工况信息的装置。点火执行器是由电子点火器、点火线圈、分电器及火花塞组成。有些发动机无点火器，点火控制电路就在发动机（ECU）内。随着汽车生产厂家、生产年代的不同，其结构虽有所不同，但都大同小异。

1. 传感器

传感器的作用是检测发动机运行工况。主要传感器有：发动机转速传感器、曲轴位置传感器、凸轮轴位置传感器、空气流量计（或进气压力传感器）、冷却液温度传感器、进气温度传感器、爆燃传感器、节气门位置传感器等。

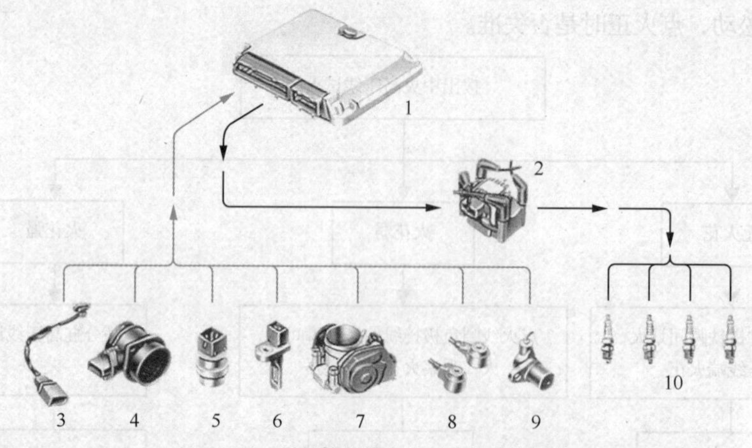

图5-48　微机控制的点火系统的基本组成

1—发动机 ECU；2—点火控制器和点火线圈；3—霍尔传感器；4—空气流量计；5—冷却液温度传感器；6—进气温度传感器；7—节气门位置传感器；8—爆燃传感器；9—曲轴位置传感器；10—火花塞

2. 电控单元

电控单元又称为 ECU 或电脑，其作用是根据发动机各传感器输入的信息及内存的控制程序，控制点火线圈的闭合时间和断开时刻，实现闭合角和点火提前角的控制。电控单元由输入回路、输出回路、A/D 转换器、微型计算机以及电源电路、备用电路等组成，如图 5-49 所示。

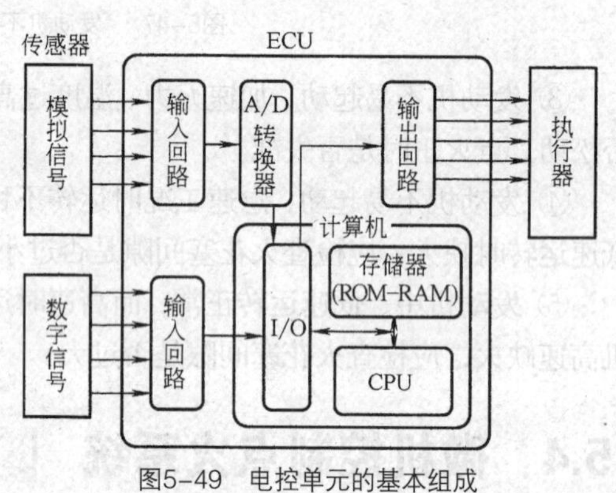

图5-49　电控单元的基本组成

3. 点火器

点火器的作用是根据电控单元输出信号，通过内部的大功率三极管的导通和截止，控制初级电流的通断。有些点火器只有大功率三极管，单纯起开关作用；有些点火器除开关作用外，还有恒流控制、闭合角控制、气缸判别、点火监视等功能。若大功率三极管设置在电控单元内部时，则点火系统中无需再设置点火器。

具体微机控制点火系统各部件的功能如表 5-10 所示。

表 5-10　　微机控制点火系统各组成部分的功能

组成部件		功　能
传感器	空气流量计	检测进气量
	进气管绝对压力传感器	
	曲轴位置传感器（Ne 信号）	检测曲轴转角（发动机转速）
	凸轮轴位置传感器（G_1、G_2 信号）	检测曲轴角度基准位置
	节气门位置传感器	向主 ECU 输入点火提前角修正信号
	冷却液温度传感器	检测发动机的冷却水温
	进气温度传感器	检测进气空气的温度

续表

组成部件		功能
传感器	起动开关	检测发动机是否处于起动状态
	空挡起动开关	检测自动变速器的选挡杆是否置于N位、P位
	车速传感器	检测车速，向主ECU输入车速型号
	空调开关A/C	检测空调的工作状态（ON或OFF）
	爆燃传感器	检测发动机爆燃信号
执行机构	电子点火器与点火线圈	根据主ECU输出的点火控制信号，控制点火线圈一侧电路的通断，产生二次侧高压使火花塞点火，同时，把点火确认信号IG_f反馈给ECU
电控单元		根据传感器输入的信号，计算出最佳的点火提前角，并向电子点火器输送点火控制信号

5.4.2 微机控制点火系的作用与分类

微机控制点火系统按有无分电器，可分为有分电器的微机控制点火系统和无分电器的微机控制点火系统，目前有分电器的微机控制点火系统正在被淘汰，而无分电器的微机控制点火系得到了广泛应用；按电控单元控制的方式分，可分为开环控制和闭环控制。

开环控制是指电控单元检测发动机各种工作状态信息，并根据这些信息从内部存储器中调出相应的点火提前角（这一点火提前角是综合考虑到经济性、动力性、排放等要求，并经过大量的试验优化的结果，即标定），然后输出控制信号对点火时刻进行控制。这种控制方式对控制结果不予以反馈。

闭环控制是指电控单元以一定的点火提前角控制发动机工作的同时，还不断地检测发动机的有关工作状态（如有无爆燃），然后将检测到的有关信息反馈给控制单元（ECU），控制单元根据需要对点火提前角进行修正，如图5-50所示。闭环控制的反馈信号可以有多种，如爆燃信号、转速信号、气缸压力信号等。目前广泛采用的是通过检测爆燃传感器的爆燃信号，来判断点火时刻的早晚，进而实现点火提前角的最佳控制。

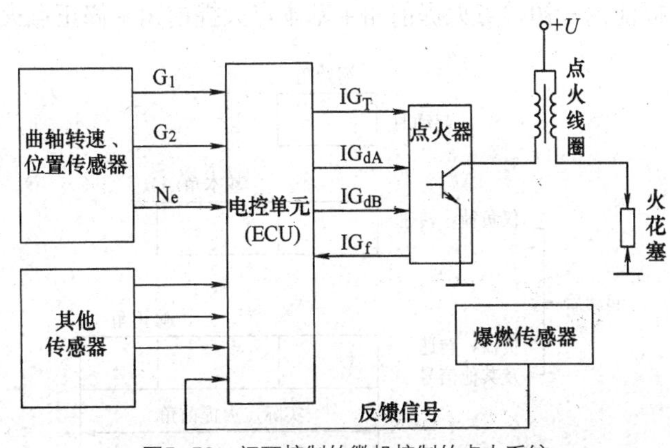

图5-50 闭环控制的微机控制的点火系统

5.4.3 微机控制点火系的基本工作原理

1. 闭合角控制

电控单元根据闭合角三维脉谱图控制闭合角。制造厂通过大量的实验，确定发动机不同转速和蓄电池电压的最佳闭合角，取得闭合角三维脉谱图，如图 5-51 所示，并存储在电控单元的存储器内。发动机工作时，电控单元根据发动机转速传感器输入的转速信号和蓄电池电压即可查看所对应的闭合角，控制点火线圈初级绕组的接通时间。

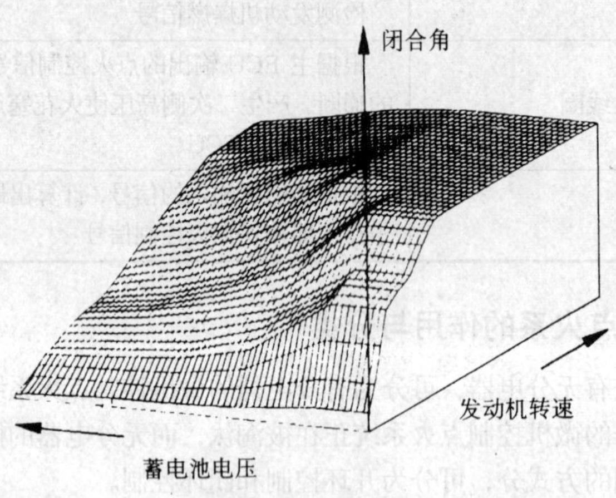

图5-51 闭合角脉谱图

2. 点火提前角控制

在微机控制点火系统的控制单元内，首先存储了通过实验得出的发动机在各种工况及运行条件下最理想的点火提前角，并按起动时点火提前角控制、起动后点火提前角控制两种模式来实现控制。

（1）起动控制。发动机起动时，由于转速与负荷都不稳定，故一般设定一个初始点火提前角（10°左右）来满足起动点火的需要，即初始点火提前角为固定值，与发动机其他信号无关。

（2）起动后控制。发动机起动后为正常运行模式，此时 ECU 根据发动机的转速和负荷信号，在 ECU 存储器中查找这一工况下对应的基本点火提前角，然后 ECU 再根据得到的修正信号对点火提前角进行修正，确定实际的最佳点火提前角，如图 5-52 所示，即

实际点火提前角 = 初始点火提前角 + 基本点火提前角 + 修正点火提前角

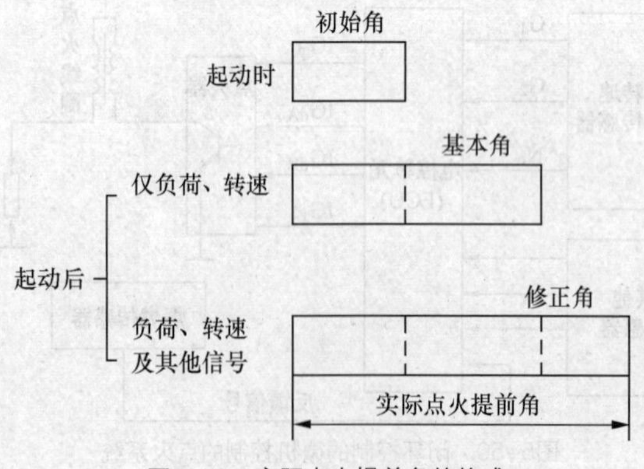

图5-52 实际点火提前角的构成

① 基本点火提前角的确定。发动机起动后正常运转时，ECU 根据发动机的转速信号和负荷信号（单位转数的进气量或基本喷油量）确定基本点火提前角。制造厂通过大量的实验，确定发动机不同转速和负荷的最佳点火提前角，建立由发动机转速、进气量（或基本喷油脉宽）及基本点火提前角的控制模型图，如图 5-53 所示。不同转速和负荷时的基本点火提前角数值存储在 ECU 内的存储器中，当 ECU 检测到发动机某一转速和某一负荷时，即调取相对应的存储值作为点火控制的基本点火提前角。

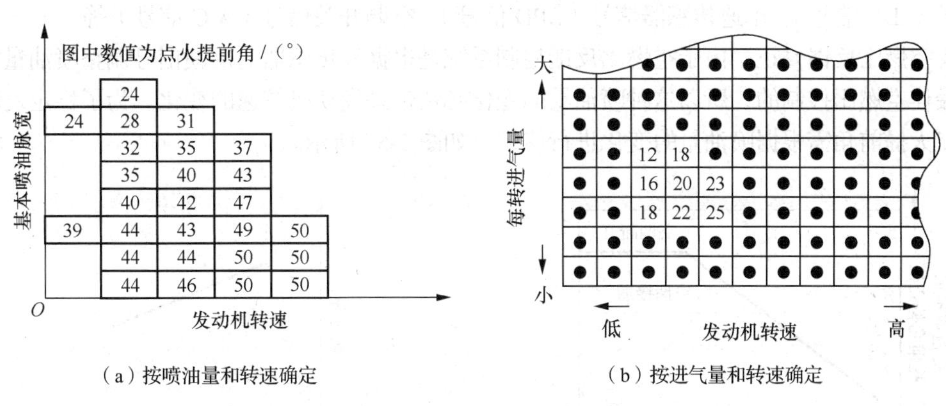

图5-53 基本点火提前角控制模型图

② 点火提前角的修正。除了转速和负荷以外，其他对点火提前角有重要影响的因素均归入修正点火提前角中。电控单元根据有关传感器的信号，分别示出对应的修正值，它们的代数和就是修正点火提前角。修正点火提前角所包括的修正值有暖机修正、过热修正、怠速稳定性修正、空燃比反馈修正和爆燃修正等。

（a）暖机修正。发动机冷车起动后的暖机过程中，随冷却水温的提高，混合气的燃烧速度加快，燃烧过程所占的曲轴转角减小，点火提前角也应适当减小，如图 5-54 所示。修正曲线的形状与提前角的大小随车型不同而异。暖机修正控制信号主要有冷却水温传感器信号（THW 信号）、进气管绝对压力传感器信号（PIM 信号）或空气流量计信号（VS 信号）、节气门位置传感器怠速信号（IDL 信号）等。

（b）过热修正。发动机工作时，随冷却水温的提高，爆燃倾向逐渐增大。冷却水温过高时，为了避免产生爆燃，必须修正点火提前角，如图 5-55 所示。发动机处于怠速工况（IDL 触点接通）时，冷却水温过高一般是由于燃烧速度慢、燃烧过程占的曲轴转角过大所致，所以为了避免发动机长时

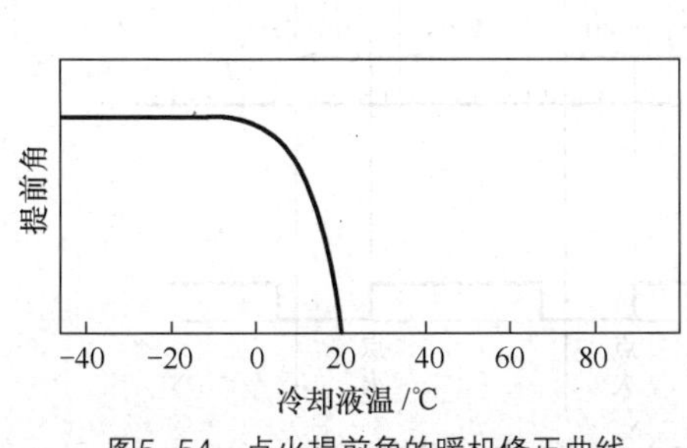

图5-54 点火提前角的暖机修正曲线

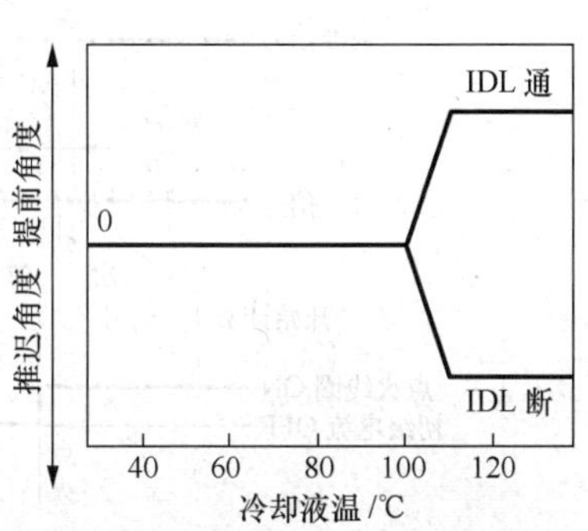

图5-55 点火提前角的过热修正曲线

间过热，应增大点火提前角，以提高燃烧速度，减小散热损失。发动机处于怠速工况以外的其他工况（IDL 触点断开）时，如果冷却水温过高，为了避免产生爆燃，则应适当减小点火提前角。过热修正控制信号主要有 THW 信号、IDL 信号等。

（c）怠速稳定修正。发动机在怠速运转过程中，由于负荷等因素的变化会导致转速改变，所以 ECU 必须根据实际转速与目标转速的差值修正点火提前角，以便保持发动机在规定的怠速转速下稳定运转，如图 5-56 所示。怠速稳定修正控制信号主要有发动机转速信号（Ne 信号）、节气门位置传感器信号（IDL 信号）、车速传感器信号（SPD 信号）、空调开关信号（A/C 信号）等。

（d）空燃比反馈修正。由于空燃比反馈控制系统是根据氧传感器的反馈信号调整喷油量的多少来实现最佳空燃比控制的，所以这种喷油量的变化必然带来发动机转速的变化。为了稳定发动机的转速，点火提前角需根据喷油量的变化进行修正，如图 5-57 所示。

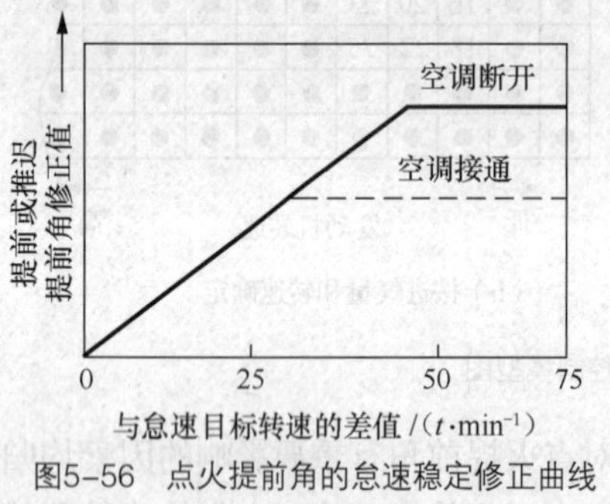

图5-56　点火提前角的怠速稳定修正曲线

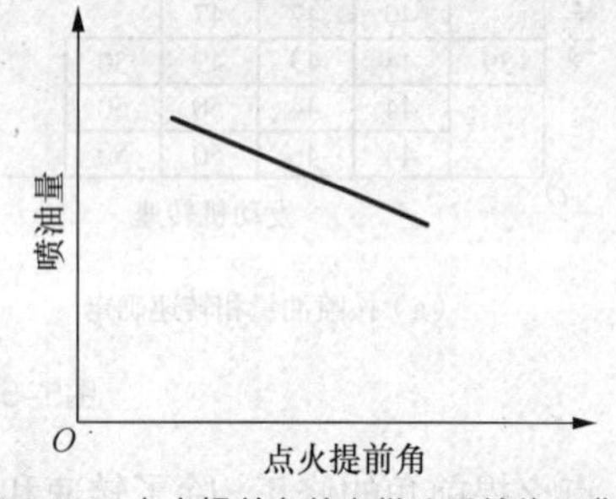

图5-57　点火提前角的空燃比反馈修正曲线

例如，ECCS 系统在发动机的某种工况下，ECU 计算出的最佳点火提前角为上止点前 40°，点火提前角的控制原理如图 5-58 所示。根据凸轮轴位置传感器转换得到 G 信号为间隔 120° 曲轴转角（6 缸发动机）的脉冲信号，G 信号设定在各汽缸活塞压缩上止点前 70°，ECU 设定的基准信号比 G 信号滞后 4°，所以实际控制点火提前角的基准为上止点前 66°。ECU 从接收到间隔 120° 的 G 信号开始，即确认某汽缸活塞位于压缩上止点前 70°，由于点火基准信号滞后 G 信号 4°，所以 ECU 从压缩上止点前 66° 开始，计数 26（66−40＝26）个 1° 信号，此时 ECU 向点火器发出控制

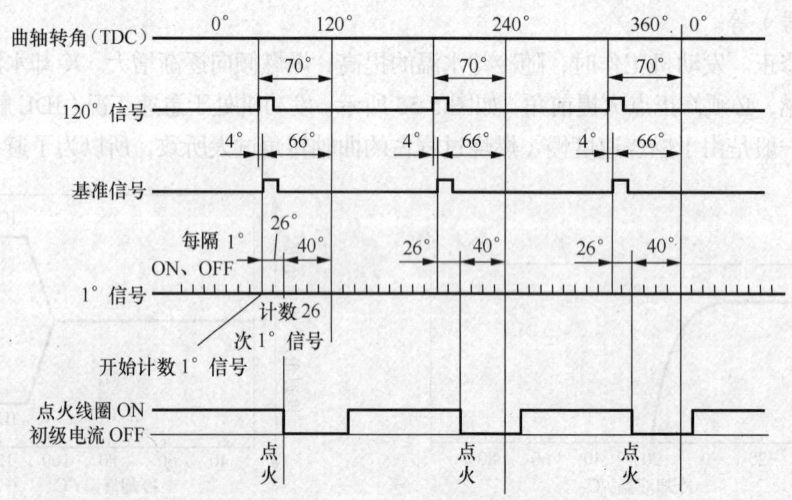

图5-58　点火提前角的控制原理

信号，使点火线圈初级绕组断电、次级绕组产生高压并输送给火花塞，即可保证火花塞在压缩上止点前 40° 点火。

3. 爆燃控制

爆燃是可燃混合气不正常燃烧时，高压气体的冲击反复撞击缸壁时所发生尖锐的敲缸声。产生爆燃的原因很多，如点火提前角过早、可燃混合气的浓度与质量、燃油辛烷值等，其中点火提前角是最主要的原因，消除爆燃最有效的途径就是减小点火提前角。因此，发动机的爆燃控制也就是点火提前角的控制，并通过爆燃传感器实施点火反馈监控。

爆燃传感器通常用螺栓安装在气缸体上，如图 5-59 所示，其内部结构主要由压电陶瓷晶体、振子等部件组成，并通过螺钉使惯性配重块压紧压电陶瓷晶体片。爆燃发生时，爆燃压力波通过惯性配重块使压电陶瓷晶体片压缩变形，产生比非爆燃时大得多的电压信号。

一旦产生爆燃，电控单元输出控制信号推迟点火提前角；当爆燃停止时，电控单元又以一定的角度逐渐增加点火提前角。如此循环往复，使点火时刻接近发动机爆燃极限。当爆燃传感器出现故障时，电控单元推迟点火提前角并终止爆燃控制。微机控制点火系爆燃控制原理如图 5-60 所示，在控制单元 ECU 中存储了某一设定时间 T，如果在 ECU 在 $t \geqslant T$ 的时间段没有收到爆燃信号，则 ECU 将实际执行的点火提前角在原提前角的基础上提前某一角度，如图 5-60 所示的 t_1、t_2 时间段不小于设定时间 T，则点火提前角得到了提前；而图中的 $t_3 < T$，则点火提前角被减小，若减小之后再收到爆燃信号则再减小点火提前角。这样，微机控制的点火系总能将点火提前角控制在爆燃的边缘，从而得到最佳的点火提前角，如图 5-61 所示。

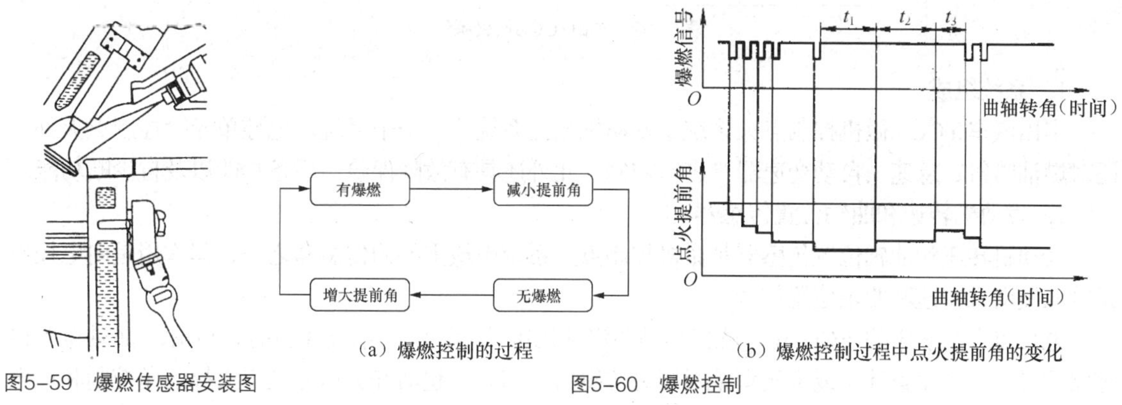

（a）爆燃控制的过程　　（b）爆燃控制过程中点火提前角的变化

图5-59 爆燃传感器安装图　　图5-60 爆燃控制

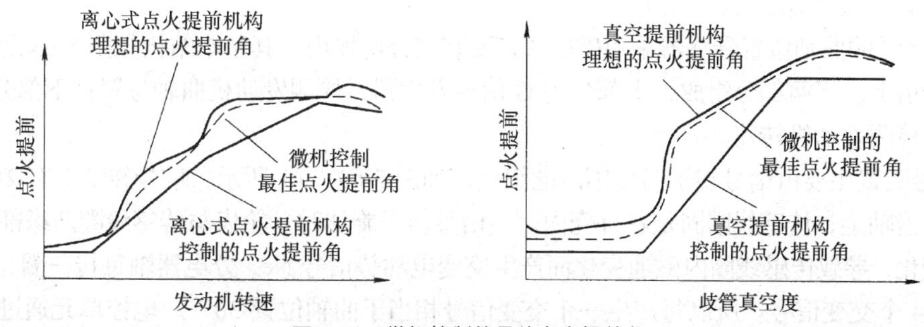

图5-61 微机控制的最佳点火提前角

5.4.4 有分电器的典型点火系统

有分电器式电控点火系统的主要特点是：只有一个点火线圈，点火线圈产生的高压电通过分电器按照发动机的做功顺序依次输送给各气缸火花塞。下面以丰田 TCCS 微机点火系统为例进行介绍，其电路原理图如图 5-62 所示。

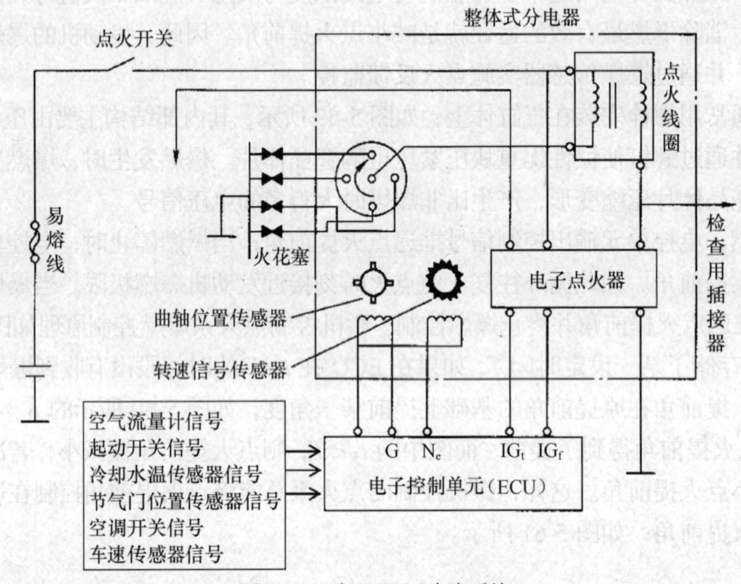

图5-62 丰田TCCS点火系统

1. **系统组成**

丰田汽车 TCCS 微机控制点火系统是发动机电控系统的一个子系统。电控单元除控制点火外，还对燃油喷射、怠速、自动变速器等进行控制，此外还具有故障保险、后备功能以及自诊断功能。

2. **发动机转速和曲轴位置传感器**

发动机转速和曲轴位置传感器是微机控制点火系统中最重要的传感器之一，其作用是向电控单元输入发动机转速和曲轴位置信号。

电控点火系统中的 ECU 和传感器都是与汽油机电控燃油喷射系统共用的。凸轮轴/曲轴位置传感器信号、空气流量计（或进气管绝对压力传感器）信号、起动开关信号是点火提前角控制和通电时间控制的主要信号，而冷却水温传感器信号、节气门位置传感器信号、空调开关信号和车速传感器信号用于修正点火提前角。

TCCS 系统的曲轴位置传感器采用磁电式，安装在分电器内，其基本结构如图 5-63 所示，曲轴位置传感器由上、下两部分组成，上部分为 G 信号发生器，检测发动机曲轴位置；下部分为 Ne 信号发生器，检测发动机转速。

Ne 信号装置主要由信号转子与传感线圈组成，如图 5-63（a）所示，信号转子上有 24 个轮齿，固定在分电器轴上，传感线圈固定在外壳内。当信号转子旋转时，轮齿与传感线圈凸缘部的空气隙交替发生变化，导致传感线圈内磁通变化而产生交变电动势信号 Ne，分电器轴每转一圈，传感线圈中将产生 24 个交变信号。所以每产生一个交变信号相当于曲轴位置 30°。电控单元通过内部特设的转角脉冲发生器，将 30° 转角均分，使转角的步长成为 1°，以满足控制精度的需要。同理，电控单元依据 Ne 信号中两个脉冲波所经过的时间，准确的计算出发动机转速。

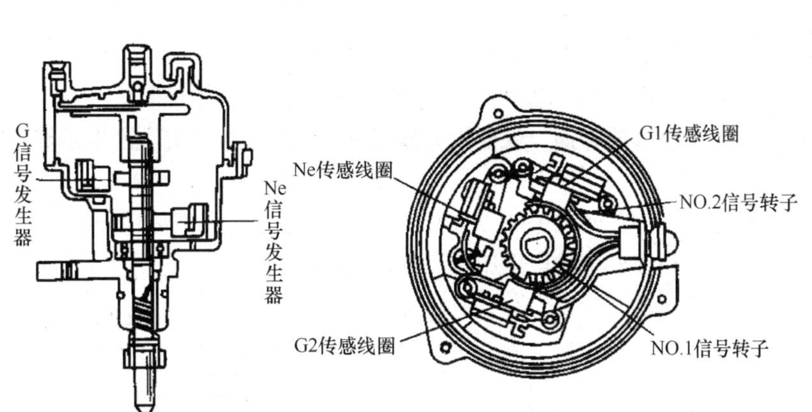

图5-63 丰田TCCS点火系统发动机转速和曲轴位置传感器

曲轴位置传感器的上部产生G信号，它是测试曲轴位置的基准信号，用来判别各缸压缩上止点的位置。G信号发生器由带有凸缘的信号转子及相对的 G_1、G_2 两个传感线圈组成，其基本结构如图5-63（b）所示。当G信号转子上的凸缘通过 G_1 传感线圈的凸缘时，产生 G_1 信号；当G信号转子上的凸缘通过 G_2 传感线圈的凸缘时，产生 G_2 信号。G_1 信号与 G_2 信号在分电器内相差180°，相当于曲轴转角360°。分电器轴转一圈，G_1 信号与 G_2 信号，分别出现一次。G_1 信号用来检测第六缸压缩上止点的位置，G_2 信号用来检测第一缸压缩上止点的位置。当传感线圈产生的电压波形为0V时，检测出的位置实际上是上止点前（BTDC）10°。G信号与Ne信号的关系如图5-64所示。

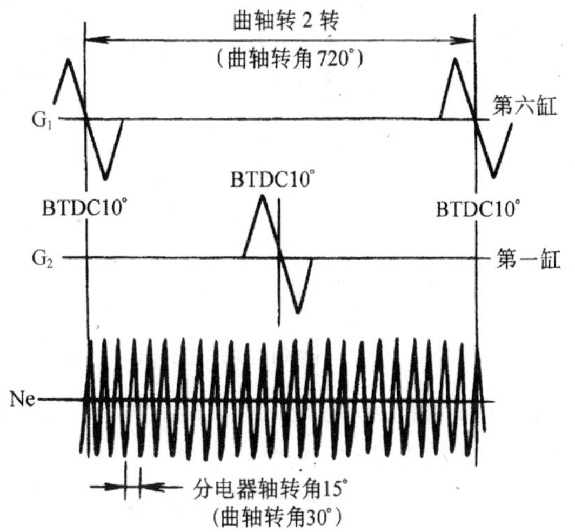

图5-64 G信号与Ne信号的关系

3. 电控单元

在发动机工作中，电控单元根据各传感器输入信号，确定发动机最佳点火提前角，然后根据曲轴位置传感器输入的 G_1、G_2 信号与Ne信号，判断出发动机曲轴到达规定的位置时，适时的输出控制信号 IG_t 至点火器，当 IG_t 信号变成低电位时，点火器中大功率三极管截止，将点火线圈的初级绕组电路切断，次级绕组产生点火高压（为20～30kV），经分电器至各缸火花塞。

在发动机起动时，将发动机控制在固定的初始点火提前角（BTDC）10°，在发动机转速超过一定值时，点火提前角由微机输出的点火时刻信号 IG_t 进行控制。

4. 点火器

点火器的控制电路如图5-65所示，该点火器的作用，除根据电控单元输出的 IG_t 信号，通过大功率三极管（VT）控制点火线圈初级绕组外，还具有以下功能。

（1）闭合角控制及恒流控制功能。

（2）点火监视功能。该点火器中设有点火监视电路，监视点火系统工作情况。当点火器发生故障，点火系统不能正常工作时，当点火监视信号 IG_f 连续3～5次未反馈到电控单元时，即向电子燃油喷射控制（EFI）电路发出停止喷油的信号，喷油器停止喷油。

（3）加速检测功能。该电路在发动机转速急剧上升时，向闭合角控制电路发出信号，通过闭合角控制电路使大功率三极管提前导通，保证点火线圈有足够的初级电流，产生足够的次级电压，而不会发生断火现象。

（4）锁止保护功能。当停车而未关断点火开关时，点火器自动切断初级电路。

（5）过压保护。该电路在电源供电电压过高时，大功率三极管截止，进行过压保护。

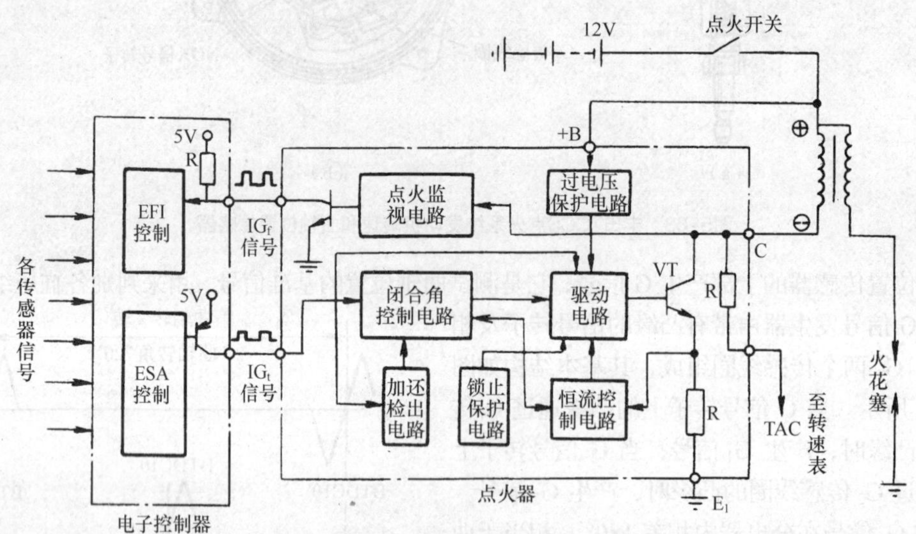

图5-65 丰田TCCS系统点火器电路框图

5.4.5 无分电器的典型点火系统

无分电器点火系统又称直接点火系统（Distributorless Ignition System 或 Direct Ignition System，DIS）。该种类型微机控制点火系统，除采用电控单元控制闭合角、点火时刻和爆燃控制外，还取消了分电器，电控单元控制点火线圈模块实现点火高压的分配。无分电器点火系统的闭合角控制、点火时刻控制和爆燃控制的工作原理与有分电器的微机点火系统相同，而点火高压的分配通过多个点火线圈实现。

根据点火线圈的数量和高压电分配方式的不同，无分电器微机控制点火系统分为独立点火方式、分组点火方式和二极管配电点火方式 3 种类型。

1. 独立点火方式

独立点火方式电控点火系统的电路如图 5-66 所示，其特点是每个气缸 1 个点火线圈，即点火线圈的数量与气缸数相等。

由于每个气缸都有各自独立的点火线圈，所以即使发动机的转速很高，点火线圈也有足够的通电时间，以保证足够高的点火能量。与有分电器式电控点火系统相比，在发动机转速和点火能量相同的情况下，单位时间内通过点火线圈初级绕组回路的电流要小得多，点火线圈不易发热，且点火线圈的体积又可以非常小，一般直接将点火线圈压装在火花塞上。

独立点火的微机点火系统工作时，电控单元（ECU）根据各种传感器的信号综合计算，最后确定各缸点火提前角的精确时刻，向电子点火器发出指令 IG_{t1}、IG_{t2}、…、IG_{t6} 控制点火器初级线圈搭铁与断开，产生次级高压直接传给火花塞，与此同时向电控单元 ECU 反馈 IG_f 信号。

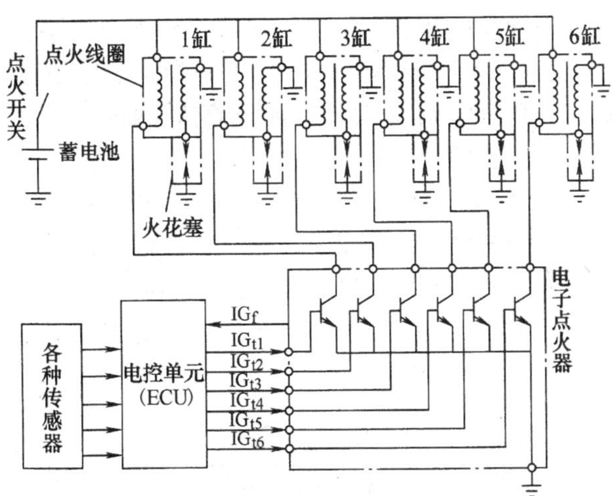

图5-66 无分电器式独立点火方式电控点火系统电路

2. 分组点火方式

分组点火方式电控点火系统电路如图 5-67 所示。在设计上将活塞同时到达上止点位置的气缸（一个为压缩行程上止点，另一个为排气行程上止点）分为一组，共用一个点火线圈，即点火线圈的数量等于气缸数的一半。

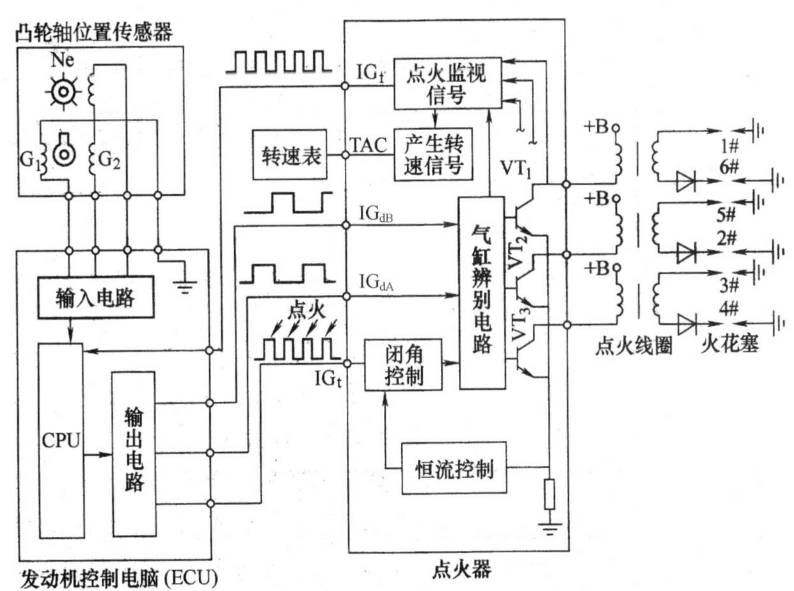

图5-67 无分电器式同时点火方式电控点火系统电路

以 6 缸发动机为例，1、6 缸、2、5 缸及 3、4 缸的活塞分别同时到达上止点，称为同步缸，2 同步缸共用 1 个点火线圈为一组，同组缸的火花塞与共用的点火线圈中的次级绕组串联。当点火线圈初级绕组断电时，一个气缸接近压缩行程的上止点，火花塞跳火可点燃该缸的混合气，称为有效点火；而另一气缸接近排气行程的上止点，火花塞跳火不起作用，称为无效点火。由于处于排气行程气缸内的压力很低，加之废气中导电离子较多，其火花塞很容易被高压电击穿，消耗的能量就非常少，所以不会对压缩行程气缸点火产生影响。

从图 5-67 中可以看出，与独立点火方式相比，电控单元（ECU）只给点火器提供了一种 IG_t 信号，但多了 IG_{dA} 和 IG_{dB} 辅助判缸信号。这是因为 IG_t 信号只指令点火执行器点火，但到底哪一组共用点火线圈点火，还需要 IG_{dA} 和 IG_{dB} 辅助判断，其判断真值表如表 5-11 所示。IG_t、IG_{dA}、IG_{dB} 3 种信号共同控制点火器的工作过程如图 6-67 所示。

当 IG_t 信号为高电位时，根据表 5-11 所示的控制情况，使相应缸点火的初级电路接通，当 IG_t 信号为低电位时，切断被接通的初级电路，在相应点火线圈的次级绕组产生高压，点燃可燃混合气使发动机做功。例如，在图 5-68 中，当第一个 IG_t 信号为高电位时，此时的 IG_{dA} 和 IG_{dB} 均为“0”，根据表 5-11 所示的控制规律，此时 2、5 缸点火线圈的初级电路被切断，在 2、5 缸的次级绕组产生高压，经火花塞跳火，使发动机做功。

表 5-11 IGdA 和 IGdB 信号的状态

序　号	信 号 状 态		点火的气缸
	IG_{dA} 信号	IG_{dB} 信号	
1	0	1	1、6 缸点火
2	0	0	2、5 缸点火
3	1	0	3、4 缸点火

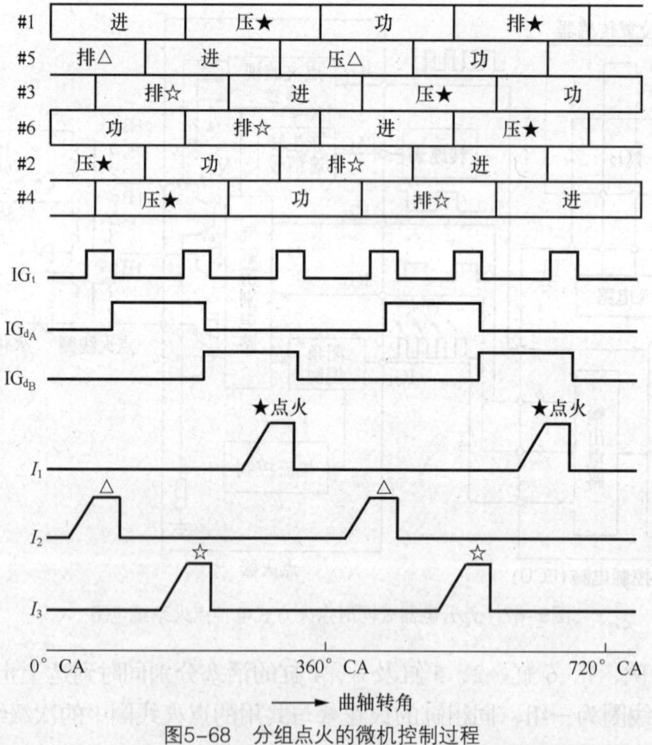

图5-68 分组点火的微机控制过程

与独立点火方式相比，采用分组点火方式的微机控制点火系统，其结构和控制电路较简单，所以应用也比较多。但由于保留了点火线圈与火花塞之间的高压线，能量损失略大。此外，串联在高压回路的二极管，可用来防止点火线圈初级绕组通电开始的瞬间，在次级绕组内产生的互感电动势

（1000～2000V）加在火花塞上发生误点火。

3. 二极管配电点火方式

二极管配电点火方式主要是针对4缸或4缸整倍数气缸发动机而设计的点火系统，如图5-69所示。其特点是4个气缸（4缸发动机）共用1个点火线圈，点火线圈为内装2个初级绕组、2个次级绕组的特制点火线圈，利用4个二极管的单向导电性交替完成对1缸和4缸、2缸和3缸的配电过程。

二极管配电点火方式与分组点火式的工作过程基本相似，工作时，VT_1控制初级电路N_1的通断，VT_2控制初级电路N_2的通断，在次级绕组N_3中产生方向相反的次级高压，分别构成了"N_3^+→VD_1→火花塞1→火花塞4→VD_4→N_3^-"和"N_3^+→VD_2→火花塞2→火花塞3→VD_3→N_3^-"两条回路。从而实现1、4缸和2、3缸的交替点火控制。

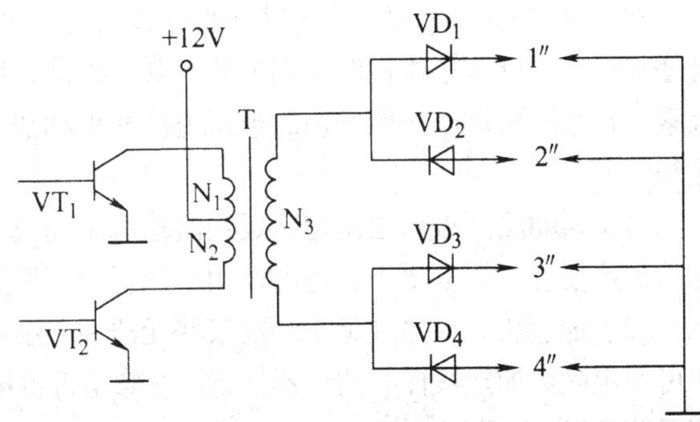

图5-69 二极管配电点火方式

二极管配电点火方式的特性与分组点火方式相同，但对点火线圈要求较高，而且发动机的气缸数必须是数字4的整倍数，所以在应用上受到一定的限制。

5.4.6 微机控制点火系的维护与故障排查

微机控制点火系统与普通电子点火系相比，在结构上多了一些传感器，在控制方式上由信号发生器的直接控制点火器，变为由电控单元（ECU）综合控制点火器。因此，在进行微机控制点火系统的故障诊断与排除时，应在普通电子点火系故障诊断的基础上，增加传感器的检测与控制信号传输电路的检测。

微机控制的点火系，其实只是发动机电子控制系统中占比例较小的一部分。车载的电控故障自诊断系统，为进行故障诊断与排除带来了许多方便。因此，在进行微机控制点火系的故障诊断与排除时，要充分利用电控单元的自诊断功能，快速地查找故障原因，及时排除故障。

需要指出的是，微机控制的点火系主要是利用信号来控制执行元件的，这些信号在传输过程中的衰减和失真，对控制结果造成了较大的偏差。针对这样的故障，有时还需要用到一些特殊的方法来加以检测与诊断。

微机控制点火系故障诊断的一般程序与方法有如下4点。

1. 进行自诊断测试

首先应进行自诊断测试，如果系统中有关传感器及有关电路发生故障，组合仪表上的发动机故障指示灯就会发亮，提示驾驶员发动机控制系统出现故障，同时故障内容以故障码及数据流的形式存储在微机的存储器中。

维修时，如果汽车仪表提示发动机故障指示灯亮，应先读取故障码，调取故障码的方法较多，可以就车调取故障码，也可以借助一些检测设备，如解码器等，来获取存储在电控单元中的故障码。故障码给排除故障指明了方向，特别像信号断路或上下限超标等具有明显征兆的故障，简直就是"手到病除"。但也有部分故障是不具有故障码的，这就需要借助其他手段，做进一步的诊断。

其次，可通过汽车专用检测仪器进一步读取数据流，获取相关传感器元件的信号参数检测，便于做进一步的判断。

2. 元器件性能检测

根据故障码的提示，针对有故障的元器件，需要进一步明确到底是元器件损坏还是线路（接触不良）所造成的故障，因此需要对元器件做进一步的检测。元器件的检测与普通电子点火系的元器件检测方法基本一致，线路故障可以用万用表测量、观察插接器松旷情况等手段进行检测。

3. 故障模拟再现

对于某些间歇性故障，因受某种特殊环境因素的影响才会出现，当在失去这种环境因素时检测，会增加检测难度或根本检测不到相关参数。因此，应采用各种各样的办法，来模拟故障出现的环境因素，让故障再现。一般常用的模拟方法有振动法、加热法、水淋法、电器全部接通法、道路试验法等。

（1）振动法。振动法是在怀疑线路接触不良或电器元件安装不牢固时所采用的一种方法。振动时的力度要轻，幅度要小。还可以用手轻轻拍打怀疑有故障的元器件，但不可用力过大。

（2）加热法。加热法是在怀疑某些元器件受温度的影响而发生故障时所采用的一种方法，加热法可用电吹风加热被怀疑的元器件，看故障是否再现，但不能直接加热 ECU 内部的元件，且加热温度不能超过 60℃。

（3）水淋法。水淋法是怀疑元器件因受潮或遇漏水所产生的故障时所采用的一种方法。使用该法时，不能直接用水淋电子元器件，而是采用间接改变电器元件所处环境的湿度来影响被怀疑的元器件，使其故障再现。

（4）电器全部接通法。使用该方法主要是怀疑某些元器件因受电负荷过大而产生故障。

（5）道路试验法。某些故障只有在特定的运行状态下才会出现，因此，在进行道路试验时，应尽量接近出现故障时的运行条件，并及时作出分析判断，找出故障所在。

4. 波形分析

对于某些复杂的疑难杂症，往往要借助示波器或带有示波功能的汽车综合检测仪来检测、记录各元器件的工作波形，并与标准波形进行对比，最后综合各种因素来诊断故障的所在。检测常用到的波形有直列波、重叠波和高压波等波形。

（1）单缸标准点火波形。发动机工作时，次级电压的实际波形即为直列波。图 5-70 所示为单缸标准点火波形，说明如下。

a 点——点火器控制点火线圈初级绕组突然断电，导致次级电压急剧上升。

ab 线——点火线，其幅值为火花塞击穿电压即点火电压。击穿电压为 8～20kV。

bc 线——火花塞间隙被击穿时，两电极之间出现火花放电，次级电压骤然下降，bc 为电压下降的幅值。

cd 线——火花线，它是火花塞电极被击穿后，形成的火花放电过程，是一段波幅很小的高频振荡波。

de 线——低频振荡波。当次级电路的能量不足以维持火花放电时，火花消失，电压急降。

f 点——初级线圈接通构成闭合回路，初级电流开始增加，引起次级电压突然增大，但电流变化趋势与 a 点正好相反，故在 f 点产生一个负电压。

fg 线——初级线圈一次电流突然接通引起的少许振荡（第二次振荡）。

fh 线——点火器控制初级线圈接通所对应的闭合阶段的次级电压波形。

直列波能检测单缸点火的工作情况。当分电器、点火线圈、点火器、火花塞等有故障时，各段波形就会偏离标准波形。

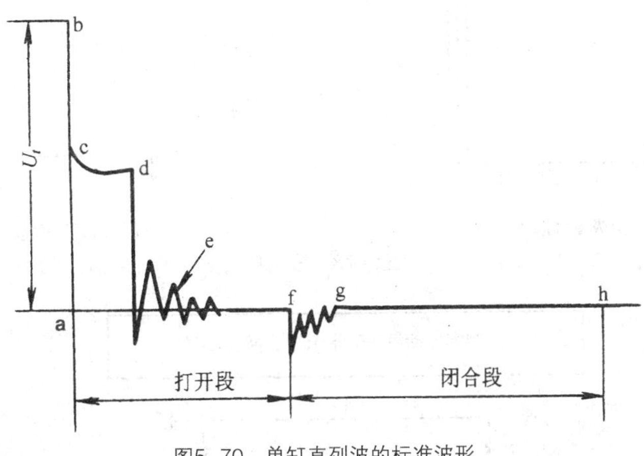

图5-70 单缸直列波的标准波形

（2）波形组合类型。

① 多缸平列波。将各缸电压波形按点火顺序从左至右依次排列的波形，称为多缸平列波，如图5-71所示。利用多缸平列波很容易观察比较各缸点火电压的高低以及点火状况是否正常。

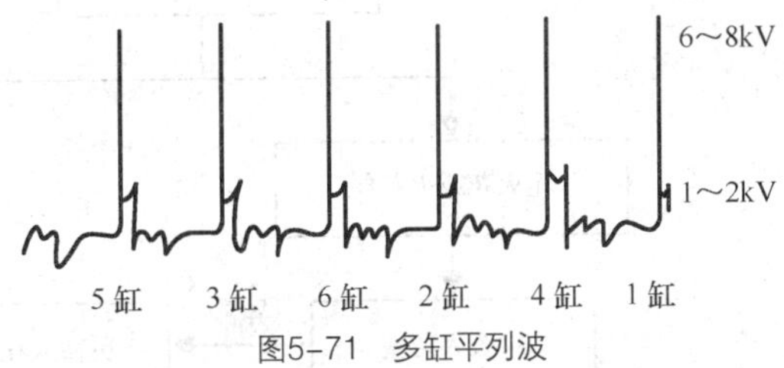

图5-71 多缸平列波

② 并列波。将各缸电压波形之首对齐，并按点火顺序从下至上依次排列的波形，称为多缸并列波，如图5-72所示。利用多缸并列波很容易观察各缸火花线长度、初级线圈断开的张开角和闭合角是否一致，从而判断点火系工作状况是否正常。

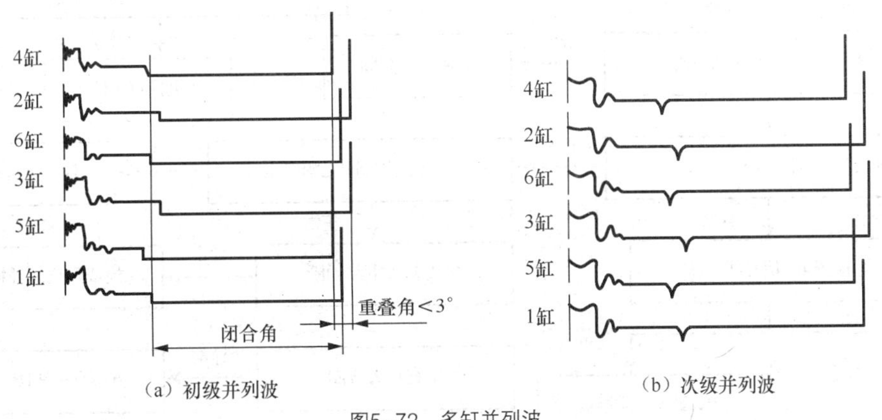

图5-72 多缸并列波

③ 重叠波。将各缸电压波形之首对齐并重叠放在一起的波形，称为多缸重叠波，如图5-73所示。利用多缸重叠波可以评价各缸工作的一致性，各缸工作一致的重叠波就像一个单缸波形，只要其中一个缸工作不佳，其波形就会偏离重叠波，届时通过逐缸断火可立即找出这一工作不佳的气缸。

5. 故障诊断流程

由于微机控制点火系统具有自诊断功能，所以在检测过程中应遵循有码先读码及数据流的原则，框架性的诊断流程图如图 5-74 所示。

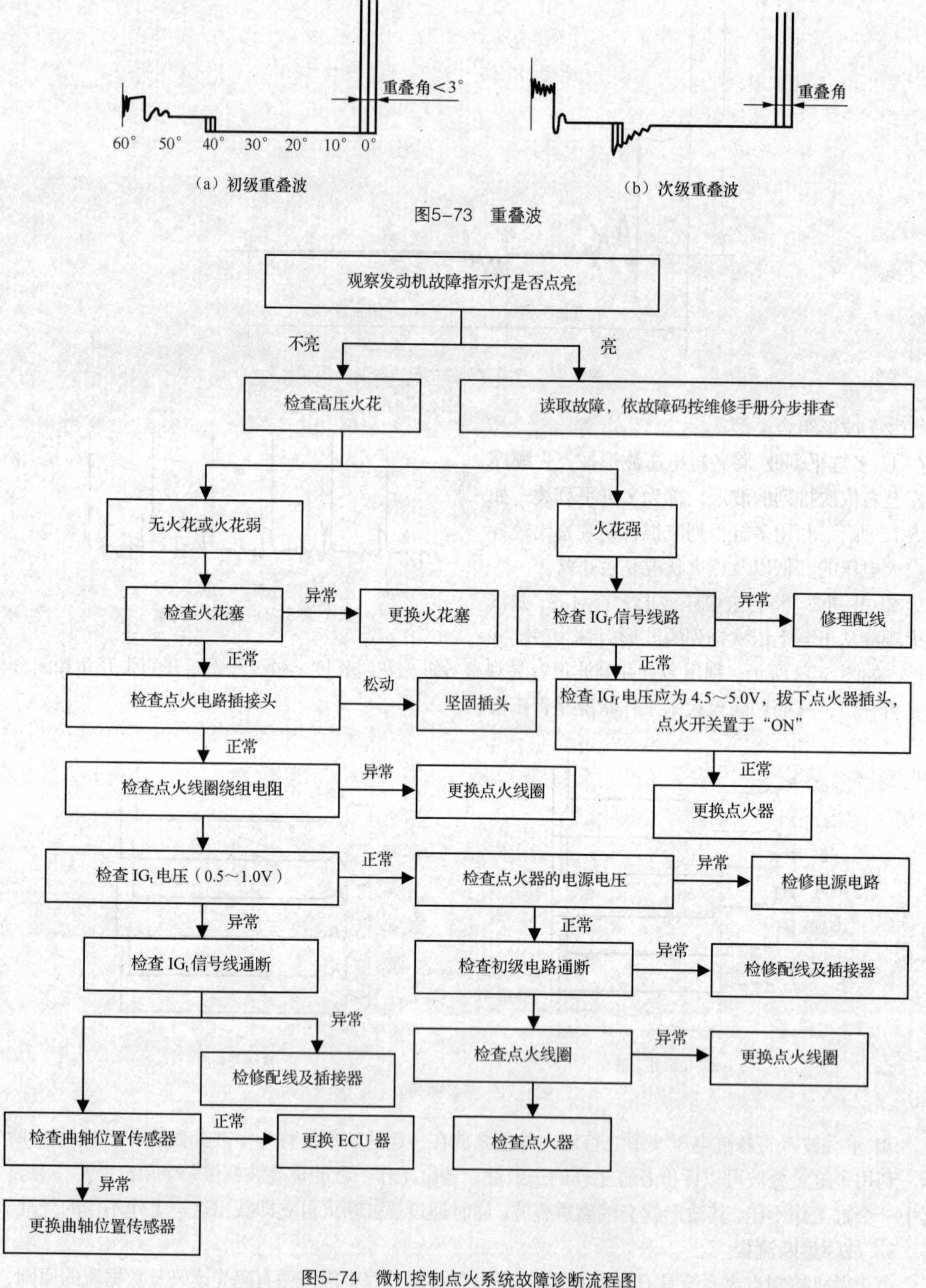

图5-73　重叠波

图5-74　微机控制点火系统故障诊断流程图

习题与复习题

一、选择题

1. 下列（　　）不符合发动机对点火系的要求。

A. 产生足够高的电压　　B. 产生足够多的能量

C. 点火提前角满足工况变化需要　　D. 保提供足够高的通电电流

2. 为了保证可靠点火，通常要求传统点火系提供的火花能量为（　　），通常要求次级电压应在（　　）范围内。

A. 100～125 mJ；10～20kV　　B. 50～80 mJ；15～25kV

C. 100～125 mJ；15～25kV　　D. 50～80 mJ；10～20kV

3. 在将传统点火系改换成为电子点火系后，甲认为应将火花塞的间隙适当调小，乙认为应将火花塞的间隙适当调大。你认为（　　）。

A. 甲对　　B. 乙对　　C. 甲乙都对　　D. 甲乙都不对

4. 在对电子点火系的信号传感器进行检查时，对于磁感应式的信号传感器，甲认为应有3个接线，其中一个是电源接线，乙认为应有两个接线，其中无电源接线，你认为（　　）。

A. 甲对　　B. 乙对　　C. 甲乙都对　　D. 甲乙都不对

5. 电子点火的次级电压较高，主要的原因是（　　）。

A. 火花塞间隙大　　B. 点火线圈性能好　　C. 高压线不易漏电　　D. 初级电流大

6. 采用二极管配电点火方式的电子点火系统，若有一缸不工作，可能的原因是（　　）。

A. 点火正时不对　　B. 初级线圈损坏　　C. 该缸火花塞积炭　　D. 次级线圈损坏

7. 桑塔纳2000轿车采用无分电器点火系统，点火顺序为（　　）。

A. 1—3—4—2　　B. 1—2—3—4　　C. 1—4—2—3

8. 桑塔纳时超AJR发动机第一、四缸同时断火，可能由于（　　）。

A. 霍尔传感器接头松动　　B. 转速传感器损坏

C. 第一缸火花塞间隙太大　　D. 第四缸火花塞间隙太小

9. 当发动机转速提高时，点火提前角应相应的（　　）。

A. 增大　　B. 减小　　C. 不变　　D. 不能确定

二、判断题

1. 点火提前角减小，汽油机爆燃的倾向减小。（　　）

2. 桑塔纳时代超人AJR发动机转速传感器损坏，发动机不能起动。（　　）

3. 时代超人AJR发动机凸轮轴位置传感器断路，发动机能起动。（　　）

4. 发动机曲轴转速与分电器转速之比为2∶1，即曲轴每转2圈，凸轮轴转1圈。（　　）

5. 磁感应式点火信号发生器提供的点火信号幅值与发动机转速无关。（　　）

6. 普通电子点火系用三极管替代传统点火系的断电器触点，用信号发生器替代传统点火系断电器的凸轮。（　　）

7. 对于大功率、高压缩比和高转速的发动机来说，应采用冷型火花塞。（　　）

8. 普通电子式点火仍然保留了点火提前装置。（　　）

9. 在相同转速下，随着发动机负荷减小时，点火提前角应随之减小。(　　)

10. 磁感应式点火信号发生器提供的点火信号幅值与发动机转速无关。(　　)

11. 电控点火系统工作时若 IG_t 点火控制信号正常，即使无 IG_f 信号发动机仍能正常工作。(　　)

12. 轻微的爆燃可使发动机功率上升，油耗下降。(　　)

13. 点火提前角过小会导致发动机过热。(　　)

14. 更换点火模块时，应先断开蓄电池正极。(　　)

15. 传统点火系统中，触点间隙增大会导致点火提前角增大。(　　)

三、思考题

1. 传统点火系统由哪些部件所组成，其工作原理是什么？

2. 简述火花塞的规格与类型。

3. 什么叫点火正时？怎样调整点火正时？

4. 简述磁感式电子点火系统的工作原理。

5. 在电子点火系统中通常常用采用磁感应式传感器和霍尔式传感器，请你说出这两种传感器有何不同？各自有什么特点？

6. 分析图 5-21 所示 JKF667 型点火器的工作原理及辅助元件的作用。

7. 结合图 5-27 桑塔纳轿车霍尔式电子点火系统电路图，分析该车型无火故障的可能原因的哪些？请用框图的形式写出点火故障检测流程图。

8. 微机点火系统组成部件有哪些？常见的传感器有哪些？点火提前角由哪些构成？

第6章 照明与信号系统

学习目标：

- ❖ 了解照明与信号系的组成及要求。
- ❖ 掌握照明与信号系统的结构与工作原理。
- ❖ 掌握前照灯的调整方法。
- ❖ 掌握闪光器的工作原理。
- ❖ 能分析照明与信号系统电路。
- ❖ 掌握照明与信号系统常见故障及诊断。

为了保证汽车夜间行驶的安全性，必须在汽车上配置相应的照明设备，如为人们所熟知的前照灯、雾灯、内室顶灯。另外，为了警示其他车辆及行人，汽车上还安装了灯光信号系统和音响信号系统，如转向灯、示廓灯、喇叭。可见，照明与信号系统是汽车电气设备必备行车利器。

6.1 照明与信号系的组成及要求

6.1.1 照明系统

1. 前照灯

前照灯的主要用途是照亮车辆前方的道路和物体，确保行车安全。同时还可利用远光、近光交替变换作为夜间超车、会车信号。这就要求前照灯应能保证提供车前 100m 以上路面明亮、均匀照明，并且不应对迎面来车的驾驶员造成眩目。随着车速的不断提高，道路照明的距离也相应增加，汽车上的前照灯的照明距离可达到 200～300m。

前照灯安装在汽车头部的两侧，每辆车安装 2 只或 4 只，灯光光色为白色，灯泡功率远光灯为 45～60W，近光灯为 25～55W。

2. 雾灯

雾灯的主要用途是用于雾天、下雨、下雪或尘土弥漫等能见度较低的情况下，作为道路照明和

为迎面来车及后面来车提供信号。前雾灯安装在前照灯附近或比前照灯稍低的位置，前雾灯光色为黄色，后雾灯灯光光色为红色，灯泡功率一般为35W。

3. 倒车灯

倒车灯用于倒车时汽车后方道路照明和警告其他车辆和行人，兼有灯光信号装置的功能。倒车灯装在汽车尾部，灯光光色为白色，功率一般为28W。

4. 牌照灯

牌照灯用于照亮车辆牌照，要求夜间在车后20m处能看清牌照号码。牌照灯装在汽车尾部牌照上方，灯光光色为白色，灯泡功率为8～10W。

5. 内部照明系统

内部照明系统由顶灯、仪表灯、踏步灯、工作灯、行李箱灯组成，主要是为驾驶员、乘客提供方便。灯光光色为白色，灯泡功率为2～20W。

6.1.2 灯光信号系统

1. 转向信号灯

转向信号灯装在汽车的前后左右四角，其用途是在车辆转向、路边停车、变更车道或超车时，发出明暗交替的闪光信号，给前后车辆、行人、交警提供行车信号。前、后转向信号灯的灯光光色为琥铂色，灯泡功率一般为20W。转向信号灯的指示距离，要求前、后转向信号灯白天距100m以外可见，侧转向信号灯白天距30m以外可见。转向信号灯的闪光频率应控制在10～15Hz。

2. 危险报警信号灯

危险报警信号灯用于车辆遇到紧急危险情况时同时点亮前后左右转向灯以发出警告信号。与转向信号灯有相同的要求。

3. 制动灯

制动灯用于指示车辆的制动或减速信号。制动灯安装在车尾两侧，两制动灯应与汽车的纵轴线对称并在同一高度上，制动灯灯光光色为红光，应保证白天距100m以外可见。

4. 示廓灯

示廓灯安装在汽车前、后、左、右侧的边缘。大型车辆的中部、驾驶室外侧还增设了一对示宽灯，用于夜间行驶时指示汽车宽度。示廊灯灯光标志在夜间300m以外可见。前示廓灯的灯光光色为白色，后示廓灯的灯光光色多为红色，灯泡功率为8～10W。

5. 后位灯

后位灯装于汽车后部，其作用是在夜间行车时，指示车辆的位置，后位灯灯光光色多为红色，灯泡功率一般为8～10W。

6.1.3 声响信号装置

1. 电喇叭

电喇叭的作用是警告行人和其他车辆，其音量不超过105dB。

2. 倒车警告装置

由倒车蜂鸣器和倒车灯组成。其作用是当汽车倒车时，发出灯光和音响信号，警示车后行人和车辆。

6.2　照明系统

6.2.1　前照灯的结构

前照灯由灯泡、反射镜和配光镜 3 个光学组件组成。

1. 灯泡

目前，汽车前照灯的灯泡有 3 种，即充气灯泡、卤钨灯泡和高压放电弧光灯，如图 6-1 所示。

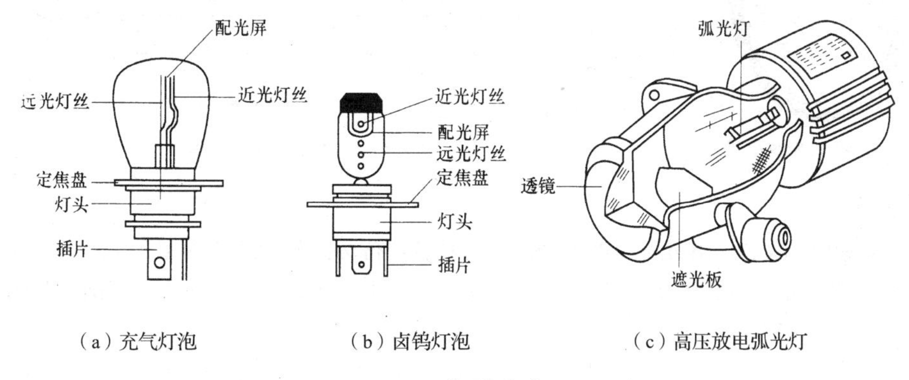

图6-1　前照灯灯泡

（1）充气灯泡。充气灯泡的结构如图 6-1（a）所示，灯丝用钨丝制成，灯泡内充满氩、氖和氮的混合惰性气体。充入惰性气体可以在灯丝发热膨胀后，增加玻璃壳内的压强，减少钨的蒸发，从而可提高灯丝的设计温度和发光效率，延长灯泡使用寿命。

（2）卤钨灯泡。充气灯泡结构如图 6-1（b）所示，虽已充入惰性气体，但仍然有少量钨丝蒸发而使灯泡变黑。为此，在充入灯泡的气体中掺入某一卤族元素，如氟、氯、溴、碘等，形成卤钨灯泡。在灯泡工作时，其内部可形成卤钨再生循环反应：从钨丝上蒸发出来的气态钨与卤族元素反应，生成了一种挥发性的卤化钨，它扩散到灯丝附近的高温区后又受热分解，使钨又重新回到灯丝上。被释放出来的卤素继续参与下一次循环反应，如此周而复始地循环下去，从而防止了钨丝的蒸发和灯泡的黑化现象。卤钨灯泡的玻璃由耐高温、高强压的玻璃制成，且灯泡内的充气压力较大、工作温度高，可更有效地抑制钨的蒸发量，延长灯泡使用寿命，提高发光效率。在相同功率的情况下，卤钨灯泡的亮度是充气灯泡亮度的 1.5 倍，卤钨灯泡的寿命是充气灯泡寿命的 2～3 倍。

（3）高压放电弧光灯。高压放电弧光灯又俗称为氙气灯，如图 6-1（c）所示，其灯光色和日光非常相似，灯泡里没有灯丝，取而代之的是装在石英管内的两个电极，管内充满氮气及微量金属。亮度是目前卤素灯泡的 3 倍左右，克服了传统钨灯的缺陷，完全满足汽车夜间高速行驶的需要。

2. 反射镜

反射镜的表面形状呈旋转抛物面，如图 6-2 所示，一般由 0.6～0.8mm 的薄钢板冲压而成，或由玻璃或塑料制成。其内表面镀银、铝或铬，然后抛光处理。目前反射镜内面采用真空镀铝的较多。

反射镜将位于反射镜焦点上的灯泡所发出的光线聚合、反射后呈平行光束，如图 6-3 所示，使光度大大增强，以保证汽车在距前方 150～400m 时，具有足够的照明，同时尚有少量的散射光线，照射侧方和下方的散射光线有助于照明两侧 5～10m 的路面。

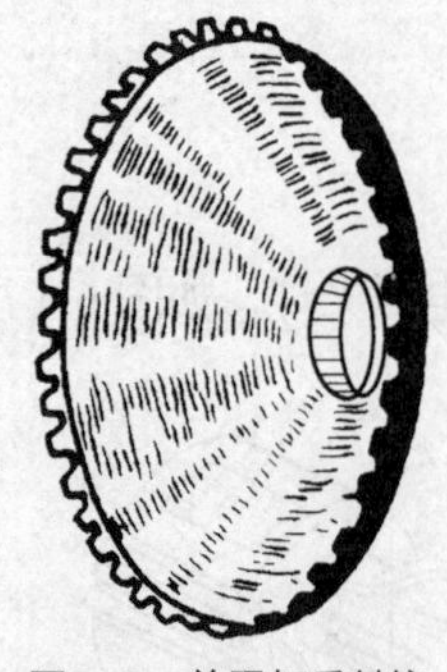
图6-2 前照灯反射镜

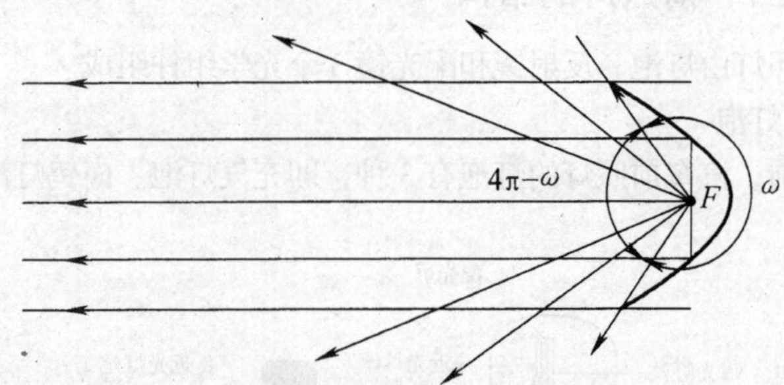

图6-3 反射镜反射作用

3. 配光镜

配光镜又称散光玻璃，由透光玻璃压制而成，是多块特殊棱镜和透镜的组合，外形一般为圆形或矩形，如图 6-4 所示。配光镜的作用是将反射镜反射出的平行光束进行折射，使车前的路面有良好而均匀的照明，如图 6-5 所示。

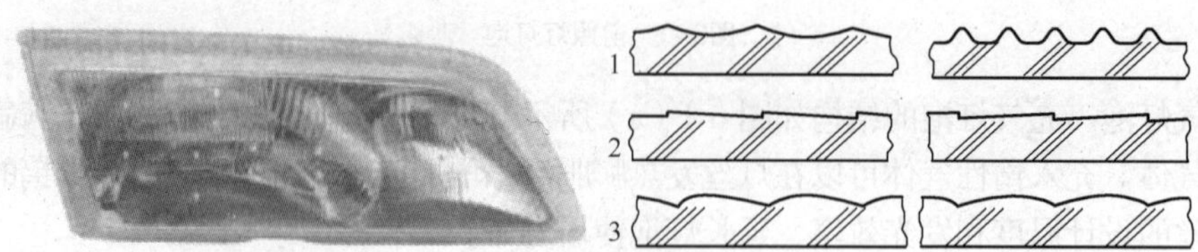

图6-4 配光镜及其剖面棱镜形状

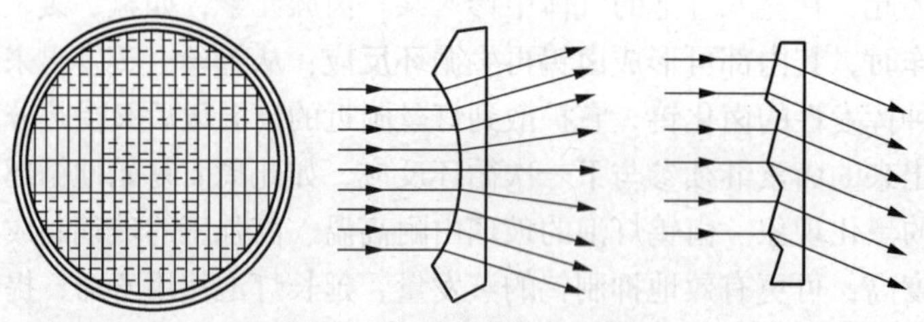
图6-5 配光镜的结构和作用

6.2.2 前照灯的防眩目

当前照灯射出的强光束突然映入人的眼睛时，就会对视网膜产生刺激，瞳孔来不及收缩造成视盲的现象，称为眩目。夜间行车时，强烈光束会使对面行驶的车辆驾驶员炫目，从而容易引发交通事故。为避免此类现象的发生，前照灯采取了相应的防眩目措施。

1. 采用带有遮光屏的双丝灯泡

图 6-6 所示为带有遮光屏的双丝灯泡。这种采用带有遮光屏的双丝灯泡的大灯，其近光灯丝位于反射镜焦点的上方或前上方，远光灯灯丝位于反射镜的焦点上。根据图 6-7 所示的光学原理，远光灯丝发射的光线经反射镜聚光、发射后，沿光学轴线以平行光束射向远方，以此照亮车前方 150m 以上

的路面；近光灯丝下方均设有遮光屏（又称遮光罩或光束偏转器），用以遮挡近光灯丝射向反射镜下部的光线，消除反射向上照射的光束；近光灯丝发射的光线经反射镜发射后，大部分光束倾斜向下射向车前的路面，从而避免了对方驾驶员眩目。

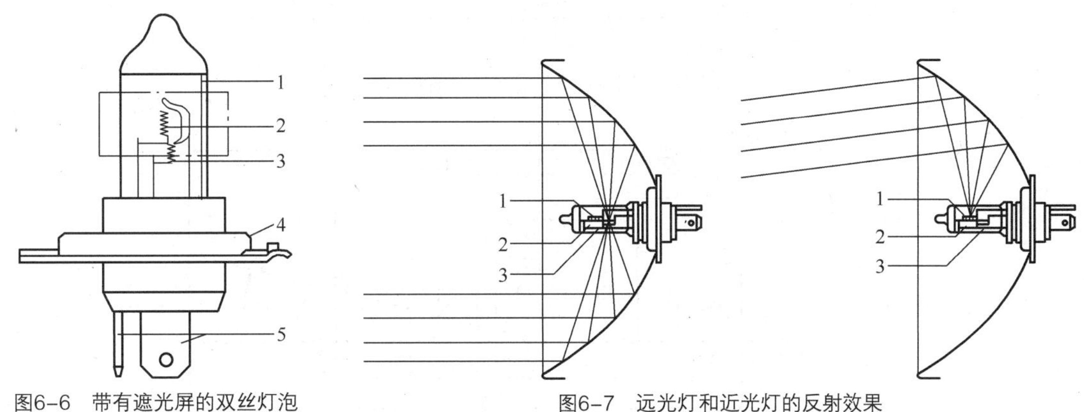

图6-6 带有遮光屏的双丝灯泡

1—玻璃泡；2—近光灯泡；3—远光灯泡；4—灯座；5—插座

图6-7 远光灯和近光灯的反射效果

1—近光灯丝；2—遮光屏；3—远光灯丝

2. 采用非对称配光屏双丝灯泡

这是一种新型的防眩目前照灯，其配光屏安装时偏转一定角度，使其近光的光形分布不对称，将近光灯右侧光线倾斜升高 15°，如图 6-8（b）所示，其效果示意图如图 6-9 所示。配光的性能符合 ECE 标准，其工作情况如图 6-10 所示。这种灯的光形有一条明显的明暗截止线，即上方Ⅲ区是个明显的暗区。该区点的标注 B50L 表示相距 50m 处、迎面驾驶员眼睛的位置。下方Ⅰ、Ⅱ、Ⅳ及右上方 15° 内是一个亮区，可将车前面和右方人行道照亮。

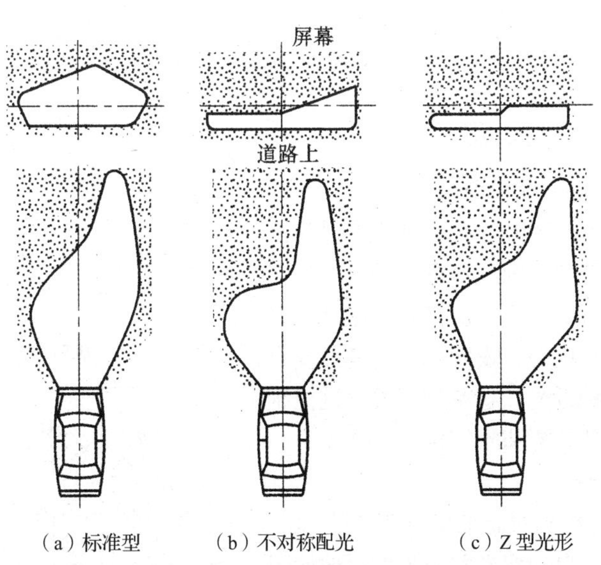

（a）标准型　（b）不对称配光　（c）Z 型光形

图6-8 前照灯配光光形

3. Z 型光形

Z 型光形是目前较先进的光形，它不仅可以防止对面驾驶员眩目，也可防止非机动人员眩目，如图 6-8（c）所示，示意图见图 6-11 所示。

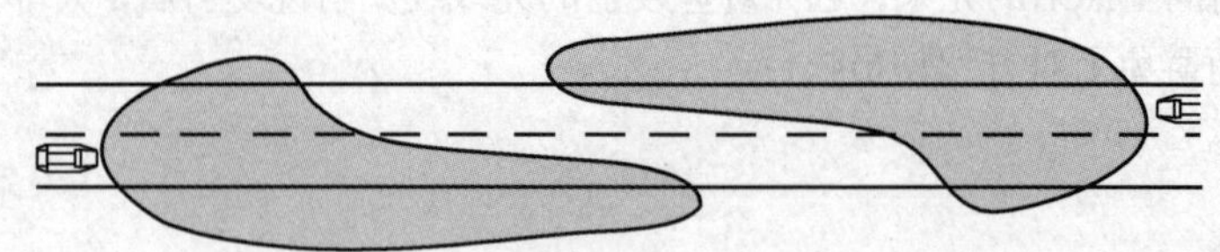

图6-9 不对称配光光型会车时的灯光效果

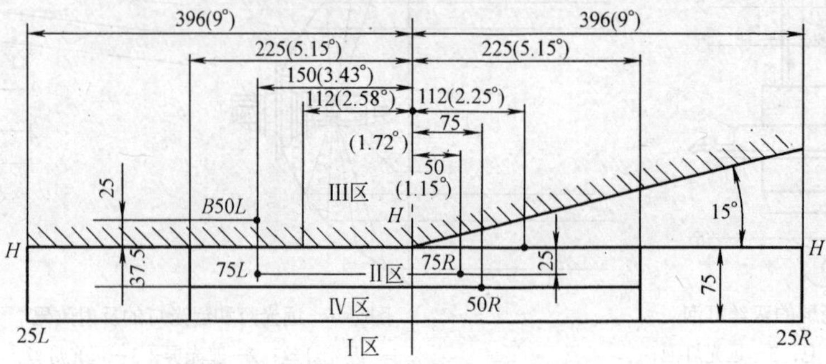

图6-10 近光配光图（测定距离：25m 单位：cm）

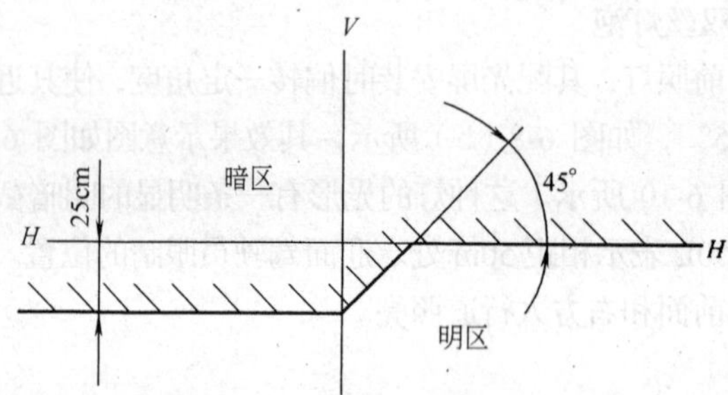

图6-11 Z型非对称配光示意图

6.2.3 前照灯的控制电路

1. 带前照灯继电器的照明电路

图 6-12 所示的带前照灯继电器的照明电路最为常见，主要由电源、车灯开关、前照灯继电器、变光开关、超车灯开关及前照灯等组成。灯光开关控制灯光继电器接通或关断前照灯电源，夜间会车时通过变光器交替接通前照灯远光和近光。超车灯开关通过控制远光灯电路来实现白天超车提醒的作用。

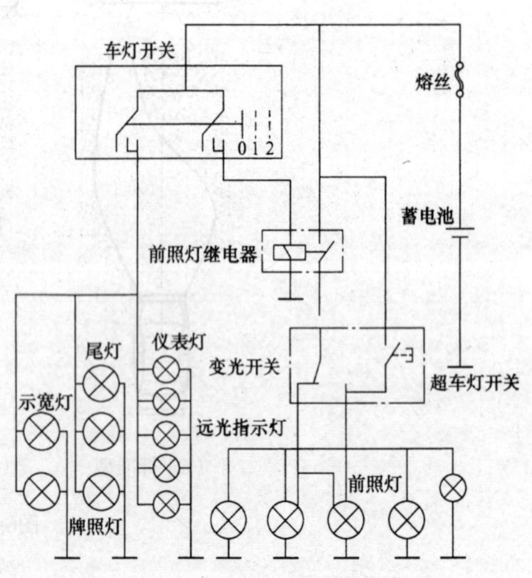

图6-12 带前照灯继电器的照明电路

2. 前照灯自动变光器

前照灯自动变光器能根据对面来车的灯光强、弱，实现远、近光自动变换。自动变光器的工作原理如图 6-13 所示，由感光器（VD_1、VD_2）、放大电路（VT_1、VT_2、VT_3、VT_4）和变光继电器 J 组成。该变光控制电路功能为：当 150～200m 处有迎面来车时，可使前照灯自动由远光切换为近光，待会车结束后，又自动恢复前照灯远光照明。自动/手动转换开关可以自由选择自动或手动变光，在自动变光失效的情况下，通过此开关仍可以实现人工操纵变光。

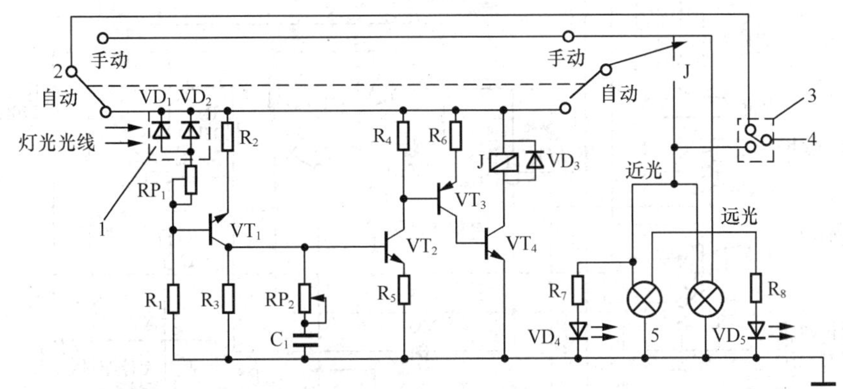

图6-13 前照灯自动变光控制电路

1—光传感器；2—手动与自动变光转换开关；3—变光开关；4—接灯光开关；5—前照灯

自动变光器的工作原理如下：在夜间行驶无迎面来车时，光电传感器（VD_1、VD_2）得到的光照量极少，光电管电阻值较大，VT_1基极的电流减小，VT_1截止，于是 VT_2、VT_3、VT_4的基极因失去基极电流而截止，继电器 J 不通电，常闭触点闭合，接通远光灯。

当有迎面有车或道路有较好的照明度时，光电传感器（VD_1、VD_2）因受迎面灯光的照射，电阻值减小，使 VT_1获得基极电流而导通，VT_2、VT_3、VT_4也随之导通，继电器 J 电磁线圈有电流通过，继电器 J 工作，触点“J”动作下移，前照灯自动切断远光灯与远光指示灯，而近光灯和近光指示灯接通工作。会车结束后，前照灯自动恢复远光照明。

3. 前照灯延时控制电路

前照灯延时控制电路可使前照灯电路切断后，仍继续点亮一段时间后自动熄灭，以提供短时照明。电子控制前照灯延时控制电路如图 6-14 所示。其工作原理如下：当发动机熄火后，机油压力开关 6 的触点闭合，驾驶员在离开汽车驾驶室以前，按下仪表板上的前照灯延时按钮 1，蓄电池对电容 C 充电。在电容 C 充电时达林顿晶体管 VT 的基极电位逐渐升高，使 VT 管导通，继电器线圈通电，触点闭合，接通了前照灯的远光或近光电路。松开前照灯延时开关按钮 1，电容 C 又通过电阻 R 和 VT 管放电，前照灯仍能保持通电照明，直到电容 C 电压下降至晶体管 VT 截止。VT 管截止后，继电器触点断开，前照灯熄灭。延时的时间取决于电路中 C 和 R 的参数，一般可延迟 1min。

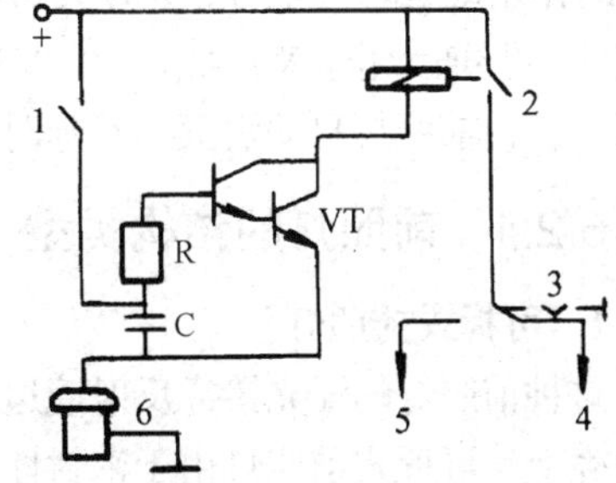

图6-14 前照灯延时电路

1—前照灯延时按钮；2—延时继电器；3—变光开关；4、5—接前照灯；6—压力开关

4. 前照灯昏暗自动发光电路

图 6-15 所示为前照灯昏暗自动发光器的电路。该装置一般都装在汽车仪表板上，主要由光电传感器和三极管放大器两大部分组成。光电传感器由光敏元件、延时电路、控制开关等组成。在安装光电传感器时，应注意将其感光面朝上，用以接收从汽车挡风玻璃射进来的自然光。其光通量的大小可由传感器前面的光阀进行调整，以适应各种情况（包括季节）的变化。三极管放大器主要由三极管 VT_1 和 VT_2、二极管 VD_1 和 VD_2，电阻 R_1～R_9、电容

C_1和C_2，以及灵敏继电器和功率继电器等组成。

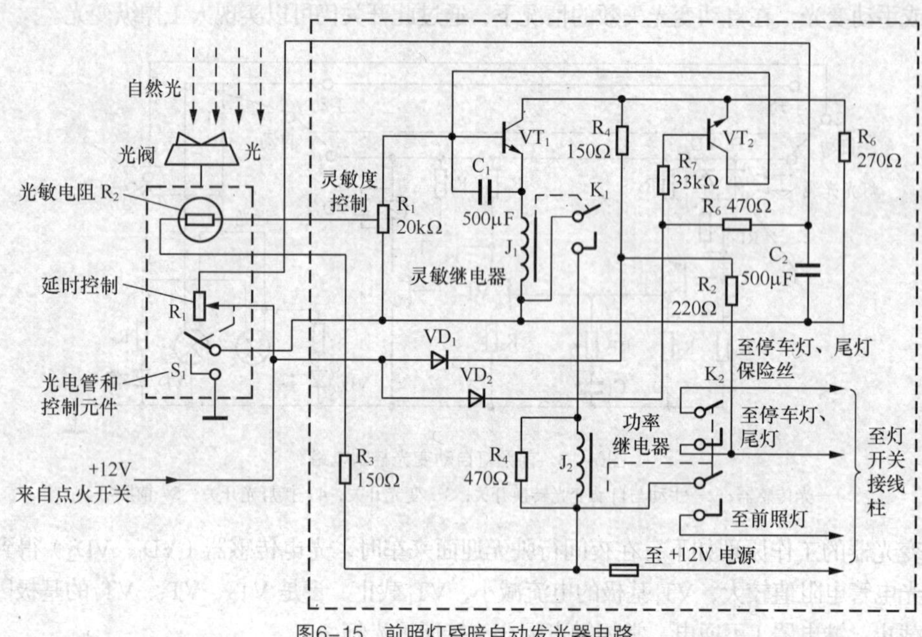

图6-15 前照灯昏暗自动发光器电路

其工作原理如下。

① 汽车行驶时，当自然光的强度降低至某一程度而被光电传感器接收时，传感器中光敏电阻R_2的阻值减小到一定数值，它便以需要发光的电压（信号）输出送往三极管放大器。

② 当三极管放大器接收到光电传感器输出信号后，三极管VT_1的电位迅速下降，灵敏继电器J_1线圈被接通。

③ 当继电器J_1电路接通后，它便产生电磁吸力使触点K_1闭合，当K_1闭合后，功率继电器J_2的电路也被接通，故开关也被K_2吸合，将连接前照灯的电路接通，前照灯即被点亮。电路中三极管VT_2的作用是延时，即当点火开关切断时，VT_2使VT_1保持导通，直到电容器C_2上的电压减小到不足使VT_2导通为止。VT_2截止后，VT_1亦截止，由于继电器J_1和J_2的作用，使触点K_1和开关K_2均打开，以使前照灯自动熄灭。其延时时间的长短可由电位器R_1进行调节。

6.2.4 前照灯的结构类型

1. 可拆式前照灯

这种前照灯的配光镜靠反射镜边缘上的齿簧与反射镜组合在一起，并用箍圈和螺钉将它们固定在灯壳上。可拆式前照灯由于密封性不好，反射镜易受灰尘和湿气的污染而变黑，严重影响照明效果，目前已很少采用。

2. 全封闭式前照灯

全封闭式前照灯又称为真空灯。它的反射镜和配光镜制成一体，里面装有灯丝，并充以惰性气体；灯丝焊在反射镜底座上，反射镜的镜片为真空镀铝。其结构如图 6-16 所示。这种结构的前照灯的优点是可以完全避免反射镜受到污染，但是，当灯丝烧坏后，需要更换前照灯总成，成本较高。

3. 半封闭式前照灯

半封闭式前照灯的结构如图 6-17 所示。其配光镜由反射镜边缘上的牙齿固定在反射镜上，两者之间有橡胶圈或密封胶密封。半封闭式前照灯的灯泡可从反射镜后端进行拆装，维修方便，因此得到普遍使用。更换半封闭式前照灯的灯泡时，不能用手触摸灯泡的玻璃壳部分。

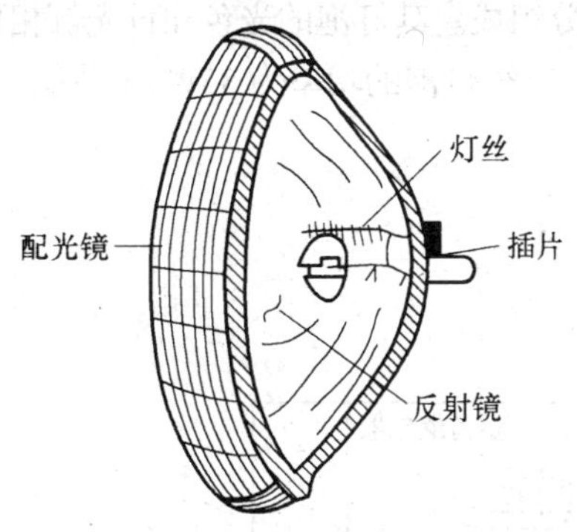

图6-16 全封闭式前照灯的结构

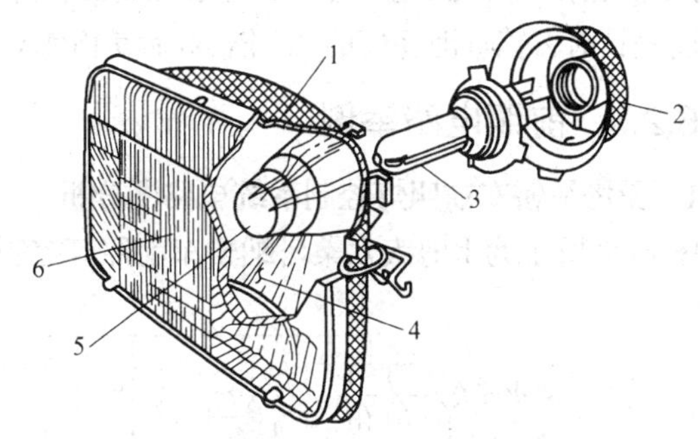

图6-17 半封闭式前照灯的结构

1—灯壳；2—灯泡卡盘；3—灯泡；4—反射镜；5—玻璃球面；6—配光镜

4. 投射式前照灯

如图 6-18 所示，投射式前照灯的反射镜近似于椭圆形状。它具有两个焦点，第一焦点处放置灯泡，第二焦点是由光线形成的，凸形配光镜的焦点与第二焦点是一致的。来自灯泡的光利用反射镜聚成第二焦点，再通过配光镜将聚集的光投射到前方。投射式前照灯采用的灯泡多为卤钨灯泡。在第二焦点附近设有遮光板，可遮挡上半部分光，形成明暗分明的配光。由于它具有这种配光特性，因此也可用于雾灯。

投射式前照灯的反射镜采用扁长断面，光束横向分布效果好，结构紧凑、经济实用。

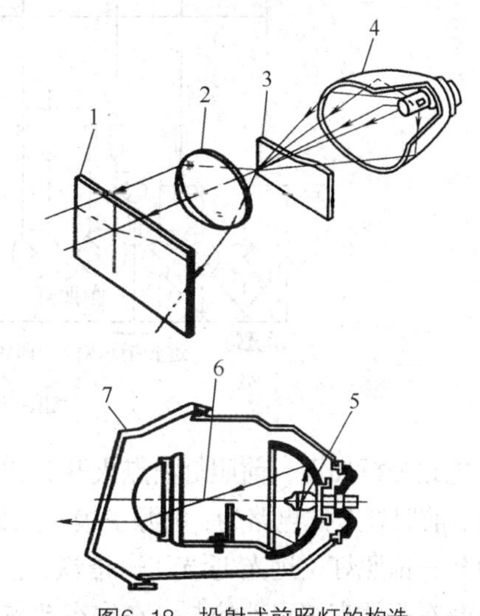

图6-18 投射式前照灯的构造

1—屏幕；2—凸形配光镜；3—遮光镜；4—椭圆反射镜；5—第一焦点；6—第二焦点；7—总成

5. 高亮度弧光灯

高亮度弧光灯的结构如图 6-19 所示。这种灯的灯泡里没有灯丝，取而代之的是装在石英管内的两个电极，管内充有氙气及微量金属（或金属卤化物）；在电极上加上 5～12kV 的电压后，气体开始电离而导电，

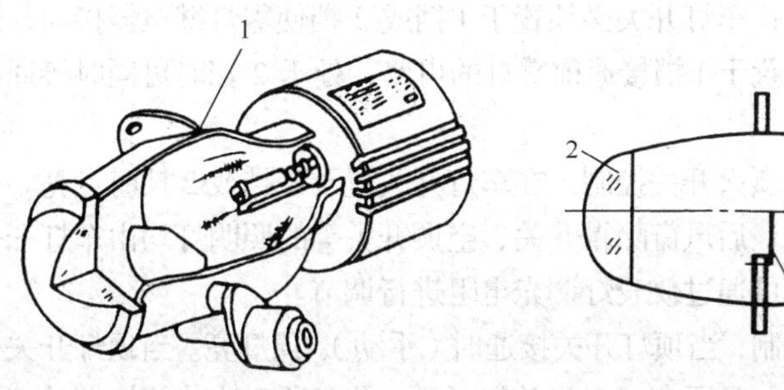

图6-19 高亮度弧光灯

1—总成；2—透镜；3—弧光灯；4—引燃及稳弧部件；5—遮光灯

由气体原子激发到电极间少量的水银蒸气弧光放电，最后转入卤化物弧光灯工作。采用多种气体是为了加快起动。

弧光式前照灯由弧光灯组件、电子控制器和升压器 3 部分组成。其灯泡的光色和日光灯相似，其亮度是目前卤钨灯泡亮度的 2.5 倍、寿命是卤钨灯泡寿命的 5 倍，灯泡的功率为 35W，可节能 40%。

6.2.5 前照电路举例

1. 桑塔纳轿车前照灯控制系统电路图分析

图 6-20 所示为上海大众桑塔纳轿车前照灯控制系统电路。

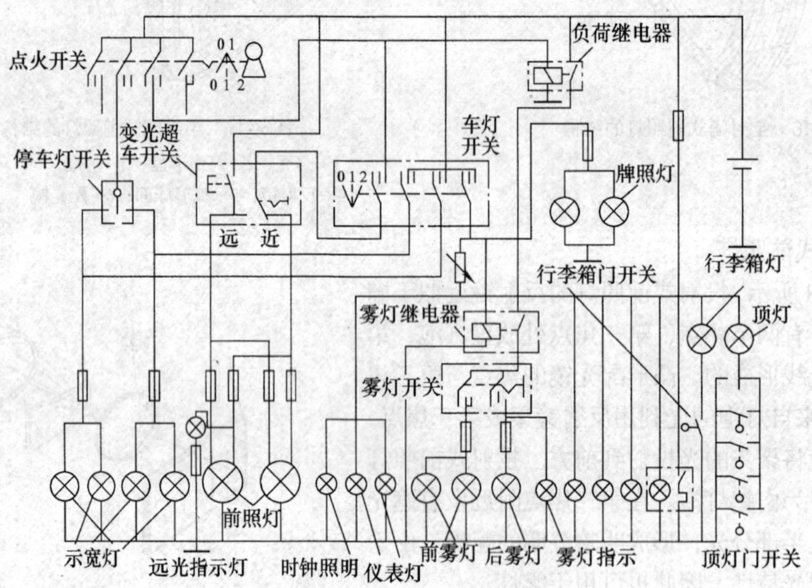

图6-20 桑塔纳轿车照明电路图

电路分析如下：前照灯由点火开关和车灯开关共同控制，当点火开关置于 1 挡、车灯开关置 2 挡时，前照灯工作电路为：电源正极→点火开关 1（ON）挡→车灯开关 2 挡→变光开关（远光/近光）→熔丝→前照灯（远光/近光）→搭铁，前照灯亮。通过变光开关控制远、近光变换。此外，远光灯还由超车开关直接点动控制，在汽车超车时当作超车信号灯用。

雾灯由点火开关、雾灯继电器和车灯开关控制，雾灯继电器线圈由车灯开关控制，雾灯继电器触点由负荷继电器控制，负荷继电器由点火开关控制。若要使用雾灯，点火开关必须置于 1 挡使负荷继电器接通，为雾灯继电器触点供电；车灯开关必须置于 1 挡或 2 挡使雾灯继电器接通，这时，雾灯开关就可以控制雾灯了。雾灯开关置于 1 挡接通前雾灯的电路，处于 2 挡时可同时接通前、后雾灯和雾灯指示灯的电路。

牌照灯由车灯开关直接控制，不受点火开关控制，在车灯开关置于 1 挡或 2 挡时点亮。

仪表板、时钟、点烟器、雾灯开关、后风窗除霜开关、空调开关等的照明灯均由车灯开关直接控制。当上述照明灯均被接通，其亮度可通过仪表灯调光电阻进行调节。

顶灯由顶灯开关和门控开关共同控制，当顶灯开关接通时（手动），顶灯亮。当顶灯开关处于断开情况下，顶灯可由 4 个门控开关控制，只要有一个门关闭不严，此门所对应的门控开关就闭合，从而点亮顶灯。

2. 宝来轿车前照灯控制系统电路图分析

图 6-21 所示为一汽大众宝来轿车前照灯控制系统电路。一汽大众宝来轿车的前照灯控制系统由灯光开关直接控制。当将点火开关置于 2 挡 ON 位置，灯光开关置于 ON 位置时，灯开关“1＃、4＃”端子处于接通状态，电源经点火开关、灯开关，加至前照灯变光开关。如果此时灯光变光开关

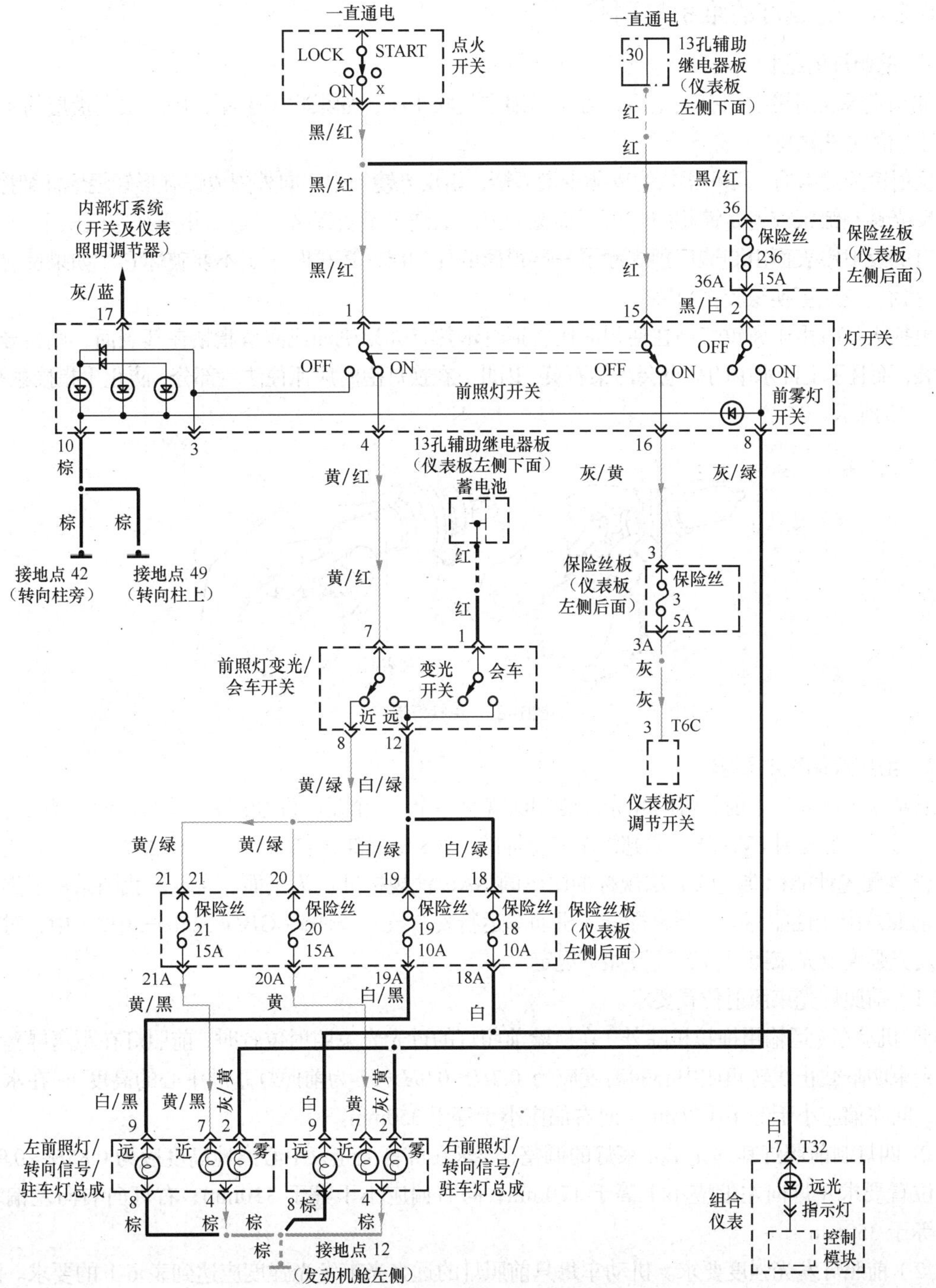

图6-21　一汽大众宝来轿车前照灯控制系统电路

处于近光位置，则电源经近光触点分别经“21#、20#”两保险分别向两前照灯近光灯丝供电，最后形成搭铁回路，近光灯点亮；当变光开关处于远光位置时，则电源经远光触点分别经“19#、18#”两保险分别向两前照灯远光灯丝供电，最后形成搭铁回路，则远光灯点亮；当前照灯变光开关转至会车位置时（超车），远光灯电源由前照灯变光会车开关“1#”端子供电，该电源不受灯开关的控制。

6.2.6 前照灯的维护与调整

1. 前照灯的维护

如果发现反射镜上稍有灰尘后，可用压缩空气吹干净，如果吹不干净，则应根据镀层的不同，采取不同的方法清除。

反射镜为镀铬的，可用柔软的皮蘸少量酒精，由反光镜的中心向外围成螺旋形轻轻地仔细擦拭。如果反光镜是镀银或者是镀铝的，可用棉花蘸清水清洗（不要擦拭）。然后用压缩空气吹干。

有的反射镜表面由制造厂预先涂了一层很薄的保护层，擦拭时一定不要破坏它。如果反射镜经常有污物，应该更换橡胶密封圈。

更换大灯时由于卤钨灯泡在使用时比普通灯泡热，如果机油或润滑脂粘在其表面，则会导致灯泡破裂，而且手上汗水中的盐也会污染石英。因此，在换灯泡时应抓住法兰部分，防止手指接触石英，如图 6-22 所示。

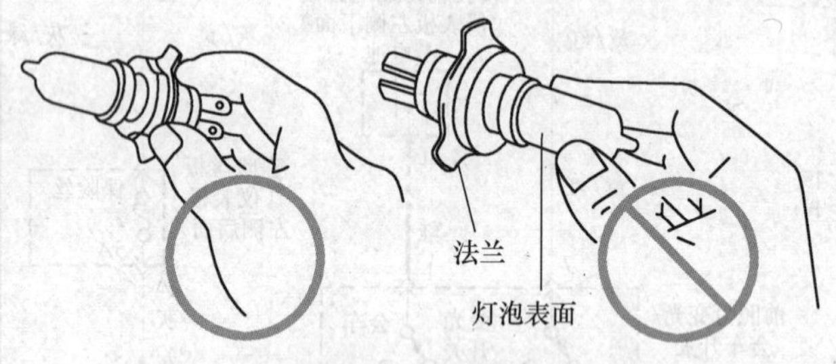

图6-22 更换灯泡

2. 前照灯调整的要求

通常采用有关汽车前照灯的配光性能和法规有两个：一个是欧洲经济共同体 ECE 法规配光性能标准；另一个是美国 FVMSS（联邦汽车安全标准）108 号标准，它相当于 ECE 法规 76/756，也就是 SAE 法规配光性能标准。ECE 法规标准比美国 SAE 法规标准更为全面、合理。我国采用了类似于 ECE 前照灯配光性能标准，国家标准《机动车运行安全技术条件》（GB/T 7258—2012）中，对前照灯的发光强度及光束照射位置进行如下规定。

（1）前照灯光束照射位置要求。

① 机动车（运输用拖拉机除外）在检验前照灯的近光光束照射位置时，前照灯在距离屏幕 10m 处，光束明暗截止线转角或中心的高度应为 $0.7H$～$0.9H$（H 为前照灯基准中心的高度）；在水平方向上，向左偏应小于等于 170mm，向右偏应小于等于 350mm。

② 四灯制前照灯其远光单光束灯的调整，要求在屏幕上光束中心离地高度应为 $0.85H$～$0.95H$，水平位置要求左灯向左偏应小于等于 170mm，向右偏应小于等于 350mm；右灯向右向左偏均应小于等于 350mm。

（2）前照灯发光强度要求。机动车每只前照灯的远光光束发光强度应达到表 6-1 的要求。测试时，其电源系统应处于充电状态。

表 6-1 前照灯远光光束发光强度要求（单位：cd）

项目	新注册车			在用车		
	一灯制	两灯制	四灯制	一灯制	两灯制	四灯制*
汽车、无轨电车	—	18000	12000	—	15000	12000
四轮农用运输车	—	10000	8000	—	8000	6000
三轮农用运输车	8000	6000	——	6000	5000	—

*采用四灯制的机动车其中两只对称的灯泡达到两灯制的要求时视为合格。

（3）前照灯对光调整前的检查。

在调整或校准前照灯之前，应该先进行以下检查，以保证调整正确。

① 如果汽车轮胎上有很厚的冰雪或泥浆，应该用高压水清洗掉。

② 确保油箱是半满状态。

③ 检查弹簧和减振器。如果弹簧或减振器受损，会影响调整结果。

④ 将所有轮胎气压调整到规定值。

⑤ 检测前灯之前，应震动汽车以稳定悬架状态，方法是站到保险杠上跳几下或者用力下推前挡泥板。

（4）利用屏幕检验法检测和调整光束。前照灯光束检查可以采用屏幕检验法，下面介绍屏幕检验法。

① 将汽车停在水平地面上，并且按规定充足轮胎气压，从汽车上卸下所有负载（只允许一名驾驶员乘坐）。

距汽车前照灯 s（m）处竖一个屏幕（注意：不同的车型要求的值也不同，具体参照维修手册。以桑塔纳车为例，s=10m，D=100mm。在屏幕上画两条垂线（各线通过前照灯的中心）和一条水平线（与前照灯的离地高度等高），如图 6-23 所示。再画一条比 H 低 D（mm）的水平线与两条前照灯的垂直中心线分别相交于 a、b 两点。

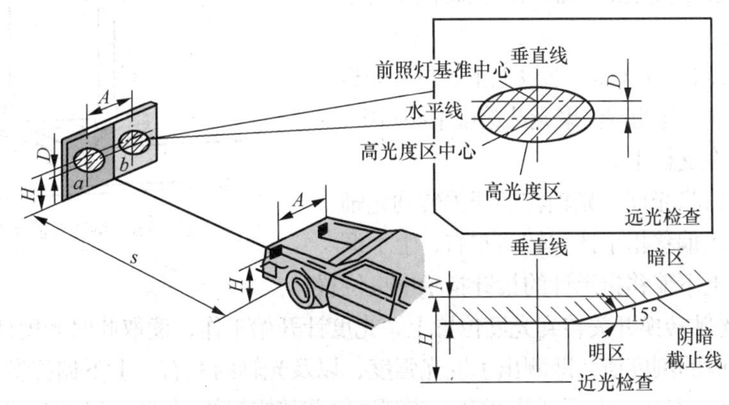

图6-23 前照灯灯光检查

② 起动发动机，使之以 2000r/min 的速度（约为发动机转速的 60%）运转，即在蓄电池不放电的情况下点亮前照灯远光（有些车按近光调整，参见具体的车型手册）。

③ 调整时，应该把一只灯遮住，然后检查另一只灯的光束是否对准 a 或 b 点（同一侧的光照中

心）。若不符合要求，则拆下前照灯罩圈。旋出侧面的调整螺钉，可使光束作水平方向的调整，旋入或旋出上面的调整螺钉，也可作高低方向的调整（见图 6-24）。调整好一只灯后，按照同样的方法调整另一只，使其光束中心对准 b 或 a 点。

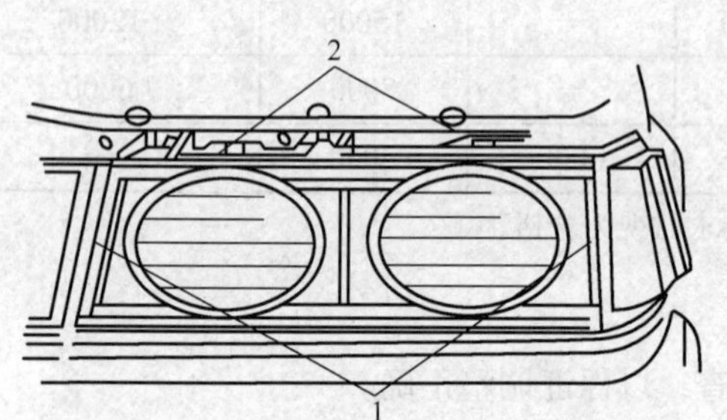

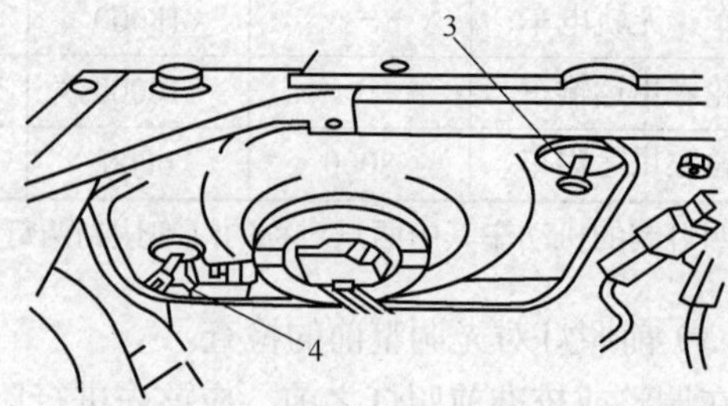

图6-24 前照灯的调整部位

1、3—左右调整螺钉；2、4—上下调整螺钉

④ 当远光调好后，应该打开近光灯，检查屏幕上是否有明显的明暗截止线，其高度是否符合规定。一般规定是：前照灯上边缘距地面不大于 1350mm 的车，在距灯通 10m 远的屏幕上明、暗截止线水平部分应比前照灯基准中心低 $H/3$ 左右。

当前照灯光束调整好后，还应对其照度进行测量。可采用屏幕式测试器或聚焦式测试器进行测试。

（5）利用集光式测试仪调整前照灯。

集光式测试仪的结构如图 6-25 所示，其使用方法如下。

① 测试仪垂直放置，汽车和测试仪的相对位置应保证检验仪聚光凸透镜与前照灯配光镜之间的距离为 1m。

② 调整测试仪，使对正校准器对准被测汽车的纵向中心线，即对中。

③ 利用前照灯对正校准器，通过上下、左右调整测试仪，使前照灯中心与测试仪聚光凸透镜中心对中，然后将测试仪固定在支柱上。

④ 接通前照灯，将光度—光轴转换开关转到光轴位置上。左右、上下偏移指示计。转动左右、上下调整旋钮，使左右、上下偏移指示计的指针指示中央位置。

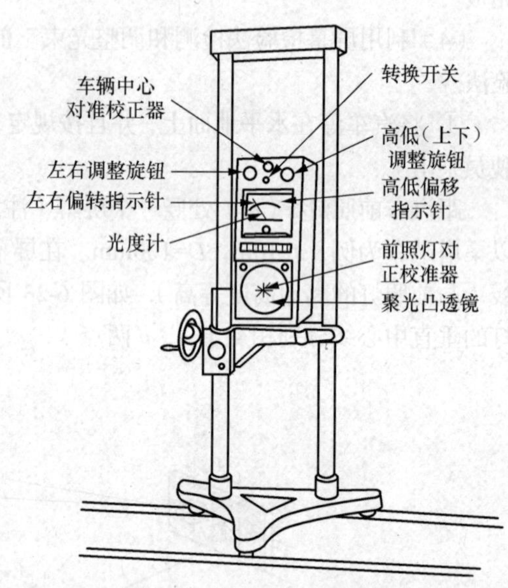

图6-25 集光式前照灯测试仪

⑤ 将光度—光轴转换开关转到光度位置上，光度计开始工作，读取此时光度计指示值和左右、上下调整旋钮转动时的刻度值，即测出了发光强度，以及光轴的左右、上下偏移量。

⑥ 调节前照灯的左右、上下调节螺钉，使测试仪调整旋钮的刻度恢复到零，即调好。

6.2.7 前照灯电器故障排查

1. 常用电路检测工具与仪器

在蓄电池第 1 章中已经介绍了万用表的使用，在此针对电路故障有针对性地介绍跨线接与试灯在电路检测中的运用。

（1）跨接线。跨接线是一根测试导线，如图 6-26 所示，用于跨接线路，从而判定线路通断。它可使电流“绕过”被怀疑为开路或断路的电路部分，从而使电路形成回路，进行导通性测试。如果连接跨接线后电路工作正常，不连接跨接线时工作不正常，则表示所跨过的部位存在开路故障。跨接线仅用于旁通电路的非电阻性部件，如开关、连接器和导线段等。只要使用得当，跨接线可以成为一种简单、有效的测试工具。

切勿将跨接线直接跨接在用电设备两端，否则会烧损其他相关电路元件。如图 6-26 所示，电动机两端不能接跨接线。

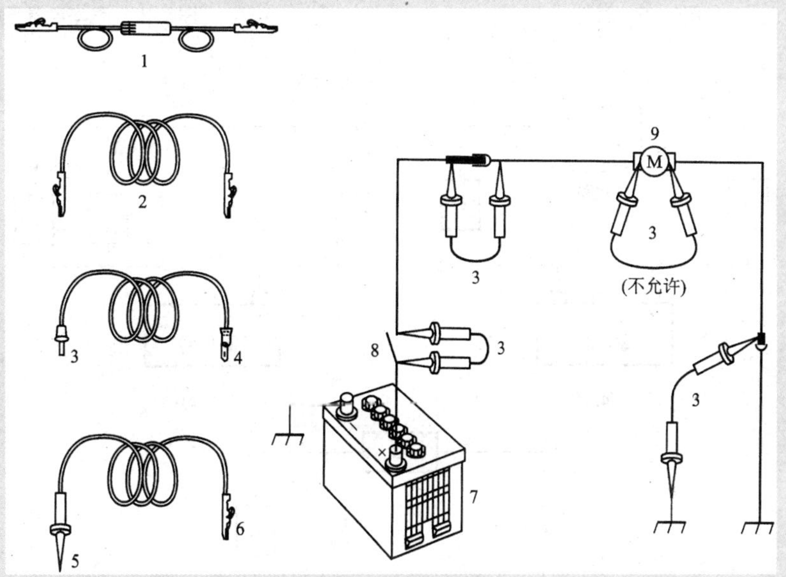

图6-26　跨接线

1—带直列式熔断器的鳄鱼夹；2、6—鳄鱼夹；3—针形端子；4—接片端子；5—探头；7—蓄电池；8—开关；9—电动机

（2）试灯。电路检测常用试灯多采用无源试灯，它多由一只 LED 灯（通常为 2V，8～10mA）、一对引线及串接电阻所组成，用于测试是否有电压，检测效果直观明了，同时可通过 LED 灯的明亮程度来估计电压值。使用方法是将一条引线可靠接地，用另一条引线沿电路接触不同的点，检测是否有电压，如图 6-27 所示，如果试灯点亮则表明测试点有电压。

2. 汽车电器常见故障

汽车电路常见的故障有开路（断路）、短路、搭铁、接触不良等。

（1）开路故障。开路故障也叫断路故障，是指线路中本该相连的两点之间断开，电流无法形成回路，使得电器设备无法工作即为开路故障，如图 6-28 所示。

（2）短路故障。线路不该相连的两点之间发生接触，电流绕过部分电器元件（见图 6-29（a））或电流被导入到其他电路（见图 6-29（b）），使得电器设备不能正常工作即为短路故障。搭铁故障也是一种短路故障（见图 6-29（c））。

（3）接触不良故障。由于磨损、脏污等原因，造成线路中两点之间接触不实，接触电阻超过了允许范围，使得电器设备工作不可靠或性能下降即为接触不良故障。例如，蓄电池极桩处接触不良会导致起动机无法起动，且接触不良处会有较大的压降，并伴随产生较大的热量。

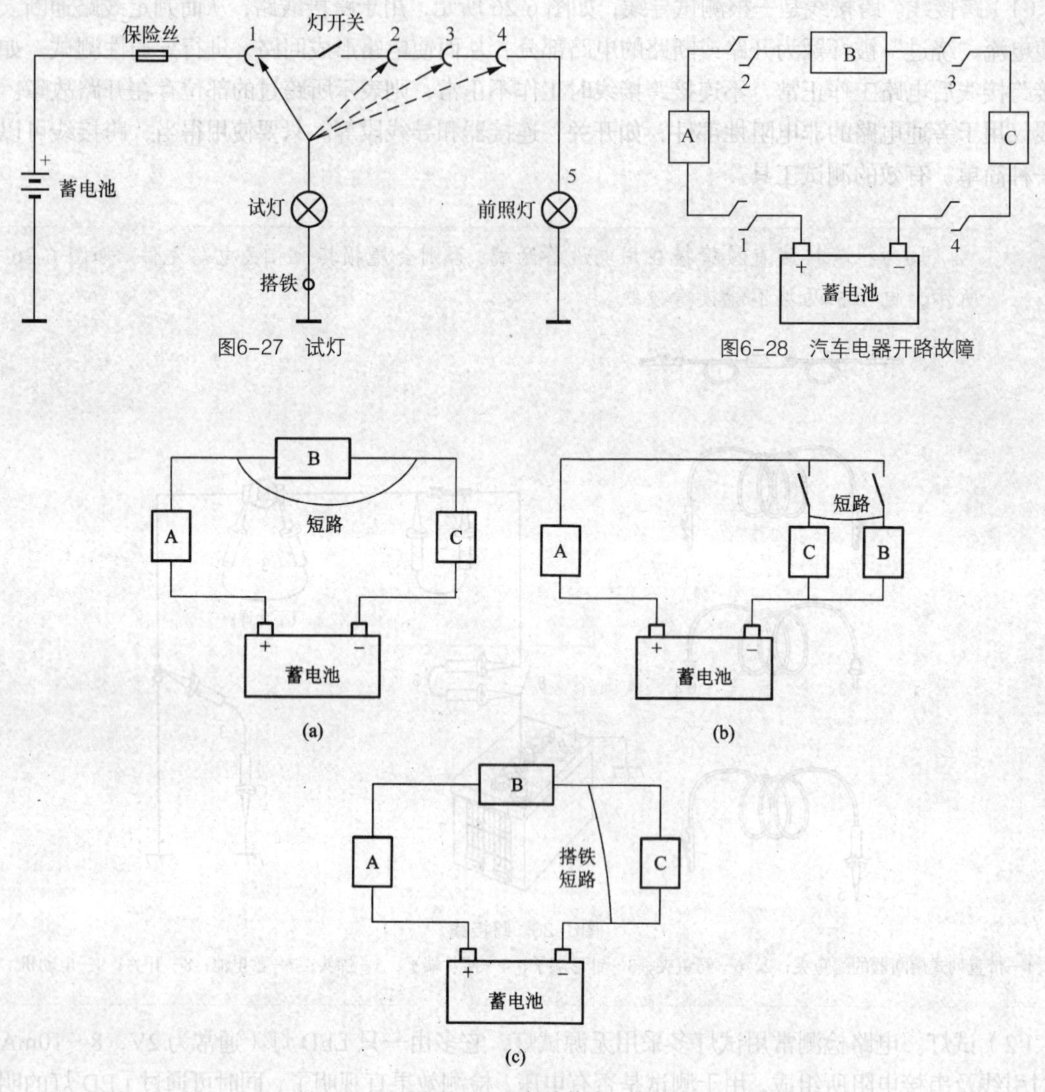

图6-27 试灯

图6-28 汽车电器开路故障

图6-29 短路故障

3. 汽车电路故障一般诊断流程

在对汽车电路故障进行检测时，通常可以按照以下 6 个步骤进行，其流程图如图 6-30 所示。

（1）听取客户陈述故障情况。详细了解发生故障时的情况和环境，主要包括下列信息：车型、时间、气候条件、路况、海拔高度、交通状况、系统症状、操作条件、维修经历及购车后是否安装了其他附件等。

（2）确认故障症状。运转系统，必要时进行路试。确认故障参数，查看车主（用户）所反映的情况是否准确，同时注意观察通电运行后的各种现象。在动手拆卸或测试之前，应尽量缩小故障产生的范围。如果不能再现故障，可进行故障模拟试验。

（3）分析相关电路原理。在电路图上划出有问题的线路，分析电流由电源经负载到搭铁的闭合回路路径，弄清电路的工作原理，如果对电路原理还不太清楚，应仔细看电路说明及相关资料，直

至弄清为止。对有问题线路的相关线路也应加以分析。每个电路图上都给出了共用熔断器、开关和搭铁的相关线路名称。在检测中，如果相关线路工作正常，说明共用部分没问题，故障原因仅限于有问题的这一分支线路中；如果相关联的几条线路同时出现故障，则很可能是熔断器、电源线或搭铁线等共用部分有故障。

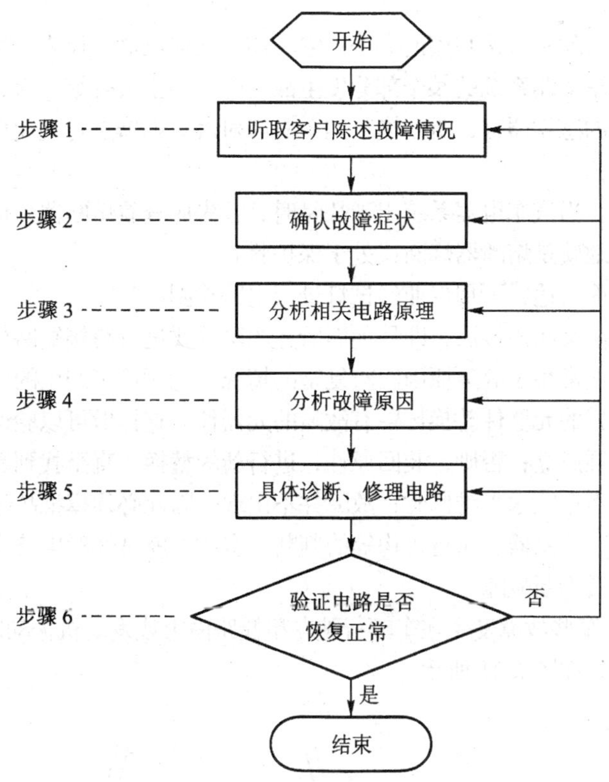

图6-30　汽车电器故障一般诊断流程图

（4）分析故障原因。汽车电器系统故障检修的快慢以及成功与否，关键在于故障诊断与检修的程序是否合理、分析是否正确、判断是否准确、方法是否得当。用穷举法对所有可能故障点一一排查，是一种最低效的方法，因此，在维修人员头脑中建立起系统分析的维修方法很有必要。一般是按先易后难的次序对有问题的线路或部件进行逐个排查。

对于故障范围较大、可能原因较多的复杂故障，可以先列出所有可能故障原因，然后根据理论分析和工作经验将故障可能原因进行归类，可将概率高且易排查归为 A 类，将概率低且易排查归为 B 类，将概率高且难排查归为 C 类，将概率低且难排查归为 D 类，并按 A→B→C→D 的顺序分别进行诊断与检修，可有效提高维修效率。

（5）具体诊断、修理电路。综合前面的分析结果，选择合适的诊断与检修方法进行故障点的排查。检查系统有无机械咬合、插接件松动或电缆损坏，确定涉及哪些线路和元件，修理或更换有故障的线路和元件。

（6）验证电路是否恢复正常。在对电路进行一次系统检查后，在所有模式下运转系统，确认系统在所有工况下运转正常，确认没有在诊断或修理过程中造成新的故障。

以上所述为汽车线路故障诊断与检修的一般流程，对初学者按部就班，培养良好的故障诊断与

检修思路大有裨益。对于具备相当的理论知识和工作经验的维修人员，实际工作中不必过分拘泥于流程步骤，可以视实际情况或凭经验略过一些步骤，直达故障点进行检修，可有效提高工作效率。

4. 汽车电路故障诊断与检测的常用方法

汽车电路故障诊断与检修的方法有很多，比较常用的有直观法、检查熔断器法、试灯法、短路法、替换法、模拟法等。

（1）直观法。直观法就是直接观察的方法，它不使用任何仪器、仪表，凭检修者的直观感觉来检查和排除故障，当汽车电器系统的某个部分发生故障时，会出现冒烟、火花、异响、焦臭、高温等异常现象。通过人体的感觉器官，听、摸、闻、看等对汽车电器进行直观检查，进而判断故障的所在部位。

（2）检查熔断器法。当汽车电器系统出现故障时，首先应查看熔断器（俗称保险、保险丝）是否完好，有些故障简单地就是熔断器烧断或处于保护状态。

（3）试灯法。如前面所述，可用专业的试灯进行电路检测。

（4）短路法。短路法又叫短接法，即用前面所述的跨接线进行跨接短路检测。

（5）替换法。替换法常用于故障原因比较复杂的情况，能对可能产生的原因逐一进行排除。其具体做法是：用一个完好的元器件替换怀疑有故障的元器件，这样做可以验证怀疑是否正确。若替换后故障消除，说明怀疑成立；否则，装回原件，进行新的替换，直至找到真正的故障部位。

（6）模拟法。有时当车辆送去维修时，故障并不出现，因此必须模拟故障发生时的条件。模拟法应用于对各种传感器、控制器、执行机构等的判断。实质上就是怀疑电路中某些元器件有故障，进行发生条件模拟验证后诊断故障。

① 车辆振动模拟。某些故障发生在车辆行驶在粗糙路面上或发动机振动时，在这种情况下，应模拟相应情况下的振动，如图 6-31 所示。

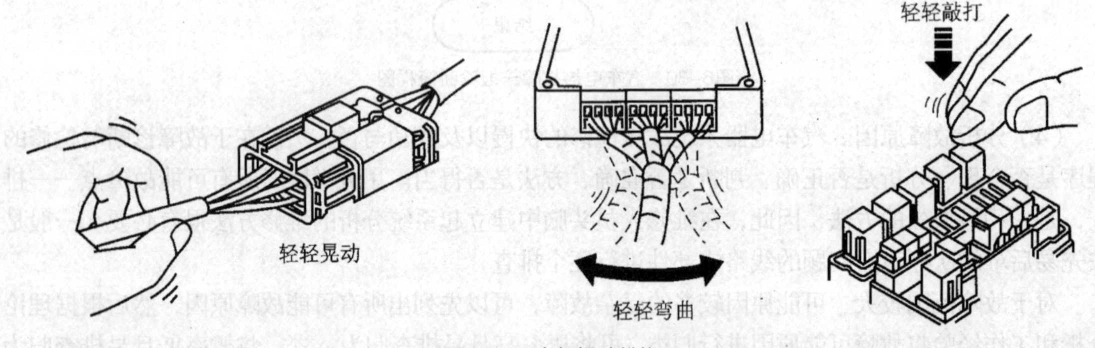

图6–31 车辆振动模拟

② 热敏感性（温度）模拟。某些故障发生在炎热天气或车辆温度达到一定高度时，在这种情况下，要想确定电器元件是否热敏感，应用加热枪或类似的工具加热该元件，如图 6-32 所示。注意不要将电器元件加热到 60℃以上。

③ 浸水模拟。某些故障只发生在高湿度或雨雪天气，在这种情况下，可以通过浸湿车辆或利用清洗机对车辆模拟雨淋来诱发故障，如图 6-33 所示。

④ 电负载模拟。某些故障可能对电负载敏感，在这种情况下，将所有附件（包括空调、汽车音响、前照灯等）全部打开，然后进行诊断。

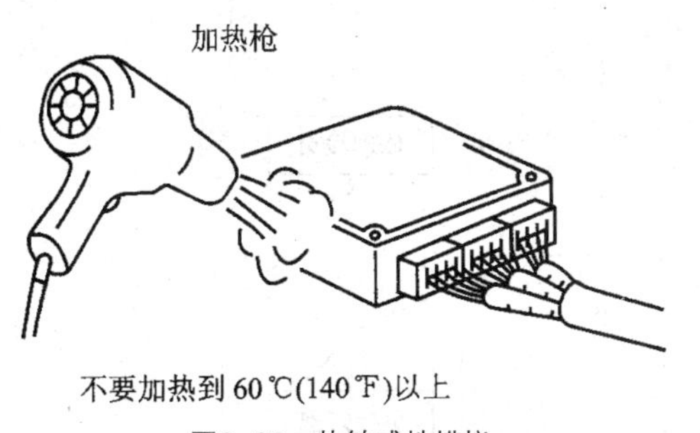

图6-32 热敏感性模拟

图6-33 浸水模拟

⑤ 起动模拟。在某些情况下，只有当车辆冷起动时才会发生电器故障，或在车辆短暂熄火后热起动时发生。这时可在相应条件下复现故障。

5. 汽车电器检修注意事项

维修汽车电器系统的首要原则是不要随意更换电线或电器，这种操作有损车辆，且易造成短路、过载而引起火灾。同时还应注意以下各项。

（1）拆卸蓄电池时，总是最先拆下负极（-）电缆；装上蓄电池时，总是最后连接负极（-）电缆。拆下或装上蓄电池电缆时，应确保点火开关或其他开关都已断开，否则会导致半导体元器件的损坏。切勿颠倒蓄电池接线柱极性。

（2）不允许使用电阻表及万用表的 R×100 以下低阻挡检测小功率晶体管，以免电流过载损坏它们。

更换晶体管时，应首先接入基极，拆卸时，则应最后拆卸基极。对于金属氧化物半导体（MOS）管，则应当心静电击穿，焊接时，应从电源上拔下烙铁插头。

（3）拆卸和安装元件时，应切断电源。如无特殊说明，元件引脚距焊点应在 10mm 以上，以免烙铁烫坏元件，且宜使用恒温或功率小于 75W 的电烙铁。

（4）更换烧坏的熔断器时，应使用相同规格的熔断器。使用比规定容量大的熔断器会导致电器损坏或发生火灾。

（5）靠近振动部件（如发动机）的线束部分应用卡子固定，将松弛部分拉紧，以免由于振动造成线束与其他部件接触。

（6）不要粗暴地对待电器，也不能随意乱扔。无论器件好坏，都应轻拿轻放，以免使其承受过大冲击。

（7）与尖锐边缘磨碰的线束部分应用胶带缠起来，以免损坏。安装固定零件时，应确保线束不被夹住或破坏，同时应确保接插头接插牢固。

（8）进行保养时，若温度超过 80℃（如进行焊接时），应先拆下对温度敏感的器件（如 ECU）。

6. 前大灯故障诊断

前照灯的故障主要有前照灯不亮、远光或近光不亮、灯光变暗等。这些故障一般是由于灯泡损坏、灯丝烧断、电路断路、开关损坏和控制失效等引起的，常用故障的诊断方法如下：

（1）前照灯远光和近光均不亮。结合图 6-12，分析可能的因素有：熔断器、继电器、车灯开关、灯泡及线束（含插接器），并依据前面所述将上述因素进行分类与排序得，熔断器与灯泡为 A 类，继电器为 B 类，车灯开关为 C 类，线束（含插接器）为 D 类，其诊断流程图如图 6-34 所示。

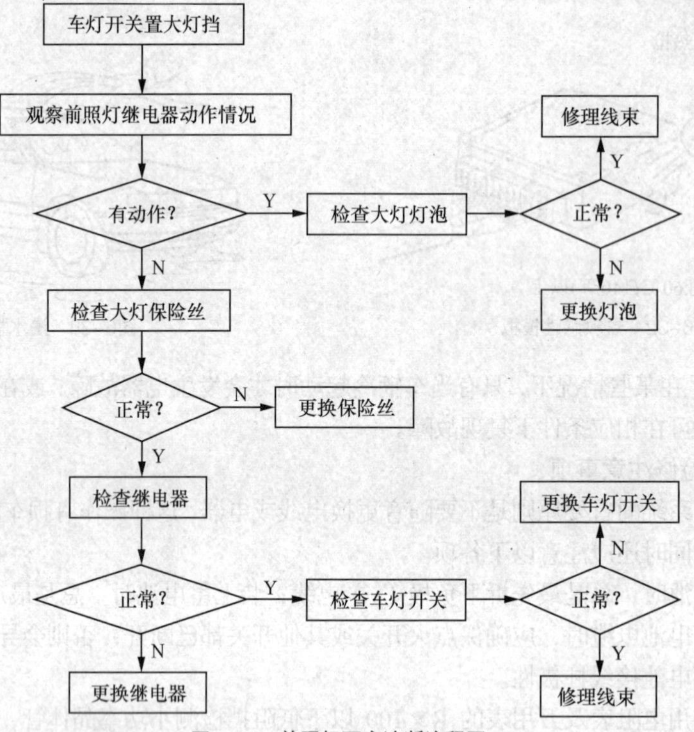

图6-34 前照灯不亮诊断流程图

（2）一只前照灯远光或近光不亮，通常是前照灯灯泡的灯丝烧断的线路故障。

（3）前照灯发光强度低于规定值。其原因主要有：工作电压偏低，发电机输出功率不足，蓄电池电量不足，前照灯电路接触不良；灯泡和灯丝老化或产品质量差；灯泡的功率选择偏低；前照灯反射镜有污染或镀层脱落；配光镜装配不当等。

6.3 汽车灯光信号系统

灯光信号系统由转向信号电路、危险报警信号电路、制动信号电路等组成，其主要作用是通过光信号向环境（如人、车辆）发出警告、示意信号，以引起有关人员的注意，确保车辆行驶的安全。

6.3.1 汽车转向信号电路

转向信号灯电路主要由转向信号灯、闪光器、转向灯开关等组成。转向信号灯的闪烁是由闪光器控制的。闪光器主要有电热式、电容式和电子式 3 种类型，其中电热式有直热翼片式和旁热翼片式两种；电子式有晶体管式和集成电路式两类。电热式闪光器结构简单，成本低，但闪光频率不够稳定，使用寿命短，已被淘汰。而电容式闪光器闪光频率稳定，电子式闪光器具有性能稳定、可靠等优点，故被广泛应用。

1. 电容式闪光器

电容式闪光器结构原理图如图 6-35 所示，工作原理如下：汽车转向时，接通转向开关，电流经蓄电池“+”极→电源开关→接线柱 B→串联线圈→常闭触点→接线柱 L→转向开关→转向灯及转向指示灯→搭铁→蓄电池“-”极，构成回路。

流经串联线圈的电流产生的吸力大于弹簧片的作用力，将触点迅速打开，由于流过转向灯丝电流时间很短，故灯泡处于暗的状态（未来得及亮）。触点打开后，蓄电池开始向电容器C充电，回路为蓄电池“+”极→电源开关→接线柱 B→串联线圈→并联线圈→电容 C→转向开关→转向灯及转向指示灯（左或右）→搭铁→蓄电池“–”极。由于线圈电阻较大，充电电流较小，仍不足以使转向灯亮。同时，两线圈产生的电磁力方向相同，使触点维持打开，随着电容器C两端电压升高，充电电流逐渐减小，电磁吸力减小，在弹簧片作用下，触点闭合。随后，电源通过串联线圈、触点、转向开关、转向灯供电，电容器经并联线圈、触点放电。由于此时两线圈磁力方向相反，产生的合成磁力不足以使触点打开，此时转向灯亮。随着 C 两端电压下降，流经并联线圈的电流减少。产主的磁力减弱，串联线圈产生的电磁吸力又将触点打开，转向灯变暗。如此反复，使转向灯以一定的频率闪烁。

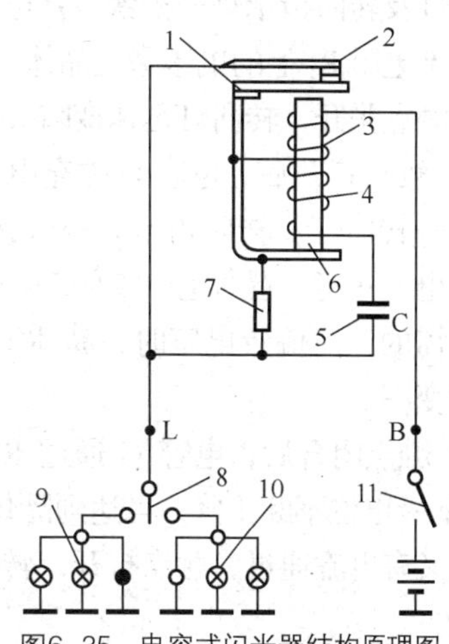

图6-35 电容式闪光器结构原理图

1—弹簧片；2—触点；3—串联线圈；4—并联线圈；5—电容；6—铁心；7—灭弧电阻；8—转向灯开关；9—右转向信号灯和指示灯；10—左转向灯和指示灯；11—电源开关

2. 电子式闪光器

（1）无触点电子闪光器。无触点电子闪光器结构原理如图 6-36 所示，其工作原理如下。

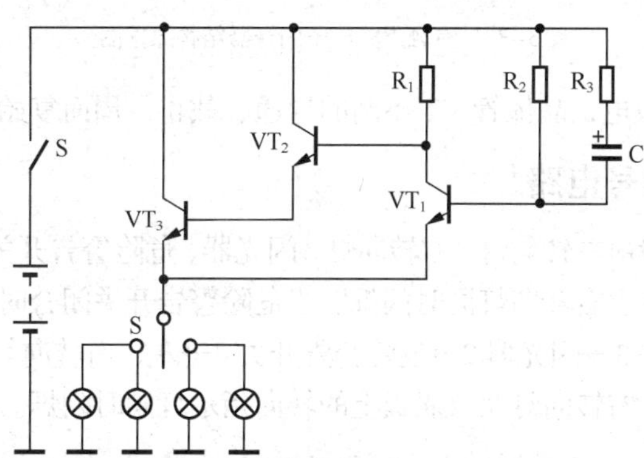

图6-36 无触点式电子闪光器结构原理图

接通转向开关，蓄电池正极→R_2→VT_1 发射结→转向开关→转向灯→搭铁→蓄电池负极。VT_3 饱和导通，VT_2、VT_1 截止。由于 VT_1 的发射极电流很小，这时转向灯较暗。同时，电源通过 R_3 对 C 充电，使得 VT_1 的基极电位下降，达一定值时，VT_1 截止。VT_1 截止后，VT_2 通过 R_1 得到正向电流而饱和导通，VT_3 也随之饱和导通，蓄电池正极→VT_3→转向开关→转向灯→搭铁→蓄电池负极。转向灯中有较大的电流通过而变亮。同时，C 经 R_3、R_2 放电，一段时间后，随着 C 放电电流减小，VT_1 基极电位又逐渐升高，当高于正向导通电压时，VT_1 又导通，VT_2、VT_3 又截止，转向信号灯由亮变暗。如此循环，使转向灯闪烁。电容 C 的充放电时间决定于闪光频率。

（2）有触点电子闪光器。图 6-37 所示为一种较为简单的有触点式电子闪光器，其工作原理如下。

① 接通转向灯开关时，电流由蓄电池正极→点火开关→R_1→闪光器动断触点→转向灯开关→转

向信号灯及转向指示灯→搭铁→蓄电池负极。由于 R_1 的电阻较小，电路电流较大，故转向灯亮。同时，由于电阻 R_1 上的电压降使晶体管 VT 的发射结由于正向偏置而导通，继电器线圈有电流通过，使动断触点张开，转向灯迅速变暗。

② 触点打开后，电容 C 被充电，充电电流从蓄电池正极→点火开关→R_1→R_2→C→R_3→转向灯开关→转向灯及转向指示灯→搭铁→蓄电池负极。由于充电电流很小，故转向灯仍暗。随着电容器充电的进行，晶体管 VT 的基极电位逐渐提高，当晶体管 VT 发射结两端电压小于晶体管 VT 导通所需的正向偏置电压时，晶体管 VT 截止，通过继电器线圈的电流截止，触点闭合，转向灯又重新变亮。

③ 触点闭合后，电容 C 通过 R_2、R_3 及继电器的触点放电。随着电容 C 放电的进行，晶体管 VT 的基极电位不断下降，当达到晶体管 VT 导通所需要的正向偏置电压时，晶体管 VT 导通，继电器线圈又有电流通过，触点打开，转向灯再次变暗。

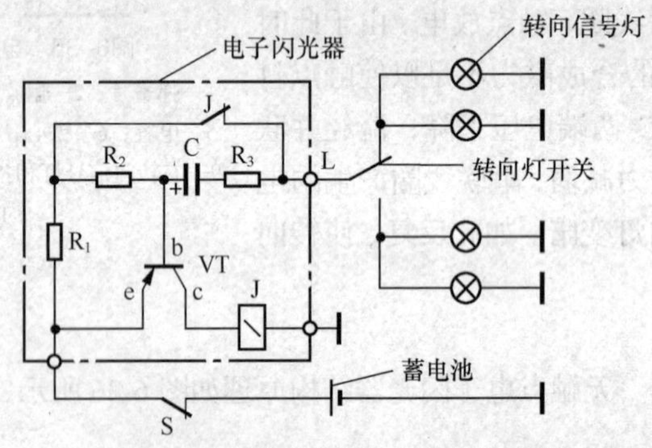

图6-37 有触点式电子闪光器结构原理图

随着电容 C 的充电、放电，晶体管 VT 不断的导通、截止，周而复始，使转向灯闪烁。

6.3.2 危险警告信号电路

危险警告信号电路一般由左转向灯、右转向灯、闪光器、危险警告开关等组成，如图 6-38 所示。当危险警告开关闭合时，左、右转向灯同时闪烁。当危险警告开关闭合时，危险警告信号电路为：蓄电池正极→危险警告开关 3→闪光器 2→危险警告开关 3→左、右转向灯及转→指示灯 5→搭铁→蓄电池“－”极，这样左、右转向灯及仪表板上的转向指示灯同时闪烁。

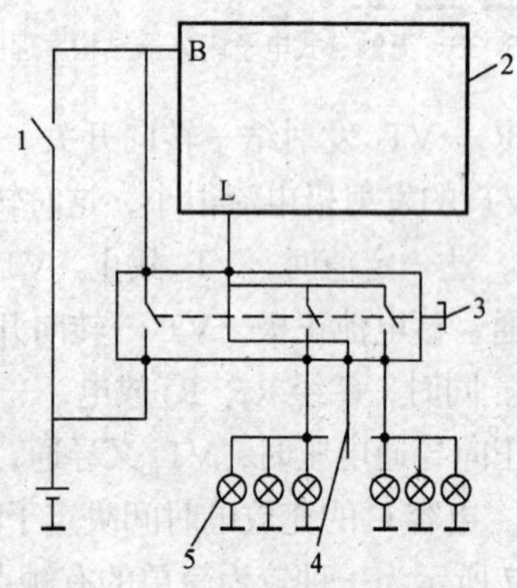

图6-38 危险警告信号电路

1—点火开关；2—闪光器；3—危险警告开关；4—转向开关；5—转向信号灯及指示灯

6.3.3 制动信号电路

制动灯电路由制动信号灯和制动开关组成。车辆制动时，制动开关接通制动灯电源，红色信号的制动灯点亮，警示车后行人与车辆，以避免造成追尾事故。目前，轿车基本除了在组合尾灯上安装制动灯外，还在后窗中心线、靠近窗底部附近安装了高位制动灯，进一步保证了行车安全。

1. 制动信号灯开关

（1）液压式制动灯开关。图 6-39 所示为液压式制动信号灯开关。它用于采用液压制动系统的汽车上，装在液压制动主缸的前端或制动管路中。当踩下制动踏板时，由于制动系统的压力增大，膜片 2 向上拱曲，接触桥 3 同时接通接线柱 6 和接线柱 7，使制动信号灯通电发亮。松开制动踏板时，制动系统压力降低，接触桥 3 在回位弹簧 4 的作用下复位，制动信号灯电路被切断。

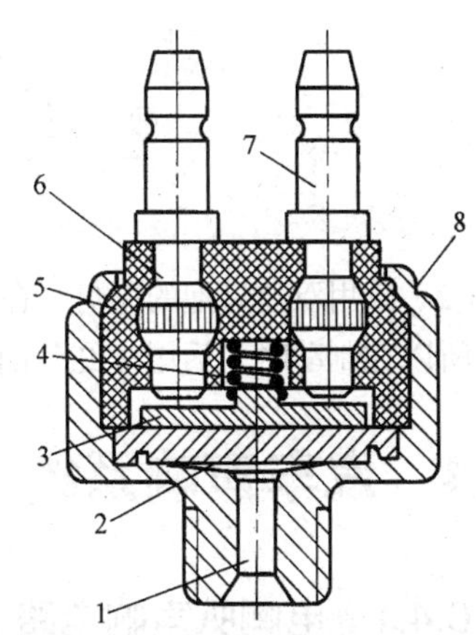

图6-39 液压式制动信号灯开关

1—连通制动主缸；2—膜片；3—接触桥；4—回位弹簧；5—胶木底座；6、7—接线柱；8—壳体

（2）气压式制动信号灯开关。图 6-40 所示为气压式制动信号灯开关。它用于采用气压制动系统的汽车，通常被安装于制动系统的气压管路上。制动时，制动压缩空气推动橡胶膜片上拱，使触点闭合，接通制动灯电路。

（3）弹簧式制动信号灯开关。弹簧式制动信号灯开关是一种较为常用的制动开关，装在制动踏板的后面，如图 6-41 所示。当踏下制动踏板 1 时，接触桥 5 在回位弹簧 6 的作用下接通 4、7 接线柱，制动灯亮。当松开制动踏板时，制动踏板推动打推杆 2 右移，从而克服弹簧力推开接触桥，断开 4、7 接线柱，制动灯灭。

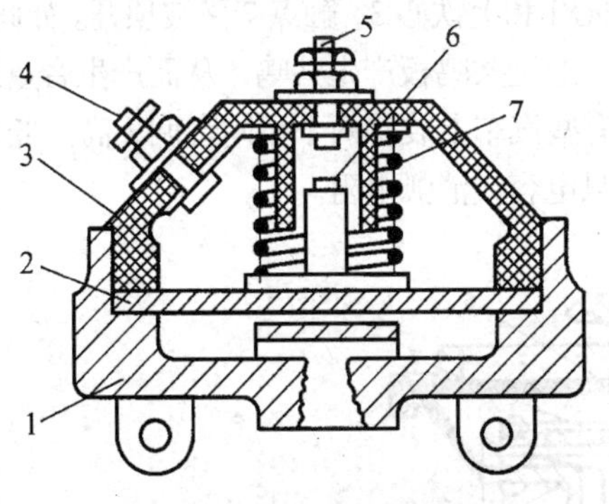

图6-40 气压式制动信号灯开关

1—壳体；2—膜片；3—胶木盖；4、5—接线柱；6—触点；7—弹簧

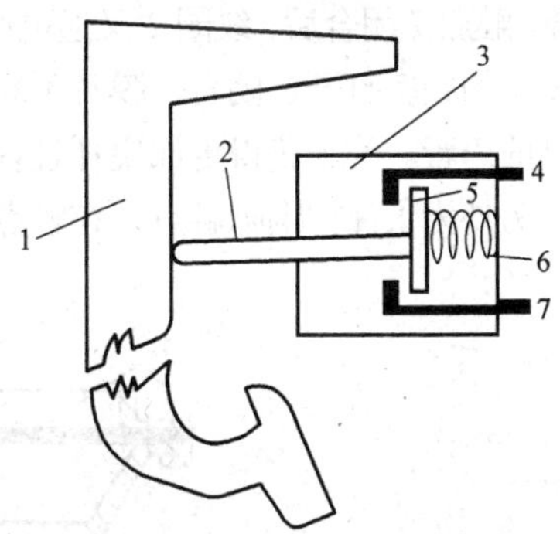

图6-41 弹簧式制动信号灯开关

1—制动踏板；2—推杆；3—制动灯开关；4、7—接线柱；5—接触桥；6—回位弹簧

2. 制动信号灯电路

制动信号灯电路一般不受点火开关控制，直接由电源、熔丝到制动信号灯开关。制动信号灯电路根据尾灯的组合形式的不同有以下几种情况。

（1）采用三灯泡的组合式尾灯。在这种组合式尾灯中，采用单丝灯泡，每个灯泡只有一个功能，随着功能的增加，尾灯灯泡的数量还要增加，如图 6-42 所示。

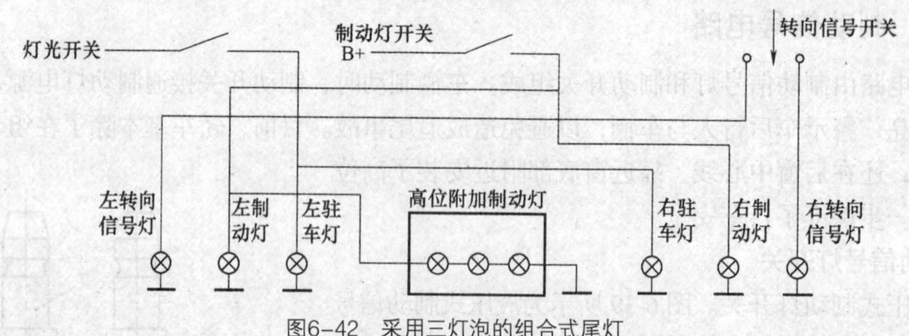

图6–42 采用三灯泡的组合式尾灯

（2）采用双丝灯泡的尾灯。在双丝灯泡中，大功率的灯丝用于制动信号，小功率的灯丝用于示宽灯，所以在制动时，后尾灯红色信号的照度明显增加，如桑塔纳轿车的尾灯就是采用双灯丝灯泡的。

6.4 汽车声响系统

6.4.1 电喇叭声响电路

1. 电磁式电喇叭

汽车电磁式电喇叭有筒型、螺旋型、盆型等不同的结构形式。由于盆型电喇叭具有结构简单、尺寸小、重量轻及声束的指向性好等特点，因此在汽车上普遍采用。盆型电喇叭的结构与工作原理如图6-43所示。按下电喇叭按钮时，电喇叭电路通电，电流由蓄电池“+”极→线圈2→触点7→喇叭按钮10→搭铁→蓄电池“-”极，形成回路。当电流通过线圈2时，产生磁场，铁心被磁化，吸动上铁心3，带动膜片4中心下移，同时带动衔铁6运动，压迫触点臂将触点7打开，触点7打开后线圈2电路被切断，其磁力消失，下铁心1、上铁心3及膜片4又在触点臂和膜片4自身弹力的作用下复位，触点7又闭合。触点7闭合后，线圈2又通电产生磁力吸下铁心1和上铁心3，触点7又被顶开。如此循环，触点以一定的频率打开、闭合，膜片不断振动发出声响，通过共鸣板产生共鸣，从而产生音量适中、和谐悦耳的声音。为了获得更加悦耳且容易辨别声音，有些汽车上装有两个不同音调（高、低音）的电喇叭，另外为了保护喇叭触点，在触点7之间并联一只电容或消弧电阻。

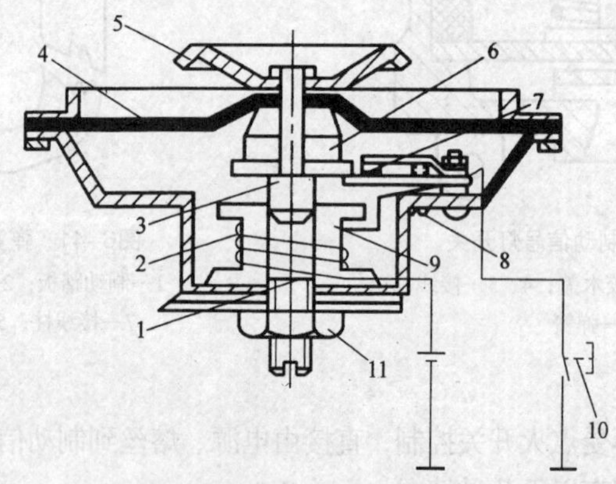

图6–43 盆形电喇叭

1—下铁心；2—线圈；3—上铁心；4—膜片；5—共鸣片；6—衔铁；7—触点；8—调整螺钉；9—铁心；10—喇叭按钮

2. 电子式电喇叭

电子式电喇叭利用晶体管代替电磁式电喇叭的触点，其电路原理如图6-44所示。由VT_1、VT_2、VT_3和C_1、C_2及R_2～R_8组成多谐振荡电路。VT_4、VT_5为功率放大器，喇叭线圈为VT_5的负载。

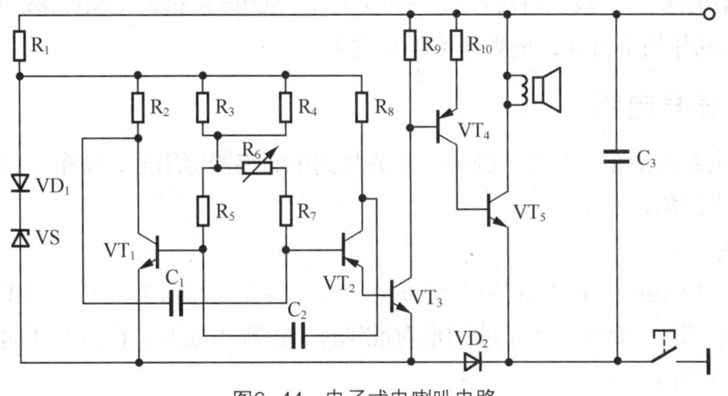

图6-44 电子式电喇叭电路

按下喇叭按钮，电路通电，振荡器工作，VT_1、VT_2交替导通与截止。当VT_1导通时、VT_2截止，VT_3也截止，VT_4和VT_5导通，喇叭线圈中有电流通过，产生电磁力吸引喇叭振动膜片。当VT_1截止、VT_2导通时，VT_3也导通，VT_4和VT_5截止，喇叭线圈中无电流通过，膜片复位。因此，VT_1和VT_2交替导通与截止，使得VT_4和VT_5相应的导通与截止，在喇叭线圈中便通过一定频率的脉冲电流，从而使膜片振动发声。图中R_6为音量调节电位器，改变R_6阻值的大小，就可以改变VT_2、VT_3的截止时间与VT_4和VT_5的导通时间，从而使通过喇叭线圈的平均电流值改变，达到调节音量的目的。

电路中，电容C_3与喇叭的电源并联，可防止汽车点火线路或其他电路中瞬变电压的干扰。VS、R_1为多谐振荡器的稳压电路，其作用是使其振荡频率稳定。VD_1起温度补偿的作用，VD_2起电源反接保护作用。

3. 电喇叭电路

由于电喇叭的工作电流比较大（15～20A），容易烧坏喇叭按钮，因此在电路中装有电喇叭继电器。带电喇叭继电器的控制电路如图6-45所示。

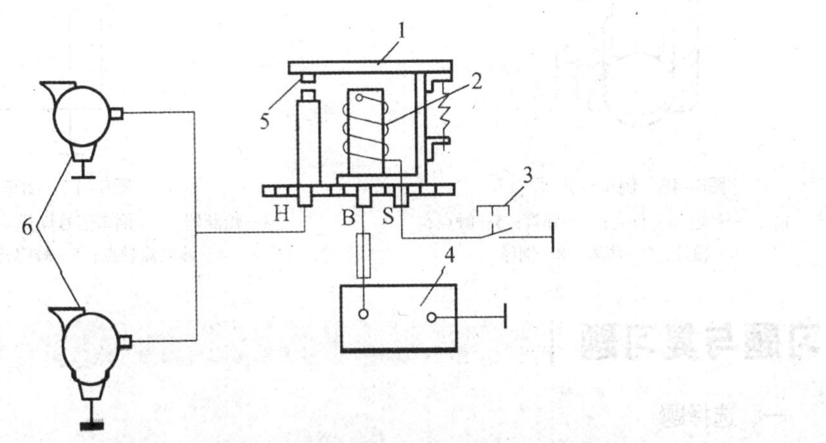

图6-45 电喇叭电路

1—触点臂；2—线圈；3—喇叭按钮；4—蓄电池；5—触点；6—电喇叭

当按下喇叭按钮时，电流流经蓄电池“+”极→熔断器→线圈 2→喇叭按钮 3→搭铁→蓄电池“-”极，构成回路。此时，电流通过继电器线圈 2，铁心产生磁力，吸下触点臂 1 使触点 5 闭合，电喇叭电路接通，其工作电路为：蓄电池“+”极→熔断器→继电器 B 端子→触点臂 1→触点 5→继电器 H 端子→电喇叭 6→蓄电池“-”极。当松开喇叭按钮 3 时，继电器线圈 2 断电，磁力消失，释放触点臂 1，触点 5 在弹簧力的作用下打开，喇叭断电停止发声。

6.4.2 倒车信号电路

倒车信号电路主要由倒车信号灯、倒车灯开关及倒车蜂鸣器等组成，轿车的倒车信号灯一般只有一个，信号灯颜色为白色。

1. 倒车灯开关

倒车灯开关的结构如图 6-46 所示。倒车灯开关一般安装在变速器上，钢球 8 平时被倒挡叉轴顶起，而当变速杆拨至倒车挡时，倒挡叉轴上的凹槽对准钢球，钢球被松开，在弹簧 4 的作用下，触点 5 闭合，将倒车信号电路接通。

2. 倒车电路

倒车灯与倒车蜂鸣器电路如图 6-47 所示。倒车时，装在变速器上的倒车开关接通倒车电路，倒车灯亮，倒车蜂鸣器同时工作，蓄电池对线圈 L_1 供电并通过线圈 L_2 对电容 6 充电。由于通过线圈 L_1 的电流恒定，通过线圈 L_2 的电流方向与 L_1 相反且交替接通和断开，使继电器触点 4 交替闭合、打开，报警器发出断续声响。

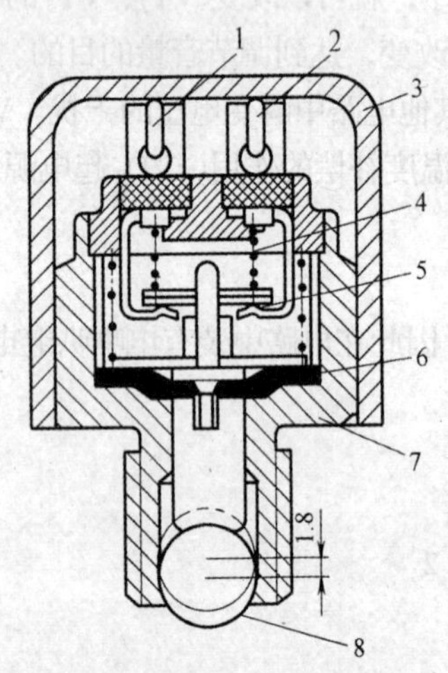

图6-46 倒车灯开关

1、2—导线；3—外壳；4—弹簧；5—触点；6—膜片；7—底座；8—钢球

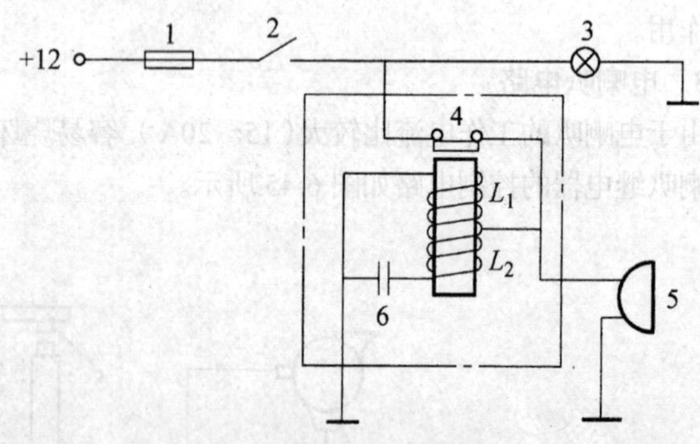

图6-47 倒车电路

1—熔断器；2—倒车信号灯开关；3—倒车信号灯；4—继电器触点；5—蜂鸣器；6—电容器

习题与复习题

一、选择题

1.（ ）不是前照灯防眩目措施。

A. 采用带有遮光屏的双丝灯泡　　B. 采用不对称配光

C. 开雾灯　　D. Z 型光形

2. 充有氮气的灯泡是（　　）。

A. 充气灯泡　B. 卤钨灯泡　C. 高压放电氙灯

3. 若转向灯电路中存在接触电阻，则单位时间内闪光器次数会（　　）。

A. 不变　B. 变快　C. 变慢　D. 时快时慢

4. 汽车行驶过程中，前照灯变暗，不可能的原因是（　　）。

A. 蓄电池亏电　B. 接触不良　C. 发电机故障　D. 用电设备过多

5. 左前转向灯能正常工作，而右前转向灯不能正常工作，其原因可能是（　　）。

A. 闪光器损坏　B. 开关损坏　C. 右前灯泡损坏　D. 电源故障

二、判断题

1. 在换灯泡时，为了便于操作可以用手接触灯泡表面。（　　）
2. 前照灯由灯泡、反射镜和配光镜 3 个光学组件组成。（　　）
3. 灯光继电器的作用是保护灯光开关与灯光。（　　）
4. 前雾灯灯光的颜色规定为黄色。（　　）
5. 闪光器故障一定会导致危险警告装置出现故障。（　　）
6. 桑塔纳喇叭电路中控制电路与工作电路共用一个熔断器。（　　）
7. 电子闪光器与电容式闪光器的区别之一是工作时都是没有响声。（　　）

三、思考题

1. 照明与信号系统由哪些部分组成，各起什么作用？
2. 前照灯由哪些部分组成，各起什么作用？
3. 在汽车上采取何种措施防止眩目？
4. 闪光器有哪些类型，其工作原理是什么？
5. 前大灯是如何维护与调整的？
6. 分析盆形电喇叭工作原理。
7. 分析图 6-20，写出桑塔纳轿车前照不亮故障诊断流程。

第7章 汽车仪表与显示系统

学习目标：

- ❖ 掌握汽车仪表的结构与工作原理。
- ❖ 了解汽车显示报警系统的组成与标识。
- ❖ 掌握汽车显示报警系统的工作原理。
- ❖ 掌握汽车仪表与显示系统电路分析

汽车仪表与显示系统是汽车运行状况的动态反映，主要由汽车仪表系统和汽车报警信息系统两部分组成。它是汽车与驾驶人进行信息交流的界面，为驾驶人提供必要的汽车运行信息，同时也是维修人员发现和排除故障的重要依据。

7.1 汽车仪表系统

汽车仪表台是车辆和驾驶员进行信息沟通的最重要、最直接的人机界面，在仪表板上最醒目的位置显示车辆最基本、最重要的工况信息，如发动机转速、车速、燃油量、水温、里程、油耗等。图 7-1 所示为桑塔纳汽车的仪表及其功能。

7.1.1 传统汽车仪表

1. 电流表

电流表串联在发电机充电电路中，用于指示蓄电池充电或放电的电流强度。电流表多为双向工作方式，刻度盘上中间的示值为“0”，两侧分别标有“+”“−”标记，其最大读数为 20A 或 30A。指针指向“+”侧时，表示发电机向蓄电池充电；反之，则表示蓄电池放电。目前，大多数汽车都已经取消了电流表而用充电指示灯代替，只有少数汽车还装有电流表，如东风 EQ1092。

东风 EQ1092 型汽车采用动磁式电流表，其结构和工作原理如图 7-2 所示。黄铜导电板 2 固定在绝缘底板上，两端与接线柱 1 和 3 相连，中间装有磁轭 6，指针 5 和永磁转子 4 的针轴安装在黄铜导电板 2 上。

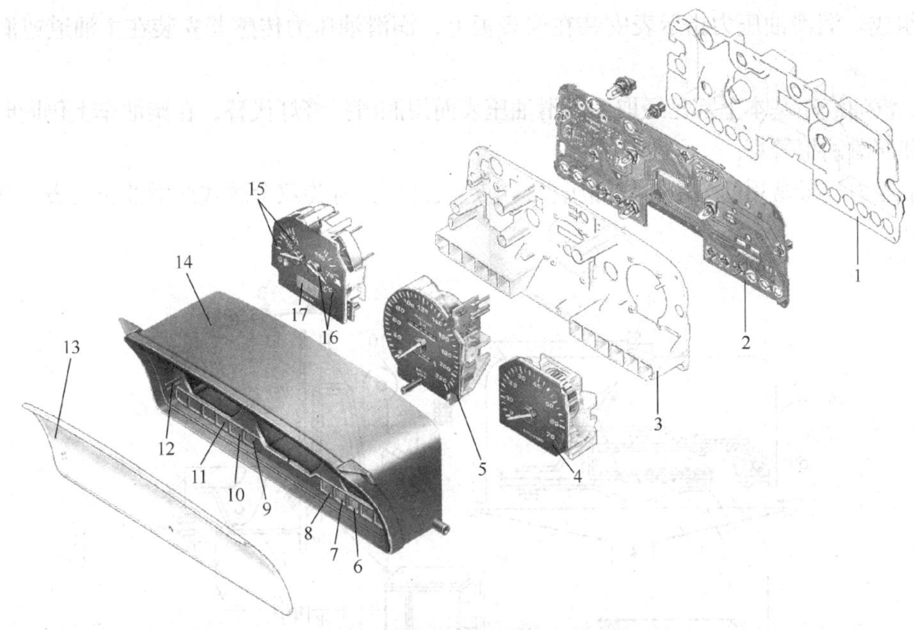

图7-1 桑塔纳汽车的仪表及其功能

1—后盖；2—线路板；3—导光板；4—发动机转速表；5—车速里程表；6—冷却液不足警告指示灯；7—后风窗电动加热器指示灯；8—前照灯指示灯；9—充电不足警告灯；10—机油警告指示灯；11—制动系统故障及驻车制动指示灯；12—数字时钟调整钮；13—透明护板；14—仪表板；15—燃油表及信号灯；16—冷却液温度表及信号灯；17—数字时钟

当电流表无电流通过时，永磁转子4通过磁轭6构成磁回路，使指针5保持在中间位置，示值为零；当蓄电池处于放电状态时，电流通过蓄电池“+”极→接线柱1→导电板2→接线柱3→用电设备→搭铁→蓄电池“-”极，形成回路，导电板2周围产生电磁场，使安装在针轴上的永磁转子4带动指针向“-”值方向偏转一定角度，指示出放电电流值，放电电流越大，永磁转子偏转角度越大，示值越大；当蓄电池处于充电状态时，电流以相反的方向通过导电板，电磁场方向相反，所以永磁转子带动指针向“+”示值方向偏转一定的角度，指示出充电电流的大小。

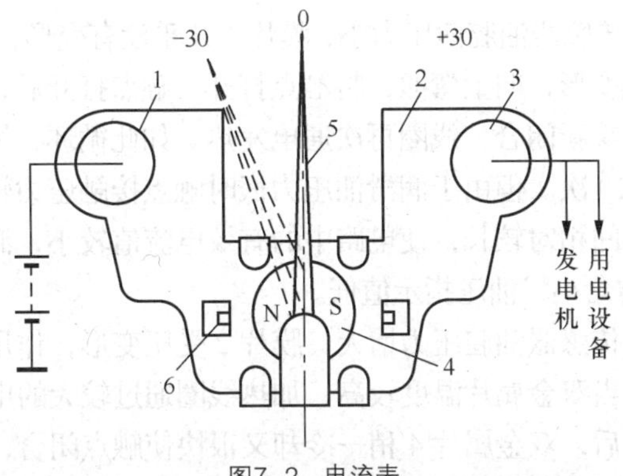

图7-2 电流表

1、3—接线柱；2—黄铜导电板；4—永磁转子；5—指针；6—磁轭

2. 油压表

润滑油压力表是用来指示发动机润滑系统的润滑油压力，它由润滑油压力传感器和润滑油压

力指示表组成。润滑油压力指示表安装在仪表板上，润滑油压力传感器安装在主油道或润滑油滤清器上。

目前，汽油汽车基本上都已经取消润滑油压表而用润滑报警灯代替，在柴油车上仍同时装有润滑压力表和润滑油报警灯。

润滑油压力表最常用的为电热式油压表，电热式油压又称为双金属式润滑油压力表，其结构如图 7-3 所示。

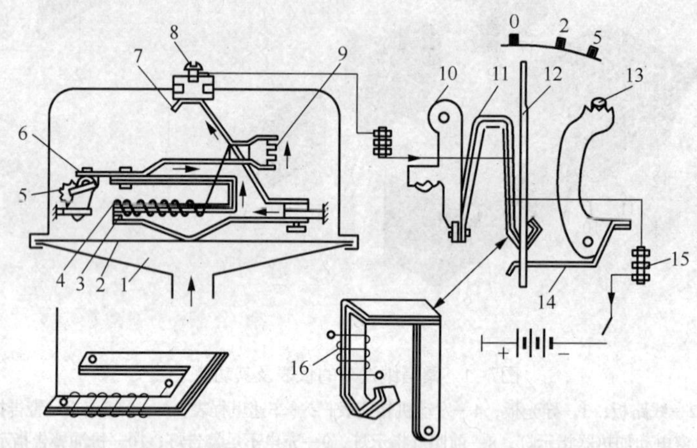

图7-3　双金属片式润滑油压力表

1—油腔；2—膜片；3、14—弹簧片；4—双金属片；5—调节齿轮；6—接触片；7、9、15—接线柱；8—校正电阻；10、13—调节齿扇；11—指示表双金属片；12—指针；16—加热丝

润滑油压力传感器内部装有金属膜片 2，膜片 2 下腔与发动机主油道相通，在润滑油压力的作用下产生变形。弓形弹簧片 3 抵压在膜片 2 的另一侧，弹簧片 3 的一端与外壳固定并搭铁，其另一端焊有触点，并与双金属片 4 端部的触点接触。双金属片 4 上绕有加热线圈，加热线圈与校正电阻 8 并联，不工作时触点保持闭合。图的右侧是润滑油压力指示表，指示表双金属片 11 的一端固定在调节齿扇 10 的端部，另一端弯成钩形与指针 12 相连，其上也绕有加热线圈，该加热线圈的两端分别与油压表接线 9、15 相连。

当润滑油压力较低时，传感器油腔内压力小，膜片 2 几乎没有变形，作用在触点上的压力较小，电流通过后，双金属片受热变形，向上弯曲，将触点打开。触点打开后，电路被切断，双金属片 4 又逐渐冷却伸直，使触点又重新闭合，线圈再次通电发热。如此循环，触点处于开、闭交替状态，触点开闭频率约每分钟 5～20 次。但由于润滑油压力低时触点接触压力较小，触点极易打开，故触点闭合时间较短，打开的时间相对较长，使电路中的有效电流值较小，润滑油压力表内的双金属片 11 受热变形小，指针的偏转角小，油压指示值低。

当润滑油压力升高时，传感器油腔压力增大，膜片 2 受压变形，作用在弹簧片 3 的压力增大，使触点接触压力增大。只有当双金属片温度较高、加热线圈通过较大的电流时，其变形量较大，才能使触点分开。而触点分开后，双金属片 4 稍一冷却又很快使触点闭合，而且油压越高，通电加热的时间越长，冷却的时间越短。因此，油压越高，触点闭合的时间越长，断开的时间越短，电路的有效电流值越大，使油压表内的双金属片 11 受热变形量增大，指针 12 偏转角增大，油压指示值高。

为了使润滑油压力的指示值不受外界温度的影响，油压表传感器中的双金属片 4 制成“Ⅱ”形，绕有线圈的一侧称为工作臂，另一侧称为补偿臂，当外界温度变化，工作臂发生变形时，补偿臂产

生的变形正好可补偿工作臂的变形，使油压表的指示值准确。所以在安装油压传感器时，必须使油压传感器外壳上的箭头安装标记朝上，其偏斜量不应超出垂直中心线 ± 30° 。

3. **水温表**

水温表用于指示发动机的冷却液温度，它由安装在仪表板上的水温指示表和安装在发动机冷却水道上的水温传感器组成。

（1）双金属片式水温表。这种类型也称为电热式水温表，由双金属片式水温指示表和双金属片式水温传感器组成，结构如图 7-4 所示。接通点火开关后，水温传感器和指示表通电，电流由蓄电池“+”极→接线柱 10→指示表加热线圈→接线柱 5→接线柱 4→接触片 3→传感器加热线圈→触点→底板支架→搭铁→蓄电池“－”极，形成回路，水温表工作。

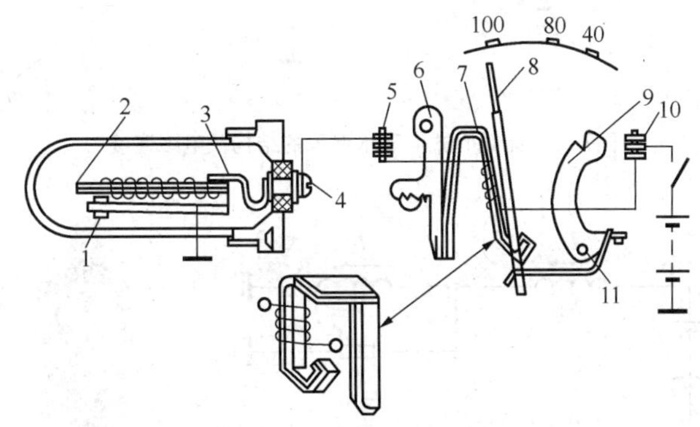

图7-4 双金属片式水温指示表及水温传感器

1—固定触点；2 双金属片；3—连接触点；4—水温传感器接线柱；
5、10—温度表接线柱；6、9—调节齿扇；7—双金属片；8—指针；11—弹簧片

水温较低时，双金属片 2 易冷却，触点稍一冷却很快闭合，触点闭合的相对时间长，即通过指示表加热线圈的电流平均值较大，产生的热量较多，双金属片 7 的变形量较大，指针 8 偏转角度较大，指针指示的水温低。

水温升高时，双金属片 2 加热所需的时间变短而冷却时间变长，即触点闭合的相对时间短，打开的时间长，通过指示表加热线圈的电流平均值小，双金属片 7 的变形量小，指针 8 偏转角度小，指针指示的水温高。

（2）电磁式水温表。图 7-5 所示为无铁心式电磁水温表的结构及电路连接图。指示表中有两线圈 W_1 和 W_2，中间置有铁磁转子，转子上连有指针。可变电阻式传感器是利用负温度系数热敏电阻感受水温变化来改变阻值的。当水温增高时，传感器电阻值小，当水温降低时，传感器电阻值增大。线圈 W_1 和 W_2 中间置有铁磁转子，转子上连有指针。可变电阻式传感器是利用负温度系数热敏电阻感受水温变化来改变阻值的。当水温增高时，传感器电阻值减小，当水温降低时，传感器电阻值增大。线圈 W_1、W_2 与传感器电阻连接的等效电路如图 7-6 所示。

当温度较低时，热敏电阻阻值增大，经过线圈 W_1 的电流相对减小，而 W_2 的电流相对增大，其合成磁通通过转子轴线，转自带动指针向低温。随着温度升高，热敏电阻阻值减小，此时线圈 W_2 的电流减小，W_1 的电流相对增大，合成磁通使转子带动指针向温度。

如果传感器换成感受液面变化的可变电阻，可组成燃油表，或者将传感器换成可变电阻式油压传感器，即可组成油压表。这种电磁式油压表的优点是当电源电压变动时，通过线圈 W_1 和 W_2 的电流成比例地增、减，表的指示值不受影响，而且指针的响应比较快。

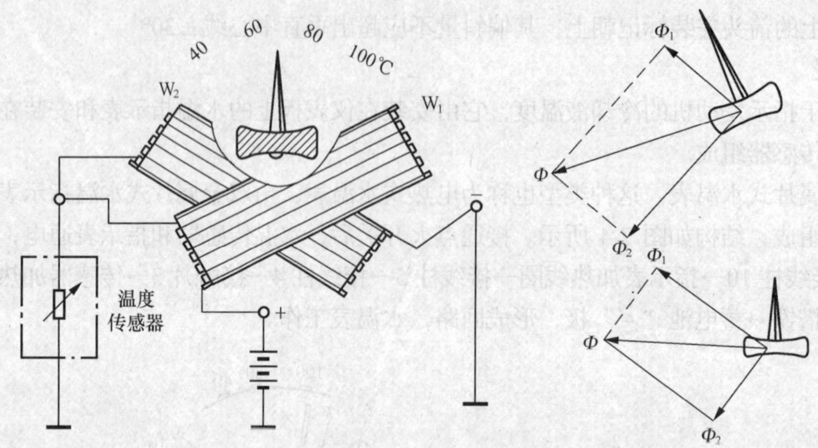

图7-5 无铁心式电磁水温表的结构及电路连接

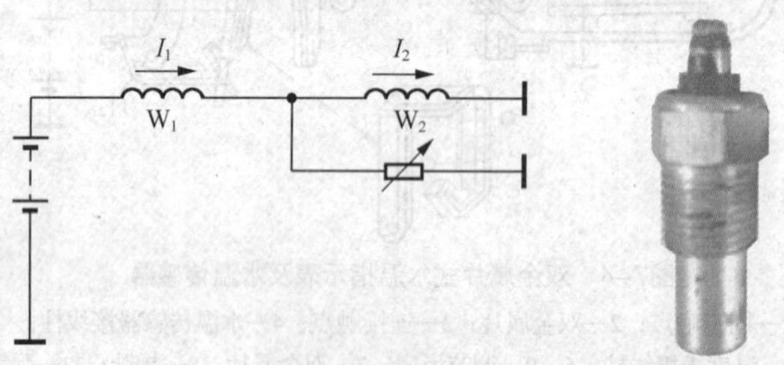

图7-6 线圈W₁、W₂与传感器电阻连接的等效电路

4. 燃油表

燃油表的作用是指示燃油箱内储存的燃油量。它由安装在燃油箱内的传感器和安装在仪表板上的燃油指示表组成。

电磁式燃油表的构造与工作原理如图 7-7 所示。燃油指示表中左右两个铁心上分别绕有左线圈 1 和右线圈 2，两线圈之间有一个铁质的转子 3，转子 3 与指针 4 固定在一起。传感器由可变电阻 5、滑片 6 和浮子 7 组成，浮子漂浮在油面上，当浮子随油面高低而改变位置时，可带动滑片 6 滑动。

接通点火开关后，电流由蓄电池“+”极→点火开关 S→燃油表接线柱 10→左线圈 1→{接线柱 9→传感器接线柱 8→可变电阻 5→滑片 6；右线圈 2}→搭铁→蓄电池“–”极，形成回路，电流通过左、右两线圈产生磁场，转子在合成磁场的作用下转动，带动指针指示一定数值。

当油箱中无油时，浮子 6 靠自重下降到最低位置，可变电阻 5 被滑片 6 短路，使右线圈 2 短路，无电流通过。此时，电源电压直接加到左线圈 1 的两端，电流达到最大值，使其产生的电磁吸力最强，吸引转子 3，使指针 4 摆到最左端，指示在“0”的位置。

当油箱中的燃油增加时，浮子 6 上升，带动滑片 6 左移，可变电阻 5 的阻值增大，此时左线圈 1 由于串联了电阻，线圈内电流明显减小，电磁力减弱。而右线圈 2 的电流增大，在左、右线圈的合成磁场的作用下，转子 3 带动指针向右偏转，指示油箱中的燃油量。

当油箱装满燃油时，电阻全部接入电路中，此时左线圈电流变小，磁场较弱，右线圈 2 的电磁吸力最大，指针的偏转角度最大，指示值为“1”。

传感器可变电阻 5 的末端搭铁，可减小滑片 6 与可变电阻 5 接触不良时产生的火花，以避免火灾。

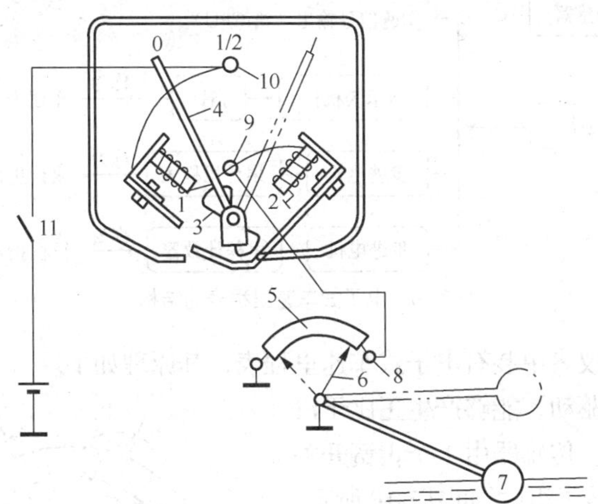

图7-7　双金属片式水温指示表及水温传感器

1、2—线圈；3—指针转子；4—指针；5—可变电阻；6—滑片；7—浮子；8、9、10—接线柱；11—点火开关

5. 车速里程表

车速里程表的作用是指示汽车行驶速度和累计行驶里程，由车速表和里程表两部分组成。常见的车速里程表有磁感应式和电子式两种。

（1）磁感应式车速里程表。磁感应式车速里程表主要利用磁感应原理工作无电路连接。其具体结构如图 7-8 所示，由永久磁铁、铝罩、护罩、刻度盘、表针等组成。永久磁铁与主动轴紧固在一起。主动轴由来自变速器输出轴的挠性软轴驱动，表针、铝罩固接在中心轴上，刻度盘固定在表外壳上。不工作时，铝罩在游丝的作用下，使表针定位于“0”位。当汽车行驶时，来自变速器输出轴的挠性软管驱动主动轴带动 U 形永久磁铁旋转，在铝罩上感应出电涡流而产生的磁场，这个磁场与永久磁铁的旋转磁场相互作用产生转矩，使铝罩向永久磁铁旋转方向转过一定角度，直到与游丝的弹力所产生的反方向转矩平衡。车速越高，产生的转矩越大，表针在刻度盘上摆动的角度就越大，即指示的车速就越高。

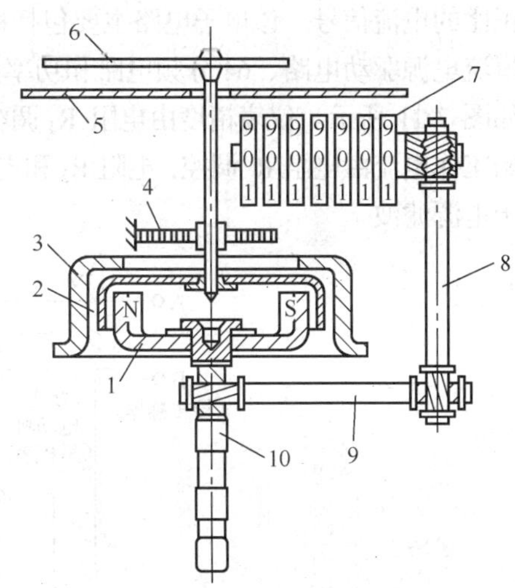

图7-8　磁感应式车速里程表的结构

1—U 形磁铁；2—感应罩；3—护罩；4—螺旋弹簧；5—刻度盘；6—车速表指针；7—数字轮；8—竖直蜗轮蜗杆；9—水平蜗轮蜗杆；10—主动轴

里程表可以指示总里程和单程数据，总里程只能累加，不能归零，单程指示可以通过回零按钮回零。传统里程表主要有蜗轮蜗杆和数字转轮组成，当汽车行驶时，主动轴经蜗轮蜗杆驱动数字轮上的最右侧的第 1 个数字轮（一般为 1/10km），任一个数字轮与左侧相邻的数字轮传动比都为 10:1，这样显示的数字呈十进位递增，变自动累计计量汽车的行驶里程。

（2）电子式车速里程表。电子车速里程表由车速传感器、电子电路、步进电机、车速表和里程表等组成。图 7-9 所示为电子式车速里程表的结构。

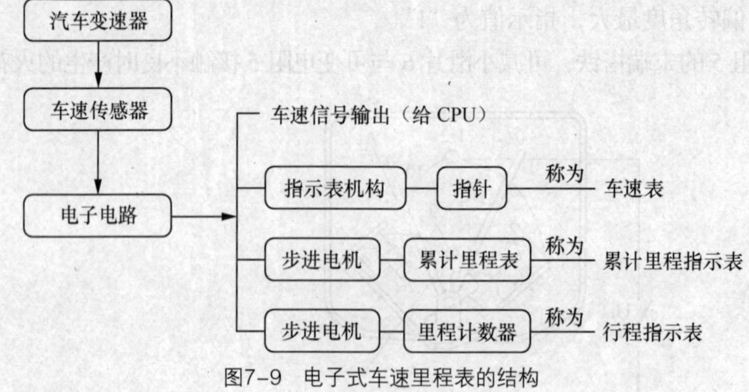

图7-9 电子式车速里程表的结构

奥迪 100 轿车的组合仪表中装有电子式车速里程表，其原理如下。

车速传感器由变速器驱动，能够产生正比于汽车行驶速度的脉冲电信号。传感器由 1 个舌簧开关管和 1 个含有 4 对磁极的转子组成，如图 7-10 所示。磁性转子每转一周，舌开关中的触点闭合 8 次，产生 8 个脉冲信号。车速越高，传感器的信号频率越高，电子电路的作用是将车速传感器送来的具有一定频率的电压，经整形、触发，输出一个与车速成正比的电流信号。该电子电路主要包括稳压电路、恒流电源驱动电路、64 分频电路和功率放大电路，如图 7-11 所示。仪表精度由电阻 R_1 调整，仪表初始工作电流由电阻 R_2 调控，电阻 R_3 和电容器 C_3 用于电源滤波。

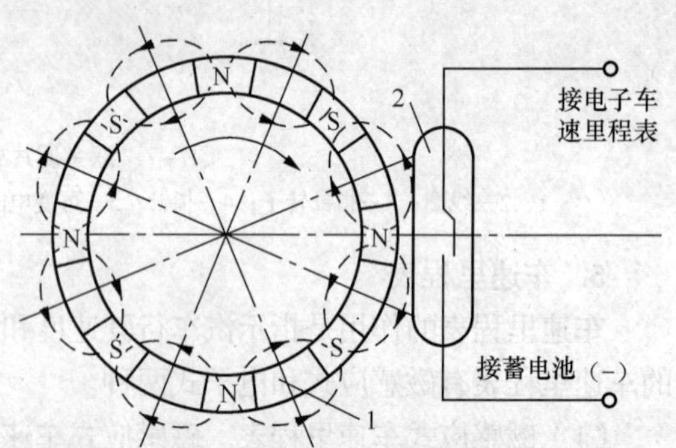

图7-10 奥迪100轿车电子式车速里程表传感器

1—磁性转子；2—舌簧开关

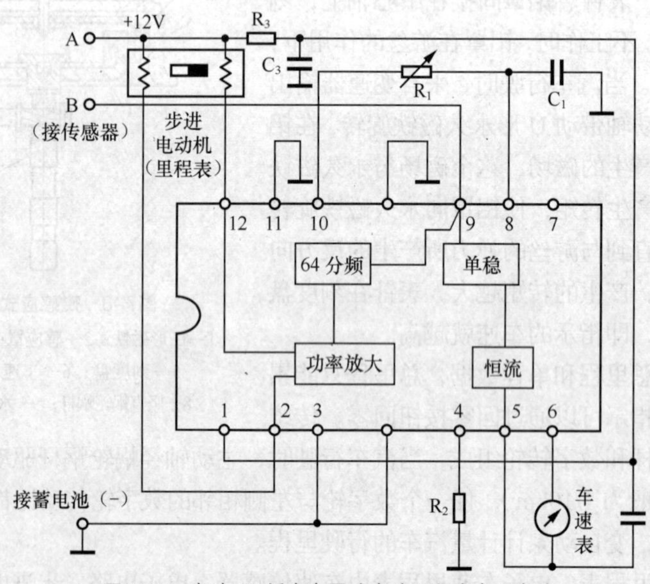

图7-11 奥迪100轿车电子式车速里程表电子电路

车速表实际上是一个电磁式电流表，当汽车以不同车速行驶时，由电子电路端子6输出与车速成正比的电流信号驱动车速表的指针偏转，从而指示相应的车速。里程表由一个步进电机及6位制的十进制齿轮计数器组成，步进电机受电子电路中控制器控制来驱动计数器转动，如图7-12所示。

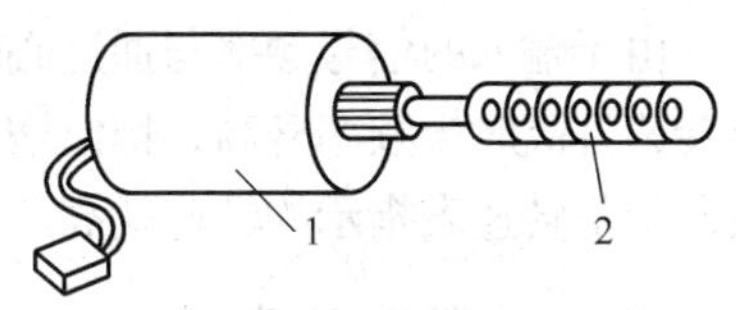

图7-12 奥迪100轿车里程表的驱动
1—步进电机；2—里程计数轮

6. 发动机转速表

发动机转速表有机械式和电子式两种。机械式转速表的结构和工作原理与上述磁感应式车速表基本相同，且现应用极少，不再赘述。电子式转速表具有只是平稳、结构简单、安装方便等优点，所以被广泛采用。

电子式转速表一般由指示表、信号处理电路组成，有的还要有发动机转速传感器。电子式转速表获取发动机转速信号的方式有3种：从安装在飞轮边缘的转速传感器取信号，从点火线圈取脉冲信号和从交流发电机单向定子绕组取正弦交流信号，因为发动机转速和这些信号的频率成正比。

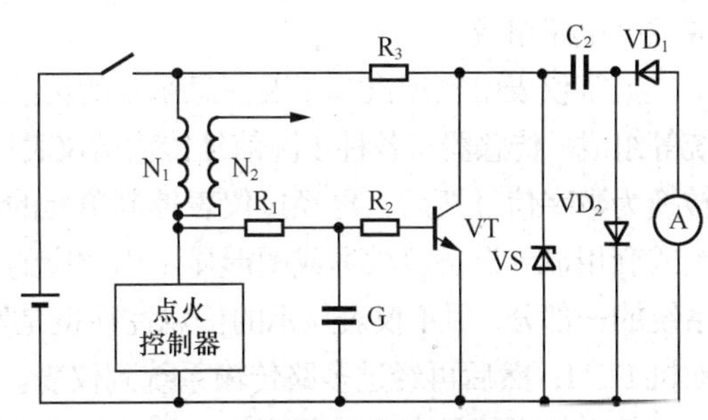

图7-13 桑塔纳轿车电子转速表电路原理

（1）电容充放电式转速表。电容充放电转速表电路（以桑塔纳轿车为例）原理如图7-13所示，发动机转速信号取自点火线圈初级电流中断时产生的脉冲信号。其工作原理如下。

当点火控制器使一次侧电路导通时，三极管VT处于截止状态，电容C_2被电源充电。其充电电路为：蓄电池正极→点火开关→R_1→C_2→VD_2→蓄电池负极，构成回路。当点火控制器使初级电路截止时，三极管VT因基极电压升高而导通，这时电容C_2通过导通的三极管VT、电流表和VD_1构成放电回路，从而驱动电流表。当发动机工作时，初级电路不断地导通、截止，其导通、截止的次数与发动机转速成正比。因此，当一次侧电路不断地导通、截止时，对电容C_2不断地进行充放电，其放电电流平均值与发动机转速成正比，于是将电流平均值标定成发动机转速即可。

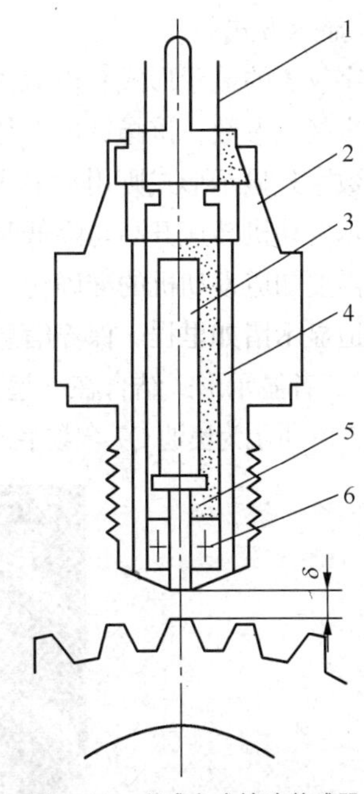

图7-14 磁感应式转速传感器
1—接线柱；2—壳体；3—芯轴；4—永久磁铁；5—铁心；6—感应线圈

（2）电磁感应式转速表。电磁感应式转速表由装在飞轮壳上的转速传感器和装在仪表板上的指示表（包括电子线路）组成。图7-14所示为磁感应式转速传感器的结构原理，它由永久磁铁、感应线圈、芯轴、壳体等组成。

当飞轮转动时，齿顶与齿底不断地通过心轴，空气隙的大小发生周期性变化，使穿过心轴的磁通也随之发生周期性变化，于是在感应线圈中感应出交变电动势。该交变电动势的频率与心轴中磁通变化的频率成正比，也与通过心轴端面的飞轮齿数成正比。

磁感应式转速传感器输出的近似正弦波频率信号加在转速表线路，经电路处理后，输出具有一定的幅值和宽度的矩形波，用来驱动毫安表。

由于输入的信号频率与通过心轴的飞轮齿数成正比，信号的频率和幅值与发动机转速成正比，当转速升高时候频率升高，幅值增大，使通过毫安表中的平均电流增大，则指针摆动角度也相应增大，于是转速表指示的转速就高。

7.1.2 数字仪表

1. 数字仪表的特点

随着电子技术的发展，以及对汽车的信息化、智能化要求不断提高，驾驶员需要更多、更快地了解汽车运行的各种信息，汽车仪表已经成为车辆和驾驶员进行信息沟通的终端。由于汽车上的各种信号转换为数字信号进行传输和处理是时代潮流，汽车仪表也自然向数字电路方向发展。数字仪表和传统仪表的基本区别就是各种信号都转化为数字信号传输、计算和处理，其仪表电路基本由集成数字电路组成。

数字仪表由实现汽车工况信息采集的传感器、单片机控制及信号处理的仪表控制单元和显示系统等组成。传感器将各种工况信号传输给仪表控制单元，这些工况信号中的模拟信号往往要经过 A/D 转换为数字信号然后，再经过仪表控制单元的计算处理，最后输出对应的信号驱动步进电机指示装置或利用显示设备以数据或图形显示出对应的示值。对于装备有多路传输系统的车辆，仪表只是该系统的一部分，用于仪表显示的信息往往也是发动机 ECU 需要的，所有的车辆的传感器信号送给发动机 ECU，然后再经过多路传输系统到仪表。

数字仪表都具有自诊断功能，可以进行自检。若仪表发生故障，则其故障代码会存放在组合仪表的电可擦写存储器里，用专用仪器调码后，可以读出故障码，便于维修人员迅速诊断故障。

2. 显示方式

数字仪表的显示形式有模拟式和数字式两种。模拟式显示形式一般是通过指针在固定的刻度盘上摆动来指示参数，该指针可以是由步进电机驱动的真实指针，也可以是由液晶显示器虚拟显示的指针。数字式显示形式则用数字或者条杠图形代替指针图形符号。这两种显示方式各有其优点，例如，显示发动机转速升高与降低时，模拟式显示转速表的效果要比数字式显示转速表好。由于驾驶者并不需要知道发动机的准确转速，重要的是发动机转速达到仪表红线的快慢程度。数字式显示形式更合适显示诸如里程、保养信息等准确数据。因而，很多车速里程表将模拟式（车速）和数字式（里程）二者显示形式结合在一起。

图 7-15 所示为奥迪 Q7 全数字式显示仪表。图 7-16 所示为奇瑞风云 2 轿车全数字式显示仪表。

图7-15 奥迪Q7全数字式显示仪表

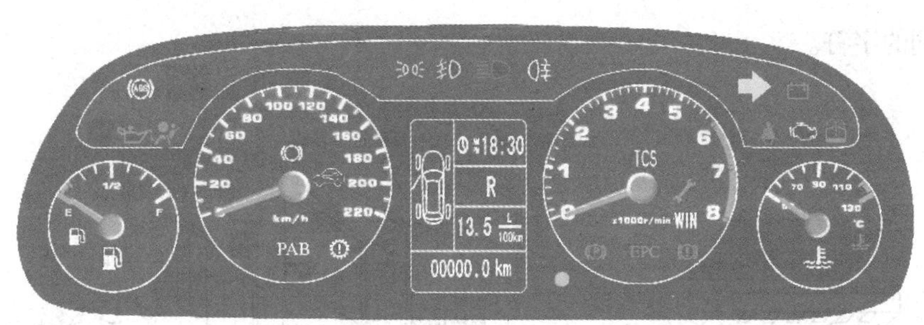

图7–16　奇瑞风云2轿车全数字式显示仪表

3. 显示器件

汽车上使用的仪表数字显示器件有许多不同的类型，并且各有特点。最常用的电子显示器件可分为发光型和非发光型两大类。发光型显示器自身发光，容易获得鲜艳的流行色显示，非发光型显示器靠反射环境光显示。发光型显示器主要有真空荧光管（VFD）、发光二极管（LED）、阴极射线管（CRT）、等离子显示器件（PDP）和电致变色显示器件（ECD）等。这些都可以作为汽车电子显示器件使用，既可做成数字式的，也可做成图形或模拟指针式的。

目前最常用的数字仪表显示器件有以下 3 种。

（1）发光二极管。发光二极管是应用最广泛的低压显示器件，其实质是三极管，结构如图 7-17 所示。发光二极管具有响应快、寿命长、体积小、节能等优点。发光二极管发光的颜色有红、绿、黄、橙、蓝、白等，可单独使用，也可用来组成数字、字母、发光条图来使用。发光二极管在汽车上一般用作数字符号段或点数不多的光杆图形显示、警示灯或者仪表盘面、公里表指针和液晶面板背光光源。图 7-18 所示为由发光二极管组成的 7 字符段显示电路。

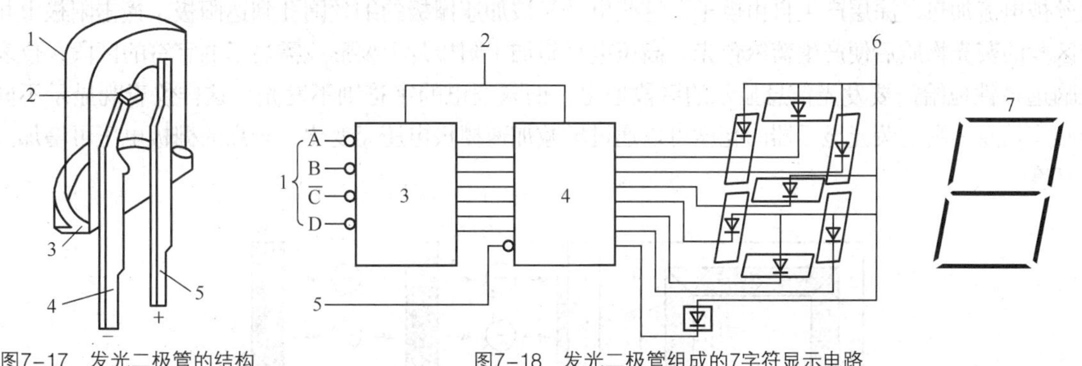

图7–17　发光二极管的结构

1—外壳；2—芯片；3—负极标记；4—负极；5—正极

图7–18　发光二极管组成的7字符显示电路

1—输入端；2—逻辑电路；3—译码器；4—恒流源；5—小数点；6—发光二极管电路；7—“8”字形

（2）液晶显示器。其结构及工作原理如图 7-19 所示，前玻璃板和后玻璃板之间夹有一层液晶，外表面贴有垂直偏光镜和水平偏光镜，最后面是反光镜。液晶显示器的工作原理是：当液晶不加电场时，液晶的分子排列方式可将来自垂直偏光镜的垂直方向的光波旋转 90°，变成水平方向的光波，再经水平偏光镜后射到反射镜上，经反射镜后按原路回去，这时通过垂直偏光镜看液晶时，液晶呈亮的状态。当液晶加以电场时，液晶的分子排列方式改变，不能将来自垂直偏光镜的垂直方向的光波旋转，通过液晶后是垂直方向的光波，不能通过水平偏光镜达到反射，这时通过垂直偏光镜看液晶时，液晶呈暗的状态。这样将液晶组成字符段，通过控制每个字符段的通电状态，

就可显示不同的字符。

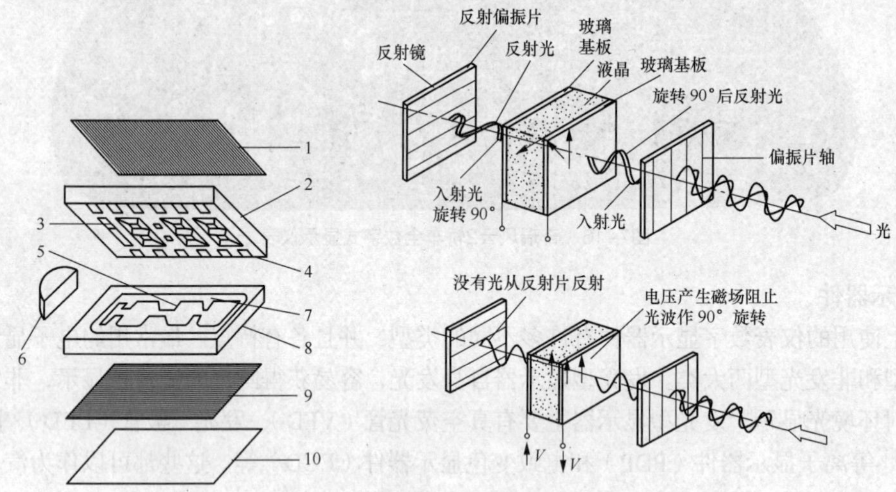

图7-19 液晶显示器的结构及工作原理

1—前偏光板；2—前玻璃板；3—笔画电极；4—接线端；5—后板；6—端部密封件；7—密封面；8—后玻璃板；9—后偏光板；10—反射镜

液晶显示器功耗小、显示信息灵活、示值清晰，但是由于液晶是非发光物质，所以必须要外界提供背景光源照明才可读数。液晶显示器一般用于仪表里程、时钟或者综合信息的显示。

（3）真空荧光显示器。真空荧光显示器产生的光就像电视机中的显像管发光一样，色彩鲜艳、明显清晰，是最常用的数字显示器。其工作原理如图 7-20 所示。灯丝实质上为带涂层电阻丝 1，电阻丝被电流加热，涂层产生自由电子，这些电子又被加速栅极的细丝网孔到达阳极，撞击阳极上相应区段的荧光物质后便产生蓝绿色光。高压电只施加于阳极片上要形成需显示的字符的区段，仪表电脑选择性地给需要发光信息显示的区段通电，而未通电的字符则不发光，这样仪表既显示不同的数字信息。真空荧光显示器的亮度可以通过增减加速栅极电压而变化，较高的栅极电压可增加显示亮度。

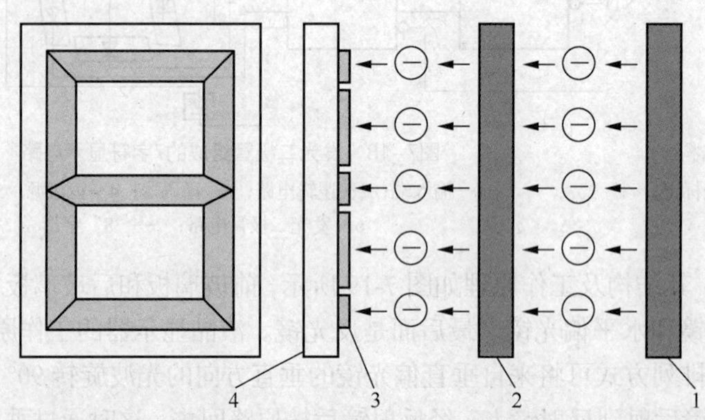

图7-20 真空荧光显示器的工作原理

1—带涂层的灯丝（阴极）；2—栅格；3—阳极区段；4—玻璃面板

7.1.3 典型仪表电路分析与故障排查

1. EQ1092汽车仪表电路

东风EQ1092汽车仪表电路如图7-21所示，仪表电路主要由电流表、水温表、燃油表、机油压力表和相应的传感器等组成，其中水温表与燃油表必须由仪表稳压器提供电源。

（1）仪表稳压器。由于电源电压的变化会对仪表指示值产生影响，造成仪表值误差，所以仪表电路一般要装有仪表稳压器。常用的仪表稳压器有双金属片型和集成电路型，东风EQ1092型采用的是双金属片型。双金属片型仪表稳压器的结构如图7-22所示，是由带触点的金属片元件和电热丝组成，其原理电路如图7-23所示。

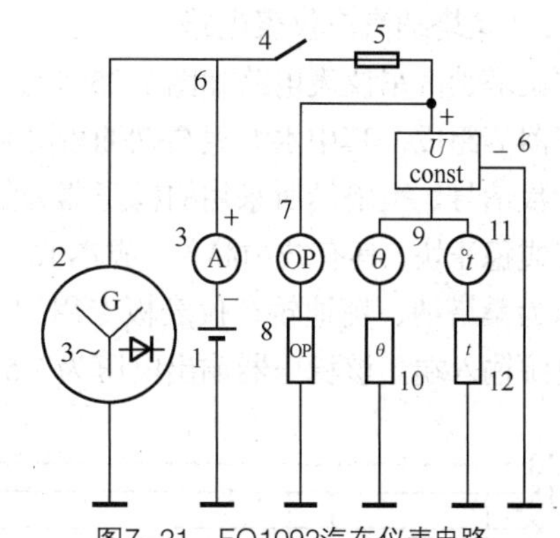

图7-21 EQ1092汽车仪表电路

1—蓄电池；2—发电机；3—电流表；4—点火开关；5—仪表熔断器；6—稳压器；7—滑润油压力表；8—滑润油压力传感器；9—燃油表；10—燃油传感器；11—水温表；12—水温传感器

当电源电压偏高时流过电热线圈的电流增大，只需要较短的时间，双金属工作臂上翘就将触点打开，且触点分开后必须经较长时间冷却方能让双金属片工作臂方能复原，从而使触点闭合。于是触点在金属片的作用下，做打开时间长而闭合时间短的不断闭合工作，将偏高的电源电压降低为某一定输出脉宽电压平均值。

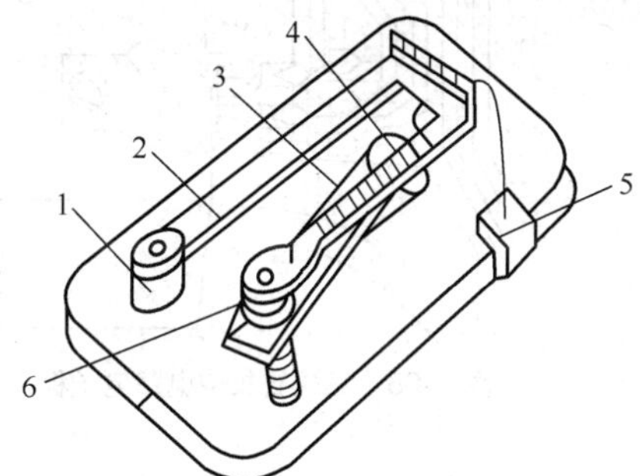

图7-22 双金属片型仪表稳压器的结构

1—输出接线柱；2—双金属片；3—电热丝；4—输入接线柱；5—搭铁接线柱；6—触点

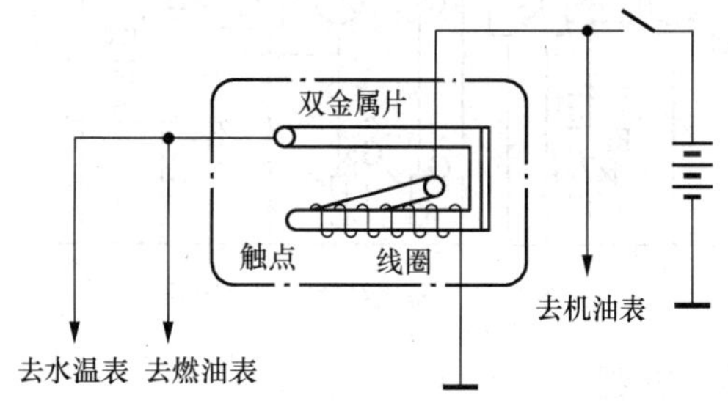

图7-23 双金属片型仪表稳压器的原理

当电源电压偏低时，流过电热线圈中的电流减小，双金属片受热慢，变化程度小，使触点闭合时间较长，触点打开后，电源停止流经电热丝时，双金属片元件冷却。而此时触点只需较短的时间冷却即可闭合，于是触点打开时间短而闭合时间长。稳压器在触点不断开闭情况下工作，即使在蓄电池电压波动时，电流量也保持在恒定的水平。

仪表稳压器工作时的电压波形如图7-24所示，EQ1092汽车仪表稳压器输出的平均电压为（8.6 ± 0.15）V。

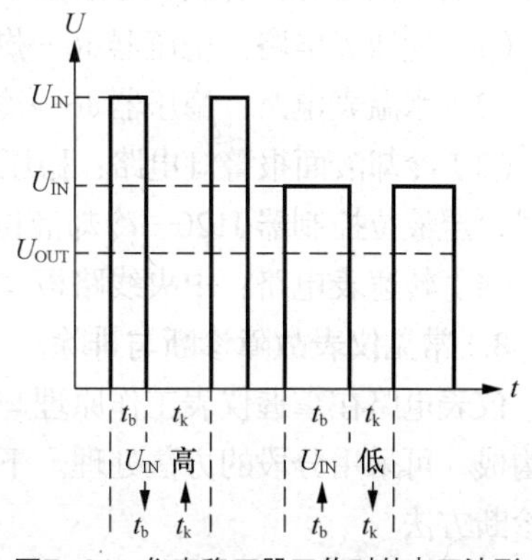

图7-24 仪表稳压器工作时的电压波形

（2）仪表电路分析。电流表串接于发电机与蓄电池之

间，反映亏电与充电。汽车在正常运行时，由发电机给用电设备供电，润滑油表的工作电路为：发电机“+”→点火开关→仪表熔断丝→滑润油压力表→滑润油压力传感器→搭铁→发电机“-”；燃油表电路为：仪表稳压器→燃油表→燃油传感器→搭铁→发电机“-”；水温表电路为：仪表稳压器→水温表→水温传感器→搭铁→发电机“-”。

2. 桑塔纳汽车仪表电路

桑塔纳汽车仪表电路如图7-25所示，仪表电路主要由发动机转速表、水温表、燃油表和相应的传感器等组成，其中水温表与燃油表必须由仪表稳压器提供电源，发动机转速表由点火线圈提供触发计数信号。桑塔纳所采用的稳压器为集成电路型，集成电路型仪表稳压器主要采用汽车专用的三端集成稳压块，具有结构简单、成本低、稳压效果好、使用寿命长等优点，因此被广泛应用。图7-26所示为桑塔纳、奥迪轿车仪表板专用的三端式集成电路电子稳压器，1 为输出角，⊥脚为搭铁；2为电源输入端。该稳压器输出电压为9.5～10.5V。

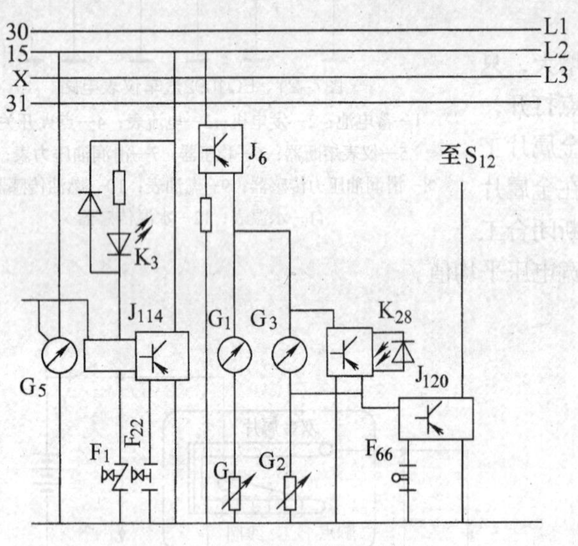

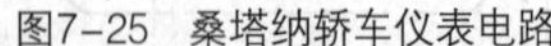
图7-25 桑塔纳轿车仪表电路

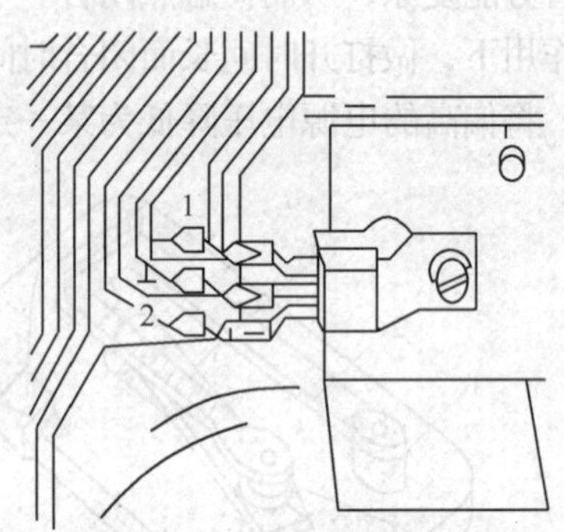

图7-26 三端式集成电路电子稳压器

工作过程：

点火开关置于ON挡时，电流由蓄电池正极、点火开关及中央线路板“15”线送至稳压器，再由稳压器提供电源，各仪表电路如下。

（1）燃油表电路：稳压器J6→燃油表G1→浮筒燃油传感器G→搭铁。

（2）水温表电路：稳压器J6→冷却液温度表G3→冷却液温度传感器G2→搭铁。

（3）冷却液面报警灯电路：稳压器J6→冷却液位置报警灯K28→冷却液温度传感器G2→搭铁。同时，至液位控制器J120→冷却液位置不足开关F66→搭铁。

（4）转速表电路：中央线路板“15”线→转速表G5→搭铁。同时，转速信号来自于点火线圈。

3. 常见仪表故障诊断与排除

仪表电路在掌握仪表工作原理与电路工作过程后，检修起来较容易，它们由传感器和仪表两部分构成，可采用分段的方法处理。下面以燃油表故障和所有仪表不工作为例介绍仪表电络常见故障及诊断方法。

（1）燃油表无指示。故障现象、故障原因及检修方法如下。

① 故障现象：油箱内无论多少燃油，指针总显示无油。

② 故障原因：表本身故障、电路有断路处、表传感器故障、稳压器工作异常等。

③ 检修方法：拔下燃油表传感器接线插头并搭铁，打开点火开关，观察燃油表。若指针向满油分度方向移动，说明故障在燃油表传感器；若无反应，则说明故障在仪表本身或稳压器或线路已断路。接好燃油表传感器接线插头，打开点火开关，用万用表测量仪表上的电源线的电压，若有电压，则表内部已坏。若无电压，则说明稳压器已坏或电路线已断。

（2）所有仪表无指示。故障现象、故障原因及检修方法如下。

① 故障现象：打开点火开关，所有仪表均无指示。

② 故障原因：熔断器断、稳压器故障、电路接线断等。

③ 检修方法：先查熔断装置是否断开，然后查电路接线头是否松动、脱落，搭铁是否良好，最后用万用表测量稳压电源电压。

7.2　汽车显示报警系统

汽车仪表除了指示基本的车辆行驶工况信息外，还要对其他的一些工况进行监控并向驾驶员发出指示或警告信息，这些信息通常以指示灯的形式显示在仪表板上或者以文字信息显示在液晶显示器上，有的还伴随蜂鸣声，引起驾驶员的注意或重视。

汽车上仪表上的指示灯系统一般由光源、刻有符号图案的透光塑料板和外电路组成。指示灯的光源以前大多采用小的白炽灯炮，损坏可以更换。目前电子仪表上更多的采用体积小、亮度高、易于集成的 LED 作为光源。仪表指示灯一般都使用国际标准化组织（ISO）规定的通用符号，易于为全世界的人识别和理解，常见的符号如表 7-1 所示。

表 7-1　常用仪表指示与报警信息指示灯符号

符　号	描　述	符　号	描　述
	车门状态指示灯		清洗液不足报警灯
	驻车指示灯	 EPC	电子油门指示灯
	电瓶指示灯		前后雾灯指示灯
	刹车片磨损报警灯		转向指示灯
	机油指示灯		远光指示灯
	水温指示灯		安全带指示灯

续表

符　号	描　述	符　号	描　述
	安全气囊指示灯	O/D OFF	O/D 档指示灯
ABS	ABS 指示灯		内循环指示灯
CHECK	发动机自检灯		示宽指示灯
	燃油量不足报警灯	VSC	VSC 指示灯

目前汽车仪表上的指示灯比较多，一般来说，指示灯可分为 3 种类型：第 1 种是工作状态指示灯，如转向信号指示灯，大灯远、近光指示灯，前雾灯指示灯等，一般颜色为绿色和蓝色；第 2 种是警告指示灯，如制动片磨损、燃油不足、清洗液不足及 ABS 故障等警告指示灯，这类灯光一般为黄色，用以警告驾驶员尽快进行处理，一般不影响行驶安全；第 3 种为报警灯，如机油压力低、水温高及充电系统故障等报警灯，一般采用红色，用来指示车辆某系统出现故障或异常情况，此类灯亮时应引起驾驶员高度重视，警告灯如果点亮而对它置之不理，要么会对行车安全造成巨大的影响，要么对车辆本身造成很大的伤害，是必须要立即进行处理的。

7.2.1　机油压力报警装置

机油压力报警灯用于提醒驾驶员注意发动机的机油压力异常，指示机油泵是否以正常压力供给发动机的各部件，有的车辆上既有机油压力表又有机油压力报警灯，但多数车辆上只有机油压力报警灯。每当润滑系统机油压力低于允许值时，报警灯点亮，以提醒驾驶员注意。常见的机油压力传感器有弹簧管式与膜片式两类。

1．弹簧管式

东风 EQ1090 汽车装配的是弹簧管式润滑油压力过低报警装置，由安装在发动机主油道的弹簧管式机油压力传感器和安装在仪表板上的红色报警灯组成，其工作原理如图 7-27 所示。传感器内管形弹簧 3 的一端经其接头与发动机主油道相连，另一端与动触点 5 相接，静触点 4 经连接片与接线柱 2 相连，活动触点 5 经发动机搭铁。

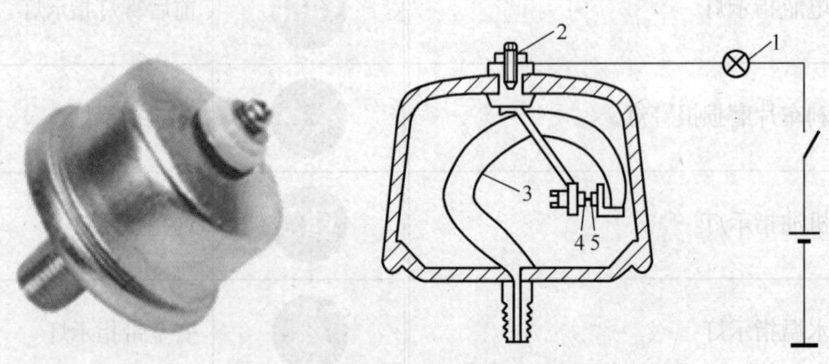

图7-27　弹簧管式机油压力报警电路

1—报警灯；2—报警开关接线柱；3—管型弹簧；4—静触点；5—动触点

当接通点火开关后，润滑油压力低于 0.05MPa 时，管形弹簧 3 变形量极小，触点 4 与 5 闭合，警报灯 1 的电路被接通，警报灯亮，表示润滑油压力过低；当润滑油压力超过 0.05MPa 时，管形弹簧 3 产生的弹性变形量大，使触点 4 与 5 分开，电路被切断，报警灯熄灭，以示润滑油压力正常。

2. 膜片式

膜片式油压过低报警装置传感器的结构和工作原理如图 7-28 所示。当发动机不工作或润滑油压力低于正常工作压力时，膜片 2 上的压力不足以克服弹簧的弹力时，传感器中的动触点 7 在弹簧的作用下与静触点 8 相接触，接通机油压力报警灯电路，报警灯点亮，表示润滑油压力过低。当润滑油压力正常后，润滑油压力作用在传感器膜片 2 上，使弹簧压缩，将触点 7 与 8 分开，切断报警灯电路，报警灯熄灭。

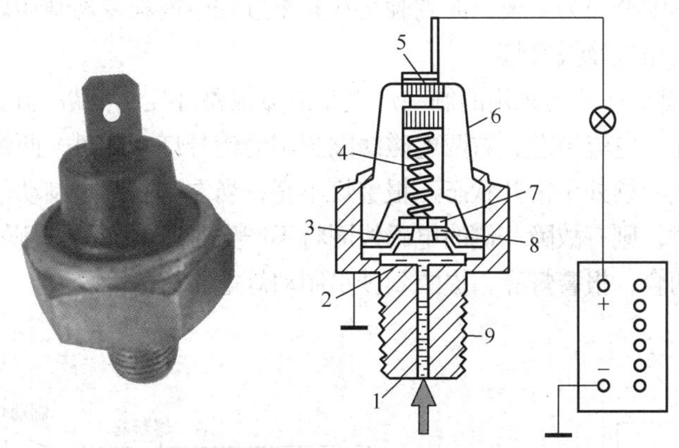

图7-28　膜片式机油压力报警电路

1—发动机润滑油；2—膜片；3—绝缘顶块；4—弹簧；5—接线柱；6—绝缘层；7—动触点；8—静触点；9—固定螺口

7.2.2　制动类报警装置

1. 制动液面报警装置

制动液面报警装置的作用是当制动液面过低时，发出报警信号。制动液面报警装置由传感器和报警灯组成，如图 7-29 所示。传感器安装在制动液罐内，在浮子 5 上安装有永久磁铁 4，外壳 1 内装有舌簧开关 3，舌簧开关 3 的两个接线柱 2 分别与液面报警灯 7、点火开关 8 相连。当制动液 6 充足时，浮子的位置较高，此时永久磁铁 4 高于舌簧开关 3 的位置，通过舌簧开关 3 的磁力减弱，舌簧开关 3 的触点处于断开状态，报警灯 7 电路不通，报警灯 7 不亮。当浮子 5 随着制动液面下降到规定值以下时，永久磁铁 4 便接近舌簧开关 3，通过舌簧开关 3 的磁力增强，使舌簧开关 3 的触点闭合，接通了报警灯电路，报警灯发光报警。

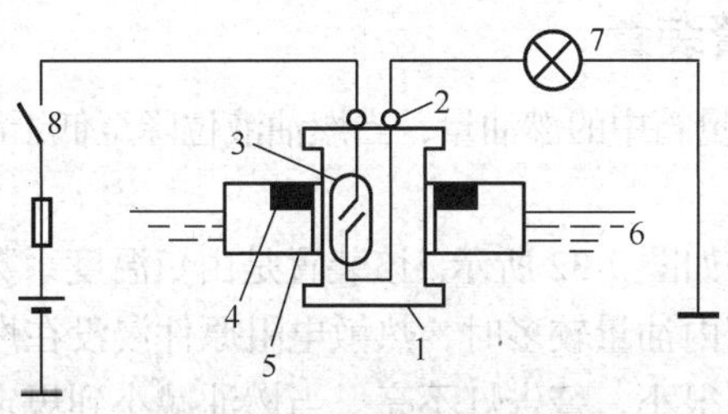

图7-29　制动液液位报警装置

1—舌簧开关外壳；2—接线柱；3—舌簧开关；4—永久磁铁；5—浮子；6—制动液；7—报警灯；8—点火开关

2. 刹车片磨损报警灯

刹车片磨损报警灯也称为制动器摩擦片使用极限报警灯，它的作用是当制动器摩擦片磨损到使用极限厚度时，发出报警信号，提示制动器摩擦片需要更换。

图 7-30 所示为刹车片磨损报警灯控制电路。在摩擦片内部埋有一段导线，该导线与组合仪表中的电子控制器相连。当摩擦片没有到使用极限时，电子控制器中的晶体管基极电位为低电位，晶体管截止，报警灯不亮；当摩擦片到使用极限时，摩擦片中埋设的导线被磨断，电子控制器中的晶体管基极电位为高电位，晶体管导通，报警灯亮。一般情况下，制动器摩擦片使用极限报警与制动液不足报警共用一个报警灯。

3. 制动灯电路故障报警灯

由于制动对于行车安全极为重要，而驾驶员在开车过程中很难发现制动灯有故障，所以在一些车辆中设置了制动灯电路故障报警灯。

图 7-31 所示为美国 GM 公司采用的制动灯电路故障报警灯控制电路。在正常情况下，踩下制动踏板，制动灯开关接通，电流经左、右两电磁线圈到制动信号灯。此时，两线圈所产生的磁场相互抵消，舌簧开关的触点继续处于常开状态，报警灯不亮；当左、右两个制动信号灯中有一个灯泡坏了，或者线路有断路时，则有故障一侧的电磁线圈将不产生磁场，而另一侧的电磁线圈产生磁场，舌簧开关中的触点将闭合，报警灯亮，提醒驾驶员制动灯电路有故障。

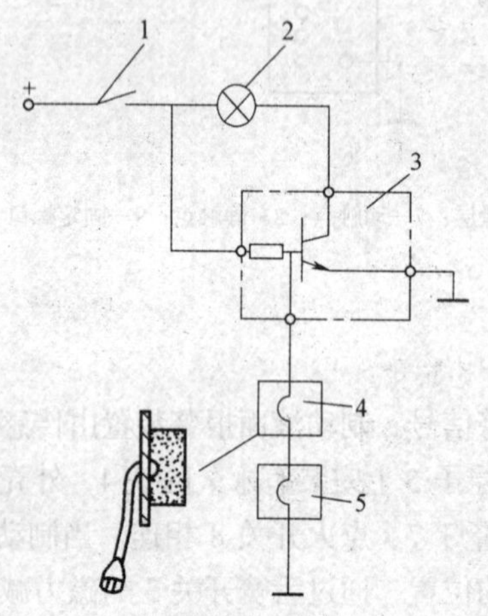

图7-30 刹车片磨损报警灯控制电路

1—点火开关；2—报警灯；3—电子控制器；4、5—前制动器摩擦片

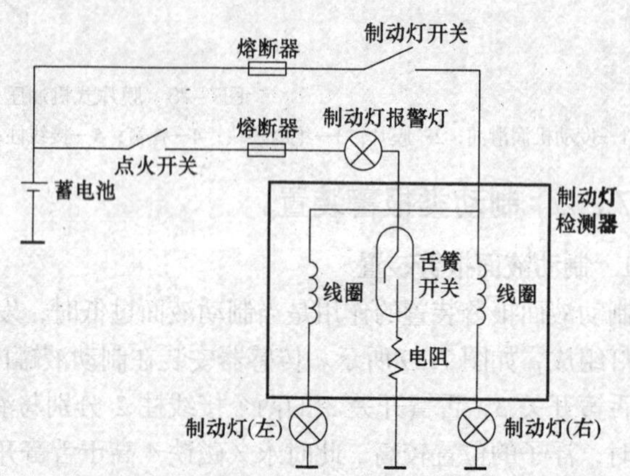

图7-31 制动灯电路故障报警灯控制电路

7.2.3 燃油液位报警装置

燃油量报警灯用于监视油量箱中的燃油量，当燃油液位降至低于满箱油位高度规定值时，报警灯点亮，表明燃油剩余量不足。

常见燃油油位报警灯电路如图 7-32 所示。该装置是由负温度系数的热敏电阻式燃油油量报警传感器和警告灯组成。当油箱内油量较多时，热敏电阻原件浸没在燃油中，散热快，温度较低，电阻值较大，因此电路中电流很小，警告灯不亮。当燃油减小到规定值以下时，热敏电阻元件露出油面，暴露在空气当中，由于空气散热性差，散热慢，温度较高，电阻值较小，因此电路中电流增大，警告灯亮。

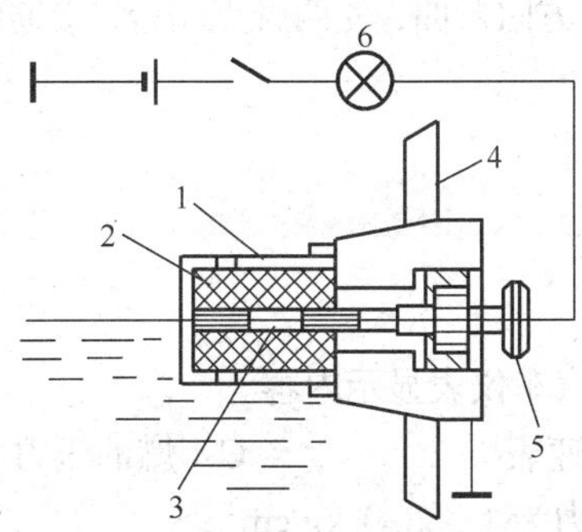

图7-32　燃油油位报警灯电路

1—外壳；2—防爆金属网；3—热敏电阻；4—油箱外壳；5—接线柱；6—报警灯

7.2.4　水温报警装置

水温报警装置的作用是当冷却液温高到一定程度时，水温报警装置自动发出灯光信号，以示注意。水温报警装置传感器用双金属片作为温度感应元件，有单触点式和双触点式两种，其结构分别如图 7-33（a）、（b）所示。

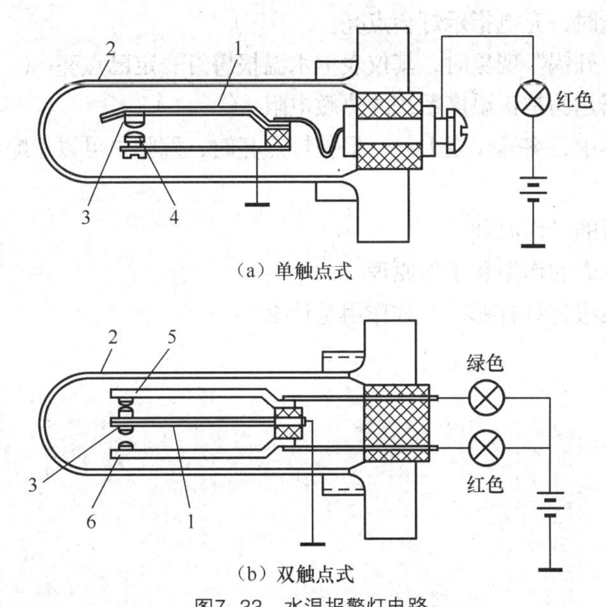

（a）单触点式

（b）双触点式

图7-33　水温报警灯电路

1—双金属片；2—壳体；3—动触点；4—静触点；5—冷触点；6—热触点

1. 单触点式水温报警传感器

冷却液温度升高到某一温度（如 98℃）以上时，双金属片 1 受热变形，向静触点 4 方向弯曲，使两触点闭合，接通报警灯电路，报警灯亮。

2. 双触点式水温报警传感器

当冷却液温度低于某一温度（如 60℃）时，双金属片 1 向冷触点 5 方向弯曲，使两触点闭合，接通绿色信号灯，表示水温低，提示注意不要低温行驶。随着发动机的运转，水温升高到正常值时，

双金属片 1 与冷触点 4 断开，绿色信号灯熄灭，表示水温正常。当冷却液温度升高到 98℃以上时，双金属片 1 受热变形，向热触点 6 方向弯曲，使两触点闭合，接通红色报警灯电路，红色报警灯亮，以示发动机水温过高。

习题与复习题

一、选择题

1. 下列（　　）数值不属于汽车仪表显示内容。

A. 水温表　　B. 车速表　　C. 燃油压力表　　D. 转速表

2. 机油压力表正常的指示压力为（　　）kg/cm^2。

A. 1～3　　B. 2～4　　C. 3～5　　D. 4～6

3. 电子式稳压器的输出电压一般为（　　）V。

A. 5～6　　B. 7～8　　C. 8～9　　D. 10～12

4. 下面不属于常见的制动类报警装的是（　　）。

A. 制动液面报警装置　　B. 制动压力报警灯

C. 刹车片磨损报警灯　　D. 制动灯电路故障报警灯

二、判断题

1. 当发电机皮带断时，充电指示灯会点亮。（　　）
2. 如果汽车出现“开锅”现象时，其仪表上水温报警灯一定已点亮。（　　）
3. 燃油报警传感器用的是正温度系统的热敏电阻。（　　）
4. 汽车在行驶过程中，突然仪表上某一报警灯点亮时，驾驶员可以忽略继续行驶。（　　）

三、思考题

1. 简述机油压力表的工作原理。
2. 简述电磁式燃油表的作用和工作原理。
3. 常见的汽车仪表报警灯有哪些？其作用是什么？

第8章 汽车辅助电气设备

学习目标：

- ❖ 能正确描述辅助电气设备的组成与作用。
- ❖ 掌握风窗清洗设备的工作原理。
- ❖ 掌握电动车窗、电动后视镜、电动座椅、中控门锁及防盗装置的结构与工作原理。
- ❖ 会分析辅助电气设备电路。
- ❖ 掌握辅助电气设备故障诊断与排查方法。

为了提高汽车行驶的安全性、可靠性，减轻驾驶员的劳动强度，以及驾乘人员的便利性，现代汽车的辅助电气装置日益增多。常见的辅助装置有风窗清洗装置、电动车窗、电动后视镜、电动中央门锁、电动座椅、防盗装置及风窗除霜装置。

8.1 风窗清洁装置

8.1.1 电动刮水器

1. 刮水器的组成与原理

电动刮水器由微型直流电动机驱动，通过联动机构驱动风窗玻璃外表面上的刮水片来回摆动，以清除风窗玻璃上的雨雪或污物。

电动刮水器的结构如图 8-1 所示，由直流电动机、蜗轮、蜗杆、拉杆、摆杆等组成。

永磁式电动机固装在支架上，拉杆和摆杆组成联动机构，摆杆上连接有刮片架，刮片架的上端连接橡胶刮片。电动机的旋转运动由轴端的蜗杆传给蜗轮并转换为往复运动，蜗轮上的偏心销与拉杆铰接。蜗轮转动时，通过拉杆带动摆杆摆动，刮片架的带动刮水片摆动刮水。

2. 变速刮水器变速原理

刮水器刮水片的摆动速度由刮水电动机转速决定，故刮水电动机的变速就是直流电动机的变速，其变速公式如下：

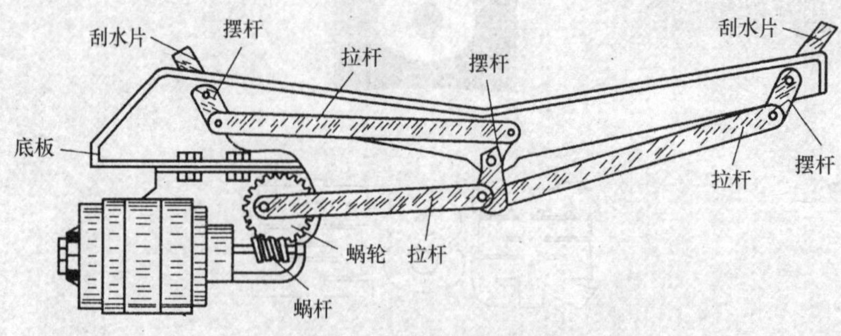

图8-1　电动刮水器的组成

$$n = \frac{U - IR}{kZ\Phi}$$

式中：U——电动机端电压，V；

I——通过电枢绕组的电流，A；

R——电枢绕组的电阻，Ω；

K——常数；

Z——正、负电刷间串联的绕组（导体）数；

Φ——磁极磁通，Wb。

在实际应用中，I、R、K 均为常数，可见可通过改变磁通 Φ 或两电刷间的极对数来实现电动机转速的改变，而后者最为常见，且只适合于永磁式直流电动机。

如图 8-2 所示，电动刮水器采用三刷式结构，B_1 为低速运转电刷，B_2 为高速运转电刷，B_3 为公共电刷。B_1 与 B_2 相差 60°，电枢采用对称叠绕式。

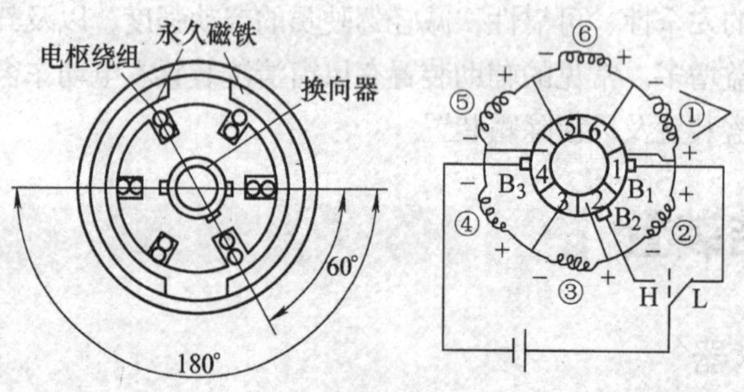

图8-2　永磁式电动刮水器的调速原理

当电动机工作时，在电枢内同时产生反电动势，其方向与电枢电流的方向相反。只有当外加电压 U 与反电动势几乎相等时，电枢的转速才趋于稳定。

当开关拨向 L 时，电源电压 U 加在 B_1 与 B_3 电刷之间，电流经过由①、⑥、⑤与②、③、④组成的两条并联分流回路，每条回路中串联的有效线圈各 3 个，串联线圈（导体）相对较多，故反电动势较大，电动机以较低转速运转。

当开关拨向 H 时，电源电压 U 加在 B_2 和 B_3 电刷之间，电流经过由②、①、⑥、⑤与③、④组成的两条并联分流回路，由于线圈②和线圈①、⑥、⑤的绕线方向相反，②产生方向相反的电动势与①反电动势互相抵消，只有两个线圈的反电动势与电源电压平衡，故反电动势较小，电动机以较高转速运转。可见，并联回路中串联线圈（导体）数目减少，能使电动机转速升高。

3. 电动刮水器的控制原理

电动刮水器应能根据雨量进行快慢速转变，并要求刮水器能自动复位，即关闭雨刮开关后，刮水片能自动停在风窗玻璃的最下方。因此，刮水器最基本的控制应实现慢速刮水、快速刮水与停机复位 3 个功能。

（1）慢速刮水。刮水器变速控制线路如图 8-3 所示，当接通电源开关 12，变速开关 1 拉到“I”挡位置时，电流由蓄电池正极→电源开关 12→熔断器 11→电刷 B_1→电枢绕组 3→电刷 B_3→接线柱②→接触片→接线柱③→搭铁→蓄电池负极，电刷 B_1 与 B_3 呈 180° ，电动机实现低速运转。

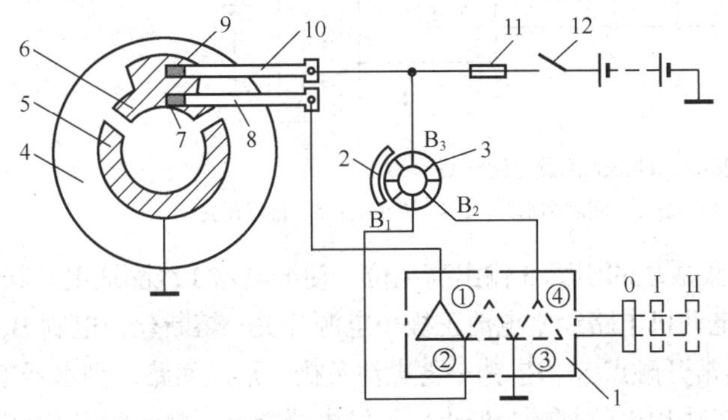

（a）刮水器自动回位后铜环位置　　（b）刮水器连续刮水时铜环位置

图8-3　电动刮水器的控制电路

1—变速开关；2—永久磁铁；3—电枢；4—蜗轮；5、6—铜环；7、9—触点；8、10—触点臂；11—熔断器；12—电源开关

（2）快速刮水。当变速开关 1 拉到“Ⅱ”挡位置时，电流由蓄电池正极→电源开关 12→熔断丝 11→电刷 B_3→电枢绕组 3→电刷 B_2→接线柱④→接触片→接线柱③→搭铁→蓄电池负极。电刷偏置，电动机实现快速运转。

（3）停机复位。当变速开关 1 推到“0”挡位置时，如果刮水片未停在风窗玻璃下沿位置，由于触点 7 仍与铜环 5 接触，如图 8-3（b）所示，电流继续流经电枢，电流从蓄电池正极→电源开关 12→熔断丝→电刷 B_3→电枢绕组 3→电刷 B_1→接线柱②→接触片→接线柱①→触点臂 8→铜环 5→搭铁→蓄电池负极，电动机继续转动。当刮水片摆到风窗玻璃下沿时，触点臂 8、10 与铜环 6 接通而短路，即图 8-3（a）所示位置，切断电动机电流，刮水器停止运转。

4. 电动刮水器的间歇工作原理

汽车在雾天或小雨雪天气中行驶时，若刮水器不间断地工作，风窗玻璃上的微量水分和灰尘就会形成一个发黏的表面，这样玻璃不仅刮不干净，反而会变得模糊，影响驾驶员的视线；同时，刮水片的刮擦阻力增大，影响刮水器的使用寿命。为处理好上述问题，现今汽车上一般通过加装刮水器间歇控制系统，让刮水器按照一定的周期间歇工作，使驾驶员获得较好的视野。

刮水器间歇控制系统主要由脉冲发生电路（振荡电路）、驱动电路和继电器 3 部分组成，控制路径为脉冲发生→驱动电路→继电器→刮水器。驱动电路在脉冲发生电路的控制下，驱动继电器定时接通和断开刮水电动机，实现间歇工作。

常见的刮水器间隙控制电路分为不可调解式和可调节式两种。

（1）不可调节式间歇控制电路。刮水器的不可调节式间歇控制电路是利用自动复位装置和电子振荡电路实现的。图 8-4 所示为一种用集成电路形成的不可调节式间歇控制电路原理图，NE555 与

外围元件组成的脉冲发生电路和驱动电路。

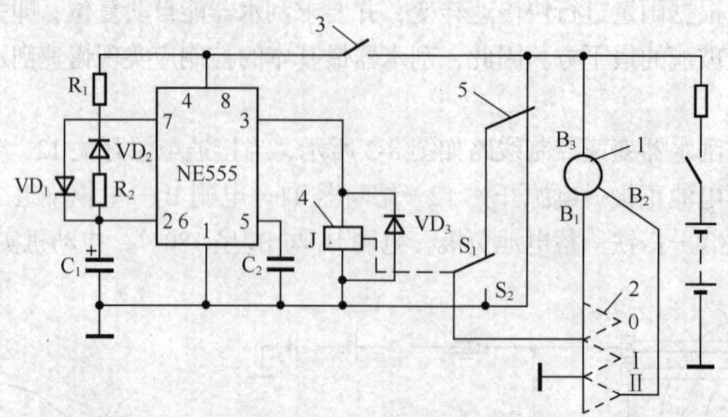

图8-4　NE555间歇控制电路

1—刮水电动机；2—刮水器开关；3—间歇刮水开关；4—继电器；5—自停开关

当刮水器间歇开关闭合时，NE555 集成块的引脚 3 输出高电位，使继电器 J 线圈通电，其常闭触点 S_1 断开，常开触点 S_2 闭合，刮水电动机电路经蓄电池正极→电源开关→熔断丝→电刷 B_3→电枢绕组→电刷 B_1→刮水器开关→继电器常开触点 S_2→搭铁→蓄电池负极，形成回路，刮水器工作。经延时 $0.693R_1C_1$ 秒后，集成块的引脚 3 输出电位翻转为低点位，继电器断电，常闭触点 S_1 闭合，常开触点 S_2 打开，此时若刮水片为达到停止位置，则刮水器在自动停位器控制下继续工作，直至自停开关断开，刮水片停在原始位置。再经延时 $0.693R_2C_1$ 秒后，刮水器又重复上述工作过程，实现循环间歇刮刷动作。

除了由集成电路构成的刮水器间歇控制电路之外，还有一些由分立元件构成的无稳定态方波发生器、互补间歇振动电路等，如图 8-5 所示，均可实现刮水器的间歇工作。

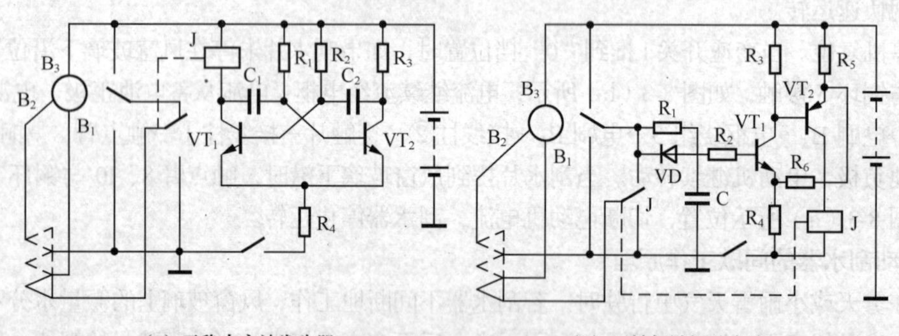

（a）无稳态方波发生器　　（b）互补间歇振动电路

图8-5　电子间歇刮水器控制电路

（2）可调节式间歇控制电路。具有可调节式间歇控制功能的刮水器在遇到下雨时，由电子控制器驱动刮水器转动，在雨停止时刮水器自动停止运转，还可根据雨量的大小自动调节刮刷速度，并调节间歇时间，不需要驾驶员操心，舒适方便。可调节间歇控制电路通常由一个雨量传感器，加上调速控制电路构成。雨水传感器多为光电雨式，其原理如图 8-6 所示，光电雨水传感器中 LED 发光二级管负责发送远红外线，当玻璃表面

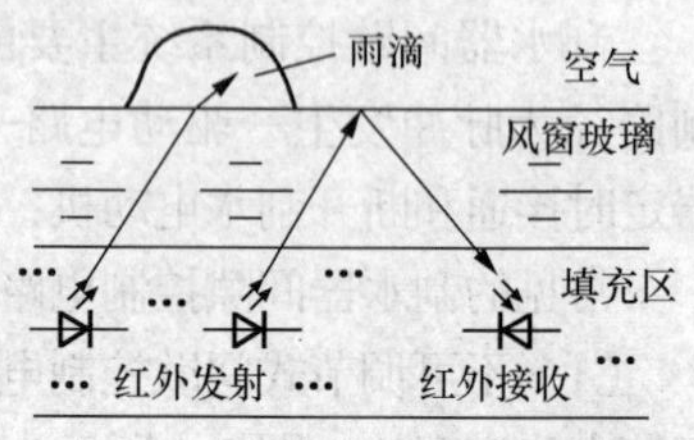

图8-6　光电雨水传感器工作原理

干燥时，光线几乎是 100%地被反射回来，这样光电二级管就能接收到很多的反射光线，玻璃上的雨水越多，反射回来的光线就越少，其结果是雨刷动作越快。依据此信号控制雨刮器运转速度，实现小雨时慢刮，下大雨时快刮。

8.1.2 风窗清洗装置

风窗玻璃洗涤装置的组成如图 8-7 所示，主要由洗涤器电动机、洗涤器水泵、水管和喷嘴等组成。洗涤器电动机为永磁式微型电动机，洗涤器水泵的叶片转子固定在水泵轴上，水泵轴通过联轴节与洗涤器电动机轴相连。出水软管用胶管分别与发动机罩上的 2 个喷嘴连接。

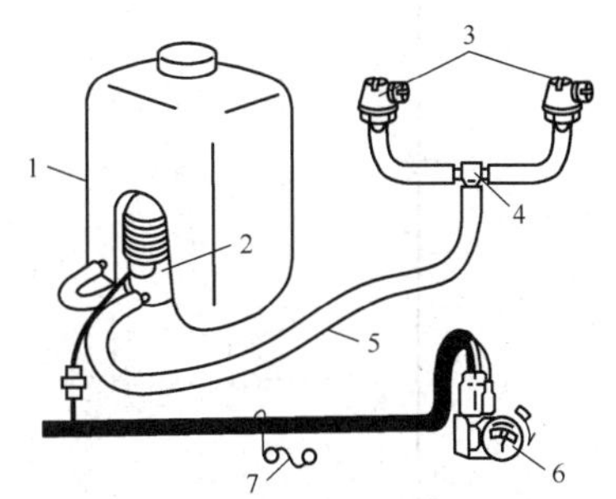

图8-7 风窗玻璃洗涤装置的组成

1—储液罐；2—清洗泵；3—喷嘴；4—三通接头；5—塑料管；6—刮水开关；7—熔断丝

当接通洗涤器电动机电枢电流时，电枢绕组便在永久磁铁产生的磁场中受力旋转。电枢轴转动时，通过联轴节驱动水泵轴和泵转子一同旋转，泵转子便将储液罐内的洗涤剂泵入出水软管，并经风窗玻璃前端的喷嘴喷向风窗玻璃。与此同时，刮水器同步工作，刮水片同时摆动，从而清除风窗玻璃上的污物。

8.1.3 风窗清洁装置控制电路

桑塔纳风窗刮水与洗涤系统由风窗刮水器、洗涤器开关、刮水器电动机、洗涤电动机、洗涤器水泵和喷嘴等组成，实现了低速刮水、高速刮水、点动刮水、间歇刮水、清洗风窗及停机复位 6 种工况动作。桑塔纳风窗刮水与洗涤系统控制电路简化电路如图 8-8 所示，它受控由点火开关，由 X-接触继电器控制其电源电路，其电路为：蓄电池正极→点火开关“30”端子→点火开关“X”端子（点火开关处于 ON 挡）→X-接触继电器 J59 的“86”端子→X-接触继电器线圈→J59 的“85”端子→搭铁→蓄电池负极。X-接触继电器线圈通电产生电磁吸力，将其触点闭合，从而为通过 S11 为风窗刮水与洗涤系统提供电源。

1. 高速刮水

将刮水器与洗涤器开关拨到“2”挡，刮水器处于高速工作状态，刮水器电动机电路直接受刮水器与洗涤器开关 4 控制。其电路为：熔断器 S11→刮水器与洗涤器开关“53a”端子→刮水器与洗涤器开关“53b”端子→刮水器电动机“2”端子→雨刮电动机 V→刮水器电动机“5”端子→搭铁。此时电动机电刷偏置，电枢轴以 62～80r/min 的转速高速运转，风窗上的刮水片快速摆动。

2. 低速刮水

当刮水器与洗涤器开关拨到“1”挡时，刮水器低速工作，其电路为：熔断器 S11→刮水器与洗涤器开关“53a”端子→刮水器与洗涤器开关“53”端子→刮水继电器 J31 触点（常闭）→刮水器电动机“4”端子→刮水器电动机 V→刮水器电动机“5”端子→搭铁。电动机电刷相隔 180°，电枢轴以 42～52r/min 的转速运转，风窗上的刮水片慢速摆动。

3. 点动刮水

将刮水器与洗涤器开关拨至“f”挡（即点动挡）时，开关上“53a”端子与“53”端了接通，电路流向与低速刮水电路相同，低速刮水，当放松手柄时，开关将自动回到空挡，实现点动刮水。

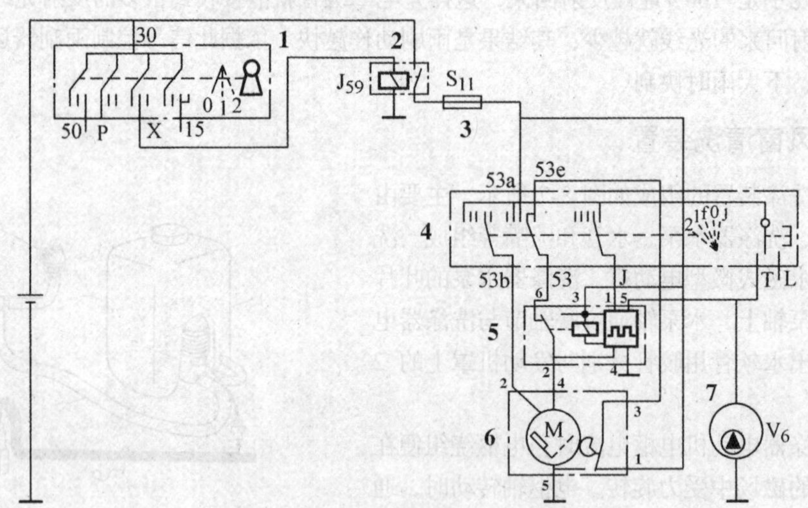

图8-8　桑塔纳风窗刮水与洗涤系统控制电路

1—点火开关；2—X-接触继电器 J59；3—熔断器 S11；4—前风窗刮水器与洗涤器开关；5—前风窗刮水继电器 J31；6—刮水器电动机 V；7—洗涤器电动机 V6

4. 间歇刮水

当刮水器与洗涤器开关拨到“J”挡时，刮水器处于间歇工作状态。在继电器的控制下，刮水器每 6s 工作一次。刮水继电器电路为：熔断器 S11→刮水器与洗涤器开关“53a”端子→刮水器与洗涤器开关“J”端子→继电器内部电路→搭铁。当上述电路工作时，刮水继电器控制其触点每 6s 动作（右移）一次，即将雨刮继电器 J31 的“2”端子与常有电的雨刮继电器 J31 的“3”端子接通，使刮水器电动机 V 电源接通。此时刮水器电动机电路为：熔断器 S11→雨刮继电器“3”端子→雨刮继电器触点→雨刮继电器“2”端子→刮水器电动机“4”端子→刮水器电动机 V→刮水器电动机“5”端子→搭铁。

5. 清洗风窗

当驾驶员将刮水器与洗涤器手柄开关向转向盘方向拨动时，即为开关置于“T”挡位时，洗涤器电动机电路接通，位于引擎盖上的 2 个喷嘴同时向风窗玻璃上喷洒洗涤液，与此同时，刮水继电器电路接通并控制刮水器的刮水片摆刮 3 ~ 4 次后停止摆刮。其中，洗涤器电动机电路为：熔断器 S11→刮水器与洗涤器开关“53a”端子→洗涤器电动机 V6→搭铁；刮水器电动机电路同于间歇刮水电路，其原因是“T”挡位时雨刮继电器“5”端子触发雨刮继电器触点动作（右移），实现低速刮水。

若刮水器与洗涤器手柄开关持续停留在该位置，水泵将持续喷洒洗涤液，刮水器也将持续工作；若放松手柄开关，水泵将停止喷水，继电器和刮水器也将停止工作。

6. 停机复位

当刮水器与洗涤器开关拨回到“0”挡时，在刮水器电动机上设有一个由凸轮驱动的一掷二位停机自动复位开关，如图 8-3（b）所示，以保证刮水器停机时刮水片处在风窗玻璃下沿位置。若刮水片未处在风窗玻璃下沿位置时，刮水器电动机停机复位的电路接通，其电路为：熔断器 S11→刮水器电动机 V 端子“1”→刮水器电动机 V 端子“3”→刮水器与洗涤器开关 53e 端子→刮水器与洗涤器开关 53 端子→刮水继电器“6”端子→继电器触点、“2”端子→刮水器电动机 V→刮水器电动机

“5”端子→搭铁。刮水器电动机转动到复位开关的触点“3”与搭铁触点“5”接通时，此时刮水器片正好摆到风窗玻璃下沿位置。

桑塔纳风窗刮水与洗涤系统原厂电路图如图 8-9 所示，原厂电路图的识图详见第 10 章内容。

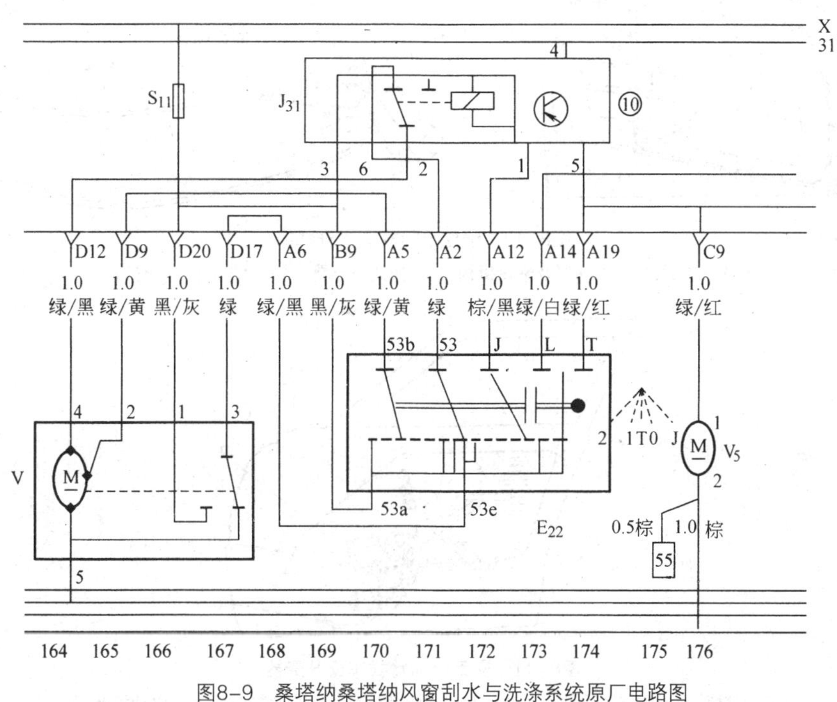

图8−9　桑塔纳桑塔纳风窗刮水与洗涤系统原厂电路图

8.2 电动车窗

目前，轿车基本上采用电动车窗来取代了传统的摇把式车窗，驾驶员或乘客在座位上利用开关实现对玻璃自动升降的控制。

8.2.1 电动车窗的组成

电动车窗系统主要由车窗、车窗玻璃升降器、电动机、开关等装置组成。其中，车窗玻璃升降器常见的有钢丝滚筒式升降器、交叉传动臂式两种等。

钢丝滚筒式升降器，也称为绳轮升降器，如图 8-10 所示。在电动机的减速器上装有一个滚筒，在滚筒上绕有钢丝，玻璃安装卡座固定在钢丝上并可在滑动支架上作上下移动。当电动机转动时，钢丝便带着卡座沿滑动支架上下移动，使车窗玻璃上升或下降。

交叉传动臂式升降器由直流电机驱动，通过电机内齿轮、外部传动齿板以及由升降臂、固定臂、平衡臂组成的四杆机构的运动，使车窗玻璃上升或下降到需要位置的一种装置，如图 8-11 所示，它是通过电机内齿轮、外部传动齿板，带动交叉的两个长短臂实现上下运动（类似于剪刀交叉臂的工作原理）。

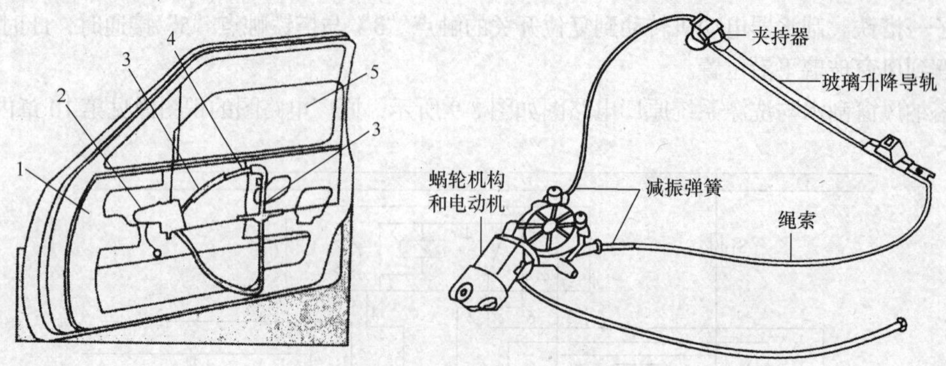

图8-10　钢丝滚筒式车窗升降器

1—盖板；2—电动机及蜗轮机构；3—托架与导轨；4—钢丝绳；5—玻璃

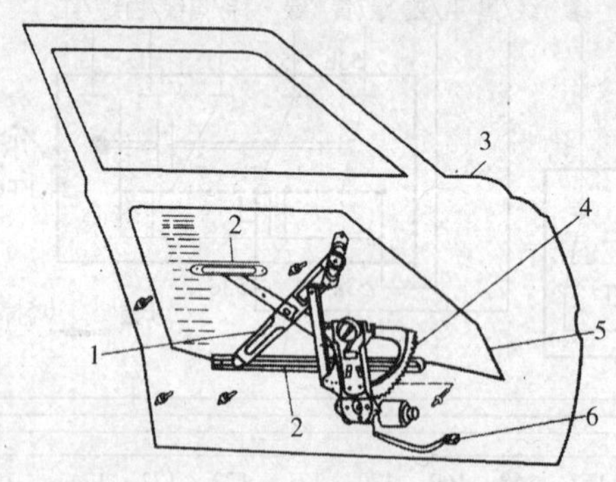

图8-11　交叉传动臂式车窗升降器

1—调整杆；2—支架与导轨；3—车门；4—驱动齿扇；5—车窗玻璃；6—电动机及插座

8.2.2　电动车窗的控制原理

现以桑塔纳 2000 轿车的电动车窗为例，说明电动车窗的工作原理。

桑塔纳 2000 型轿车采用的电动车窗装置由翘板按键开关、传动机构、升降器及电动机组成，控制电路如图 8-12 所示。按键开关 E39、E40、E41、E52 和 E54 被安置在中央通道面板上的开关盘上，其中，按键开关 E39 为安全开关，可以使后车窗开关 E53 和 E55 不起作用；E40、E41、E52 和 E54 分别为左前、右前和左后、右后门玻璃升降开关。为使左后和右后门玻璃能独立的升降，在两后门上分别设置了 E53 和 E55 两个按键开关。V14、V15、V26 和 V27 分别是左前、右前、左后、右后车窗电动机，电动机为永磁直流电动机，正常工作电流为 4～15A，电机内带有过载断路保护器，以免电机超载烧坏。延时继电器 J52 是保证在点火开关断开后，使车窗电路延时约 50s 后再断开，使用方便、安全；自动继电器 J51 用于控制左前门车窗电机，实现点动控制。

工作原理如下。

接通点火开关后，延时继电器 J52 与 C 路电源相通，其常开触点闭合，按键开关内的“P－”通过该触点接地，而“P+”通过熔断器 S37 与 A 路电源相通，此时，按动按键开关便可使车窗电机转动。

（1）发动机熄火后的延时控制：关闭点火开关后，C 路电源断电，延时继电器 J52 由 A 路电源供电，延时 50s 后，继电器触点断开，按键开关的搭铁线被切断，所有按键开关失去控制作用。

（2）后车窗电机的控制：左后门和右后门的车窗电机各由两个按键开关 E52、E53 和 E54、E55

控制，E52 和 E54 安装在中央通道面板上，供驾驶员控制，E53 和 E55 分别安装在两后门上，供后座乘员控制。同一后门的两个开关采用级联方式连接，当两个开关被同时按下时没有控制作用，只有当某一开关被按下时，才有控制作用。在安全开关 E39 被按下的情况下，E39 的常闭触点断开，切断了后车门上控键开关 E53 和 E55 的电源，使其失去了对各自车窗电机的控制。因而，起到了保护儿童安全的作用。

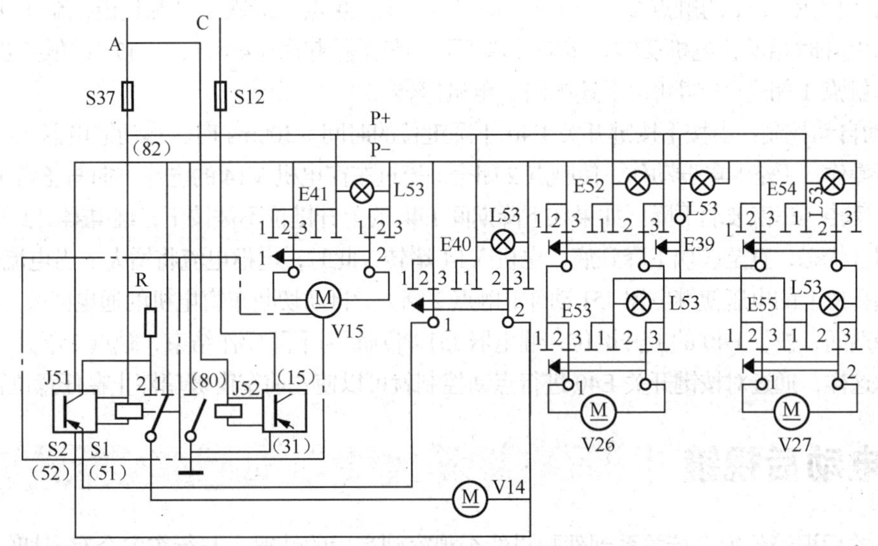

图8–12 桑塔纳2000轿车电动车窗控制电路

S1、S2、S12、S37—熔断器；E40、E41—右前、左前电动摇窗机开关；E52、E53—左后电动摇窗机开关；E54、E55—右后电动摇窗机开关；L53—电动摇窗机开关照明灯；J51—电动摇窗机自动继电器；J52—电动摇窗机延时继电器；V14—左前电动摇窗机电动机；V26—左后电动摇窗机电动机；V27—右后电动摇窗机电动机

① 车窗玻璃上升：在安全开关 E39 没有被按下的情况下，将 E52（E54）置上升位，车窗电机 V26（V27）正转，带动左后（右后）车门玻璃上升。其电路为：A 路电源→熔断器 S37→P＋→E52（E54）→E53（E55）→左后（右后）门窗电机 V26（V27）→E53（E55）→E52（E54）→P－→J52 触点→接地→电源负极。如果按下左后（右后）车门上 E53（E55）的上升键位，车窗电机 V26（V27）同样可带动车门玻璃上升，此时其电路为：A 路电源→熔断器 S37→P+→E39→E53（E55）→左后（右后）门车窗电机 V26（V27）→E53（E55）→E52（E54）→P－→J52 触点→搭铁→电源负极。

② 车窗玻璃下降：在安全按键开关 E39 没有被按下的情况下，按下 E52（E54）或 E53（E55）的下降位，车窗电机 V26（V27）电枢电流的方向与上述情况相反，电机反转，带动左后（右后）车门玻璃下降。

（3）前车窗电机的控制：右前门车窗电机 V15 由按键开关 E41 控制，而左前门车窗电机 V14 由按键开关 E40 和自动继电器 J51 控制，且具有点动自动控制功能。

① 车窗玻璃上升：按下按键开关 E41 的上升键位时，车窗电机 V15 正转，带动右前门车窗玻璃上升，其电路为：A 路电源→熔断器 S37→P+→E41→车窗电机 V15→E41→P－→J52 触点→搭铁→电源负极。

按下按键开关 E40 的上升键位时，P+和 P－经 E40 分别接至自动继电器 J51 的输入端 S2 和 S1，此时，自动继电器 J51 的触点 1 闭合，触点 2 断开，车窗电机 V14 正转，带动左前门玻璃上升，车窗电机的电路为：A 路电源→熔断器 S37→P+→E40→车窗电机 V14→J51 的常闭触点 1→P－→J52

触点→搭铁→电源负极。按键开关 E40 复位时，上述电路被切断，电机 V14 停转。

② 车窗玻璃下降：按下按键开关 E41 的下降键位时，车窗电机 V15 反转，带动右前门车窗玻璃下降，其电流通路与上升时相反。

按下按键开关 E40 的下降键位时，P+和 P−经 E40 分别接至自动继电器 J51 的输入端 S1 和 S2，此时，自动继电器 J51 的触点 2 闭合，触点 1 断开。车窗电机 V14 的电路为：A 路电源→熔断器 S37→P+→取样电阻 R→J51 的触点 2→V14→E40→P－→J52 触点→搭铁→电源负极，流过电机 V14 的电流方向与上升时相反，电机反转，带动玻璃下降。将手抬起时 E40 复位，J51 的触点也复位（触点 2 断开，触点 1 闭合），切断了上述电路，电机停转。

③ 点动自动控制：当按下按键开关 E40 下降键位的时间≤300ms 时，自动继电器 J51 判断为点动自动下降操作，于是继电器动作，使触点 2 闭合。流过车窗电机 V14 的电流方向与正常下降操作时相同，电机反转，车窗玻璃下降。如果在下降期间 E40 的上升键位不被按下，继电器 J51 的触点 2 将一直处于闭合状态，直至玻璃下降到底，电机 V14 堵转，此时，电枢电流将增大，当电流增至约 9A 时，取样电阻 R 上的电压使继电器 J51 动作，触点 2 断开，自动切断车窗电机的通电回路，电机停转；如果在下降期间，按下 E40 的上升键位，继电器 J51 将判断为下降操作结束，触点 2 断开，车窗电机 V14 停转。这样，通过对按键开关 E40 进行点动控制就可以使左前车窗玻璃停止在任意位置。

8.3 电动后视镜

汽车上的后视镜位置直接关系到驾驶员能否观察到车后的情况，与行车安全有密切的关系，而后视镜的调整相对比较麻烦。现代轿车为了便于驾驶员调整后视镜，多安装了电动后视镜，这样驾驶员在座椅上通过开关就可以方便地随时对左右后视镜的角度进行调节，操作起来十分方便。

8.3.1 电动车窗的组成

电动后视镜一般由镜片、微型直流电动机、驱动器、控制开关等组成。在每个后视镜镜片的背后都有两个可逆电动机，可操纵其上下及左右运动。通常垂直方向的倾斜运动由一个永磁电动机控制，水平方向的倾斜运动由另一个永磁电动机控制。每个电动后视镜都有用一个独立控制开关，开关杆可多方向移动，可使一个电动机工作或两个电动机同时工作。有的电动后视镜还带有伸缩功能，由伸缩开关控制伸缩电动机工作，使整个后视镜回转伸出或缩回。电动后视镜的结构和控制开关分别如图 8-13 所示。

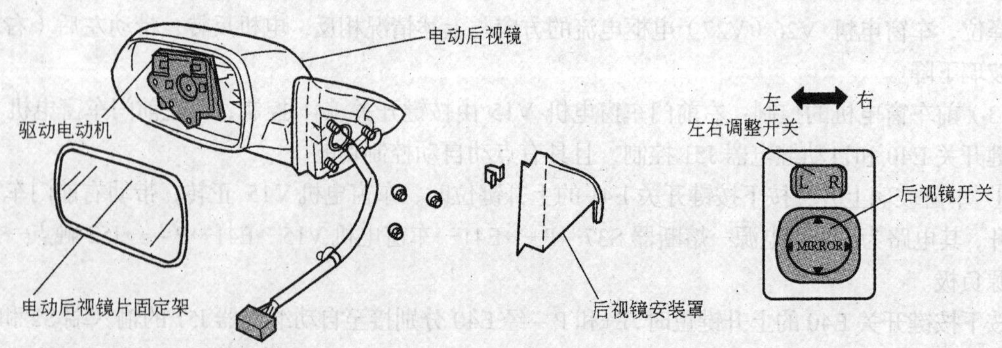

图8–13　电动后视镜

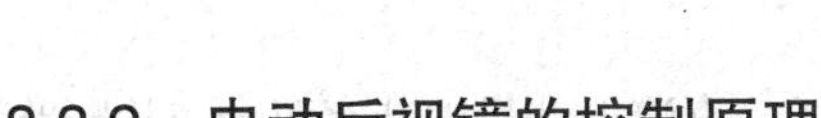

8.3.2 电动后视镜的控制原理

桑塔纳 2000 轿车电动后视镜控制电路如图 8-14 所示。M11 为左右选择开关，M12 为左右调整开关，M22 为上下调整开关。

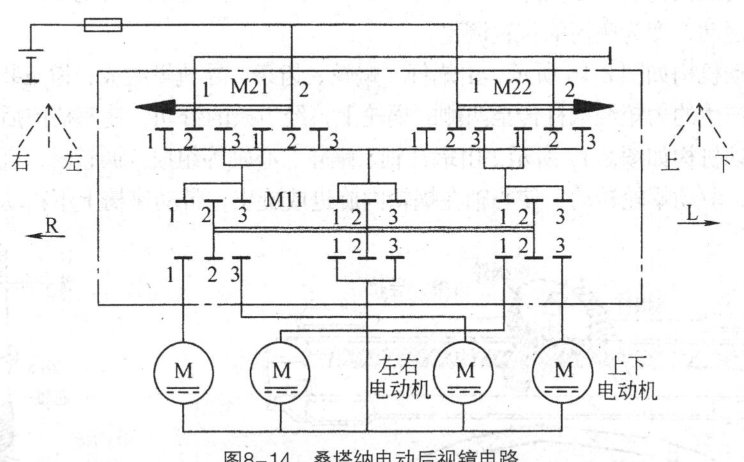

图8-14 桑塔纳电动后视镜电路

以调整左侧后视镜左转为例，具体工作过程如下。

先将左右选择开关（M11）拔至“L”，再按下调整开关（M21）“L”，工作电路为：蓄电池正极→点火开关→熔丝→M21 接线柱 2（上）→M21 接线柱 3（右）→M11（见图 8-14 中路）3（上）→M11（见图 8-14 中路）3（下）→左侧左右电动机→M11（见图 8-14 左）3（下）→M11（见图 8-14 左）3（上）→M21（左侧下）3→M21（左侧上）1→搭铁→蓄电池负极，构成闭合回路，使左侧镜面左转动。电动后视镜其它方向的调整依此类推即可。

8.4 电动座椅

为了提高汽车乘坐的舒适性，通过操作方便的控制开关调整座椅位置或改变坐姿，尽可能地减小驾驶或长时间乘车的疲劳，现代轿车都安装有电动座椅装置。电动座椅前后方向的调节量一般为 100～160mm，座位上下的调节量为 30～50mm，全程移动所需时间为 8～10s。

8.4.1 电动座椅的构造

如图 8-15 所示，电动座椅主要由双向直流电动机、传动机构和座椅调节开关、控制器（ECU）等组成。

1. 双向直流电动机

一个双向直流电动机通过改变其电流方向，可以完成两个对立方向的调整，通常两向移动座

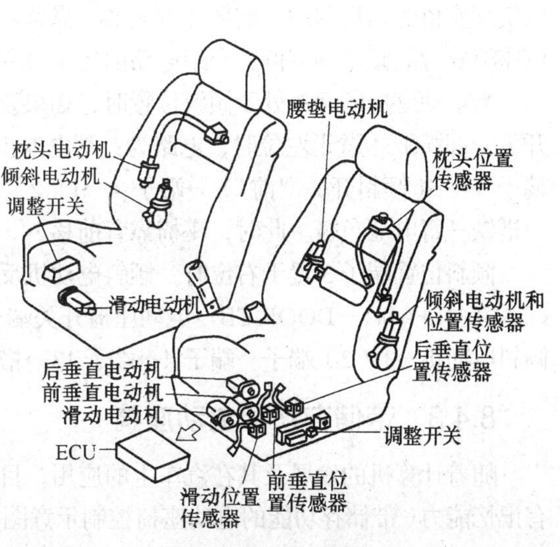

图8-15 电动座椅结构

椅装有两个直流电动机，四向移动座椅装有 4 个直流电动机。直流电动机内装有双金属片断路器，防止过载烧坏直流电动机。

2. 传动机构

电动座椅的传动机构主要由变速器（蜗轮蜗杆）、联轴装置、电磁阀等组成。其作用是把直流电动机产生的旋转运动，变为座椅的位置调整。

前后调整传动机构如图 8-16 所示，由蜗杆、蜗轮、齿条、导轨等组成，齿条装在导轨上。调整时，直流电动机产生的力矩经蜗杆传至两侧的蜗轮上，经齿条的带动，使座椅前后移动。

上下调整传动机构如图 8-17 所示，由蜗杆轴、蜗轮、心轴等组成。调整时，直流电动机产生的力矩带动蜗杆轴，驱动蜗轮转动，使心轴在蜗轮内旋进或旋出，带动座椅上下移动。

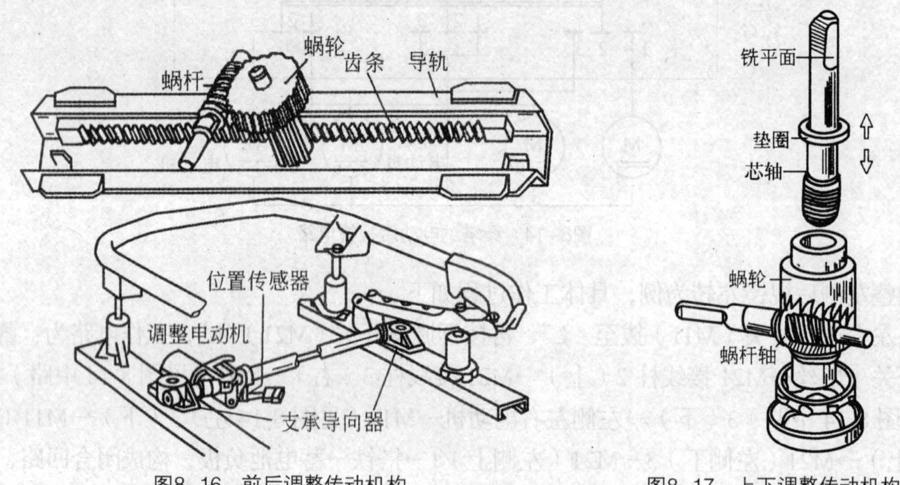

图8-16 前后调整传动机构　　图8-17 上下调整传动机构

8.4.2 电动座椅的控制电路

如图 8-18 所示，该电动座椅包括滑动电动机、前垂直电动机、后垂直电动机和腰垫电动机，可以实现座椅的前后移动、前部高度调节、靠背倾斜程度调节、后部高度调节及腰垫前后调节。下面以座椅靠背的倾斜调节例，介绍电路的控制过程。

当电动座椅的开关处于倾斜位置时，如果要调整靠背向前倾斜，则闭合倾斜电动机的前进方向开关，即端子 4 置于左位时，电路为：蓄电池正极→FLALT→LFAM1→DOOR CB→电动座椅开关端子 14→（倾斜开关“前”）→端子 4→1（2）端子→倾斜电动机→2（1）端子→端子 3→端子 13→搭铁→蓄电池负极。此时，座椅靠背前移。

倾斜位置端子 3 置于右位时，倾斜电动机反转，座椅靠背后移。此时的电路为：蓄电池正极→FLALT→LFAM1→DOOR CB→电动座椅开关端子 14→（倾斜开关“后”）→端子 3→2（1）端子→倾斜电动机→1（2）端子→端子 4→端子 13→搭铁→蓄电池负极。

8.4.3 带储存功能电动座椅

随着计算机的发展及其在汽车上的应用，目前许多高档轿车的电动座椅系统都带有存储器，具有记忆能力。带储存功能的电动座椅控制示意图如图 8-19 所示，它能够将设定的座椅调节位置进行记忆，使用时只要按指定的按键开关，座椅就会自动地调节到预先设定的座椅位置上。

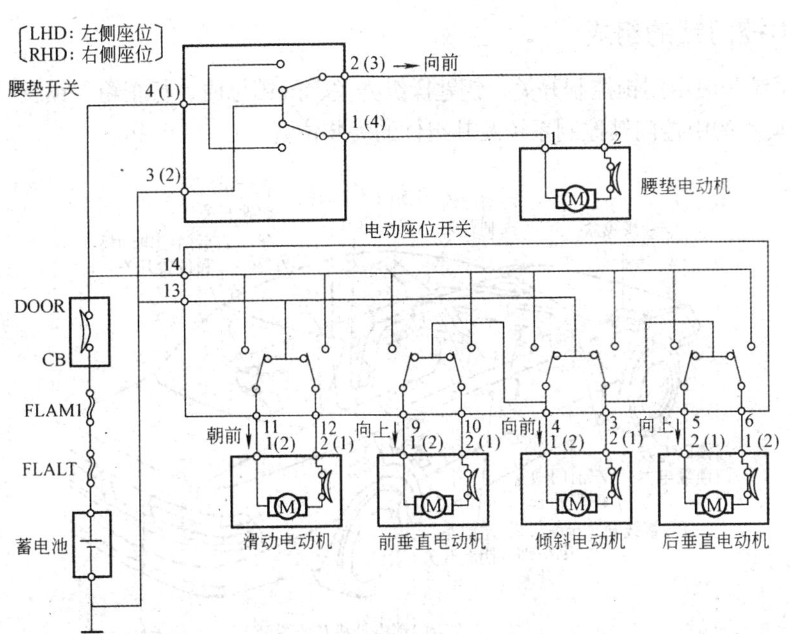

图8-18 电动座椅的控制电路

该系统有一个存储器，存储装置通过4个电位计来控制座椅的调定位置。只要座椅位置调定后，驾驶员按下存储器的按钮，电子控制装置就把这些电压信号存储起来，作为重新调整位置时的基准。使用时，只要一按按钮，就能按存储时的状态来调整座椅位置。

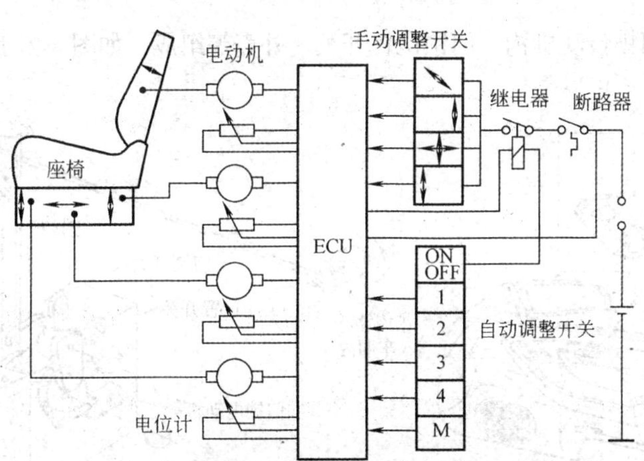

图8-19 带储存功能的电动座椅控制示意图

8.5 中控门锁

中央门锁又称为电动门锁，驾驶员通过操纵按钮实现对所有车门的开锁或关锁的控制，不必像过去必须对车门进行单独操作，同时乘客仍可利用车门的机械式弹簧锁开关车门，使用十分方便与安全，在各类汽车特别是轿车上得到广泛的应用。

8.5.1 中控门锁的组成

中控门锁系统一般由门锁控制开关、钥匙操纵开关、门锁总成、行李箱门锁及门锁控制器等。图 8-20 所示为典型的中控门锁控制系统及其组件的安装位置。

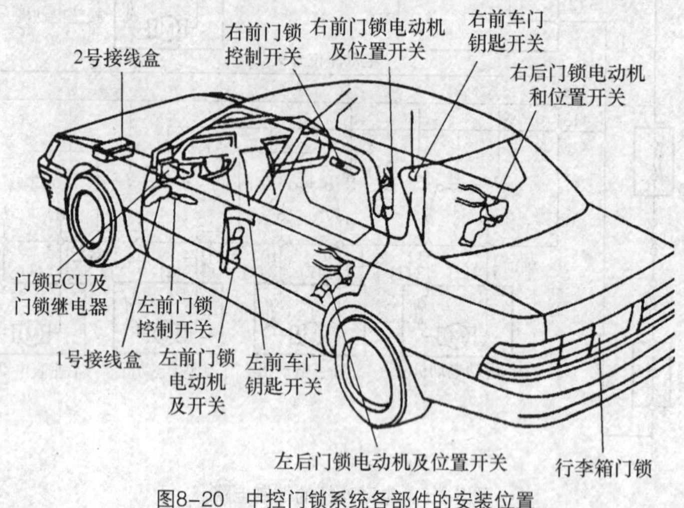

图8-20 中控门锁系统各部件的安装位置

1. 门锁控制开关

一般安装在驾驶员侧前门内的扶手上，通过此开关可以同时锁上和打开所有车门，如图 8-21 所示。

2. 门锁总成

门锁总成主要由门锁传动机构、门锁位置开关、外壳等组成，如图 8-22 所示。

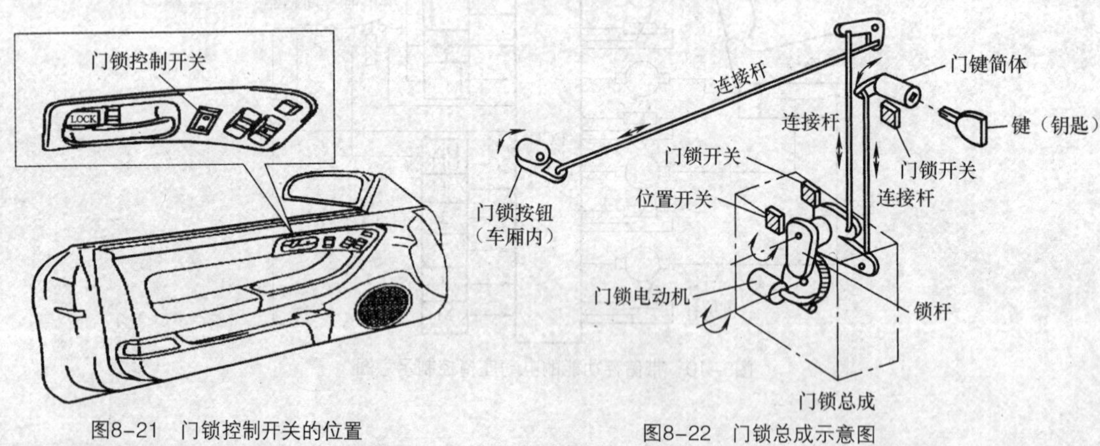

图8-21 门锁控制开关的位置

图8-22 门锁总成示意图

门锁传动机构主要由门锁电动机、齿轮和位置开关等组成，如图 8-23 所示。门锁电动机是门锁的执行器，当门锁电动机转动时，蜗杆带动蜗轮转动，蜗轮推动锁杆，车门被锁上或打开，然后蜗轮在回位弹簧的作用下返回原位置，防止操纵门锁钮时电动机工作。

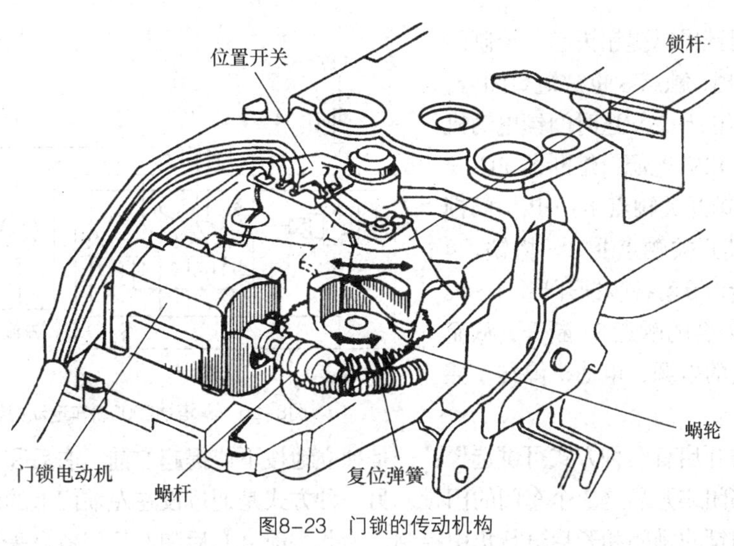

图8-23 门锁的传动机构

门锁位置开关位于门锁总成内，用来检测车门的锁紧状态，它由一个触点片和一个开关底座组成。当锁杆推向锁门位置时，位置开关断开，推向开门位置时接通。即当车门关闭时，此开关断开，当车门打开时，此开关接通。图 8-24 所示为门锁位置开关在车门锁紧和打开时的状态。

3. 钥匙操纵开关

钥匙操纵开关装在每个车门的钥匙门上，当从外面用钥匙开门或关门时，钥匙控制开关便发出开门或锁门的信号给门锁控制 ECU 或门锁控制继电器。钥匙操纵开关的位置如图 8-25 所示。

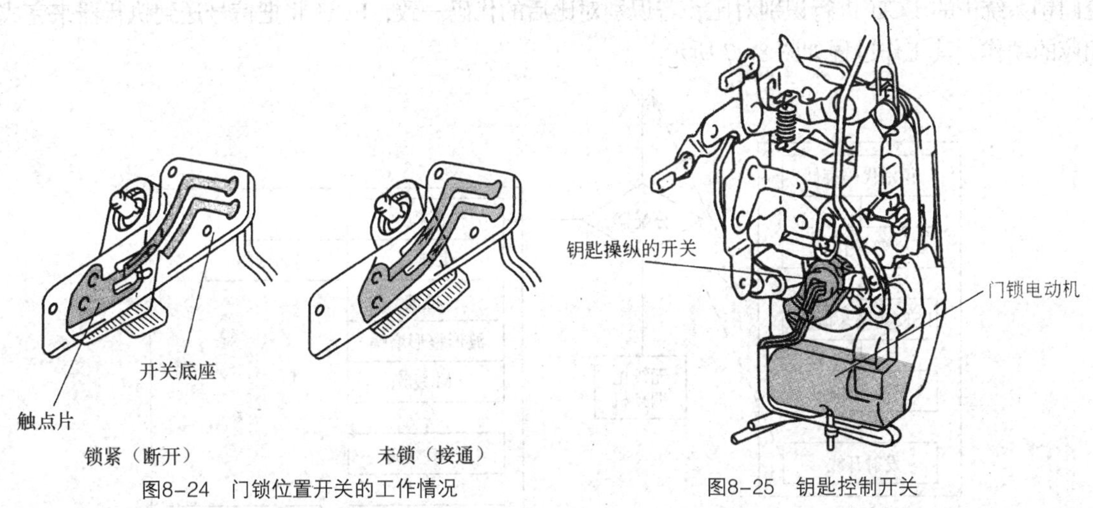

图8-24 门锁位置开关的工作情况

图8-25 钥匙控制开关

8.5.2 中控门锁的控制电路

图 8-26 所示为桑塔纳 2000 轿车电动门锁控制电路，工作原理如下：将左前门门锁提钮压下，门锁开关为“闭”锁挡，继电器 K_{53} 的触点 S_1 也被短暂闭合。这时门锁电动机的工作电路为：+ 12V 电源→熔丝 FU_3→K_{53} 的触点 S_1→门锁开关触点 4-Ⅱ→p_2→门锁电动机→P_1→门锁开关触点 I-2→搭铁。4 个门锁电动机反转，带动各门锁落锁。1～2s 后，K_{53} 控制其已闭合的触点 S_1 断开，从而切断了门锁电动机的电源，电动机停转，并一直保持此状态。

若将左前门门锁操纵提钮拔起，控制门锁开关在“开”锁挡，触点S也被短暂闭合，K_{53}的触点再次闭合1～2s。这时门锁电动机的工作电路为：+12V电源→熔断器FU_3→K_{53}的触点S_1→门锁开关触点1-I→P_1→门锁电动机→P_2→门锁开关触点Ⅱ-3→搭铁。4个门锁电动机正转，带动各门锁开启。1～2s后．K_{53}控制其已闭合的触点S1断开，从而切断了门锁电动机的电源，电动机停转，并一直保持此状态。

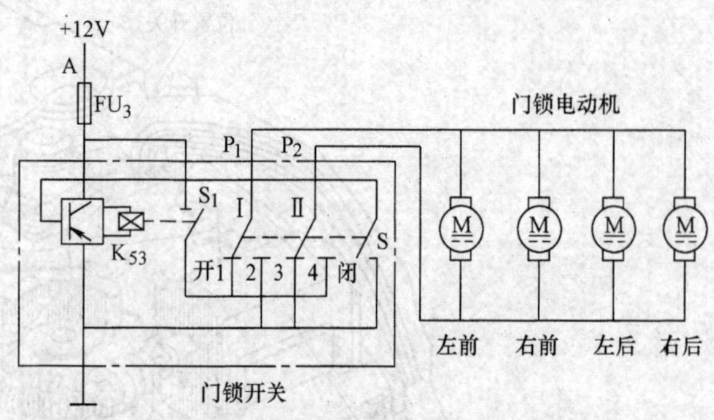

图8-26　桑塔纳2000轿车电动门锁控制电路

门锁的锁闭与开启有两种方式可供选择：一是独立地按下或提起右前、右后和左后车门上的门锁提钮，可分别锁闭或开启这3个车门的门锁；另一种方式是通过设在左前门上的门锁提钮或门锁钥匙对4个车门门锁的锁闭和开启进行集中控制。为此右前、右后和左后门各自采用手动和电动机驱动同步联动的门锁锁闭与开启装置：左前门的门锁只有通过钥匙（车外钥匙）和提钮（车内锁门）手动连行锁闭和开启操作。但门锁操纵机构通过一个联动的连杆同步带动一个集控开关，通过该开关可以同时控制其他车门的闭锁与开启机构，对各自的车门门锁进行集中的操纵。

8.5.3　遥控门锁的系统

为了便于操作，现在很多汽车的中控门锁系统均配备了遥控发射器来实现锁门和开门等功能。

遥控门锁的基本原理是通过遥控门锁的发射器发出微弱电波，此电波由汽车天线接收后送到中控门锁系统中的ECU进行识别对比，若识别对比后的代码一致，ECU将把信号送到执行器来完成相应的动作，其工作过程如图8-27所示。

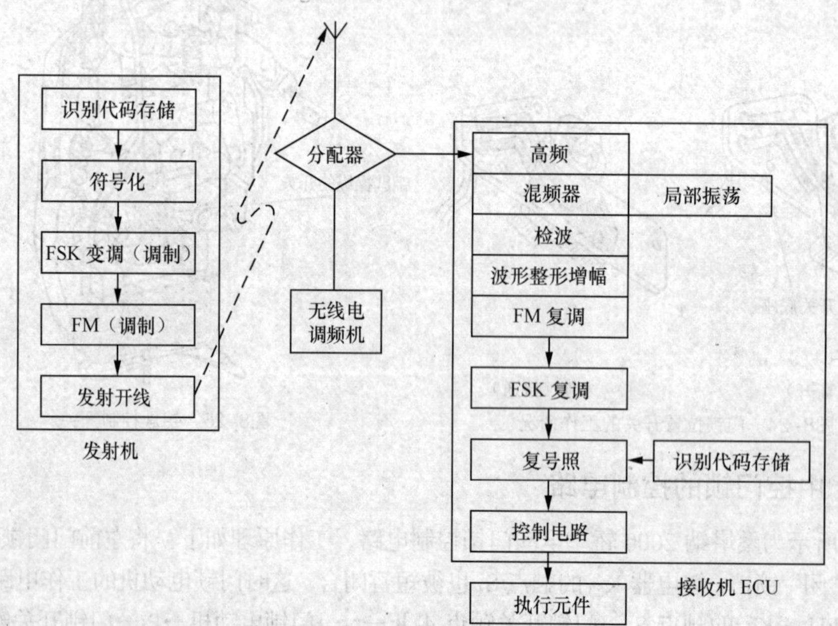

图8-27　遥控门锁的基本原理

8.6 防盗装置

8.6.1 汽车防盗系统的功用与种类

汽车防盗系统的功能是防止盗窃者非法进入或非法移动车辆，延缓盗抢时间。

常见的汽车防盗系统有机械式、电子式和网络式。

1. 机械式防盗系统

它利用机械的方法对变速杆、转向盘、制动器等进行控制，如变速杆锁是锁住变速杆使其不能移动，转向盘锁也叫拐杖锁，挂在转向盘和离合器踏板之间等。这些方法，虽然费用低，但使用不便、安全性差，现多与电子防盗系统配合使用。

2. 电子式防盗系统

当前广泛采用的是电子式防盗系统，当电子防盗系统起动后，如果非法移动车辆、划破玻璃、破坏点火开关锁芯、拆卸轮胎和音响、打开车门、打开燃油箱加注盖、打开行李箱门等，防盗器会立刻报警。

电子式防盗器按功能又可分为以下 3 类。

（1）防止非法进入车辆的防盗系统。防盗系统启用后，通过监视是否有移动物体进入车内达到防盗目的。

（2）防止破坏或非法搬运车辆的防盗系统。系统启用后，通过超声波传感器、振动传感器或倾斜传感器监测是否有人破坏或搬动车辆。

（3）防止车辆被非法开走的防盗系统。此类防盗系统多采用带密码锁的遥控系统，通过校验密码，确定是否允许接通起动机、点火电路等，防止车辆被非法开走。

现代防盗系统采用电子应答的方法来判断使用的钥匙是否合法，并以此确定是否允许发动机 ECU 工作。水平较高的防盗器还具备遥控器报警、遥控起动等功能。

3. 网络式防盗系统

网络式汽车防盗系统利用 GPS 卫星定位系统，对汽车进行监控，以达到防盗目的。该防盗系统不但可以锁定汽车点火或起动，还可以通过 GPS 卫星定位系统（或其他网络系统），将报警信息和报警汽车所在的位置传送到报警中心。GPS 汽车防盗报警器目前多用在有特殊需要的车辆上（如运钞车和高档出租车）或高档轿车上。

8.6.2 汽车防盗系统的组成及工作原理

电子防盗系统由开关和传感器、防盗 ECU 以及执行机构 3 个部分组成，如图 8-28 所示。

点火开关、车门开关（开门和锁门）、发动机舱盖开关以及行李箱门开关向防盗 ECU 输入各开关的状态信号。防盗 ECU 的作用是根据各开关输入的信号判断车门是正常打开还是非法打开，从而向防盗执行器（防盗指示灯、报警喇叭、报警灯以及起动继电器等）发出控制指令。

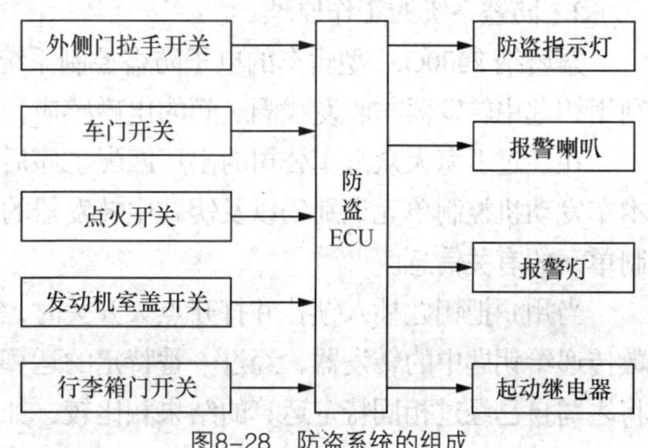

图8-28 防盗系统的组成

防盗指示灯用于指示防盗系统的工作状态。报警喇叭的作用是当汽车被盗时发出报警声响。报警灯的作用是当汽车被盗时开始闪烁。起动继电器的作用是当汽车被盗时切断起动机的工作电路，使发动机不能起动。

防盗系统 ECU 通常有报警状态设置、防盗检测、定时报警和解除报警状态等几个控制模块组成，当锁好所有车门时，该系统进行约 30s 定时检测，随后指示器开始断续闪光，表明系统处于预警状态。当防盗与门锁控制 ECU 根据各开关（点火开关、行李箱门开关等、信号判断车门正常开启时，报警状态解除；判断为非法开启车门时，便控制各执行器动作，使防盗喇叭和汽车喇叭响起来，转向灯和防盗指示灯闪烁，同时切断发动机正常运行控制电路，使发动机熄火。

8.6.3 汽车防盗系统的电路及实例

下面以桑塔纳 2000GSi 时代超人轿车电子防盗装置为例，介绍防盗系统的组成和工作原理，其结构如图 8-29 所示。

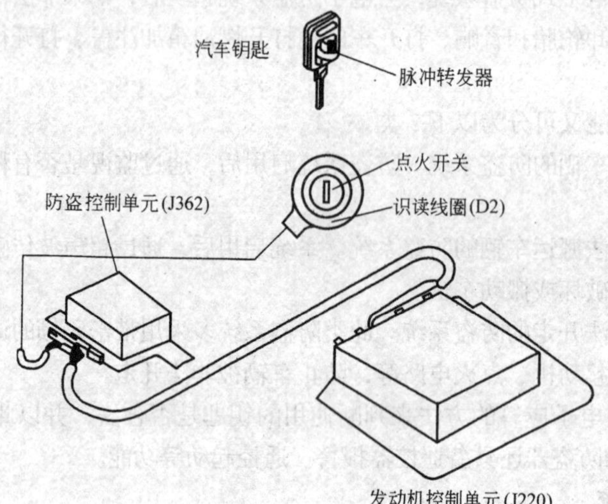

图8-29 桑塔纳2000GSi时代超人电子防盗系统

1. 电子防盗系统的组成

电子防盗系统主要由防盗控制单元（装在转向柱左支架上）、防盗器识读线圈（点火锁上）、防盗器报警灯（仪表板上），以及带转发器的汽车钥匙等组成。防盗控制单元经过与发动机控制单元匹配后，介入到发动机管理系统中。

2. 防盗系统的工作原理

桑塔纳 2000GSi 型轿车的电子防盗控制系统框图如图 8-30 所示，系统电路如图 8-31 所示，它利用钥匙中转发器与收发线圈之间的电磁感应，并通过无线电波识别技术来阻止非法盗用汽车。

在经过上海大众汽车公司的出厂匹配工序后，每辆桑塔纳 2000GSi 的防盗控制单元中就存储了本车发动机控制单元识别码以及钥匙中转发器的识别码，同时每个转发器中也储存了相应的防盗控制单元的有关信息。

当用户把钥匙插入锁孔并打开点火开关时，防盗控制单元首先通过锁孔上的收发线圈将一随机数传递给钥匙中的转发器，经过一番特定的运算后，转发器将结果反馈回防盗控制单元；控制单元将之与自己经过相同特定运算的结果相比较，如果结果吻合，系统即认定该钥匙。防盗控制单元对发动机控制单元也要通过特定的运算过程。只有钥匙（转发器）、发动机控制单元吻合时，防盗控制单元才允许发动机控制单元工作。

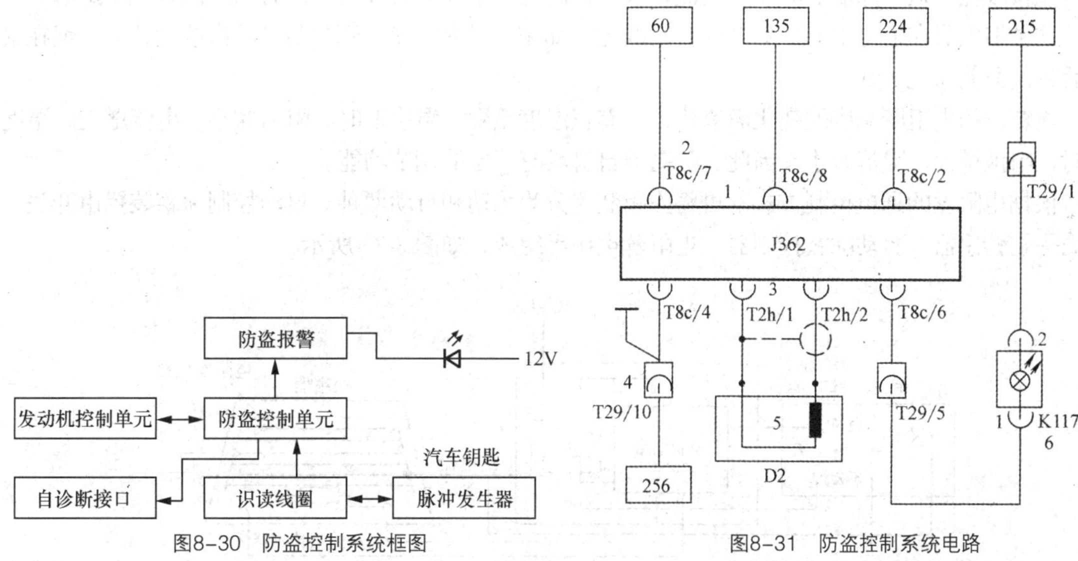

图8-30　防盗控制系统框图

图8-31　防盗控制系统电路

1—防盗控制单元；2—仪表板线束与防盗器；3—识读线圈与防盗控制单元插接器；4—插接器；5—识读线圈；6—防盗警告灯

防盗控制单元通过一根串行通信线（W-LINE，即 L 线）将经过编码的工作指令传到发动机控制单元，发动机控制单元根据防盗控制单元的数据决定是否起动。同时，V.A.G 诊断仪可以通过串行通信接口（K-LINE，即 K 线）对系统进行故障诊断、编码等操作。鉴别密码过程（大约 2s）中，仪表板上的警告灯会保持点亮状态。如果有任何错误发生，发动机控制单元将停止工作，同时警告灯也会以一定频率闪烁。

8.7 风窗除霜装置

冬季风窗玻璃上易结冰霜，而用刮水器无法清除冰霜，去除冰霜的有效的方法是加热玻璃。一般前风窗玻璃和侧窗玻璃可利用空调系统的暖风进行除霜。轿车的后风窗玻璃一般利用电阻丝组成的电栅加热除霜即电热式除霜，如图 8-32 所示。

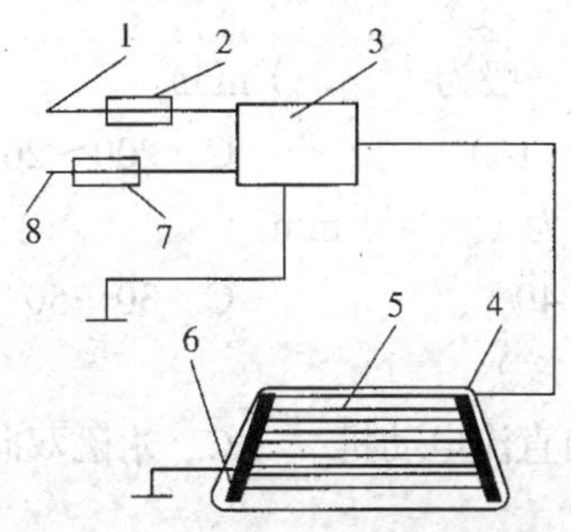

图8-32　电热式后窗除霜电路原理图

1—接蓄电池；2、7—熔断器；3—开关/定时继电器；4—供电接线柱；5—后窗电栅；6—搭铁接线柱；8—接点火开关后风窗玻璃除霜器一般是在玻璃成型过程中，将很细的电阻丝烧结在玻璃表面上。它由一组平行的含银陶瓷电阻丝组成，在玻璃两侧有汇流条，各焊有一个接线柱，其中一个用以供电，另一个是搭铁接线柱。这种除霜器的工作电流较大，因此电路中除设有开关外，有的还设有一个定时继电器。这种继电器在通电 10min 后即能自动断电，如霜还没有除净，驾驶员可再次接通开关，但在这之后每次只能通电 5min。

除霜器的电阻随温度的变化而变化，具有正温度系数，温度低时，阻值减小，电流增大；温度高时，阻值增大，电流减小。因此，除霜器自身具有一定的调节功能。

根据电阻丝的通电控制方式，可将除霜装置分为手动和自动两种。自动控制除霜装置由开关、自动除霜传感器、自动除霜控制器、电阻丝电栅等组成，如图 8-33 所示。

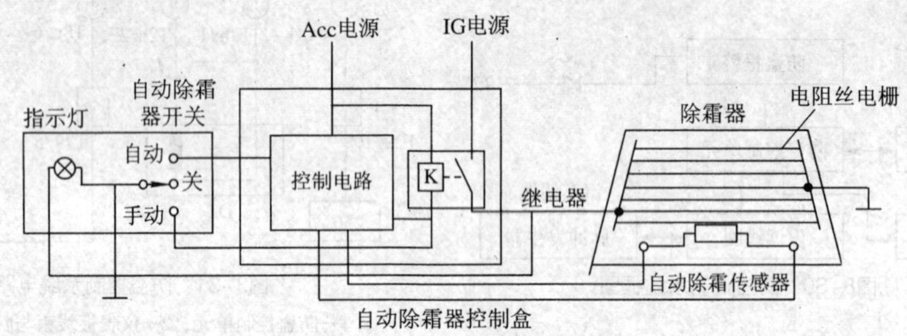

图8-33 后窗自动控制除霜装置

后窗自动控制除霜装置的工作过程如下。

（1）除霜开关位于“关”位置时，除霜装置不工作。

（2）将除霜开关拨至“自动”位置时，由后窗玻璃下缘所装传感器检测到冰霜达到一定厚度，传感器电阻值急剧减小到某一设定值，控制器便控制继电器使电路接通，继电器触点闭合。于是，由点火开关“IG”接柱向电热线供电，同时仪表板上的指示灯（设在除霜开关旁边）点亮，指示除霜装置正在工作。随着玻璃上冰霜减少到某一程度后，传感器电阻值增大，控制器便将继电器电路切断，触点断开，指示灯熄灭，后窗电栅断电，除霜装置停止工作。

（3）将除霜开关拨至“手动”位置时，继电器电磁线圈可经“手动”开关直接搭铁，使除霜电路接通。

习题与复习题

一、选择题

1. 电动座椅前后方向的调节量一般为（　　）mm。

A. 60～100　　B. 100～160　　C. 200～260　　D. 260～300

2. 电动座椅座位上下的调节量为（　　）mm。

A. 20～30　　B. 30～40　　C. 30～50　　D. 50～80

3. 电动车窗的电动一般为（　　）。

A. 单向直流电动机　　B. 双向直流电动机　　C. 永磁双向直流电动机

4. 除霜器的电阻是（　　）。

A. 正温度系数变化　　B. 负温度系数变化　　C. 与温度变化无关

二、判断题

1. 刮水器最基本的控制应实现慢速刮水、快速刮水与停机复位3个功能。(　　)

2. 当刮水器从高速挡切换到停机复位挡时，刮水片将以高速摆到风窗玻璃下沿时切断电动机电流，刮水器停止运转。(　　)

3. 每个电动后视镜内部应有4个电机来调整镜片左、右、上、下4个方面的摆动。(　　)

4. 打开点火开关，防盗警告灯闪亮后熄灭，说明防盗装置有故障。(　　)

5. 电动座椅全程移动所需时间为8～10s。(　　)

6. 桑塔纳车窗延时继电器可有约30s延时时间便于车主关窗。(　　)

7. 去除前后窗玻璃上的冰霜的有效的方法是加热玻璃。(　　)

三、思考题

1. 简述刮水器电机变速原理。

2. 分析桑塔纳轿车风窗刮水器与洗涤器电路。

3. 试分析图8-14所示电路中后视镜的上下调节过程。

4. 试分析图8-18所示电路中电动座椅的工作原理。

5. 电动车窗的常见故障有哪些?如何进行诊断?

6. 简述桑塔纳2000GSi防盗系统的基本工作原理。

Chapter

9

第9章

汽车空调

学习目标：

- ❖ 了解汽车空调的功用与特点。
- ❖ 了解制冷剂与冷冻机油的特性。
- ❖ 掌握汽车空调制冷原理与制冷过程。
- ❖ 掌握制冷系统的主要部件的结构与工作原理。
- ❖ 了解汽车空调采暖与通风方式。
- ❖ 掌握汽车空调的维护与检修。

9.1 概述

9.1.1 汽车空调系统的功用

汽车空调是汽车用空气调节器的简称。它是通过某种方式控制车室内空气的温度、湿度、清洁度、风速，并使其以一定速度在车室内流动和分配，为驾驶员及乘客提供舒适环境。也就是说汽车空调装置应具备制冷、供暖、通风、净化空气、加湿和除湿等多项功能。

汽车空调质量的评价指标主要有4个：温度、湿度、风速和清洁度。

（1）舒适的温度：夏季22℃～28℃，冬季16℃～18℃。

（2）舒适的相对湿度：夏季是50%～60%，冬季是40%～50%。

（3）舒适的空气流速：在0.2m/s以下为好，并且以低速流动为佳。

（4）舒适的清洁度：充足的氧气，清洁的空气。

9.1.2 汽车空调系统的特点

（1）抗冲击能力强。制冷系统安装在运动的车辆上，承受剧烈频繁的振动和冲击，因此，要求各个零部件应有较强的抗振能力，接头牢固，并防漏。而且，压缩机与冷凝器、蒸发器与压缩机都用软管连接。

（2）动力源多样。汽车空调系统不能用电力作动力源，原因是设计上比较困难，轿车、轻型汽车及中型客车其制冷所需的动力来自同一发动机，这种空调系统叫作非独立空调系统。对于大型客车、冷藏车，由于所需制冷量比较大，采用专用发动机驱动，故称为独立式空调系统。

（3）电力控制源多样。汽车空调系统电器控制所需的电力有所不同（电动汽车除外），一般车辆采用 12V（单线制）作电源，大型车辆则采用 24V（单线制）作电源，而高级豪华轿车采用 5V（双线制）作电力源。

（4）制冷效果强。汽车在野外工作，直接受太阳的辐射，热量较强，要使汽车空调能迅速地降温，在最短时间内达到舒适的环境，要求制冷系统的制冷量特别大。这就导致压缩机输送的制冷剂流量变化大，但不能无限制的大，如果过大，会导致汽车空调设计困难，制冷效果不佳，而且会引起压力过高或压缩机产生液击现象，使得故障频繁。

（5）控制方式不一样。由于车辆的性能要求不同，汽车空调的控制方式也就多样。一般车辆采用手动控制，高级豪华型轿车则采用自动控制。

（6）结构紧凑、质量小。由于汽车车身的特点，要求汽车空调结构紧凑，能在有限的空间进行安装，而且安装了空调后不至于使汽车增重太多影响其他性能。

（7）车内风量分配不均匀。这是由汽车车身的结构所造成的。汽车空调风道的设计是研制汽车空调最大的难点。

9.1.3 汽车空调的基本组成和类型

1. 汽车空调的基本组成

（1）制冷系统，对客厢内空气或进入客厢的新鲜空气进行冷却或除湿。

（2）暖风系统，对客厢内空气或进入客厢的新鲜空气进行加热和除湿。

（3）通风系统，将外部新鲜空气引进客厢内，进行通风和换气。

（4）空气净化装置，除去客厢内空气中的尘埃、异味，使空气清洁。

以桑塔纳 2000GSi 轿车空调为例，其安装位置如图 9-1 所示，其中仪表台下空调暖风与制冷系统部件如图 9-2 所示。

2. 汽车空调的类型

（1）按空调压缩机驱动方式分为独立式空调和非独立式空调。非独立式空调的制冷压缩机由汽车发动机驱动，空调的制冷性能受发动机工况的影响，多用于制冷量相对较小的小客车和轿车上。独立式空调采用一台专用空调发动机来驱动空调压缩机，制冷量大，工作可靠，稳定性高，汽车空调系统的制冷性能不受主发动机的运行工况影响；但加装了一台副发动机，从而造成车辆的体积和质量增加，成本相应加大。故这种类型的汽车空调系统多用于大、中型客车上。

（2）按空调功能分为单一功能型和冷暖一体型两种。单一功能型是将制冷系统、暖风系统、强制通风系统各自独立安装。独立操作，一般应用于大型客车和载货汽车上。冷、暖一体型空调是制冷、暖风和通风共用一台鼓风机，共用一套风道送风口，冷风、暖风和通风在同一控制板上控制。

9.1.4 汽车空调常用制冷剂和冷冻机油

1. 制冷剂

（1）对制冷剂的要求。

① 空调系统蒸发压力较低，以确保制冷剂在蒸发器内的低沸点，但不能低于大气压，以免空调

系统产生负压而吸入空气。

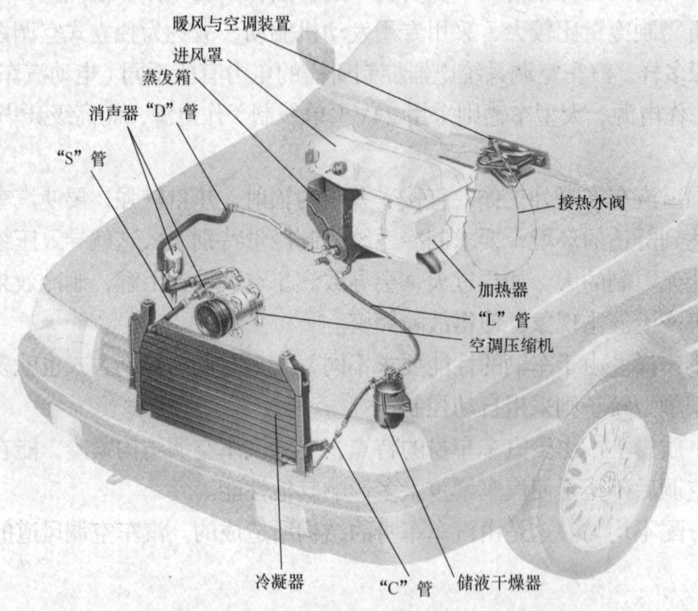

图9-1　桑塔纳2000GSi轿车空调安装位置

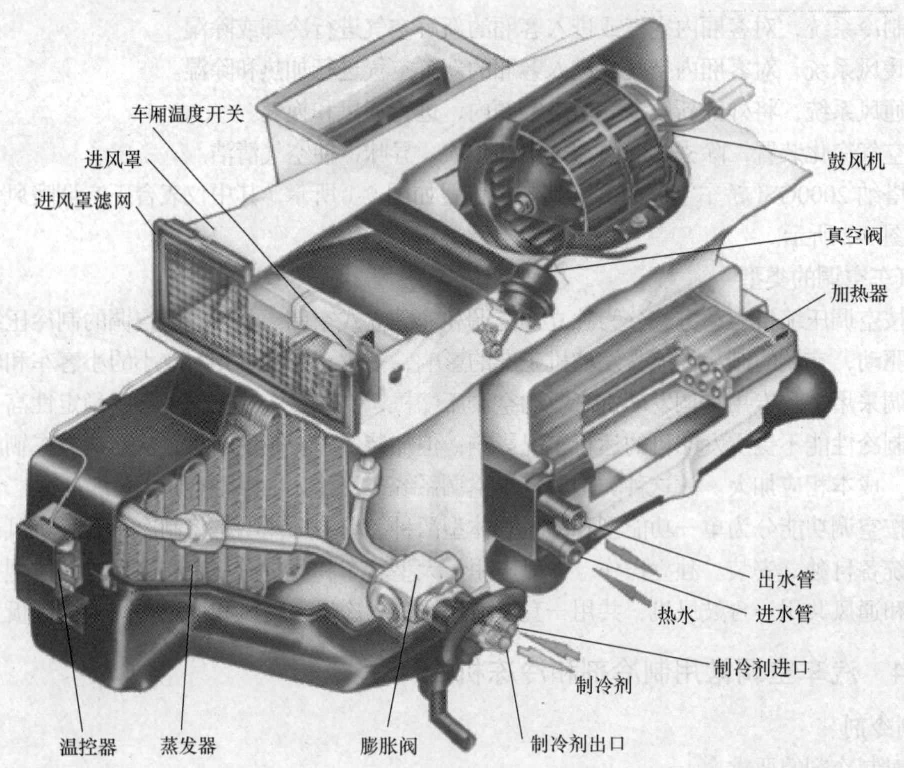

图9-2　桑塔纳2000GSi轿车空调暖风与制冷系统部件

② 空调系统冷凝压力不宜太高，以降低对空调系统强度的要求，且减小压缩机功耗。

③ 无害、无毒、无刺激性。

④ 不易燃，不易爆，无腐蚀性。

⑤ 来源丰富，价格合理。

⑥ 制冷剂有较小的绝热指数和较大的汽化潜热，以减小制冷剂的用量。

⑦ 能与冷冻机油互溶且不起化学反应。

⑧ 较大的导热和放热系数。

⑨ 泄漏时易检测。

（2）车用制冷剂。

① R12。学名二氯二氟甲烷，俗称氟利昂 12。由于 R12 在大气中分解产生的氯原子对臭氧层具有破坏作用，导致大气中臭氧浓度下降以及形成臭氧空洞，故现已停用。

② R134a。学名四氟乙烷，为 R12 的替代品。因为 ODP=0（ Ozone Depletion Potential，臭氧损耗潜能值），物理性能与 R12 较为接近，具有良好的安全性能，热力学性能较好，无明显毒性，故为目前国内主流的制冷剂，但其 GWP 值（Global Warming Potential，全球变暖潜能值）为 1300，根据欧盟已通过的含氟温室气体控制法规的要求，自 2011 年 1 月 1 日至 2017 年 1 月 1 日的 6 年间，在用汽车空调将按比例逐步淘汰 GWP 值大于 150 的制冷剂；自 2017 年 1 月 1 日起，将禁止所有汽车空调使用 GWP 值大于 150 的制冷剂，故此，国外目前已经在寻找 R134a 的替代品。我国从 1996 年起，汽车空调的制冷剂开始使用 R134a，到 2000 年全部使用 R134a。

R134a 制冷剂的特点如下。

- 无色、无味、无毒、不易燃烧、不易爆炸，化学性质稳定。
- 不破坏臭氧层，在大气层停留时间短，温室效应影响大。
- 粘度较低，流动阻力较小。
- 分子直径比 R12 略小，易外泄，能被分子筛吸收。
- 与矿物油不相溶，与氟橡胶不相溶。
- 吸水性和水溶性比 R12 高。
- 汽化热高，定压比热大，具有较好的制冷能力。

③ 烷烃。如丙烷（R290），异丁烷（R600a），正丁烷（R600）。烷烃是从自然界获得的天然制冷工质，具有零臭氧损耗潜能值（ODP=0）和极低的全球变暖潜能值（如 R600a 的 GWP 值=15），环保性能好，成本低，运行压力低，噪声小等优点，但其易燃易爆，限制了其在汽车空调上的使用，目前多用于家用冰箱。

④ HFO-1234yf。学名四氟丙烯，分子式 $CF_3CF=CH_2$。HFO-1234yf 制冷剂是含有 H 与 F 的碳化物，因此也属于 HFC 氟利昂制冷剂。但是由于其 GWP 值很小，因此合作开发公司霍尼韦尔与杜邦公司向美国 ASHRAH（美国暖气和空调工程师学会）建议称它为 HFO 族，“O”代表烯烃（olefin），HFO（次氟酸）制冷剂是第四代基于氟的制冷剂。2008 年 6 月 10 日至 12 日，SAE（美国汽车工程师协会）在亚利桑那州斯科戴尔市召开的汽车空调制冷剂替代方案大会上，承认了 HFO 1234yf 制冷剂的可行性，为目前汽车空调制冷剂 R134a 的替代品之一。

（3）制冷剂使用时的注意事项。下面以汽车目前最为常用的 R134a 和 R12 为例介绍制冷剂使用时的注意事项。

① 操作制冷剂时，不要与皮肤接触，应戴防护目镜，以免冻伤皮肤和眼球。

② 避免振动和放置高温处，以免发生爆炸。

③ 远离火苗，避免 R12 分解产生有毒气体。

④ R134a 和 R12 不能混用，否则易损坏压缩机。

⑤ 制冷剂应放置在 40℃以下的地方保存。

2. 冷冻机油

汽车空调系统中冷冻机油的作用是润滑、密封、冷却、降低噪声，制冷剂与冷冻油互溶，冷冻机油和制冷剂一起循环。冷冻机油的使用有如下一些注意事项。

（1）必须严格使用该车空调压缩机所规定的冷冻油牌号或更换同等性能的冷冻油，不得使用其他油来代替。

（2）冷冻油吸收潮气能力极强，所以操作必须迅速，如没有准备好，不能立刻加油时，不得打开油罐，在加注完后应立即将油罐的盖子封紧储存，不得有渗透现象。

（3）不能使用变质的冷冻油。冷冻油变质的原因归纳起来有如下几方面。

① 混入水分。在氧气作用下生成一种油酸性质的絮状酸性物质，腐蚀金属零部件。

② 高温氧化。当压缩温度过高时，冷冻油会炭化变黑。

③ 不同牌号的冷冻油混合使用时，由于不同牌号的冷冻油所加的抗氧化剂不同而产生化学反应，引起变质。

（4）冷冻油是不制冷的，还会妨碍热交换器的换热效果，所以只允许加到规定的用量，绝不允许过量使用，以免降低制冷效果。

9.2 汽车空调制冷系统

9.2.1 制冷的基本原理

在日常生活中，会有这样的体会，用酒精棉擦拭身体时，会有凉爽的感觉，这说明当液体变成气体时吸收了热量，从而降低了温度。汽车制冷原理亦如此，它是通过消耗一定的动力，把制冷剂由气体转变成液体，然后再利用液体转变成气体过程中吸收外部热量来达到汽车制冷的目的。

9.2.2 制冷系统的组成及制冷循环工作过程

目前最为常见的蒸发压缩式制冷系统主要由压缩机、冷凝器、液体膨胀装置和蒸发器等总成组成，各部件之间采用铜管和高压橡胶管连接成一个密闭系统。工作时以不同的物态在这个密闭的系统内循环流动，其工作原理如图 9-3 所示。

（1）压缩过程。发动机运转时，通过曲轴皮带轮驱动空调压缩机运转，将低温低压的制冷剂蒸气从蒸发器中吸入，并加压成高温（约 65℃）高压（约 1300kPa）的蒸气输入冷凝器。

（2）冷凝过程。冷凝器中高温高压的蒸气，在冷却风扇的作用下，将热量散发到空气中，使制冷剂冷凝变成高温（约 55℃）高压（约 1300kPa）液态。

（3）膨胀过程。高压液态制冷剂经膨胀阀节流后进入蒸发器膨胀成气体，压力和温度下降，将其转变成低温（约-5℃）低压（约 150kPa）的液态制冷剂送入蒸发器。

（4）蒸发过程。低温低压液态制冷剂流经蒸发器时，不断吸收车内空气的热量而蒸发成低温（约 0℃）低压（约 150kPa）的气态制冷剂。从蒸发器流出的气态制冷剂又被压缩机吸入而进入下一次制冷循环。

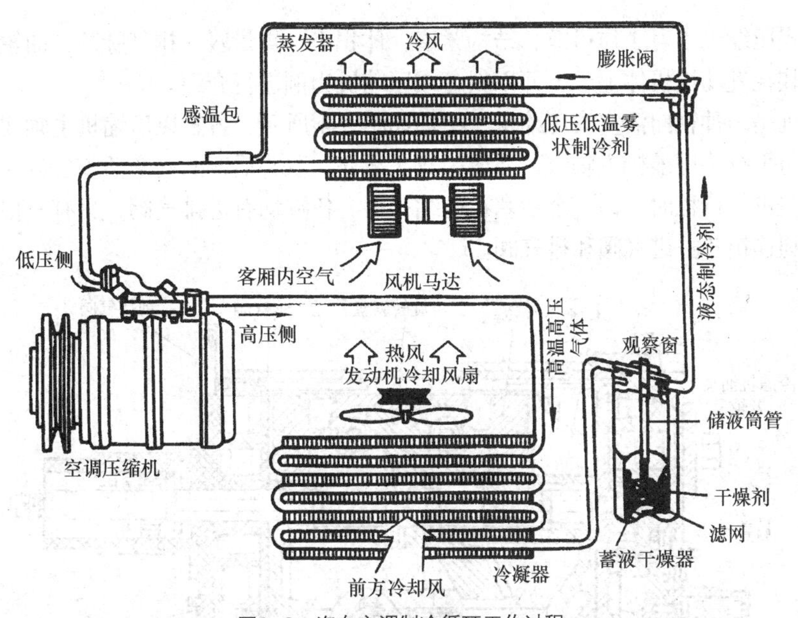

图9-3 汽车空调制冷循环工作过程

9.2.3 制冷系统主要部件

1. 压缩机

汽车空调制冷压缩机是汽车空调的心脏，多用容积式压缩机。压缩机是制冷系统中高低压、高低温的分界线，其动力来源一般都是发动机。压缩机的第一个功能是使压缩机进口处的制冷剂处在低压状态，这样可使蒸发器内携带潜热（包括吸收了车室内的热量）的制冷剂流出蒸发器，该低压状态可使节流装置节流适量的制冷剂进入蒸发器。压缩机的第二个功能是将低压气态制冷剂压缩成高温高压气态。压力的上升使制冷剂的温度升高，为制冷剂在冷凝器内放热提供必需的条件。

空调压缩机的种类繁多，形式各异，主要分为往复活塞式与旋转式两大类，进一步的细分类型如表 9-1 所示。目前，曲柄连杆式压缩机主要用于大、中型客车空调系统，小轿车普遍采用斜盘式

表 9-1 压缩机的分类

名称	细分类型	
往复活塞式	曲轴连杆式	
	径向活塞式	
	轴向活塞式	翘板式
		斜盘式
旋转式	旋叶式	圆形气缸
		椭圆形气缸
	转子式	滚动活塞式
		三角转子式
	螺杆式	
	涡旋式	

压缩机。斜盘式压缩机具有工作可靠，结构紧凑，体积小，重量轻，排气脉冲比曲轴连杆式小，能方便地直接安装在发动机机体上。下面以斜盘式压缩机为例进行介绍。

斜盘压缩机是一种轴向活塞式压缩机，结构如图 9-4 所示，各缸以压缩机主轴线为中心布置，活塞的运动方向平行于压缩机主轴线，活塞为双头活塞，双头活塞的两个活塞各自在相对的缸中滑动，一个活塞在进气行程时，另一个活塞在压缩行程。各缸均有进排气阀，另有一根进气总管和一根排气总管分别连接各缸进气阀和排气阀。

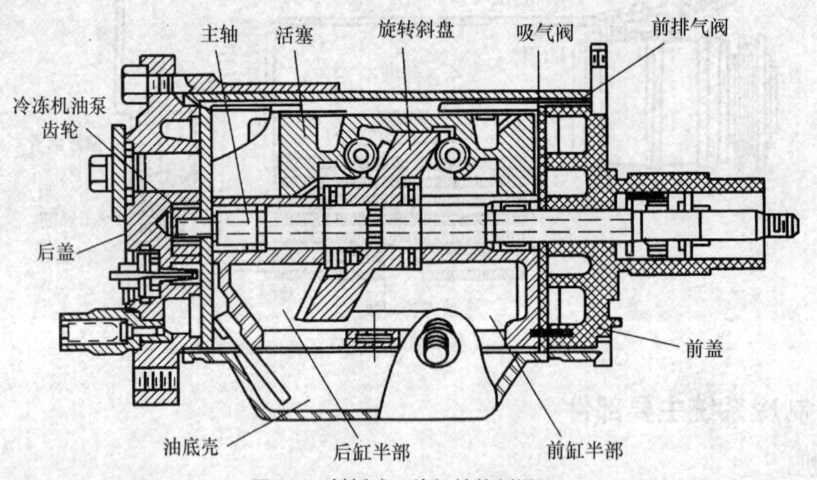

图9-4 斜板式压缩机结构剖视图

斜盘式压缩机的工作原理如图 9-5 所示，斜盘与压缩机主轴固定在一起，斜盘的边缘装合在活塞中部的槽中，活塞槽与斜盘边缘通过钢球支撑在一起，当压缩机主轴旋转时，斜盘也随之旋转，斜盘边缘推动活塞作轴向往复运动。斜盘旋转一圈，前后两个活塞分别完成进气、压缩、排气、膨胀各一个循环，相当于两个气缸同时工作。

斜盘式压缩机的润滑方式有两种：一种是强制润滑，由油泵供油到被润滑表面；另一种是飞溅润滑。

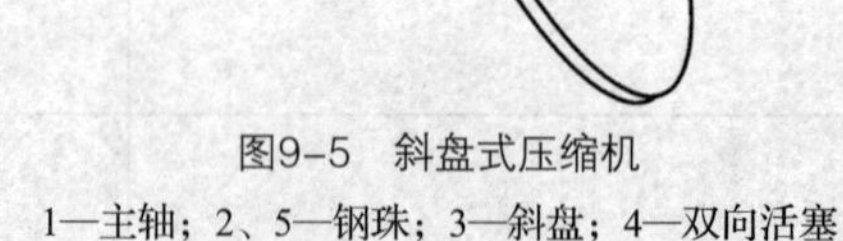

图9-5 斜盘式压缩机

1—主轴；2、5—钢珠；3—斜盘；4—双向活塞

2. 冷凝器

冷凝器是把来自压缩机的高温高压气体，通过管壁和散热片将其中的热量传递给冷凝器周围的空气，从而使高温、高压的气态制冷剂冷凝成中温、高压的液体。

（1）汽车用空调冷凝器的性能要求。

① 要有较高的散热效率。

② 结构、重量、尺寸、空间合理。

③ 抗振性能好。

④ 冷凝空气阻力小。

⑤ 耐腐蚀性能好。

（2）冷凝器的种类。冷凝器主要有管带式、管片式、鳍片式等类型，桑塔纳 GSi 轿车所采用的冷凝器为管带式。

3. 蒸发器

蒸发器是将经过节流降压后的液态/气态混合物制冷剂在蒸发器内沸腾汽化，吸收蒸发器表面周围的热量而降低温度，风机再将冷空气送入车厢，从而达到车内降温的目的。

（1）对蒸发器性能的要求。

① 重量轻、体积小、散热面空气阻力小，具有高的散热效率。

② 耐腐蚀，抗振性能好。

③ 材料低温性能好，无毒性，冲击后不产生火花，且价格便宜。

（2）蒸发器的种类。主要有管片式、管带式、层叠式，其结构如图 9-6 所示。

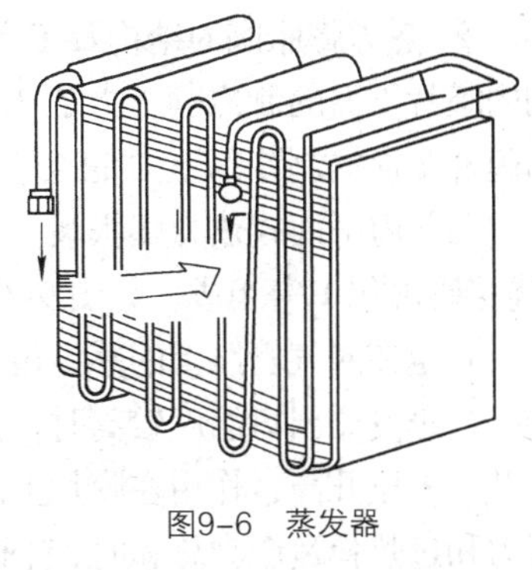

图9-6 蒸发器

（3）蒸发器表面的亲水和防蚀处理蒸发器表面的温度较低，容易“结霜”或片间形成“水桥”，日积月累铝材受到腐蚀，生成白色粉状物，由此增加了空气的流通阻力，减少了通风量，影响了蒸发器的热交换能力，使本来不够的汽车空调制冷量变得更加不足。其处理方法有 3 种。

① 无机物质，如水软铝面，水玻璃、二氧化硅等。

② 有机树脂，如亲水性树脂和表面活性剂。

③ 二氧化硅、有机树脂、表面活性剂合用。

4. 干燥瓶

干燥瓶就是在制冷系统中，临时性地存储一下制冷剂，根据制冷负荷的需要，随时供给蒸发器，并对系统中的水分和杂质进行干燥和过滤，即存储制冷剂、过滤杂质、吸收湿气。

（1）干燥瓶的组成。干燥瓶主要由储液器、干燥器、过滤器、观察窗（视液窗）和安全装置等几部分构成，如图 9-7 所示，具体安装位置见图 9-1。

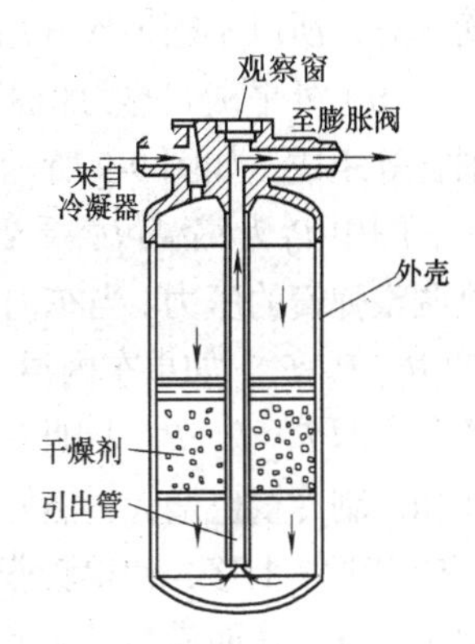

图9-7 干燥瓶

（2）干燥剂的种类。干燥剂主要有硅胶和分子筛两种。

（3）干燥瓶的安装。

① 干燥瓶要安装在通风、冷却好、远离热源的地方。

② 干燥瓶要直立安装，倾斜度不能大于 15° 。

③ 安装时，干燥瓶必须在最后安装。

④ 不同制冷剂所装干燥瓶不一样，不能混用。

5. 膨胀阀

汽车空调的膨胀阀又称节流阀，主要有热力膨胀阀、H 型膨胀阀、节流膨胀管等多种类型。

（1）热力膨胀阀。

① 热力膨胀阀的作用。热力膨胀阀是一种节流装置，它是制冷系统中自动调节制冷剂流量的元件，它的工作特性好坏直接影响整个制冷系统能否正常工作。热力膨胀阀一般有以下 3 个作用。

（a）节流降压：它将从干燥瓶来的中温、高压的液态制冷剂降压为容易蒸发的低温、低压的雾状制冷剂，进入蒸发器，即分开了制冷剂的高压侧和低压侧。

（b）调节制冷剂流量：由于制冷剂负荷的改变以及压缩机转速的改变，要求流量作相应调节，以保持车内温度稳定，膨胀阀能自动调节进入蒸发器的流量，以满足制冷剂循环要求。

（c）防止液击和异常过热：由于感温元件能控制制冷剂流量的大小，保证蒸发器尾部有一定量的过热度，从而保证蒸发器容积的有效作用，避免液态制冷剂进入压缩机而造成液击现象，同时又将过热度控制在一定范围内。

② 热力膨胀阀的结构及工作原理。热力膨胀阀有内平衡式和外平衡式两种。内平衡式热力膨胀阀的膜片下面的制冷剂压力是从阀体内部通道传递来的膨胀阀孔的出口压力。外平衡式热力膨胀阀的膜片下面的制冷剂压力是通过外接管，从蒸发器出口处引来的压力。

（a）内平衡式热力膨胀阀。内平衡式热力膨胀阀主要由阀门、膜盒、膜片、调节弹簧、毛细管（连接感温包）等组成，如图 9-8 所示。

固定在回气管路上的感温包内装有惰性液体或制冷剂，当蒸发器出口温度较高时，感温包内液体温度随之上升，内压升高，作用在膜片上的压力大于蒸发器进口压力和过热弹簧压力总和时，针阀离开阀座，阀门开启，制冷剂流入蒸发器。

针阀开启后，制冷剂进入蒸发器，蒸发器内压力随之上升，回气温度降低，膜片下侧压力增加，上侧压力降低，阀门关闭。由于膜片上、下侧压力经常处于不平衡状态，所以不断地作开启、闭合的循环。

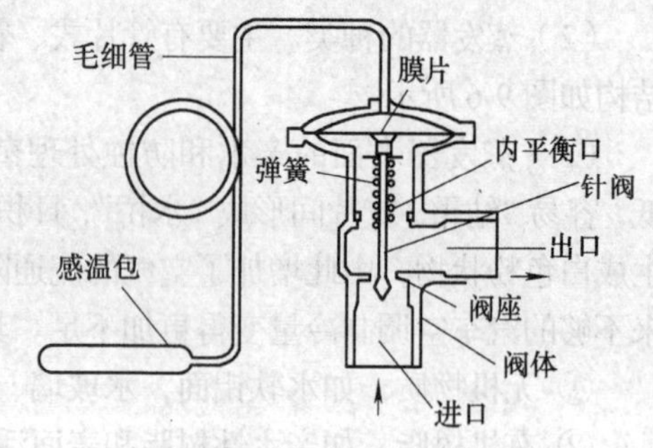

图9-8 内平衡式热力膨胀阀

（b）外平衡式热力膨胀阀。外平衡式热力膨胀阀主要由热敏管、压力弹簧、膜片室、阀门、毛细管等组成，如图 9-9 所示。

图中 P_f 为感温包感受到蒸发器出口温度相对应的饱和压力，P_e 为蒸发器出口蒸发压力，P_s 为过热调整弹簧的压力。当车内温度处在某一工况时，膨胀阀有一定开度，P_f、P_e 和 P_s 应处于平衡状态，即 $P_f=P_e+P_s$。如果车内温度升高，蒸发器出口过热度增大，则感受温度上升，相应的感应压力 P_f 增大，即 $P_f>P_e+P_s$，因此波纹膜片向下移，推动传动杆工作，使得膨胀阀孔开度增大，制冷剂流量增加，制冷量也增大，蒸发器出口过热度相应下降。反之，如果 $P_f<P_e+P_s$，则波纹膜片向上移，传动杆也随之上移，使得膨胀阀孔开度减小，制冷剂流量减小，制冷量也减小，蒸发器出口过热度也相应上升，从而满足了蒸发器热负荷变化的需要。

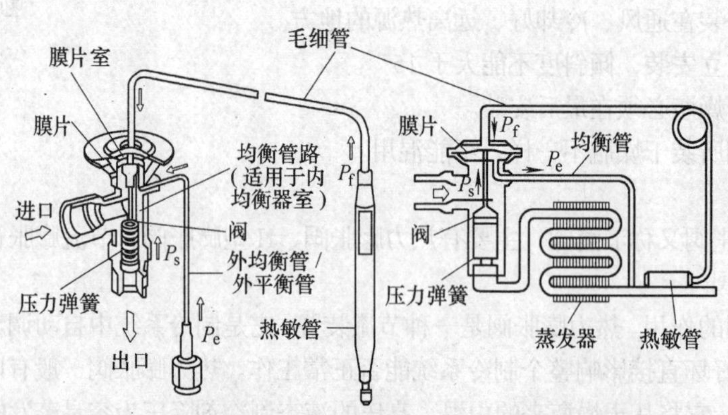

图9-9 外平衡式热力膨胀阀

（2）H 形膨胀阀。H 形膨胀阀是一种整体式膨胀阀，又称块阀，取消了外平衡式普通膨胀阀的外平衡管和感温包，直接与蒸发器进、出口相连，如图 9-10 所示，主要由阀体、感温元件、阀球、调节螺栓和预紧弹簧组成，形似大写英文字母“H”而得其名。H 形膨胀阀结构紧凑、工作可靠，因此在新型汽车（如桑塔纳 2000、北京切诺基等轿车）中普遍采用。

在 H 形膨胀阀上，设有低压与高压两个通道和 4 个管路接头，分别与制冷系统的低压管路和高压管路连接。在图 9-10 所示结构示意图中，上面一个通道为低压通道，下面一个通道为高压通道。低压通道的入口接头经制冷管路与蒸发器出口连接、出口接头经制冷管路与空调压缩机入口连接；高压通道的入口接头经制冷管路与储液干燥器连接、出口接头经制冷管路与蒸发器入口连接。

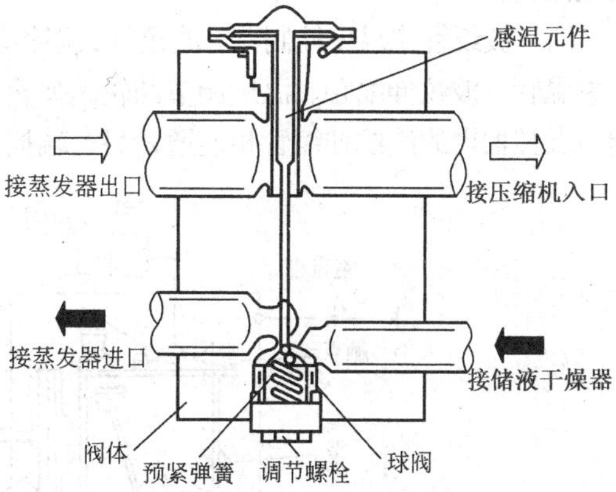

在高压液体进口和出口之间，设有一个由球阀组成的节流阀，节流阀开度的大小由感温元件和预紧弹簧控制。感温元件内部充注有制冷剂，安放在低压通道上直接感受蒸发器出口蒸气的温度。转动调节螺栓即可调节弹簧的预紧力，从而便可调节节流阀的开度和流入蒸发器的制冷剂流量来调节车内空气的温度。

图9-10　H形膨胀阀

当蒸发器出口蒸气温度升高时，感温元件内部制冷剂吸热膨胀压力升高，迫使球阀压缩预紧弹簧使节流阀开度增大，进入蒸发器的制冷剂流量增大，蒸发器制冷量增大，车内空气温度降低。反之，当蒸发器出口蒸气温度降低时，节流阀开度减小，制冷剂流量减小，蒸发器制冷量减少，车内空气温度将升高。

9.2.4 汽车空调控制部件

1. 电磁离合器

压缩机电磁离合器主要由压力板（前板）、带轮（转子）及电磁线圈组成，如图 9-11 所示。

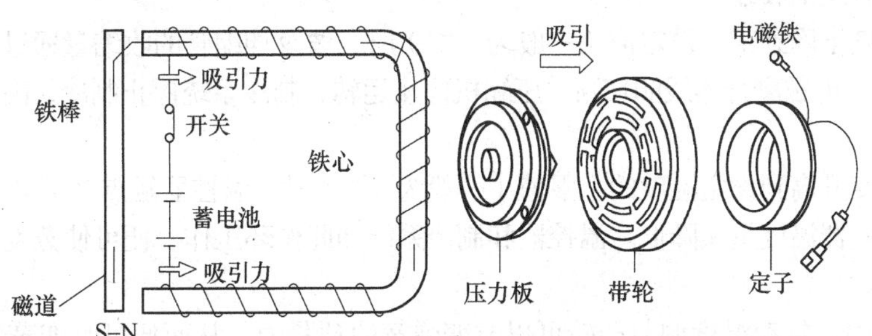

图9-11　电磁离合器结构原理图

汽车空调用的电磁离合器，其作用是将汽车发动机的动力传递给压缩机主轴，使压缩机运转，完成制冷循环。压缩机的工作或停转由电磁离合器线圈电源的通断进行控制。

电磁离合器的工作原理是当电流通过离合器绕组时产生较强的磁场，衔铁被线圈磁力牢牢吸住，压缩机主轴通过键与毂连接，而衔铁与毂紧箍，这时带轮旋转，通过转板上吸力带动衔铁旋转，主轴即被驱动。当离合器线圈断电时，衔铁被弹簧弹回，带轮只在轴承上空转。

2. 温度控制器

蒸发器温度控制器简称温控器，又称为恒温器。为了充分发挥蒸发器的最大冷却能力，同时又不致造成蒸发器表面的冷凝水结冰、结霜而堵塞蒸发器换热片之间的空气通道，蒸发器表面的温度应当控制在1℃～4℃。温控器的作用就是根据蒸发器表面温度的高低，接通和切断空调压缩机电磁离合器线圈电路，使蒸发器表面温度保持在规定的范围内（一般为1℃～4℃）。

常用的温控器有波纹管式（如桑塔纳轿车和奥迪100型轿车空调系统采用的温控器）和热敏电阻式两种。

（1）波纹管式温度控制器。波纹管式温控器又称为压力式温控器，其结构如图9-12所示，主要由感温管、波纹伸缩管、温度调节凸轮、弹簧、触点等组成。在感温管内充有制冷剂饱和液体，一端与温控器内的波纹伸缩管相连通，另一端插入蒸发器吸热片内20～25cm。

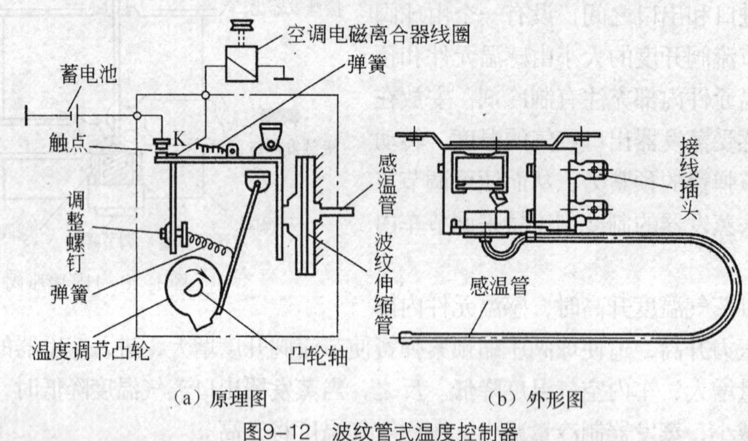

图9-12 波纹管式温度控制器

当蒸发器温度较高时，插在其吸热片内的感温管的温度相应也较高，因此感温管内部制冷剂液体膨胀，压力相应较高而使波纹伸缩管伸长，推动传动杠杆放大机构使触点K闭合，接通电磁离合器线圈电路使压缩机运转制冷，蒸发器温度开始下降，感温管温度随之下降，其内部制冷剂压力下降而使波纹伸缩管逐渐收缩。

当蒸发器温度下降到某一设定值（一般为1℃）时，波纹伸缩管的收缩量通过传动杠杆放大机构使触点K断开，电磁离合器线圈切断，压缩机停止运转，制冷系统停止制冷，因此蒸发器温度开始上升。

当蒸发器温度升高到设定温度的上限值（一般为4℃）时，温控器触点K再次闭合，压缩机重新运转制冷，蒸发器温度重又降低。温控器和制冷系统如此循环工作，便可使蒸发器温度控制在设定的温度范围内。

在使用过程中，转动温度调节凸轮可以改变弹簧的预紧力，从而便可改变蒸发器的温度调节范围。

（2）热敏电阻式温度控制器。热敏电阻式温控器又称为电子控制式温控器，由热敏电阻式蒸发器温度传感器，电子放大电路、电磁离合器继电器等组成。这种温控器具有反应迅速、控制精度高等优点。图9-13所示为丰田航行者中型客车空调系统用电子温控器的电路原理图，主要由热敏电阻式温度传感器、4只晶体管 VT_1、VT_2、VT_3、VT_4、电阻、电容和二极管等电子元件，以及一只继电器组成。

热敏电阻式温控器采用负温度特性的热敏电阻，具有温度升高电阻值减小、温度下降电阻值增大的特点。热敏电阻安装在蒸发器空气出口一侧，以便感测蒸发器出口冷气的温度。温控器的设定温度由电位器设定，触点常开型继电器由晶体管 VT_4 控制，继电器触点K串联在压缩机电磁离合器线圈电路中。当蒸发器温度高于设定温度值时，热敏电阻阻值较小，温控器电路中 B 点电位较低，晶体管 VT_3 截止、VT_4 导通，继电器磁化线圈通电，产生电磁吸力将触点吸闭，接通电磁离合器线圈电路，使压缩机运转制冷，蒸发器温度开始下降。当蒸发器温度下降到设定温度的下限值时，热敏电阻阻值增大，B 点电位升高，使晶体管 VT_3 导通、VT_4 截止，继电器磁化线圈电路切断、触点断开，使电磁离合器线圈电路切断，压缩机停止运转，蒸发器温度开始升高。当温度升高到设定温度的上限值时，温控器又会使压缩机运转制冷，蒸发器温度将再次下降，如此循环工作，便可使蒸发器温度控制在设定的温度范围内。

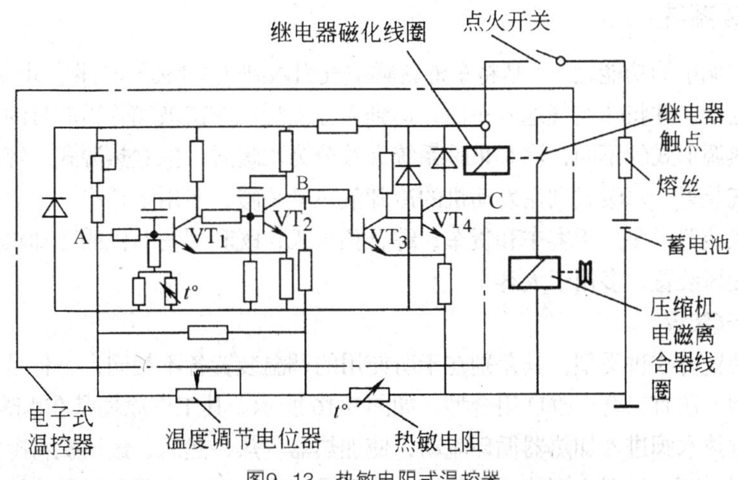

图9-13 热敏电阻式温控器

3. 压力开关

汽车空调设有压力开关电路，压力开关也称压力继电器或压力控制器，分为高压开关和低压开关两种，安装在制冷系统的高压侧管路上。当制冷系统中制冷剂压力出现异常时，迅速切断电磁离合器电路，而使压缩机停止工作，待压力恢复后，压缩机又正常工作，保护了制冷系统不损坏。

（1）高压压力开关是为了防止制冷剂填充过多，冷凝器散热又不好，造成压力过高，产生管路爆裂而设置的。高压开关的切断压力和触点恢复闭合压力一般因车型而异，切断压力一般在 2.1～3.0MPa，触点闭合恢复压力为 1.6～1.9MPa，如图 9-14 所示。

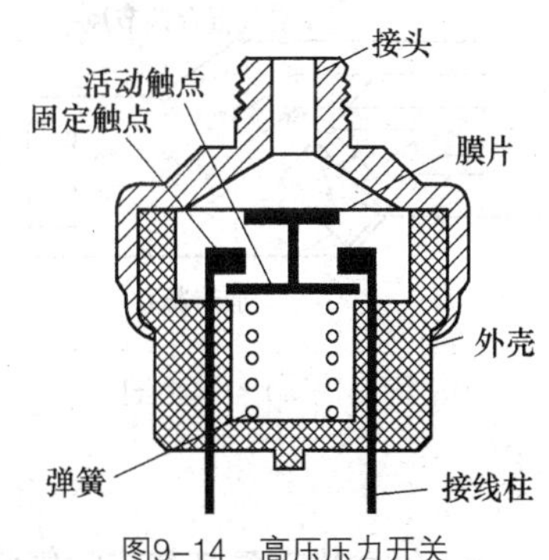

图9-14 高压压力开关

（2）低压压力开关也称制冷剂泄漏检测开关，作用是当气体泄漏、压力降低时，切断电磁离合器电源，以免烧坏压缩机。

低压开关的切断压力一般在 80～110kPa，而触点闭合恢复压力为 230～290kPa，如图 9-15 所示。

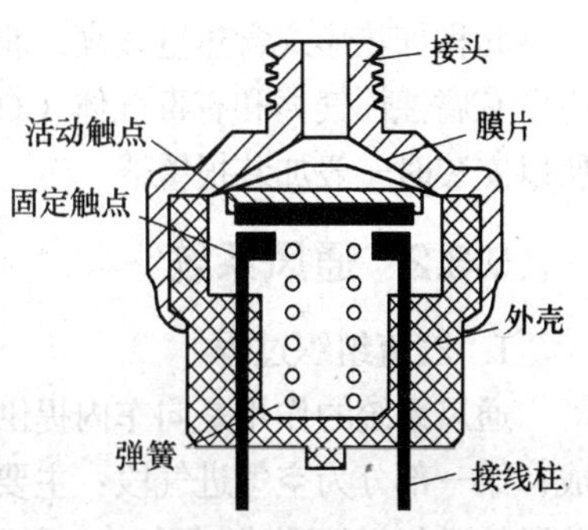

图9-15 低压压力开关

4. 减压安全阀

是制冷系统中过压保护装置，安装在压缩机缸体上，如果高压端的压力升至 3.43～4.14MPa，减压安全阀就会开启，以降低压力，通常它和高压开关起双层保护，一旦减压安全阀开启，就必须予以更换。

5. 怠速提升装置

汽车空调制冷系统在工作时会消耗发动机功率，因此排气量较小的发动机，一旦将冷气开启，则会因功率消耗而使怠速降低，出现发动机怠速不稳定的现象，甚至使发动机熄火，因此设计这种装置使发动机怠速在制冷系统工作时自动升高，以维持正常的怠速。

9.3 采暖系统与通风系统

9.3.1 采暖系统

采暖是汽车空调中的功能之一，是将车外新鲜空气引入到热交换器，吸收其中某种热源的热量，从而提高空气的温度，并将热空气送入车内，达到人体保暖和车窗玻璃除霜的目的。

按所使用的热源形式的不同，汽车采暖系统大致分为水暖式、独立热源式、综合预热式和发动机排气加热式暖气装置。水暖式利用发动机的冷却液热量采暖，多用于轿车；独立热源式，装有专门的燃烧供热暖风装置，多用于客车和货车；综合预热式，既利用发动机的冷却热量，又装有燃烧预热的综合加热暖风装置，多用于大客车。

1. 水暖式暖气装置

水暖式暖气装置有 3 种类型，其差别在于所使用的调温装置各不相同，一种是水流调节型，另一种是空气混合型，还有二合一改良组合型，如图 9-16 所示。其工作原理是在水暖式暖气装置中，发动机冷却液通过热水阀进入加热器循环流动，使加热器变热，然后，鼓风机将冷空气吹过热的加热器，使空气变暖。而空气混合型的采暖装置，使用了一个空气混合调节风量，该风门调节通过加热器的冷空气比例以改变空气温度，被许多现代车型所采用。

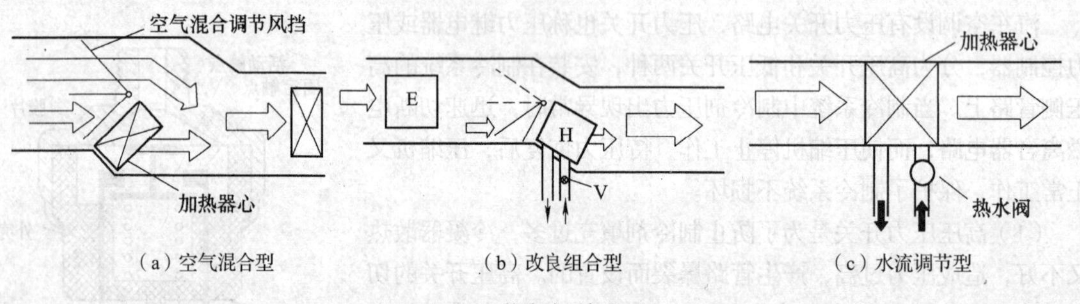

图9-16 热水式暖气装置

2. 发动机排气加热式暖气装置

此种加热形式含热量较高，能够提供足够暖气来调节车内的温度，适合北方严寒地区，但气体中含有腐蚀性气体和有毒气体 CO，这种取暖器必须耐腐蚀、密封性好，一旦穿孔后果不堪设想，所以安装时一般加装报警器。

9.3.2 通风系统

1. 气流组织过程

通风系统的作用是向车内提供温度适宜的干净空气。通风系统的气流组织过程主要由 3 部分构成，第一部分为空气进气段：主要由用来控制新鲜空气和室内循环空气的风门叶片和伺服器组成，此段的进气组织形式如图 9-17 所示。第二部分为空气混合段：主要由加热器和蒸发器组成，用来提

供所需温度的空气。第三部分为空气分配段：使空气吹向面部、脚部和风窗玻璃上。以上 3 段进气组织原理如图 9-18 所示。

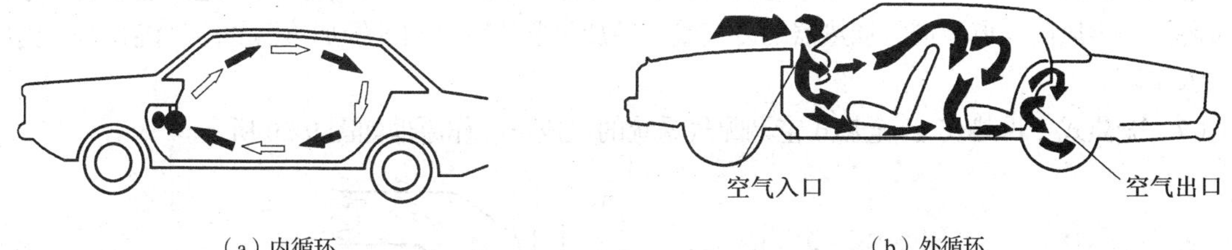

（a）内循环　　（b）外循环

图9-17　汽车空调进气组织形式示意图

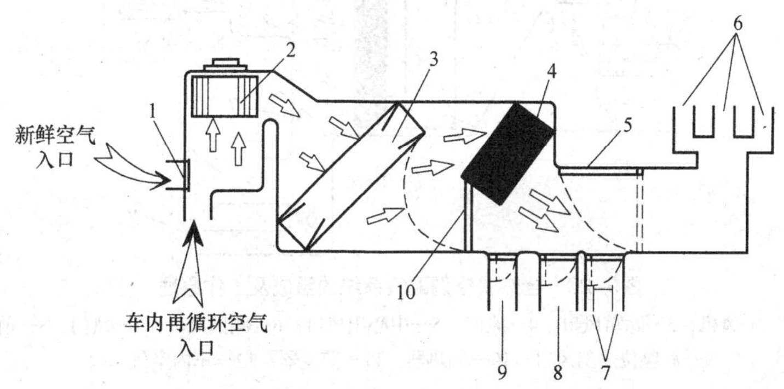

图9-18　汽车空调进气组织原理图

1—新鲜/再循环空气风门；2—鼓风机；3—蒸发器；4—加热器；5—风门；6—吹向前风窗玻璃出风口；7—吹向侧窗出风口；8—吹脸出风口；9—吹脚出风口；10—混合风门

2. 通风配气方式

汽车空调系统不仅能将新鲜空气引入车厢内，而且能将冷气、热风及新鲜空气有机地进行混合调节，形成冷暖适宜的气流并吹入车厢。配气系统常见的配气方式有以下几种。

（1）空气混合式。空气混合式空调配气系统的组成及工作原理如图 9-19 所示。空气经过蒸发器后即变为冷空气，而冷空气经过加热器后又变为热气，最后由出风口吹出的空气是冷空气和热空气的混合气体。风门 9 的作用就是将经过蒸发器的冷空气分成两部分，一部分冷空气经过加热器后变为热空气；另一部分冷空气没经过加热器，仍为冷空气。改变风门 9 的位置可以改变冷空气与热空气的比例，即通过改变风门 9 的位置来调节车内空气的温度。图 9-19 中所有的冷气都经过加热器，

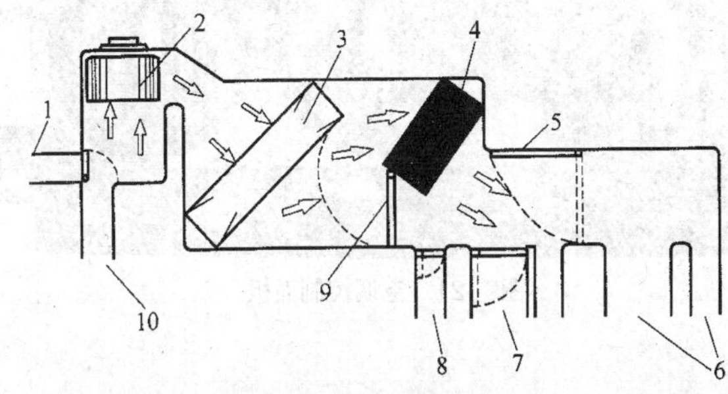

图9-19　空气混合式空调配气系统的组成及工作原理

1—外界空气入口；2—风机；3—蒸发器；4—加热器；5、9—风门；6、7、8—出风口；10—车内空气入口

此时，空调吹出的空气是最热空气。随着风门 9 的顺时针转动，经过加热器的冷空气将逐渐减少，即热空气越来越少，吹向车内的混合气体的温度逐渐降低。

空气混合式空调配气系统的工作过程为：外界空气+车内空气→进入风机 2→进入蒸发器 3 进行除湿降温→由风门 9 调节进入加热器的冷气量→经加热器的冷气和没经加热器的冷气混合→从出风口吹入车厢。

（2）全热式（再热式）。全热式空调配气系统的组成及工作原理如图 9-20 所示。

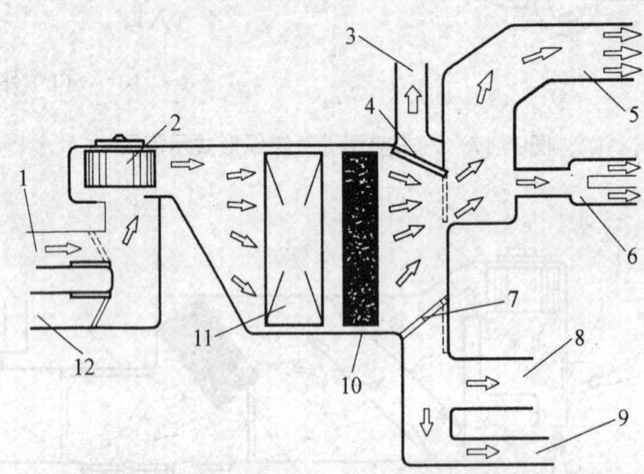

图9-20　全热式空调配气系统的组成及工作原理

1—外界空气入口；2—风机；3—除霜风口；4—风门；5—中心出风口；6—侧出风口；7—风门；8—前座位热出风口；9—后座位热出风口；10—加热器；11—蒸发器；12—车内空气入口

全热式空调配气系统的工作过程为：外界空气+车内空气→进入风机 2→进入蒸发器 11 进行除湿降温→全部进入加热器→从出风口吹入车厢。

在夏季时，可单独使用蒸发器进行降温；在冬季时，可单独使用加热器进行采暖；在春秋雨季时，蒸发器与加热器可同时使用进行除湿加热。

9.4　汽车空调操纵系统

汽车空调操纵系统的功用是对制冷系统与加热系统进行控制，调节车内的空气温度、风量、流向，确保空调系统正常工作。图 9-21 所示为比较经典的汽车空调面板。

图9-21　空调控制面板

1. 换气控制

主要由内外循环键完成来控制换气门。当换气控制置于外循环位置时，换气控制门开启，使车厢外新鲜空气进入车厢内产生换气作用；换气键置于内循环位置时，换气控制门关闭，车厢内空气经由鼓风机在车厢内循环，此时开冷气可使车厢内空气温度快速降低。

2. 温度控制

主要由冷暖混合控制门和水流阀来完成控制的，使吹入车厢内的空气控制在适当的温度。

3. 风向控制

主要由风向键控制操作通风控制门、底板控制门及除雾控制门等开启及关闭，来完成风的走向控制。

4. 风量控制

主要由鼓风机转速控制杆控制风量的大小，它可通过挡位的选择控制风量，挡位越高，风量越大。

9.5 汽车空调控制电路举例

下面以桑塔纳轿车分析空调系统控制电路的控制过程。桑塔纳轿车空调系统控制电路如图 9-22 所示。

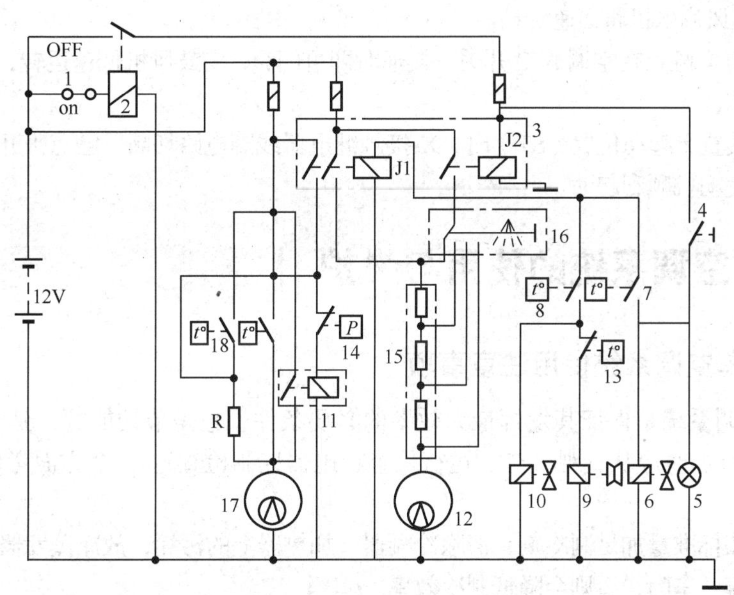

图9-22 桑塔纳轿车空调系统控制电路

1—点火开关；2—减负荷继电器；3—主继电器；4—空调 A/C 开关；5—空调开关指示灯；6—新鲜空气翻板电磁阀；7—环境温度开关；8—恒温器；9—电磁离合器；10—怠速提升电磁真空转换阀；11—冷却风扇继电器；12—鼓风机；13—低压保护开关；14—高压保护开关；15—风机调速电阻；16—鼓风机开关；17—冷却风扇电机；18—冷却液温控开关

其工作过程如下。

（1）点火开关断开（置于 OFF）时，减负荷继电器的线圈电路切断，触点分开，空调系统不工作。

（2）点火开关接通（置于 ON）时，减负荷继电器线圈电路接通，触点闭合，主继电器中的 J_2 线圈通电，接通鼓风机电路。此时可由鼓风机开关进行调速，使鼓风机按要求的转速运转，进行强制通风、换气或送出暖风。

（3）需要制冷系统工作时，接通空调开关，便可接通下列电路：

① 空调开关的指示灯亮，表示空调开关已经接通。

② 新鲜空气翻板电磁阀 6 电路接通，该阀动作接通新鲜空气翻板控制电磁阀的真空通路，而使鼓风机强制通过蒸发器的空气通道进风，送出冷风。

③ 当外界气温高于 10℃时，环境温度开关 7 闭合，电源经环境温度开关 7，经恒温器 8、低压保护开关 13 对电磁离合器 9 线圈供电，同时对怠速提升电磁真空转换阀 10 供电；另一路对主继电器中的 J_1 线圈供电，使两对触点同时闭合，其中一对触点接通冷凝器冷却风扇继电器 11 线圈电路，另一对触点接通鼓风机电路。当外界气温低于 10℃时，环境温度开关 7 断开，空调压缩机停止工作。

低压保护开关串联在恒温器和电磁离合器之间，当制冷系统缺少制冷剂使制冷系统压力过低后自动断开，停止压缩机工作。

高压保护开关 14 串联在冷却风扇继电器和主继电器 J_1 的一对触点之间，当制冷系统高压值正常时，触点张开，将电阻 R 串接入冷却风扇电机电路中，使风扇电机低速运转。当制冷系统高压值超过规定值时，高压保护开关触点闭合，将电阻 R 短路，使风扇电机高速运转，以增强冷凝器的冷却能力。同时，冷却风扇电机还直接受发动机冷却液温控开关 18 的控制，当不开空调 A/C 开关时，若发动机冷却液温度低于 95℃时，风扇电机不转动，高于 95℃时，风扇电机低速转动，当冷却液温度达到 105℃时，风扇电机将高速转动。

主继电器中的 J_1 触点在空调 A/C 开关一接通时即可闭合，使鼓风机低速运转，以防止蒸发器表面温度过低而结冰。

（4）点火开关置于起动位置（ST）时，X-接触继电器线圈电路切断，触点张开，中断空调系统的工作，以保证发动机顺利起动。

9.6 汽车空调系统的使用与维护

9.6.1 汽车空调系统使用注意事项

正确使用空调系统是保证其发挥最大效率的必要条件，也是节约能源，延长使用寿命的关键，使用与维护空调时应从直观检查、运行检查、电器控制检查这 3 个方面考虑，具体注意事项如下。

（1）使用前按标准量加足制冷剂，清除冷凝器、加热器上的污垢，放净蒸发器排水器的积水。

（2）关闭车窗、车门，否则会降低制冷效率。

（3）调整风口、风向。

（4）避免暴晒，以免加重空调负担。

（5）正确使用空调控制面板上的操作按钮。

（6）要作常规检查和定期维护。

（7）经常注意软管是否磨损、老化、堵塞。

（8）电路是否短路，熔丝是否匹配。

（9）制冷剂、冷冻机油的正确选用和保存。

（10）不要让制冷剂进入眼睛。

9.6.2 汽车空调系统常用的故障诊断方法

1. 看

用眼睛观察整个空调系统各个零件是否处于正常工作状态，重点是通过干燥瓶上的观察窗看到的制冷剂情况。其检查条件是启动发动机，控制发动机转速为 2000r/min 左右，鼓风机转速为最高挡，按下 A/C 开关，将温度调至最低，打开左、右出风口，关闭所有车门及车窗。然后通过观察窗看到的制冷剂情况可能有 4 种，如图 9-23 所示。

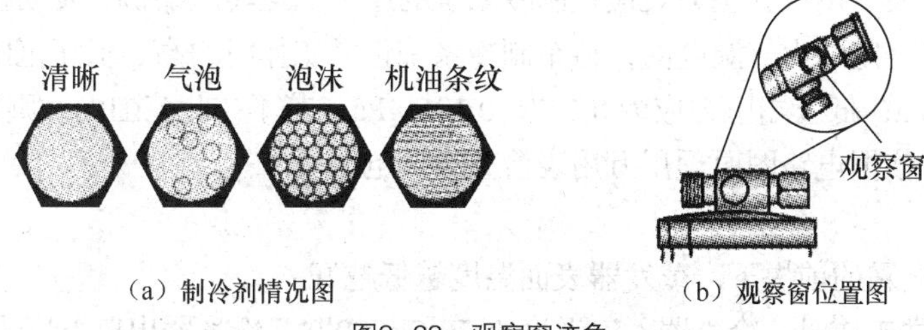

（a）制冷剂情况图　（b）观察窗位置图

图9-23 观察窗迹象

（1）清晰、无气泡。若开、关空调的瞬间制冷剂起泡沫，随后变清，则说明制冷剂适量。如果开关空调从观察窗看不到动静，而且出风口不冷，压缩机进出口之间没有温差，则说明制冷剂已漏光。若出风口不冷，而且关闭压缩机后无气泡，无流动，则说明制冷剂过多。

（2）偶尔出现气泡。若偶尔出现气泡，且伴有膨胀阀结霜，则说明系统中有水分。若无膨胀阀结霜现象，则可能是制冷剂少量缺少或有空气进入。

（3）有泡沫出现。若有泡沫不断出现，则说明制冷剂不足。如果泡沫很多，也可能是因为空气存在。若判断为制冷剂不足，则要查明原因。不能随便补充制冷剂。由于胶管内制冷剂存在自然泄露问题，因此若是使用两年后方发现制冷剂不足，则可以判断为胶管自然泄露。

（4）出现机油条纹。若观察窗玻璃上有条纹状的油渍，则说明冷冻机油量过多。此时，应想办法从系统内释放一些冷冻机油，再加入适量的制冷剂。若观察窗上留下的油渍是黑色的或有其他杂物，则说明系统内的冷冻机油已变质，必须清洗制冷系统。如果观察到连续不断的气泡出现，说明制冷剂严重不足。如果每隔 1～2s 就会有气泡出现，也表示制冷剂不足。

如果观察窗几乎透明，发动机转速变化时可能会出现气泡，说明制冷剂适量。看各接头处是否有油污，沾有灰尘。如果有油污和灰尘，说明可能有泄漏。观察冷凝器表面脏不脏，散热片是否变形。

2. 听

用耳朵聆听运转中的空调系统有无异常声音。如果有噪声则可能是电磁线圈老化，吸力不足，通电后由于打滑而产生噪声，也可能是离合器片磨损造成间隙过大使离合器打滑。听压缩机是否有液击声。如果有液击声，可能是制冷剂过多或膨胀阀开度过大，应释放制冷剂或调整膨胀阀。除此之外，就是压缩机内部损坏。

3. 摸

用手感觉压缩机的进气管和排气管之间应该有明显的温度差，前者发凉、后者发烫。用手感觉比较冷凝器进入管和排出管的温度，正常情况下，前者热一些，冷凝器上部温度比下部温度要高。用手摸储液干燥器前后温度应一致。冷凝器输出管到膨胀阀输入管之间是制冷剂高压、高温区，温度应该均匀一致。如果在感知高压管温度时，出现温差变化比较大，则说明此处可能堵了。

低压管路比较凉，用手摸膨胀阀前、后要有明显的温差，即前热后凉。膨胀阀出口到压缩机之间的软管应该凉而不结霜，正常情况应为结霜后即化，用肉眼看到的只是化霜后结成的水珠。用手感觉车内出风口有凉的感觉，车内保持适应人体的正常温度。

如果高压管路、低压管路没有明显温差，说明制冷系统不工作或系统泄漏，制冷剂严重不足。

4. 测

（1）用检漏仪。用检漏仪检查各接头是否有泄漏。

（2）用歧管压力表。用歧管压力表检查制冷系统的压力。运转压缩机，发动机转速 2000r/min，观察歧管压力表。在一定的大气湿度内，轿车制冷系统正常工作时的高、低压范围是：高压端压力应为 1.421～1.470MPa；低压端压力应为 0.147～0.196MPa。若不在此范围内，则说明系统有故障。

（3）用万用表。依据电路图原理用万用表检查空调电路故障。

（4）用温度计。

① 蒸发器：不结霜的前提下，蒸发器表面温度越低越好。

② 冷凝器：正常工作时，冷凝器入口温度为 70℃～90℃，冷凝器出口温度为 50℃～65℃。

③ 储液干燥器：正常情况下应为 50℃。入口温度较出口温度高，说明储液干燥器堵塞。

9.6.3 汽车空调系统的使用维护基本操作

1. 工具、设备和材料

对汽车空调进行维护以及检修时，需使用工具与设备有真空泵、压力表组、检漏仪、制冷剂添加阀、呆扳手、组合套筒、温度计、万用表等，需准备的材料有制冷剂、冷冻机油、密封圈、洗涤水。

（1）真空泵。如图 9-24 所示，真空泵是与压力表组配合使用的，其作用为清洁制冷系统，除去制冷循环系统内的湿气，以及进行制冷剂补给。抽真空时间必须足够，以使制冷系统做到完全真空。

（2）压力表组。如图 9-24 所示，抽出制冷系统中的空气、湿气，使其系统中为真空，填充制冷剂，测量制冷系统中的压力来诊断其故障部位。

（3）检漏仪。如图 9-25 所示，用来检查制冷系统中制冷剂是否泄漏，确定泄漏部位。

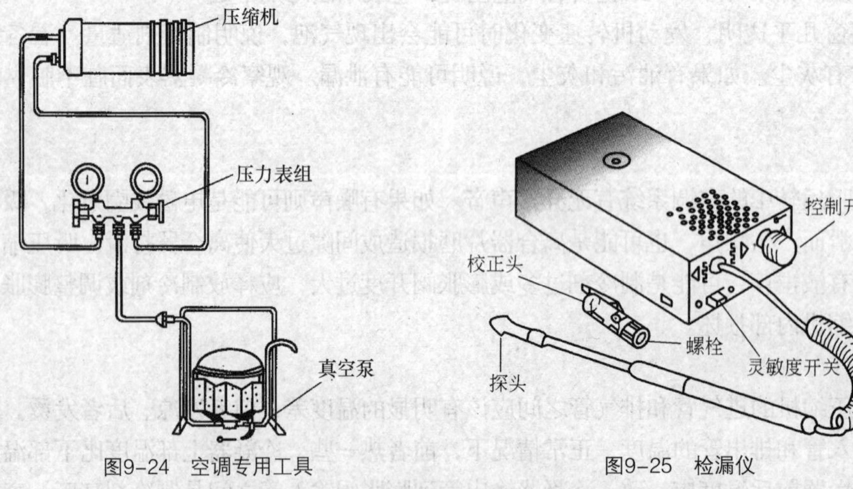

图9-24 空调专用工具　　图9-25 检漏仪

（4）制冷剂添加阀。如图 9-26 所示，补充制冷剂，以控制制冷剂的供给量。

2. 维护的基本操作

汽车空调故障有 80%都是由制冷系统中的制冷剂泄漏造成的，系统制冷剂泄漏会引起高低压力不正常，这就应该对系统内的制冷剂进行排放、检漏、抽真空、加冷冻机油，加制冷剂和进行系统维修完成后的检验。

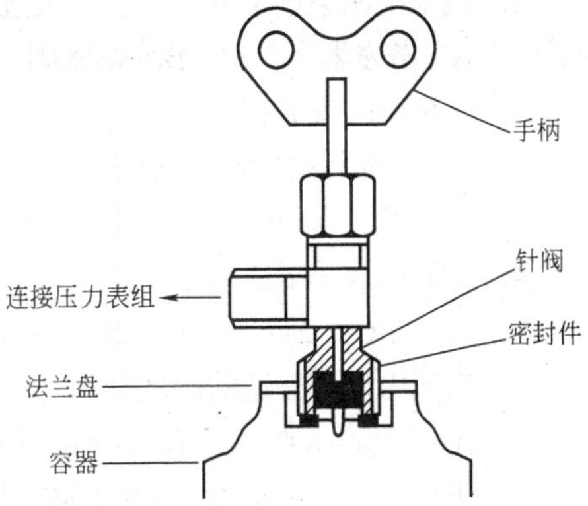

（1）回收。回收制冷剂是在检修过程中用专用设备将剩余的制冷剂回收到专用的容器中，并注意带走的冷冻机油油量在加注制冷剂之前进行冷冻机油的加注。

（2）检漏。包括外观检测漏法，肥皂水检查法，检漏仪检漏法，抽真空做气密性实验法，打压检漏法。

（3）抽真空。连接系统抽真空设备，抽真空（观察压力表的负压值），抽真空后检漏，检漏后继续抽真空。

图9-26　制冷剂添加阀

（4）加注冷冻机油。选择适量和与制冷系统相匹配的冷冻机油进行加注。

（5）加注制冷剂。运行前应从高压侧加注孔加注，运行时应从低压侧加注孔加注。加注时应选用合适的制冷剂，把压力表组管道中的空气排放干净。

（6）检验起动发动机。使其转速为 1500r/min，并将控制旋钮置于最大位置，且使鼓风机为最高转速，然后打开汽车全部风窗和车门进行检查。

① 高压端压力应为 1.421～1.470MPa；低压端压力应为 0.147～0.196MPa。

② 在出风口插入一只温度计，在空调的进风口放置一干湿球湿度计。

③ 作出相对湿度曲线图：沿垂直坐标标出送风温度，沿横坐标标出进入空气的温度，确定某一点，利用进风口干湿球湿度计的度数画出通过该点的相对湿度曲线（一般为由左至右的斜上曲线，如图 9-27 中的送风温度相对湿度曲线），再画出比该相对湿度高 10%和低 10%的相对湿度曲线，则送风温度随进风口温度的变化，应该落在这两条相对湿度曲线之间，说明制冷系统性能正常。

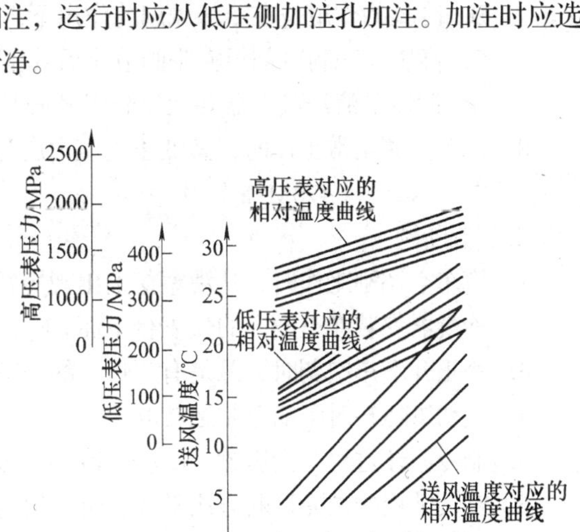

图9-27　温度曲线图

④ 按同样方式完成低压侧检验和高压侧检验。

习题与复习题

一、选择题

1. 下列关于 R134a 制冷剂的特点说法，错误的是（　　）。

A. 无色、无味、无毒、不易燃烧、不易爆炸，化学性质稳定

B. 不破坏臭氧层，在大气层停留时间短，温室效应影响也很小

C. 黏度较低，流动阻力较小

D. 分子直径比 R12 大，不易外泄

2. 汽车空调系统下列（　　）装置能够将气体制冷剂变为液态。

A. 蒸发器　B. 膨胀阀　C. 冷凝器　D. 压缩机

3. 干燥瓶的安装在（　　）。

A. 压缩机与冷凝器之间　B. 蒸发器与压缩机之间

C. 冷凝器与膨胀阀之间　D. 蒸发器与膨胀阀之间

4. 车厢内夏季舒适的温度是（　　）。

A. 22℃～28℃　B. 20℃～25℃　C. 16℃～18℃　D. 15℃～16℃

5. 车厢内夏季舒适的湿度是（　　）。

A. 70%～80%　B. 60%～70%　C. 50%～60%　D. 40%～50%

6. 下列（　　）不属于膨胀阀类型。

A. 热力膨胀阀　B. H 型膨胀阀　C. 节流膨胀管　D. L 型膨胀阀

7. 关于制冷 4 个过程，下列说话错误的是（　　）。

A. 压缩过程结合后向冷凝器输入的是高温高压的蒸气

B. 冷凝的作用是在冷却风扇的作用下，将热量散发到空气中，使制冷剂温度下降

C. 高压液态制冷剂经膨胀阀节流后其压力和温度下降，温度低至零下 5℃

D. 制冷剂流经蒸发器并吸热而变成低温液态制冷剂

8. 汽车空调正常工作时，其低压端压力应为（　　）。

A. 1.421～1.470MPa　B. 0.147～0.196MPa　C. 0.142～0.147MPa

二、判断题

1. 汽车空调刚工作时，从观察窗上出现短暂的气泡，这说明制冷剂不足。（　　）

2. 冷凝器安装在车厢内的仪表台下面。（　　）

3. 小王开汽车空调时，总是有“嗒”的一声响，这说明汽车空调有故障。（　　）

4. 发动机运转时压缩总是运转的。（　　）

5. 制冷循环过程分为压缩、膨胀、冷凝、蒸发 4 个过程。（　　）

6. 空调常用的故障诊断方法是看、听、摸与测。（　　）

7. 汽车空调制热的热能是来自发动机中的冷却液的热量。（　　）

8. 若在高速超车时，继续使用空调制冷，会使车辆的加速性能降低。（　　）

9. 舒适的空气流速在 0.2m/s 以下为好，并且以低速流动为佳。（　　）

三、思考题

1. 简述汽车空调的功用。

2. 简述汽车空调的组成。

3. 汽车空调的 4 个制冷过程是什么？各过程的特点如何？

4. 汽车空调制冷系统主要由哪些部件所组成，各部件的功用是什么？

5. 结合图 9-22 分析桑塔纳汽车空调的电路原理，并写出不制冷的电路检测诊断流程图。

6. 如何正确使用汽车空调？

7. 汽车空调的日常保养有哪些？

第10章 汽车电气设备总线路

学习目标：

- ❖ 掌握汽车电器常见部件。
- ❖ 熟知汽车电器图的组成和电路图的种类。
- ❖ 熟知汽车电器图的绘制规则及识图方法。
- ❖ 学会对主要各车系电路识图。
- ❖ 学会利用电路图分析和查找电路故障。

10.1 汽车电路常见部件

导线、线束和插接件的作用是将全车各汽车电器与电子设备按照工作要求可靠地连接成为一个整体。

10.1.1 导线

汽车电路中的导线按照其用途可分为低压导线、高压导线、屏蔽线及汽车数据总线。低压导线又有普通导线、起动电缆和搭铁电缆之分；高压导线则有铜芯线和阻尼线之分。

1. 低压导线

（1）普通低压导线。普通低压导线由多股细铜丝绞制而成，外层为绝缘层，如图 10-1（a）所示。绝缘层一般采用聚氯乙烯绝缘包层或聚氯乙烯－丁腈复合绝缘包层。导线标称截面是经过换算的线芯截面积，而不是实际几何面积。低压导线根据电路的额定电压、工作电流和绝缘要求等选取导线截面、绝缘层的类型。汽车各电路的导线规格如表 10-1 所示。

为了便于区分汽车线路，车上导线绝缘层采用了不同的颜色，其中截面在 4mm^2 以上导线采用单色线，4mm^2 以下采用双色线。采用双色导线时，一种颜色为主色，另一种颜色为辅色。

在电路图中，国产厂商在电路图上多以字母的形式来标示导线颜色。电路图中导线的标注，一般将导线标称截面和颜色同时标出。例如 2.5B，表示标称截面积为 2.5mm^2 的黑色导线，多用于搭铁。又如 1.0GW，表示标称截面积为 10mm^2，主色为绿色、辅色为白色的双色导线。国产和部分进口汽车导线颜色代号如表 10-2 和表 10-3 所示。表 10-4 所示为欧洲标准色标系统对颜色与用途的规定。

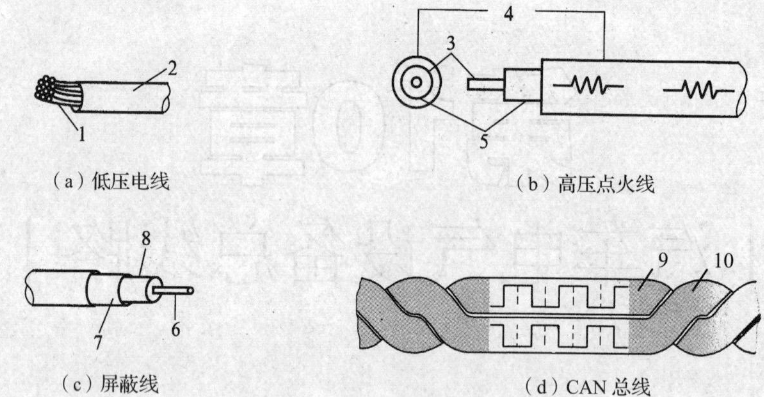

图10–1 汽车导线

1、3、6—线芯；2、4、8—绝缘护套；5—橡胶绝缘体；7—外导体；9—CAN-H 线；10—CAN-L 线

表 10-1 汽车各电路系统的导线规格

各电路系统	标称截面积/mm^2	各电路系统	标称截面积/mm^2
仪表灯、指示灯、后灯、牌照灯、燃油表、刮雨器、电子电路等	0.5	5A 以上的电路	1.3～4.0
转向灯、制动灯、停车灯、分电器等	0.8	电源电路	4～25
前照灯、3A 以下的电喇叭	1.0	起动电路	16～95
3A 以上的电喇叭	1.5	柴油机电热塞电路	4～6

表 10-2 国产汽车各电路系统规定的导线颜色（色码）

电路系统	主色	代号	电路系统	主色	代号
充电系统	红	R	仪表、报警信号、电喇叭线路	棕	N
起动和点火系统	白	W	收音机等辅助电器线路	紫	P
外部照明线路	蓝	U	辅助电动机及电器控制线路	灰	S
转向指示灯及灯光电路	绿	G	搭铁线	黑	B
防空灯和车内照明线路	黄	Y			

表 10-3 部分进口汽车导线颜色代号

颜色	德国	日本	美国	法国	颜色	德国	日本	美国	法国
黑	Sw	B	B	N	棕	Br	B	B	M
白	Ws	W	W	B	蓝	Be	—	BL	BI
红	Ro	R	—	R	灰	Gr	Gr	Gr	G
绿	Gn	G	G	V	紫	li	V	V	V
黄	Ge	Y	Y	J	橙	—	O	O	Or

表 10-4　欧洲标准色标系统

颜色	用途	颜色	用途
红	蓄电池总线	棕/棕白	接地
灰黑	左侧示宽灯	灰红	右侧示宽灯
白	前照灯远光	黄	前照灯近光
黑白	左侧转向灯	黑绿	右侧转向灯
黑白	左侧转向信号灯	黑绿	右侧转向信号灯
白黑	前照灯到灯光开关	黑绿	点火控制电源
黑红	制动灯	黄黑	燃油喷射

注：上表为欧洲车系常见线束。

（2）起动电缆。起动电缆为带绝缘包层的大截面铜质或铝质多丝软线，用于连接蓄电池与起动机开关的主接线柱，导线截面大，主要有 25mm^2、35mm^2、50mm^2、70mm^2 等多种规格，允许通过的电流达 500～1000A，电缆每通过 100A 电流电压降不得超过 0.1～0.15V。

（3）蓄电池搭铁电缆。蓄电池搭铁电缆有两种：一种外形同起动电缆，覆有绝缘层；另一种则是由铜丝编织成的扁形软导线，不带绝缘层，长度有 300mm、450mm、600mm、760mm 共 4 种。搭铁电缆常用于蓄电池与车架、车架与车身、发动机与车架等总成之间的连接。

2. 高压导线

由线芯、橡胶绝缘体及绝缘体护套组成，如图 10-1（b）所示。高压导线用于传送高电压，如点火系统的高压线，由于工作电压一般为 15kV 以上，电流小，因此高压导线绝缘包层厚、耐压性能好、线芯截面较小。国产汽车用高压导线有铜芯线和阻尼线两种。高压阻尼线的线芯采用聚氯乙烯树脂、葵二酸二辛脂等有机材料配制而成，又称半导体塑芯高压线。线芯具有一定阻值，一般为 6～25kΩ/m，其目的是提高次级高压，衰减火花塞产生的电磁波干扰。

3. 屏蔽线

屏蔽线也称铠装电缆或同轴射频电缆，是一种在普通导线外部再缠绕有一层金属网的导线，如图 10-1（c）所示。它的作用是减少外部各种干扰信号对电脑输入信号的影响。通常屏蔽线外部的金丝网需搭铁。

4. 汽车电器数据总线

随着集成电路和单片机在汽车上的广泛应用，汽车上的电子控制器越来越多，线路越来越复杂。如果仍采用常规布线方式，即每个汽车电控模块都需要与多个传感器、执行器之间发生通信，将导致汽车上导线、插接件数量不断增加，使得在有限的汽车空间内布线越来越困难。

为了简化线路，提高各电控模块之间的通信速度，汽车制造商开发设计了汽车总线，它实现了电控模块与电控模块之间通信和数据共享，其中 CAN 数据总线最为常用。汽车上 CAN 总线传输大都是双绞线，分为高位数据线（CAN-H）、低位数据线（CAN-L），CAN-H 线与 CAN-L 线相互缠绕（见图 10-1（d）），用两线上的差分电压来表示“0”与“1”，进行双向数据的传输，并避免了外辐射的干扰，其原理如图 10-2 所示。

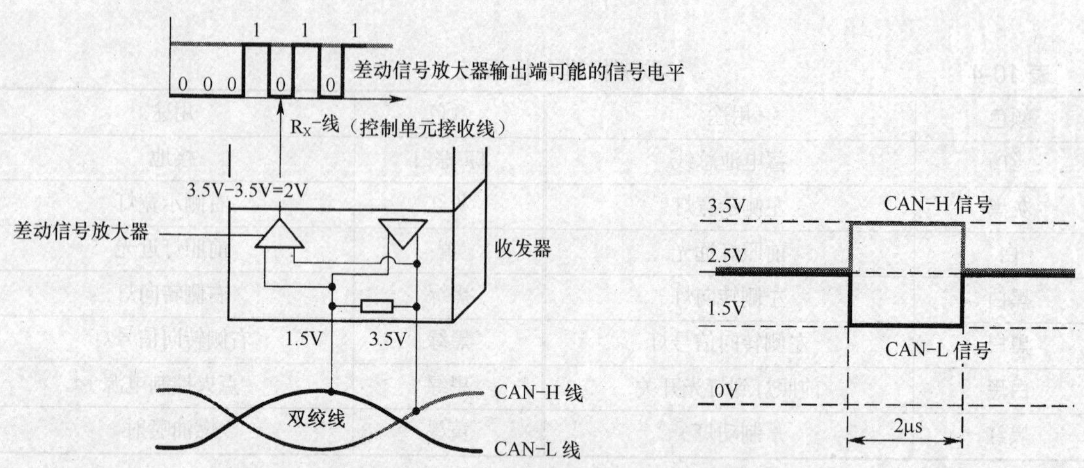

图10-2 双绞线上信号波形及差动信号处理原理

CAN 数据系统由控制器、收发器、两个数据传输终端及两条数据传输线组成。通常控制器与收发器集成在总线上的各个汽车电控模块上，终端电阻多安装在发动机控制模块与组合仪表上，如图 10-3 所示。需要共享的信息通过相应电控单元节点采集，并以广播的形式传输到总线上，其他节点依据 CAN 总线协议进行有序接收，从而实现数据共享，如轮速信号通过汽车防抱死制动控制模块采集，并发布到总线上，再由发动机控制模块及变速器控制模块共享。我国自 2005 年以来，总线技术已经大量运用于轿车上，以大众车系为例，旗下除了桑塔纳、捷达品牌外基本上都采用 CAN 总线系统了。

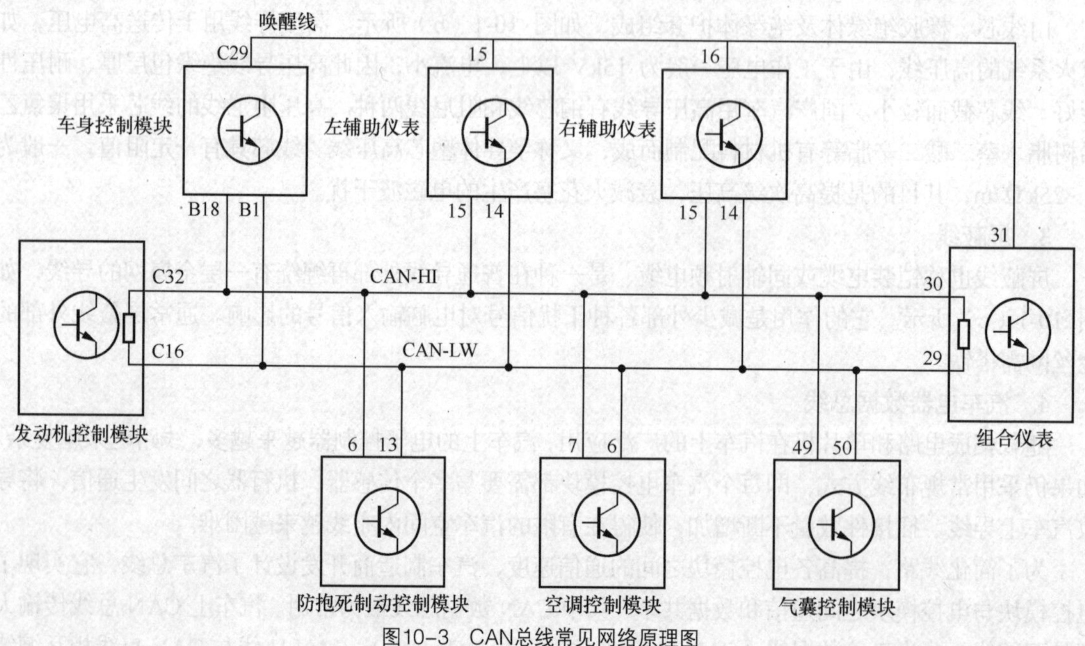

图10-3 CAN总线常见网络原理图

10.1.2 线束

为使汽车全车线路排列整齐，便于安装、拆卸和绝缘保护，避免振动和牵拉而引起导线损坏，一般都将汽车各电器之间的导线按最短路径排列，并用绝缘带把同一路径的若干导线包扎成束，称为线束。线束总成由多路导线、端子、插接器和护套组成。

10.1.3 插接器

为便于拆装，各线束之间或线束与电器电子设备之间采用插接器连接。常用插接器的结构和符号如图 10-4 所示。

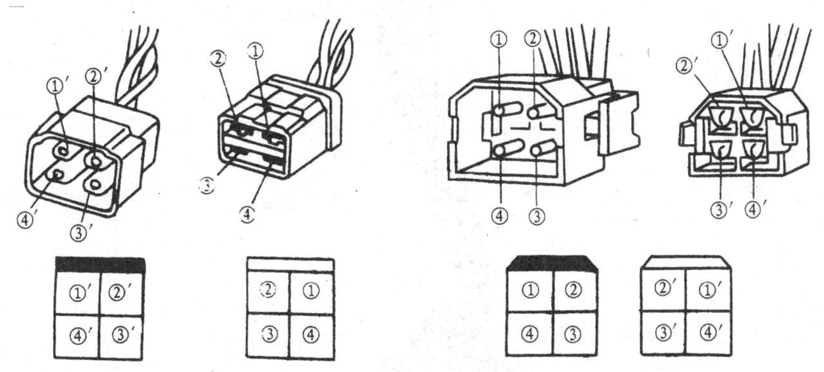

图10-4 插接器的结构和符号

插接插接器时，应先对准插头与插座的导向槽后稍用力插入到位，通过闭锁装置固定插头与插座。拆开插接器时，应先压下闭锁装置，再用力分开插头与插座，注意不可拉动导线，以免损坏导线和插接器。

10.1.4 开关

1. 点火开关

点火开关控制点火、起动、辅助电器等电路，一般有关断或锁止（OFF 或 LOCK 或 0）、辅助电器（ACC 或Ⅲ）、点火（ON 或 I）和起动（ST 或Ⅱ）4 个挡位。将点火开关置于（OFF 或 LOCK 或 0）位置时，电路关断并将方向盘锁止；将点火开关置于辅助电器（ACC 或Ⅲ）位置时，只接通音响、点烟器等辅助电器电源；将点火开关置于点火（ON 或 I）时，接通点火、仪表等电路；将点火开关置于起动（ST 或Ⅱ）位置时，起动电路和点火电路接通。最为常见的 4 挡 4 接柱的点火开关表示方法如图 10-5 所示，上海大众桑塔纳点火开关为 3 挡 5 柱，没有 ACC 挡，其采用另一种表示方法，如图 10-6 所示。

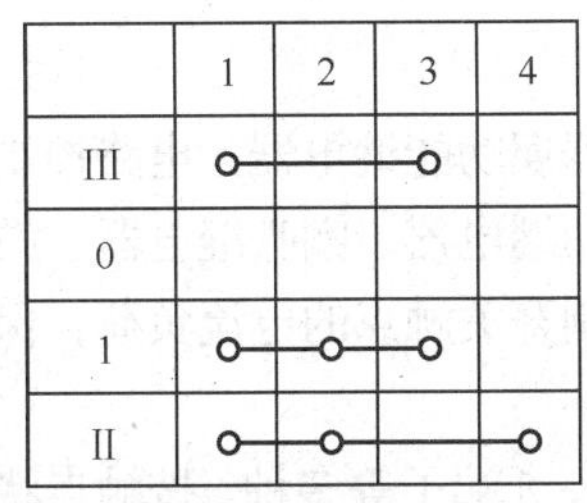

	AM	ACC	IG	ST
ACC	○	○		
LOCK				
ON	○	○	○	
START	○	○		○

图10-5 点火开关图形符号

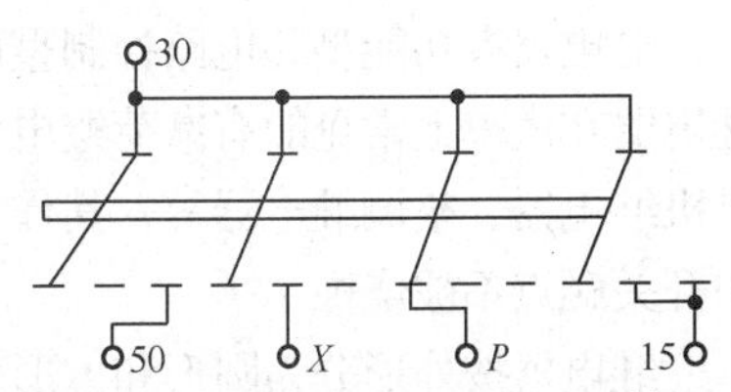

图10-6 桑塔纳轿车点火开关图形符号

2. 组合开关

为了保证行车安全，操作方便，在汽车电器系统整体设计中，多将转向/报警开关、刮水/清洗开关、变光开关、喇叭开关等组装在一起，统称为组合开关。桑塔纳轿车采用的组合开关的如图 10-7 所示。

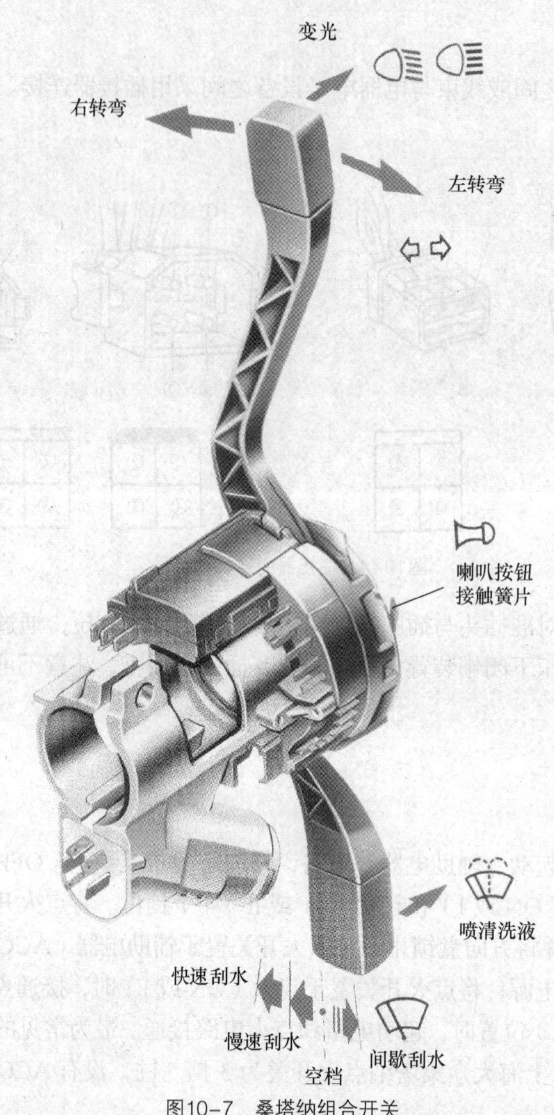

图10-7　桑塔纳组合开关

10.1.5　继电器

继电器有功能型和电路控制型两类。闪光继电器、刮水器间歇继电器属功能继电器：电路控制继电器在汽车上常见的有减荷继电器、前照灯继电器、雾灯继电器、起动继电器、喇叭继电器、鼓风机继电器、空调继电器等，其作用是用小电流控制大电流，以减小控制开关触点的电流负荷，保护开关触点不被烧蚀。

继电器按外形分为圆形和方形两种；按端子数目分为 3 端子、4 端子、5 端子等多种。按触点状态分为常开型、常闭型和开闭混合型。

继电器大部分采用电磁继电器，它由电磁铁和触点等组成。为防止线圈断电时产生的自感电动势将电子设备损坏，有的继电器磁化线圈两端并联泄放电阻或续流二极管。常见继电器的外形和内部原理如图 10-8 所示。

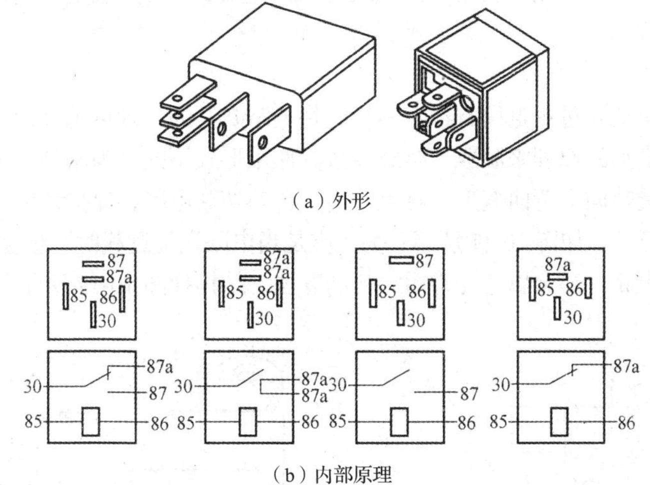

（a）外形

（b）内部原理

图10-8 常见继电器的外形与内部原理

继电器的连接方式分为接柱式和插接式两种。接柱式继电器触点容量可做得较大，在早期国产汽车的起动电路、喇叭电路上很常见，但连接烦琐，已被插接式继电器所取代。

继电器的工作电压分为 12V 和 24V 两种，分别应用于相应标称电压的汽车上。两种标称电压的继电器不能互换使用。

10.1.6 电路保护装置

汽车电路保护装置用于线路或电器设备发生短路或过载时自动切断电路，保证电器设备及线路的安全。汽车上常用的电路保护装置有易熔线、断路器及熔断器。

在电路原理图中，易熔线、断路器及熔断器这 3 种电路保护装置的常用符号如图 10-9 所示。

1. 易熔线

易熔线是为在电流过大时熔化和断开电路而设计的导线。其截面积小于被保护导线的截面积，可长时间通过额定电流，一般为铜芯低压导线或合金导线。当电流超过易熔线额定电流数倍时，易熔线首先熔断，以确保线路或电器设备免遭损坏。易熔线常用于保护总电路或大电流电路。易熔线的多股绞合线外面包有聚乙烯护套，比常见导线柔软，一般长度为 50～200mm，通过连接件接入电路。易熔线一般位于蓄电池和起动机或电器中心之间或附近，如图 10-10 所示。

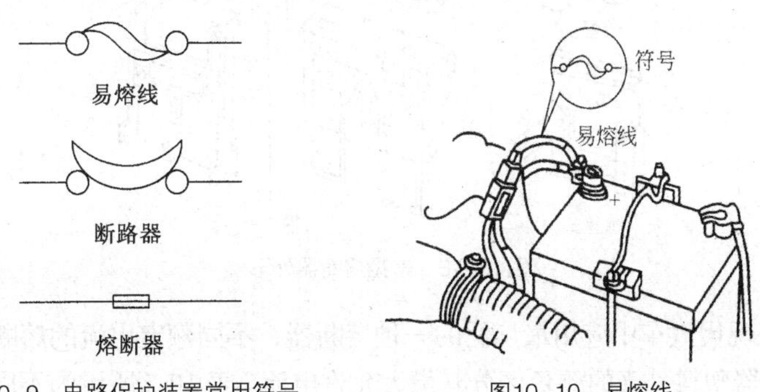

图10-9 电路保护装置常用符号

图10-10 易熔线

易熔线用绝缘护套的颜色来区分其容量大小。易熔线不能绑扎在线束内，也不得被其他物品所包裹。在含有易熔线的导线两端，利用跨接线或数字式万用表可确定它是否断开。如果断开，必须更换规格相同的易熔线。

2. 断路器

断路器是当电流负荷超过用电设备额定容量时将电路断开的一种可重复使用的电路保护装置，多采用双金属片受热变形的原理来制成。断路器按其作用形式不同分为两种类型：一类是当电路发生过载时，双金属片受热向上弯曲变形，触点分离，自动切断电路，保护线路及用电设备，排除故障后须用手按下按扭复位，如图 10-11 所示；另一类是当电路发生过载时，双金属片受热变形弯曲，触点分离，自动切断电路，当金属片冷却后，自动复位，结构如图 10-12 所示。

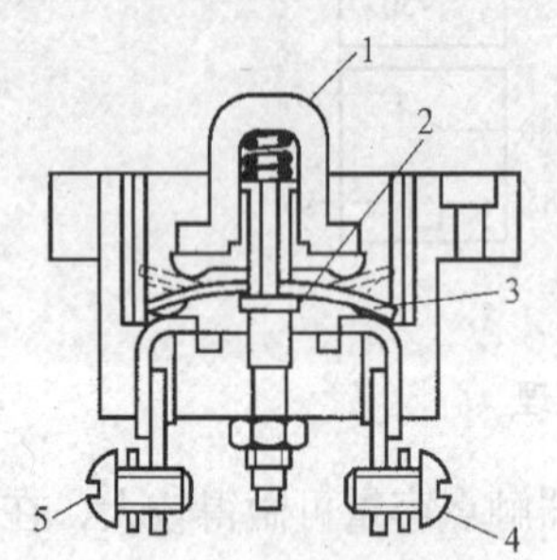

图10-11 非循环式断路器

1—复位按钮；2—双金属片；3—触点；4、5—接线柱

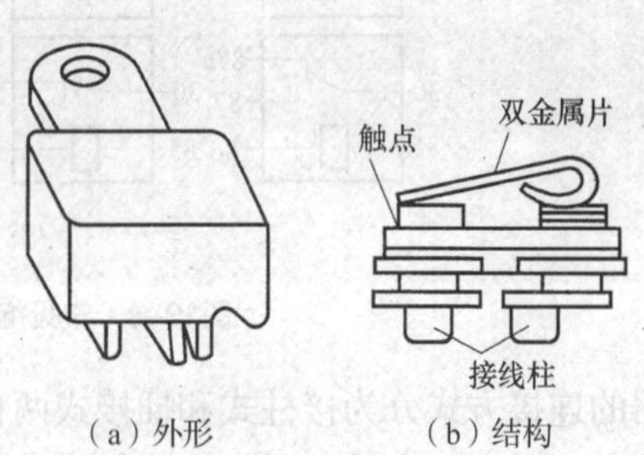

图10-12 循环式断路器

3. 熔断器（熔丝）

熔断器常用于保护局部电路，其额定电流较小。熔断器的主要元件是熔丝（片），其材料是锌、锡、铅等金属的合金。熔断器是最常用的汽车线路保护装置。只要流经电路的电流过大，易熔部件就会熔断并形成断路。熔断器属于“一次性保护装置”，每次过载都需要更换，在更换之前应将电路中存在故障彻底排除后方可进行，而且必须是相同规格的熔断器。

现代汽车常设有多个熔断器。常见熔断器按外形可分为熔管式、绝缘式、缠丝式、插片式等，如图 10-13 所示。

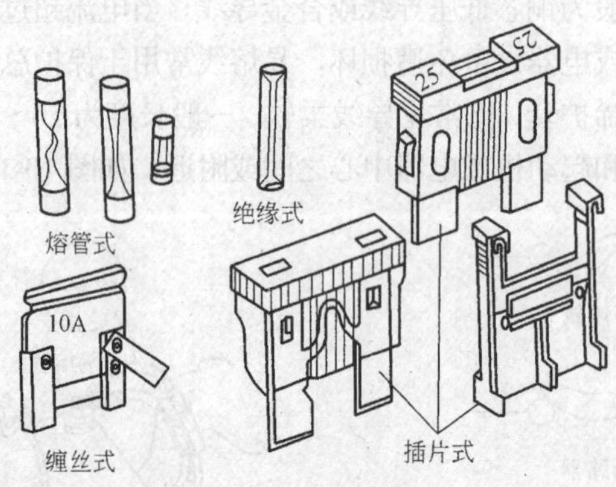

图10-13 常见熔断器外形

插片式熔断器是现代汽车中应用最广泛的一种熔断器，不同额定电流的熔断器，其外形尺寸都一样。通常根据熔断器塑料外壳的颜色区分其最大允许电流。表 10-5 所示为不同颜色的熔断器相对

应的最大允许额定电流。

表 10-5 常见插片式熔断器颜色所代表的额定电流

颜色	深绿	紫红	紫	棕黄	褐	红	蓝	黄	白	绿
额定电流/A	1	2.5	3	5	7.5	10	15	20	25	30

10.1.7 中央接线盒

为便于诊断维修、规范布线，现代汽车常将熔断器、继电器等电路易损件集中布置在一块或几块配电板上，配电板背面用来连接导线，这种配电板及其盖子就组成了中央接线盒，又称为中央线路板及中央电器盒。

桑塔纳 2000GSi 轿车整车电器系统采用中央线路板，即大部分继电器和熔断器都安装在中央线路板正面，如图 10-14 所示，图中熔断器位置编号与名称如表 10-6 所示，继电器位置编号与名称如表 10-7 所示。

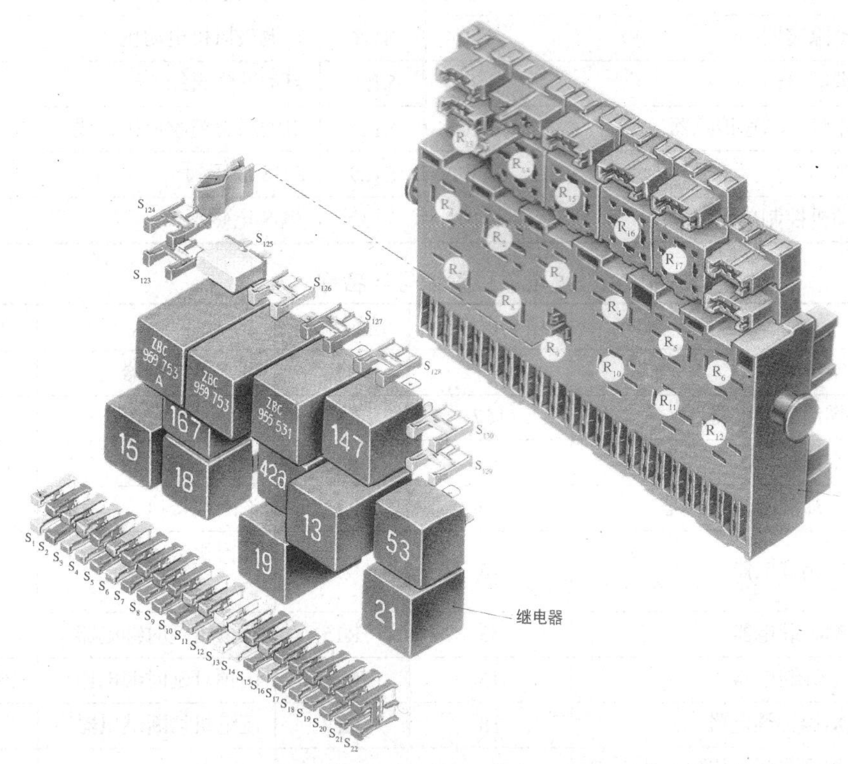

图10-14 桑塔纳2000GSi轿车中央线路板正面布置

表 10-6 熔断器位置编号与名称

位置编号	名称	规格	位置编号	名称	规格
S1	散热风扇	30A	S3	点点烟器、集控门锁、数字钟、内顶灯、后阅读灯、遮阳板灯	15A
S2	制动器	10A	S4	危险报警灯	15A

续表

位置编号	名称	规格	位置编号	名称	规格
S5	燃油泵	10A	S18	喇叭继电器、灯光开关/ABS 指示灯	10A
S6	前雾灯	15A	S19	收放机、转向灯、防盗控制单元	10A
S7	左尾灯、左前驻车灯	10A	S20	牌照灯、杂物箱照明灯	10A
S8	右尾灯、右驻车灯、发动机舱照明灯	10A	S21	左前照灯（近光）	10A
S9	右前照灯（远光）	10A	S22	右前照灯（近光）	10A
S10	左前照灯（远光）	10A	S123	喷油器、空气质量计、活性碳罐电磁阀、氧传感器加热器	10A
S11	前风窗刮水器、清洗器	15A	S124	后雾灯	10A
S12	电动摇窗机、ABS 控制单元	15A	S125	电动摇窗机热保护器	
S13	电动除霜器	20A	S126	空调鼓风机电动机	30.A
S14	空调继电器	20A	S127	自动升降天线	10A
S15	倒车灯、车速传感器	10A	S128	电动后视镜收放机天线	3A
S16	喇叭	30A	S129	ABS 液压阀	30A
S17	发动机控制单元	10A	S130	ABS 电磁阀	30A

表 10-7　　继电器位置编号与名称

位置编号	名称	项端识别号	位置编号	名称	项端识别号
R1	空位	—	R10	刮水器继电器	19
R2	燃油泵继电器	167	R11	空位	—
R3	空位	—	R12	转向灯继电器	21
R4	冷却液液位继电器	42a	R13	诊断线接口	—
R5	空调继电器	13	R14	摇窗机自动下降继电器	ZBC959 753A
R6	喇叭继电器	53	R15	摇窗机延时继电器	ZBC959 753
R7	雾灯继电器	15	R16	内顶灯延时继电器	ZBC955 531
R8	X-接触继电器	18	R17	压缩机切断继电器	147
R9	放置熔断器装卸工具孔	—			

主线束从中央线路板背面插接后通往各电器，如图 10-15 所示，其上标有线束和导线插接位置的代号及节点的数字号，如表 10-8 所示，主要线束的插接代号有 A、B、C、D、E、F、H、K、L、M、N、P、R。其中 P 插座插入常相线（常用电），R、K、M 均为空位插孔。查找时只要根据电路中导线与中央线路板区域中下框线交点处的代号就能了解该导线在某个线束中的第几个插头上。

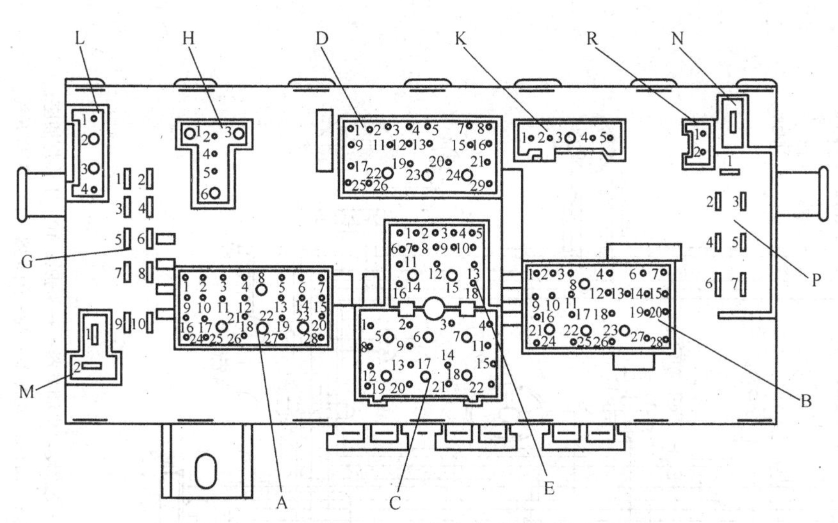

图10-15 桑塔纳2000GSi轿车中央线路板正面布置

表 10-8 中央接线盒背面插头代号及其所连接的线束名称

序号	插头编号	插头颜色	连接线束名称	序号	插头编号	插头颜色	连接线束名称
1	A	蓝色	仪表板线束	7	K		空位
2	B	红色	仪表板线束	8	L	灰色	喇叭继电器线束
3	C	黄色	前照灯线束	9	M		空位
4	D	白色	发动机舱线束	10	N		单个插头
5	E	黑色	车身后部线束	11	P		单个插头
6	H	棕色	空调装置线束	12	R		空位

10.2 汽车电路图识图

10.2.1 电路图的种类、表示方法

汽车电路图是利用各种符号和线条构成的图形，电路图清楚地表示了电路中的各组成元件、电源、熔断器、继电器、开关、继电器盒、接线盒、连接器、电线、搭铁等，有些电路图还表示出了电器零件的安装位置、连接器的形式及接线情况、电线的颜色，接线盒和继电器盒中继电器及熔断器的位置，线束在汽车上的布置等。但根据各种电路图的特点可分成以下几种。

1. 布线图

布线图是按照汽车电器在车身上的实际位置相对应地外形简图画在图上，再用线将电源、开关、熔断器等装置和这些电器一一连接起来的，如图 10-16 所示。

这种画法的优点是：由于电器设备的外形、安装位置都与实际情况基本一致，因此可以循线跟踪地查线，导线中间的分支、接点容易找到，便于制作线束，故仍有不少厂家沿用。缺点是：线路图中线束密集、纵横交错，读图和查找、分析故障不便，因此现代汽车以很少采用了。

2. 线束图

整车电路线束图常用于汽车厂总装线和修理厂的连接、检修与配线，如图 10-17 所示。线束图

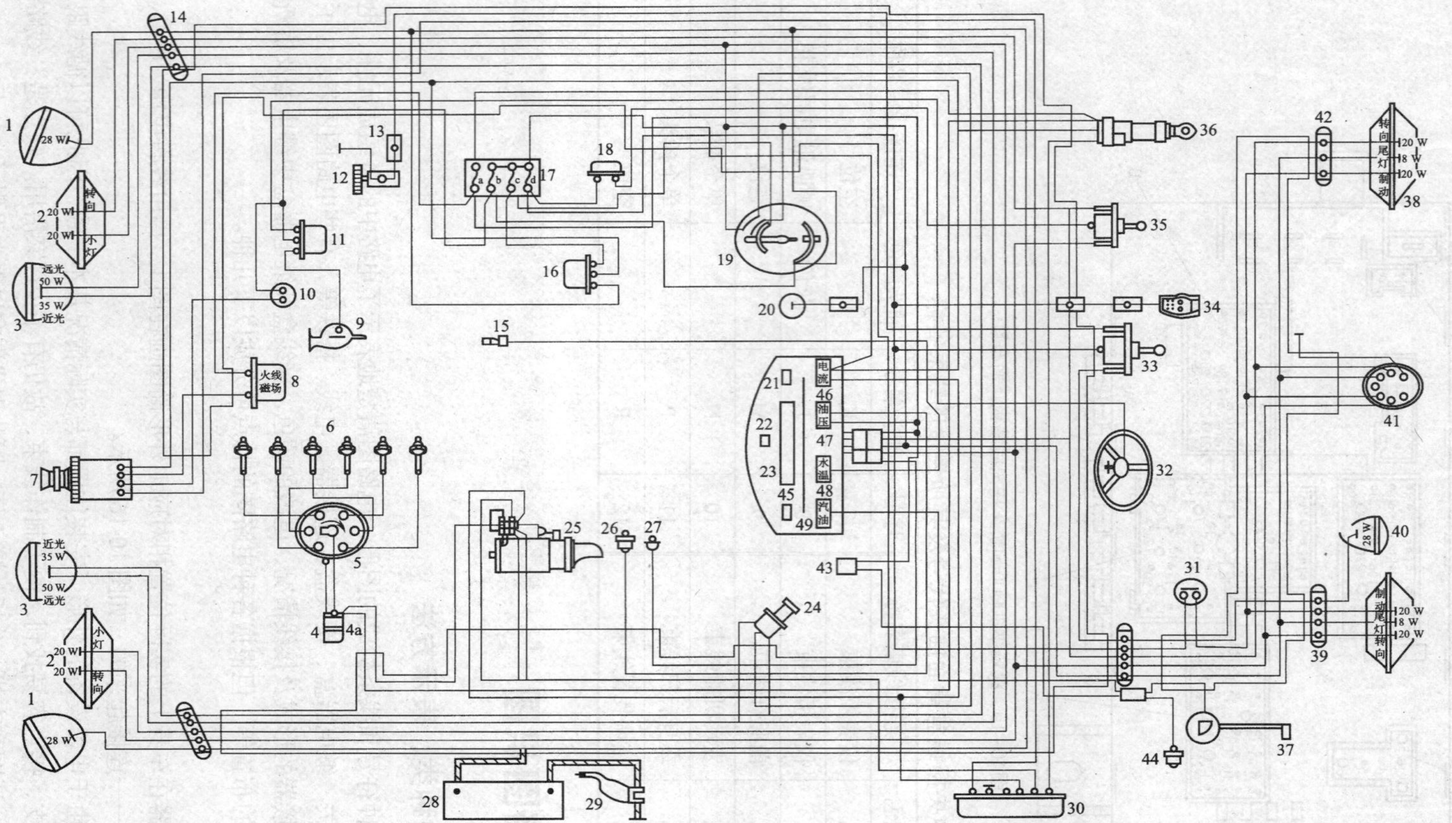

图10-16 东风EQ1090型汽车布线图

1—前侧灯；2—组合前灯；3—前照灯；4—点火线圈；4a—附加电阻线；5—分电器；6—火花塞；7—交流发电机；8—交流发电机调节器；9—喇叭；10—工作灯插座；11—喇叭继电器；12—暖风电动机；13—接线管；14—五线接线板；15—水温传感器；16—灯光继电器；17—熔断丝盒；17a～d—熔断丝；18—闪光器；19—车灯开关；20—发动机罩下灯；21—右转向指示灯；22—低油压警告灯；23—车速里程表；24—变光开关；25—起动机；26—油压表传感器；27—低油压报警开关；28—蓄电池；29—电源总开关；30—起动复合继电器；31—制动灯开关；32—喇叭按钮；33—后照灯和暖风电动机开关；34—驾驶室顶灯；35—转向灯开关；36—点火开关；37—燃油表传感器；38—组合后灯；39—四线接线板；40—后照灯；41—挂车插座；42—三线接线板；43—低气压蜂鸣器；44—低气压报警开关；45—左转向指示灯；46—电流表；47—油压表；48—水温表；49—燃油表

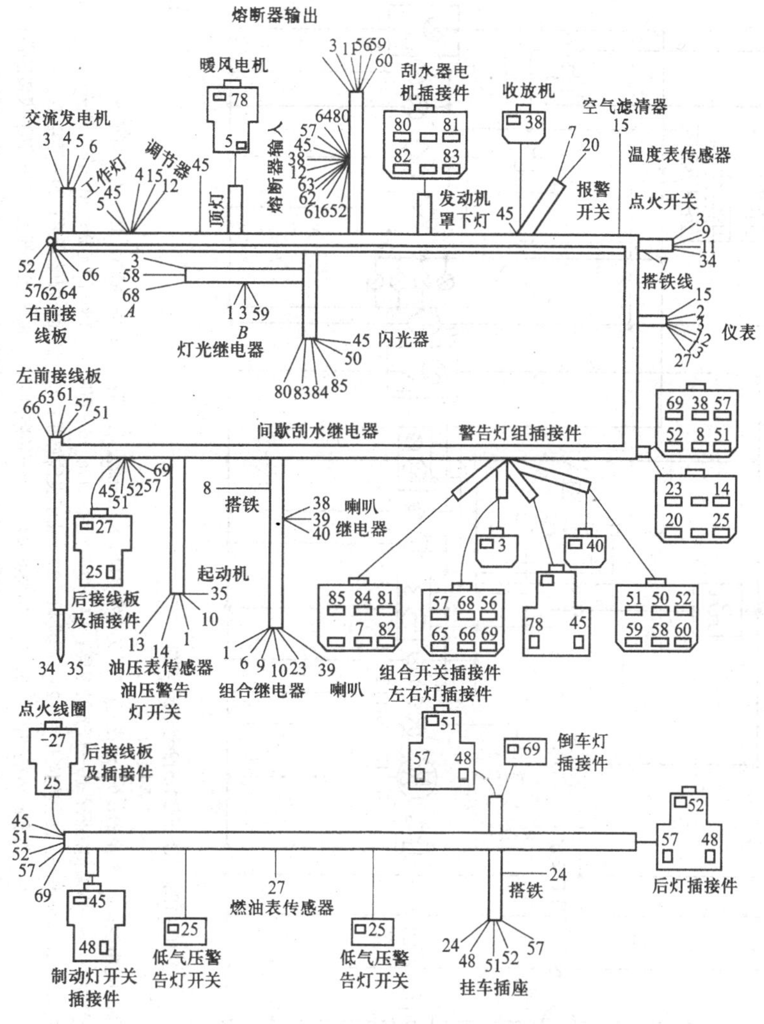

图10-17 东风EQ1090型汽车线束图

主要表明电线束各用电设备的连接部位、接线柱的标记、线头、插接器的形状及位置等，它是人们在汽车上能够实际接触到的汽车电路图。这种图一般不去详细描绘线束内部的电线走向，只将露在线束外面的线头与插接器详细编号或用字母标记。它是一种突出装配记号的电路表现形式，非常便于安装、配线、检测与维修。如果再将此图各线端都用序号、颜色准确无误地标注出来，并与电路原理图和布线图结合起来使用，则会起到更大的作用且能收到更好的效果。

3. 电路原理图

原理图是用简明的国家标准图形、符号、字母（现在均采用国际电工委员会 IEC 标准）按电路原理将每个系统由上到下（从左到右）合理地用连接起来，再将每个系统排列起来而成。原理图只表示电路构成、连接关系和工作原理，而不考虑其实际安装位置的一种简图。它可以是系统（局部）电路原理图，也可以是整车电路原理图。

原理图与线路图有所不同，其特点是将线路图高度简化后得到的，故图面清晰、电路简单明了、通俗易懂，更好地反映了各个电路系统的组成及电路原理，对分析系统的电路工作原理及电路故障诊断十分方便。图 10-18 所示为东风 EQ1090 全车原理图。

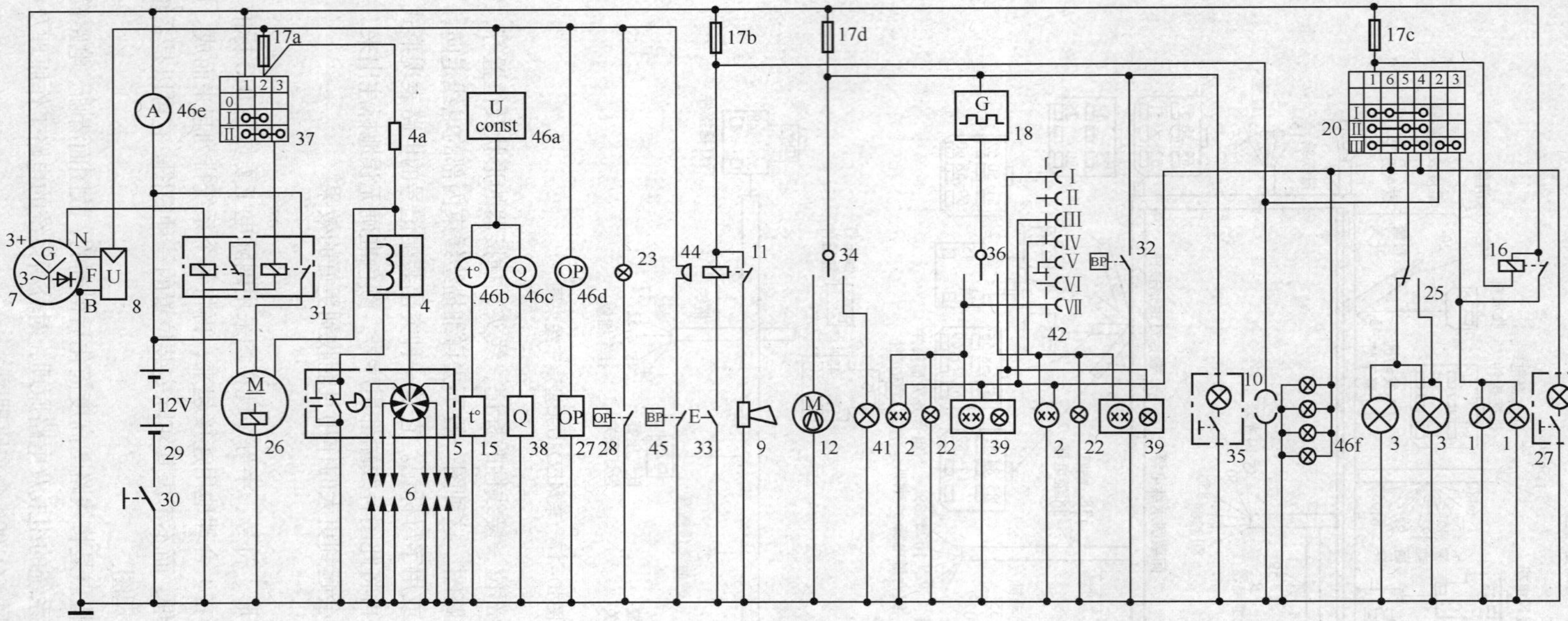

图10-18；东风EQ1090全车原理图

1—前侧灯；2—组合前灯；3—前照灯；4—点火线圈；4a—附加电阻线；5—分电器；6—火花塞；7—交流发电机；8—交流发电机调节器；9—喇叭；10—工作灯插座；11—喇叭继电器；12—暖风电动机；13—接线管；14—五线接线板；15—水温传感器；16—灯光继电器；17—熔断丝盒；17a～d—熔断丝；18—闪光器；20—车灯开关；21—发动机罩下灯；22—右转向指示灯；23—低油压警告灯；24—车速里程表；25—变光开关；26—起动机；27—油压表传感器；28—低油压报警开关；29—蓄电池；30—电源总开关；31—起动复合继电器；32—制动灯开关；33—喇叭按钮；34—后照灯和暖风电动机开关；35—驾驶室顶灯；36—转向灯开关；37—点火开关；38—燃油表传感器；39—组合后灯；40—四线接线板；41—后照灯；42—挂车插座；43—三线接线板；44—低气压蜂鸣器；45—低气压报警开关；46—左转向指示灯；46a—稳压器；46b—水温表；46c—燃油表；46d—油压表；46e—电流表；46f—仪表灯

10.2.2　常用图形符号及标志

汽车电路图是利用图形符号和文字符号，表示汽车电路构成、连接关系和工作原理，而不考虑其实际安装位置的一种简图。为了使电路图具有通用性，便于进行技术交流，构成电路图的图形符号和文字符号，是有统一的国家标准和国际标准的。要熟练阅读和运用汽车电路图必须了解图形符号和文字符号的含义、标注原则和使用方法，是电器技术领域中最基本的工程语言。因此，为了快速读懂汽车电路图，应熟练掌握图形符号。

1. 图形符号

不同国家、不同汽车生产厂家的汽车电器上所用的电路图形符号也不相同。汽车常用的图形符号主要分为常用基本符号、导线端子和导线连接符号、触点开关符号、仪表符号、传感器符号及汽车电器符号，其的图形符号及含义如表 10-9 所示。

表 10-9　常用图形符号

序号	名　称	图 形 符 号	序号	名　称	图 形 符 号
一、常用基本符号					
1	直流		6	中性点	N
2	交流		7	磁场	F
3	交直流		8	搭铁	
4	正极		9	交流发电机输出接柱	B
5	负极		10	磁场二极管输出端	D_+
二、导线端子和导线连接					
11	接点		18	插头和插座	
12	端子		19	多极插头和插座（示出的为 3 极）	
13	导线的连接				
14	导线的分支连接				
15	导线的交叉连接		20	接通的连接片	
16	插座的一个极		21	断开的连接片	
17	插头的一个极		22	屏蔽导线	
三、触点开关					
23	动合（常开）触点		27	双动合触点	
24	动断（常闭）触点		28	双动断触点	
25	先断后合的触点		29	单动断双动合触点	
26	中间断开的双向触点		30	双动断单动合触点	

续表

序号	名　称	图形符号	序号	名　称	图形符号
31	一般情况下手动控制		46	按钮开关	
32	拉拔操作		47	能定位的按钮开关	
33	旋转操作		48	拉拔开关	
34	推动操作		49	旋转、旋钮开关	
35	一般机械操作		50	液拉控制开关	
36	钥匙操作		51	机油滤清器报警开关	OP
37	热执行器操作		52	热敏开关动合触点	t°
38	温度控制	t	53	热敏开关动断触点	t°
39	压力控制	P	54	热敏自动开关的动断触点	
40	制动压力控制	BP	55	热继电器触点	
41	液位控制		56	旋转多挡开关位置	1 2 3
42	凸轮控制		57	推拉多挡开关位置	1 2 3
43	联动开关		58	钥匙开关（全部定位）	1 2 3
44	手动开关的一般符号		59	多挡开关、点火、起动开关，瞬时位置为2能自动返回到1（即2挡不能定位）	1 2 3 0.1
45	定位开关（非自动复位）		60	节流阀开关	
		四、仪表			
96	指示仪表	*	103	转速表	T
97	电压表	V	104	温度表	t°
98	电流表	A	105	燃油表	Q

续表

序号	名　称	图形符号	序号	名　称	图形符号
99	电压、电流表	A/V	106	车速里程表	V
100	欧姆表	Ω	107	时钟	
101	瓦特表	W	108	数字式时钟	
102	油压表	OP			
五、传感器					
109	传感器的一般符号	*	116	空气流量传感器	AF
110	温度表传感器	t°	117	氧传感器	λ
111	空气温度传感器	t°_{n}	118	爆燃传感器	K
112	水温传感器	t°_{w}	119	转速传感器	n
113	燃油表传感器	Q	120	速度传感器	V
114	油压表传感器	OP	121	空气压力传感器	AP
115	空气质量传感器	m	122	制动压力传感器	BP
六、电器设备					
123	照明灯、信号灯、仪表灯、指示灯		129	扬声器	
124	双丝灯		130	蜂鸣器	
125	荧光灯		131	报警器、电警笛	
126	组合灯		132	信号发生器	G
127	预热指示器		133	脉冲发生器	G
128	电喇叭		134	闪光器	G

续表

序号	名　称	图形符号	序号	名　称	图形符号
135	霍尔信号发生器		158	收音机	
136	磁感应信号发生器		159	内部通信联络及音乐系统	
137	温度补偿器	t° comp	160	收放机	
138	电磁阀一般符号		161	天线电话	
139	常开电磁阀		162	传声器一般符号	
140	常闭电磁阀		163	点火线圈	
141	电磁离合器		164	分电器	
142	用电动机操纵的怠速调整装置	M	165	火花塞	
143	过电压保护装置	U>	166	电压调节器	U
144	过电流保护装置	I>	167	转速调节器	n
145	加热器（出霜器）		168	温度调节器	t°
146	振荡器	~	169	串励绕组	
147	变换器、转换器		170	并励或他励绕组	
148	光电发生器	G	171	集电环或换向器上的电刷	
149	空气调节器		172	直流电动机	M
150	滤波器	≈	173	串激直流电动机	M
151	稳压器	U const	174	并激直流电动机	M
152	点烟器		175	永磁直流电动机	M
153	热继电器		176	起动机（带电磁开头）	M
154	间歇刮水继电器		177	燃油泵电动机、洗涤电动机	M
155	防盗报警系统		178	晶体管电动汽油泵	
156	天线一般符号		179	加热定时器	HT
157	发射机		180	电子点火组件	IC

续表

序号	名 称	图形符号	序号	名 称	图形符号
181	风扇电动机		188	定子绕组为星形连接的交流发电机	
182	刮水电动机		189	定子绕组为三角形连接的交流发电机	
183	电动天线		190	外接电压调节器与交流发电机	
184	直流伺服电动机	SM	191	整体式交流发电机	
185	直流发电机	G	192	蓄电池	
186	星形连接的三相绕组		193	蓄电池组	
187	三角形连接的三相绕组				

2. **文字符号**

文字符号是由电器设备、装置以及元器件的种类（名称）字母代码和功能（与状态、特征）字母代码组成，用于电器技术领域中技术文件的编制，也可标注在相应元器件附近，以表明其名称、功能、状态和特征。文字符号分为基本文字符号和辅助文字符号两大类，基本文字符号又分为单字母符号和双字母符号。

（1）基本文字符号。

① 单字母符号。单字母符号是按拉丁字母将各种电器设备、装置和元器件划分为 23 大类，每大类用一个专用单字母符号表示，如“C”表示电容器类，“R”表示电阻类等。

② 双字母符号。双字母符号是由一个表示种类的单字母符号与另一个字母组成，其组合形式应以单字母符号在前面另一个字母在后的次序列出，如“R”表示电阻，“RP”就表示电位器，“RT”表示热敏电阻；“G”表示电源、发动机、发生器，“GB”就表示蓄电池，“GS”表同步发电机、发生器，“GA”表示异步发电机。

常用基本文字符号如表 10-10 所示。

表 10-10 常用基本文字符号

设备、装置元器件种类	举例	基本文字符号	
		单字母	双字母
组件部件	分离元件放大器调节器	A	
	电桥		AB
	晶体管放大器		AD
	集成电路放大器		AJ
电容器	电容器	C	

续表

设备、装置元器件种类	举例	基本文字符号	
		单字母	双字母
二进制元件、延迟器件、存储器件	数字集成电路和器件	D	
继电器 接触器	交流继电器	K	KA
	双稳态继电器		KL
	接触器		KM
	簧片继电器		KR
电动机	电动机	M	
	同步电动机		MS
	力矩电动机		MT
电阻器	电阻器 变阻器	R	
	电位器		RP
	热敏电阻器		RT
	压敏电阻器		RV
控制、记忆、信号电路的开关器件选择器	控制开关 选择开关	S	SA
	按钮开关		SB
	压力传感器		SP
	位置传感器		SQ
	温度传感器		ST
变压器	电流互感器	T	TA
	控制电路电源用变压器		TC
	电力变压器		TM
	电压互感器		TV
电子管 晶体管	二级管 晶体管 晶闸管	V	
	电子管		VE

（2）辅助文字符号。辅助文字符号表示电器设备、装置和元器件及线路的功能、状态和特征。例如，“SYN”表示同步，“L”表示限制左或低，“RD”表示红色，“ON”表示闭合，“OFF”表示断开等。

常用辅助文字符号如表 10-11 所示。

表 10-11 常用辅助文字符号

序号	文字符号	名 称	序号	文字符号	名 称
1	A	电流	10	B BRK	制动
2	A	模拟	11	BK	黑
3	AC	交流	12	BL	蓝
4	A AUT	自动	13	BW	向后
5	ACC	加速	14	C	控制
6	ADD	附加	15	CW	顺时针
7	ADJ	可调	16	CCW	逆时针
8	AUX	辅助	17	D	延时（延迟）
9	ASY	异步	18	D	差动

10.2.3 汽车电路识读的一般方法

汽车电路图一般都是线条密集、纵横交错、头绪多而复杂，不容易看懂。但掌握了电路图的图形符号、各汽车厂家绘图规则及各电器系统工作原理，再结合以下识图方法，则易于识图。

1. 按电器系统识图

按整车电路系统的各功能及工作原理把整车电器系统划分成若干个独立的系统，按照各系统的工作原理，查找线路的走向，这样在分析时不会被多余的电路所影响。

2. 认真阅读图注

对照图注熟悉元器件的名称、位置等，通过阅读可以帮助读者尽快了解该汽车上安装了哪些电器装置，再通过电器装置间的线路走向，就可以掌握各电器元件的控制关系。

3. 熟记回路原则

汽车上任何一个用电设备工作时，必然要构成一个闭合回路，这个回路一般由电源、熔断器、开关、用电设备和导线等组成，它的电流流向必定是从电源正极出发，经熔断器、开关、导线等到达用电设备，再通过导线与车身搭铁直至回到电源负极，从而构成一个完整的回路。

4. 熟悉线路的配线和颜色标记

由于电路中线路的走向是按照一定规律进行布置的，因此，在电路图中也会将电路走向按照不同的配线装置进行了划分，在分析时，一定要先阅读各系统的配线说明。另外，对于配线颜色也要有所了解，特别是要记住各种颜色的字母标记。这样，即便线路的跨距很远也不会影响读者的阅读。

5. 熟悉控制元件的作用

特别是开关与继电器，在电路图中随处可见。首先要了解开关在电路图中的状态和各位置的功能；其次，要掌握电源是通过什么路径到达电器元件的，各个接线柱分别与哪些元器件连接；要知道在不同的挡位时，有哪些接线柱可以通电，哪些接线柱不能通电；对于继电器，要了解其工作状态，是常闭触点还是常开触点，是四线制还是三线制，以及控制电路与工作电路的线路走向。

6. 注意收集资料和经验积累

由于新的汽车电器设备不断应用于汽车上，要善于查找资料，注重研究典型汽车电路，做到触类旁通，善于积累经验。特别是汽车电子控制系统越来越多，对于这种系统，要以控制单元（ECU）为中心，对 ECU 的各个接脚有大致印象，找出系统的电源线、搭铁线，以及信号输入传感器、执行器等。

10.3 典型车系电路图识读

10.3.1 东风 EQ1090 全车电路图识读

东风 EQ1090 型汽车全车电路图见图 10-18，全车电路由电源电路、起动电路、点火系统、信号电路、照明电路、仪表和报警装置及辅助电器等组成。

1. 电源电路

电源电路的组成如图 10-19 所示，主要由蓄电池、交流发电机、调节器及电流表等组成。该电源电路主要有以下特点。

（1）蓄电池与交流发电机并联，即蓄电池的正极与发电机输出端（B+）连接，向全车用电设备供电。

（2）电流表串联在蓄电池正极与发电机输出端之间，电流表的正端连接到发电机输出端，电流表的负端串接于蓄电池的正极线上，使蓄电池充电时电流表指示为正值，放电时电流表指示为负值。

（3）点火开关接通时，调节器由蓄电池或发电机供电，并通过调节磁场绕组励磁电流调节发电机输出电压。

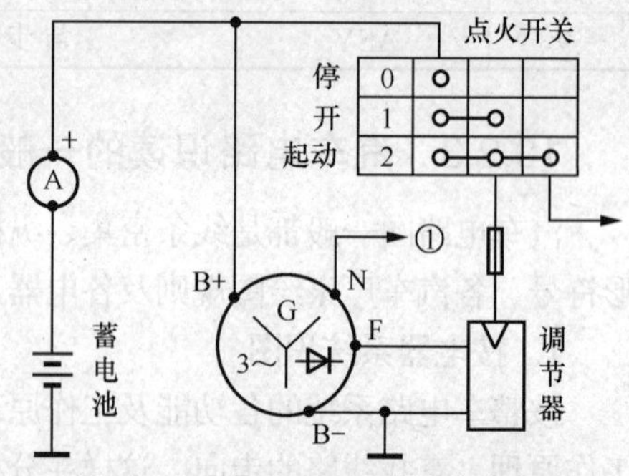

图10–19 东风EQ1090汽车电源电路

（4）发电机带中性点输出，中性点电压输出给起动复合继电器，进行起动机的控制。

（5）电路采用负极搭铁，蓄电池负极搭铁线安装有电源总开关。汽车停用或电路检修时，切断电源总开关，可防止电路短路或蓄电池漏电。

2. 起动电路

起动电路的组成如图 10-20 所示，主要由蓄电池、起动机、点火开关、起动继电器等组成。该起动电路主要有以下特点。

（1）点火开关置于“起动”位置时，起动复合继电器中的控制继电器向吸拉线圈和保持线圈供电。

（2）起动机工作电流不通过电流表。

（3）发电机中性点电压达 5V 时，起动复合继电器中的安全继电器自动切断起动机电磁开关电路，起动机便自动停止工作。

（4）蓄电池与起动机火线接线柱之间采用铜丝编织电缆连接，以满足起动机大工作电流的要求。

3. 点火系统电路

点火系统电路的组成如图 10-21 所示，主要由电源、点火开关、点火线圈、分电器和火花塞等组成。该点火系统电路主要有以下特点。

（1）低压电路供电由点火开关控制，点火开关与点火线圈之间的导线为附加电阻线（白色、1.2～1.8Ω）。

（2）起动时，起动机电磁开关触点闭合后向点火线圈供电，附加电阻线被短路，起动时初级电流不通过电流表。

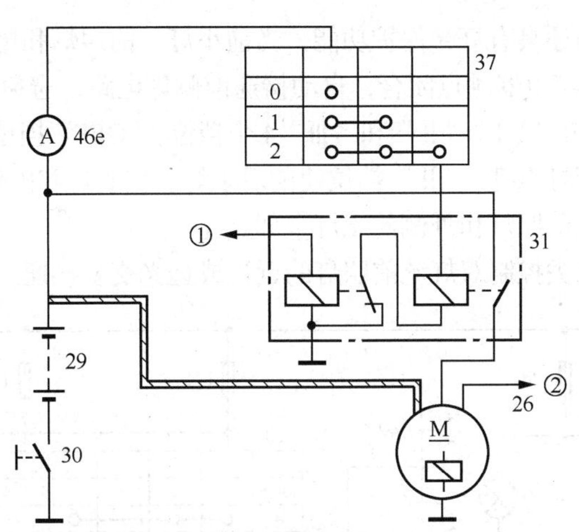

图10-20　东风EQ1090汽车起动电路

26—起动机；29—蓄电池；30—电源总开关；31—起动复合继电器；37—点火开关；46e—电流表；
①—连接发电机中性点电压输出端；②—连接点火线圈正（+）接线柱

（3）断电器控制初级电流的接通和关断。

（4）高压电路各部件应具有耐高压绝缘性。

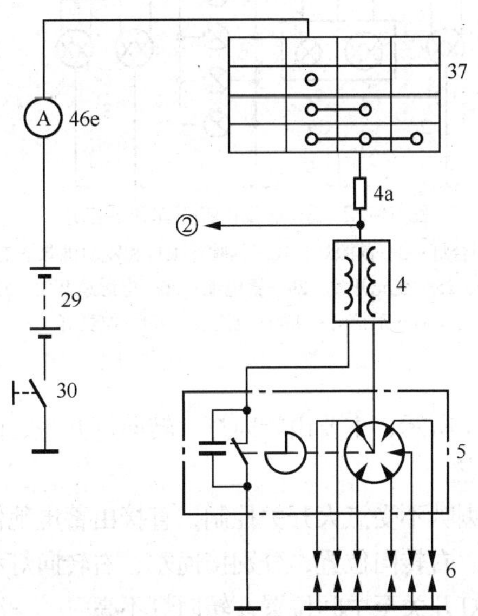

图10-21　东风EQ1090汽车点火电路

4—点火线圈；4a—附加电阻线；5—分电器；6—火花塞；29—蓄电池；30—电源总开关；37—点火开关；
46e—电流表；②—连接点火线圈正（+）接线柱

4. 照明电路

照明电路的组成如图 10-22 所示，主要由前照灯、灯光开关、灯光继电器、熔断器等组成。该照明电路主要有以下特点。

（1）前照灯采用四灯制，即内侧两前照灯采用远、近光双灯丝式，外侧两前照灯采用单灯丝式前照灯。

（2）内侧前照灯和外侧前照灯分别采用两个熔断器，其中一个熔断器熔断后，由剩余的两个前照灯维持照明；照明电路还具有灯光保护功能，当前小灯、前照灯和尾灯电路中某处搭铁短路导致17b熔断器损坏时，灯光继电器触点闭合，自动接通前侧灯电路，避免灯光全部熄灭的危险。

（3）灯光开关有“OFF”“Ⅰ”“Ⅱ”和“Ⅲ”4个挡位，“OFF”挡位使全车灯光全部熄灭，“Ⅰ”挡位只使前后小灯和仪表灯点亮，“Ⅱ”挡位使前后小灯、仪表灯和内侧前照灯点亮，“Ⅲ”挡位使前后小灯、仪表灯、内侧前照灯和外侧前照灯全部点亮。

（4）会车时，变光开关控制双灯丝前照灯的近光或远光交替接通。

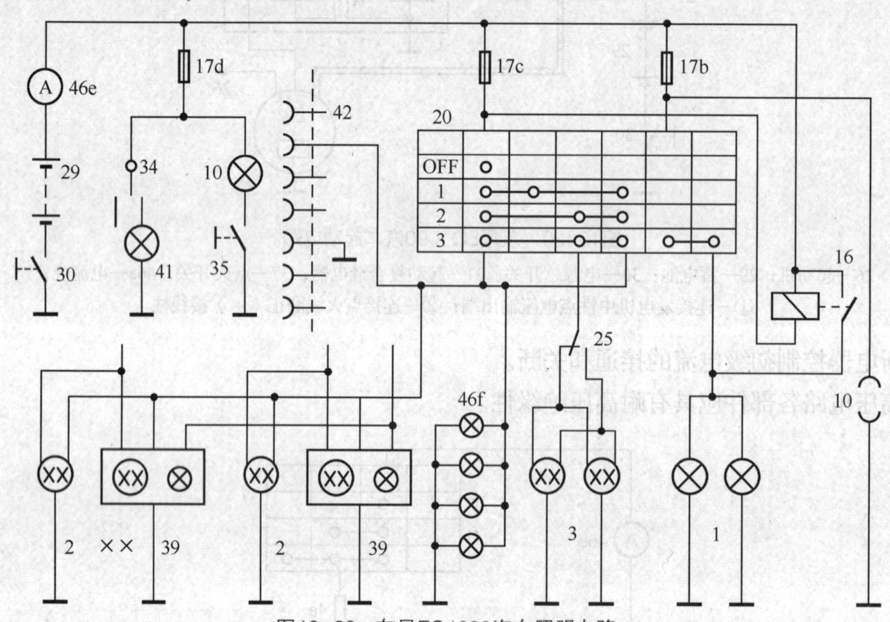

图10-22　东风EQ1090汽车照明电路

1—前侧灯；2—前转向灯和小灯组合灯；3—前照灯；10—驾驶室顶灯和发动机罩下工作灯和插座；16—灯光继电器；17b～d—熔断器；20—车灯开关；25—变光开关；29—蓄电池；30—电源总开关；35—顶灯开关；39—组合开关；41—后照灯；46e—电流表；46f－仪表灯

5. 信号电路

信号电路的组成如图10-23所示，主要由转向灯、转向灯开关、闪光器、制动灯、电喇叭等组成。该信号电路主要有以下特点。

（1）转向灯、制动灯、电喇叭不受点火开关控制，直接由蓄电池供电。

（2）拨动转向灯开关至左、右转向位置，分别接通左、右转向灯和转向指示灯，转向灯的闪烁由闪光器自动控制。拨动转向灯开关至中间位置，转向灯不亮。

（3）制动时，制动灯开关接通制动灯电源，制动灯点亮。

（4）电喇叭按钮控制继电器接通电喇叭电源，使电喇叭工作。

6. 仪表和报警装置电路

仪表和报警装置电路的组成如图10-24所示，仪表电路主要由电流表、水温表、燃油表、机油压力表和相应的传感器等组成；报警装置电路主要由机油压力过低警告灯、制动气压过低蜂鸣器组成。该车仪表和报警装置电路主要有以下特点。

（1）仪表和报警装置电路电源由点火开关控制，共用一个熔断器。

（2）水温表和燃油表共用一个稳压电源。

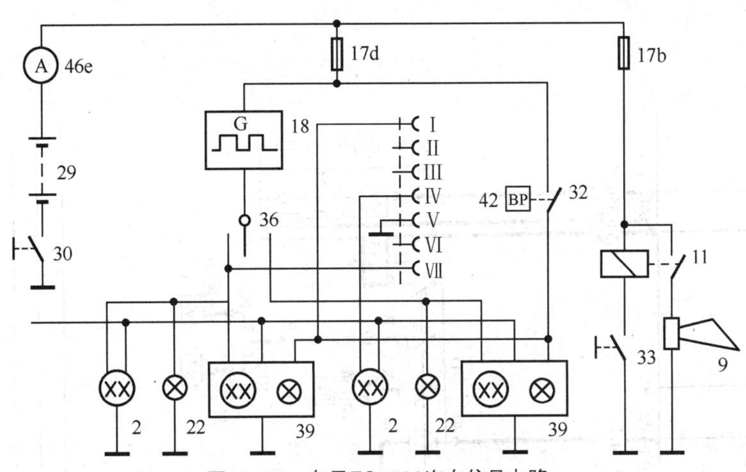

图10-23 东风EQ1090汽车信号电路

2—前转向灯和小灯组合灯；3—电喇叭；11—喇叭继电器；17b—喇叭熔断器；17d—转向灯熔断器；18—闪光器；22—仪表板左右转向指示灯；29—蓄电池；30—电源总开关；32—制动灯开关；33—电喇叭按钮；36—转向灯开关；39—转向灯、制动灯和尾灯组合灯总成；42—挂车插座；46e—电流表

（3）润滑油压力过低警告灯、制动气压过低蜂鸣器分别由润滑油路和制动气压管路中的压力开关控制。当润滑油压力低于 0.05MPa 时，机油压力过低警告灯点亮；当制动气压管路中的压力低于 0.34MPa 时，制动气压过低蜂鸣器鸣叫。

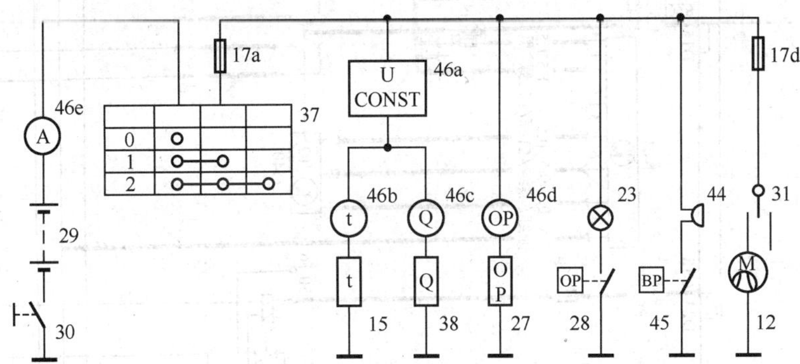

图10-24 东风EQ1090汽车仪表和报警装置电路

12—暖风电动机；15—水温表传感器；17a—仪表熔断器；23—润滑油压力过低警告灯；27—润滑油压力传感器；28—润滑油压力过低报警开关；29—蓄电池；30—电源总开关；37—点火开关；44—制动气压过低蜂鸣器；45—制动气压过低报警开关；46a—稳压器；46b—水温表；46c—燃油表；46d—润滑油压力表；46e—电流表

7. 辅助电器

辅助电器包括刮水器、暖风机、点烟器、收音机等电器，可参阅图 10-18 中相应部分的电路自行分析。

10.3.2 大众车系电路图识读

下面以大众车系典型代表——桑塔纳2000GSi轿车为例进行介绍全车电路识图，桑塔纳2000GSi轿车全车电路图如图 10-25～图 10-35 所示，全车电路图采用“纵向排列式”画法，原车电路图中，电路图绘制规则和表示方法如下。

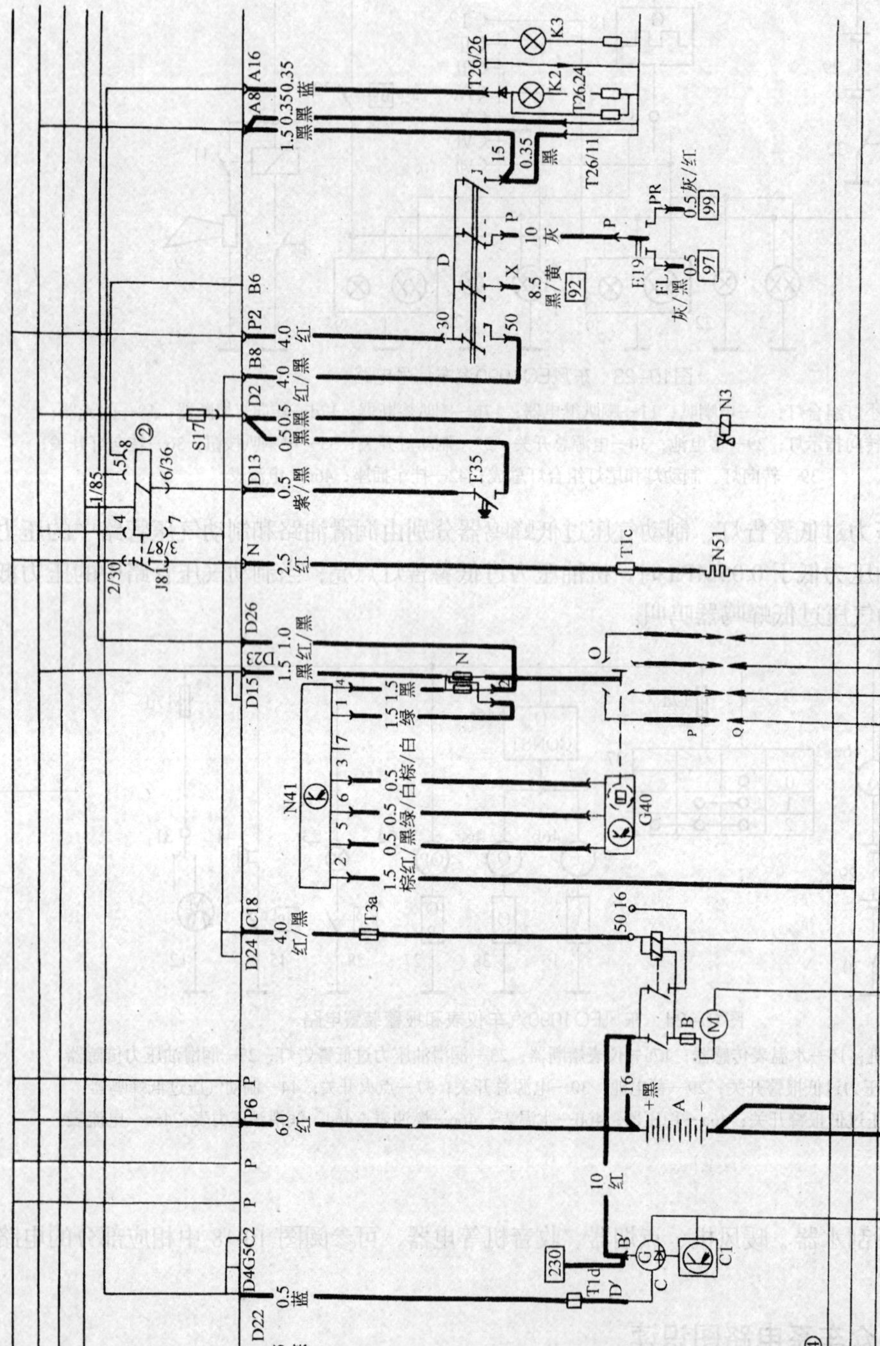

图10-25 桑塔纳2000GSi全车电路图（一）——充电、起动和点火电路

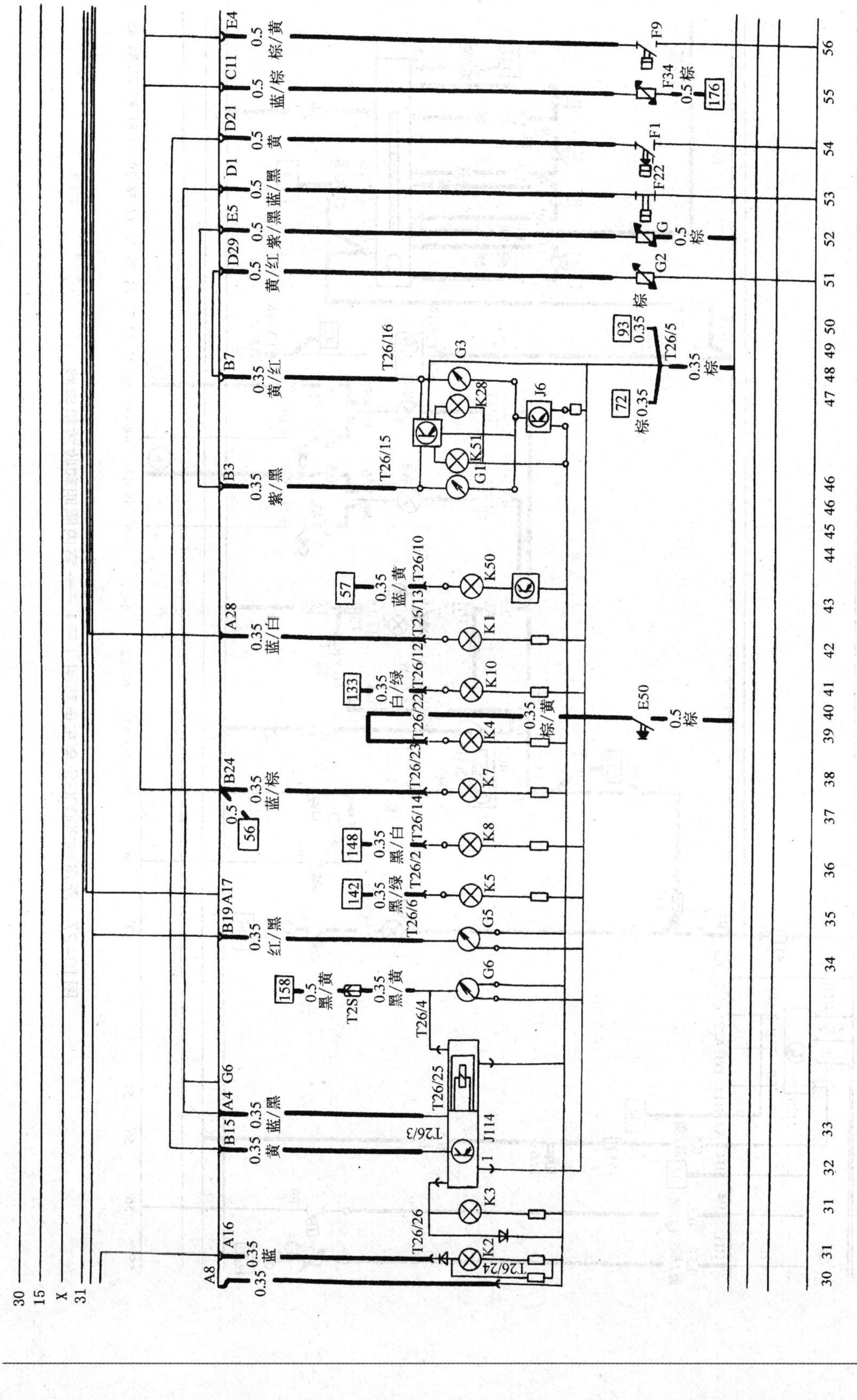

图10-26　桑塔纳2000GSi全车电路图（二）——照明和仪表电路

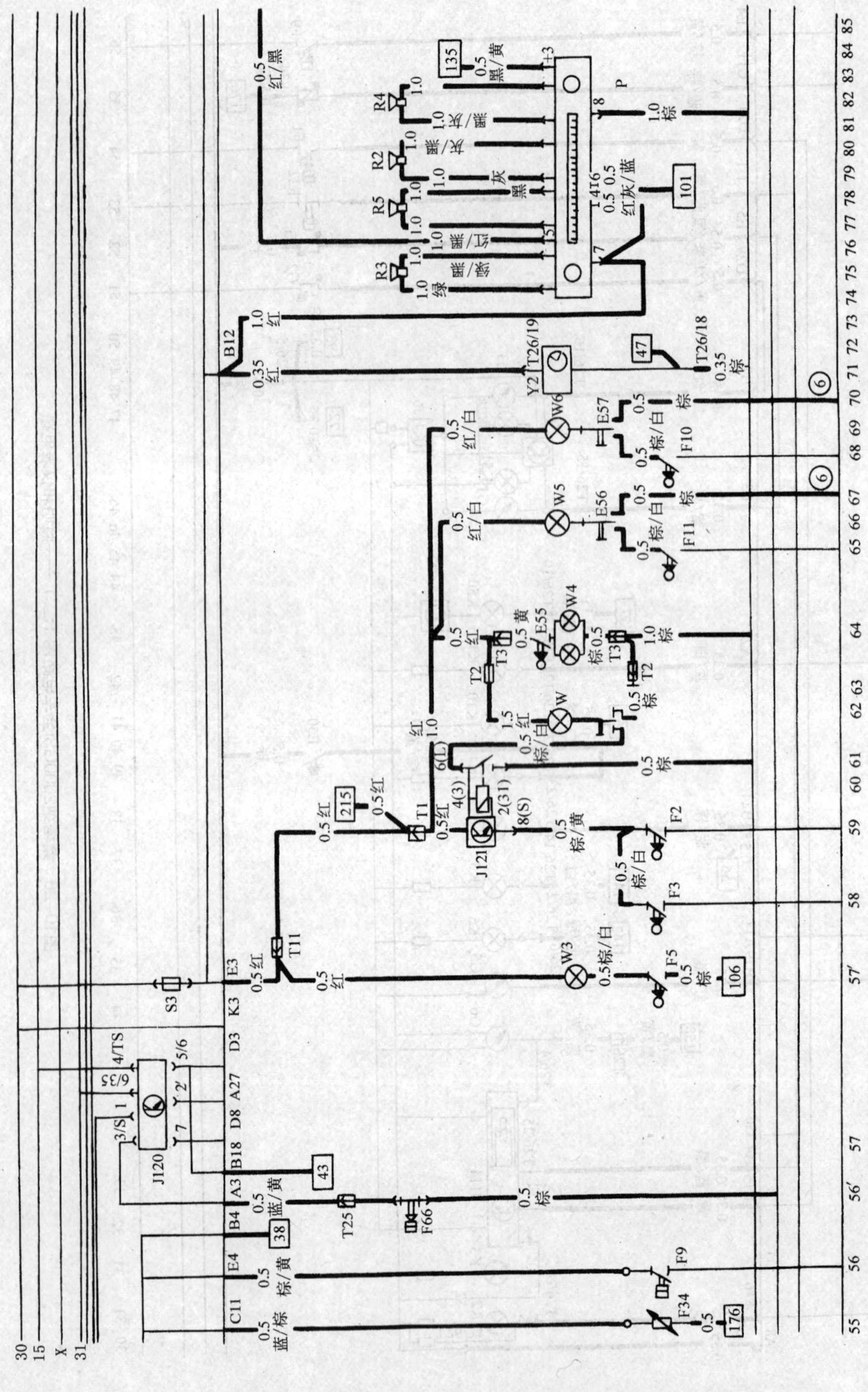

图10-27 桑塔纳2000GSi全车电路图（三）——室内照明和收放机电路

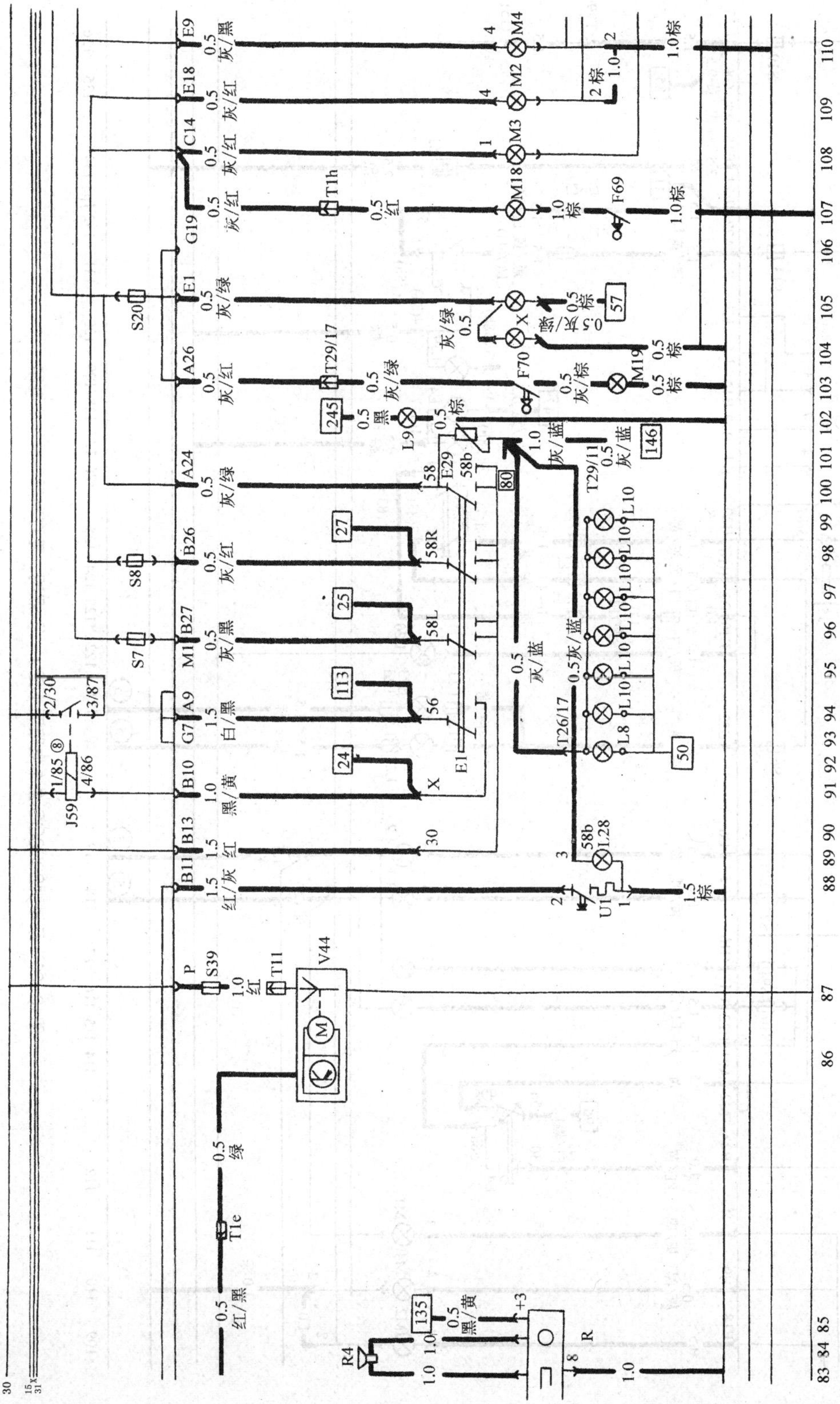

图10-28 桑塔纳2000GSi全车电路图（四）——照明电路

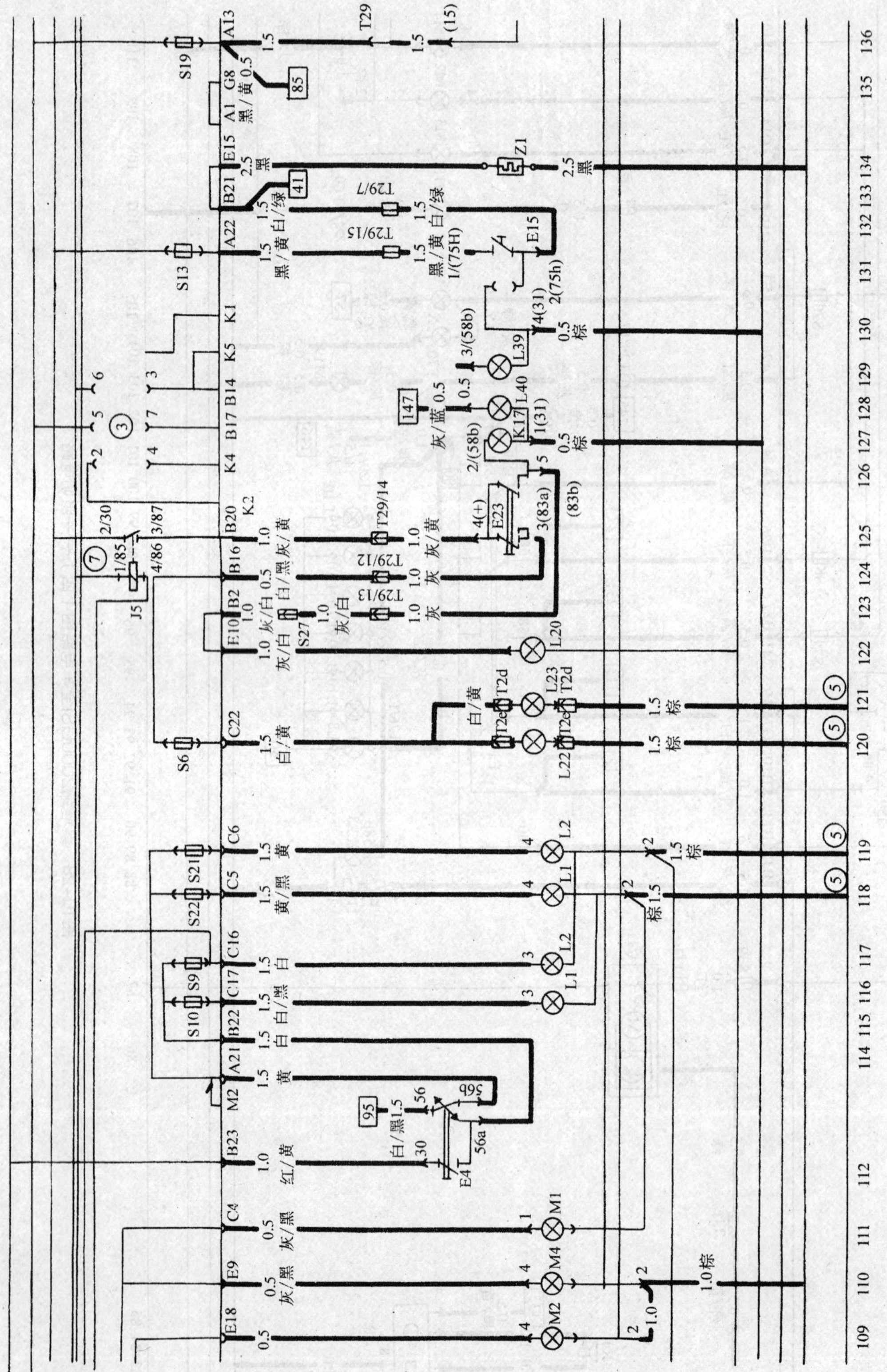

图10-29 桑塔纳2000GSi全车电路图（五）——照明、雾灯和后风窗加热电路

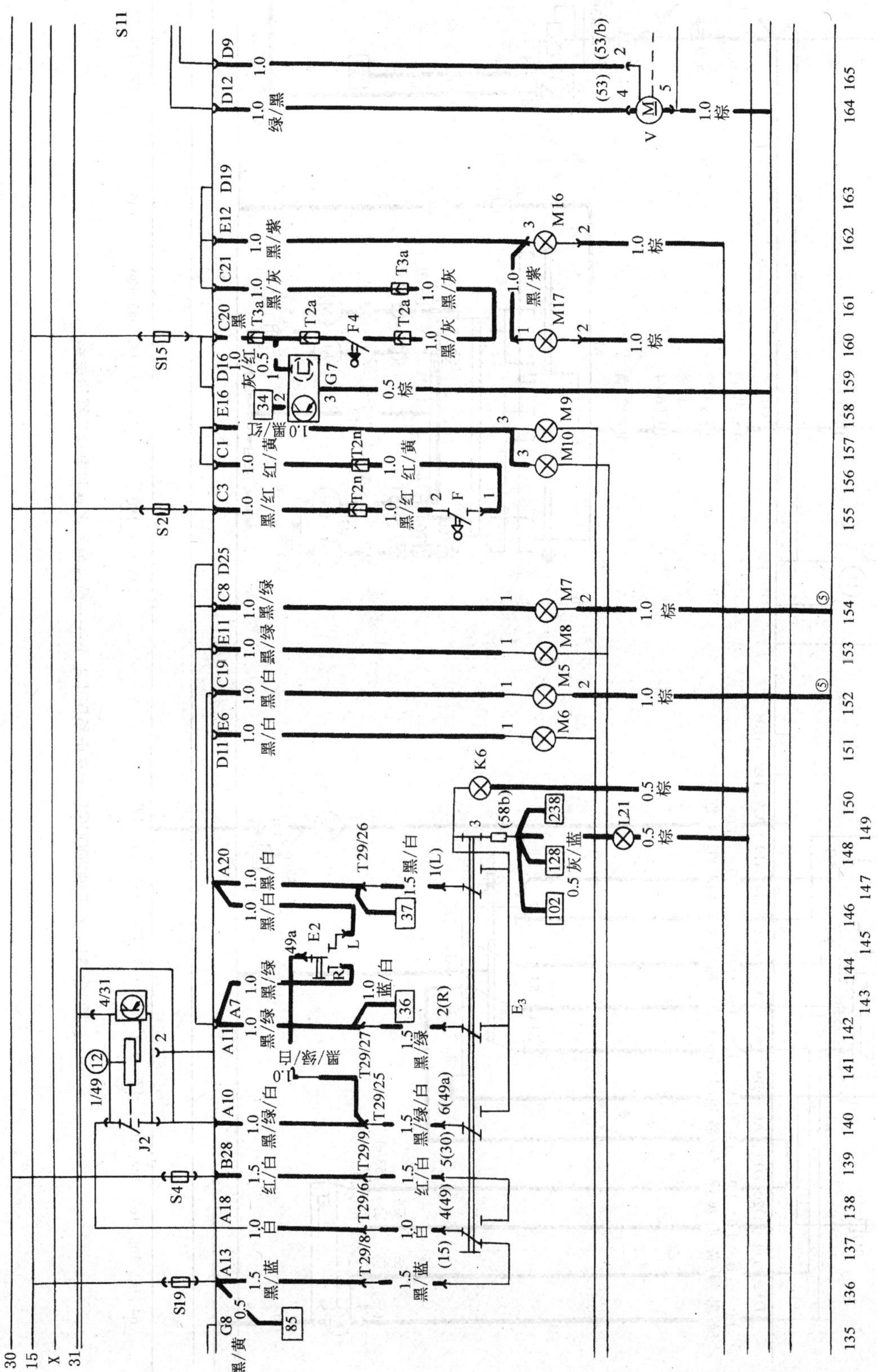

图10-30　桑塔纳2000GSi全车电路图（六）——转向灯、报警灯、制动灯和倒车灯电路

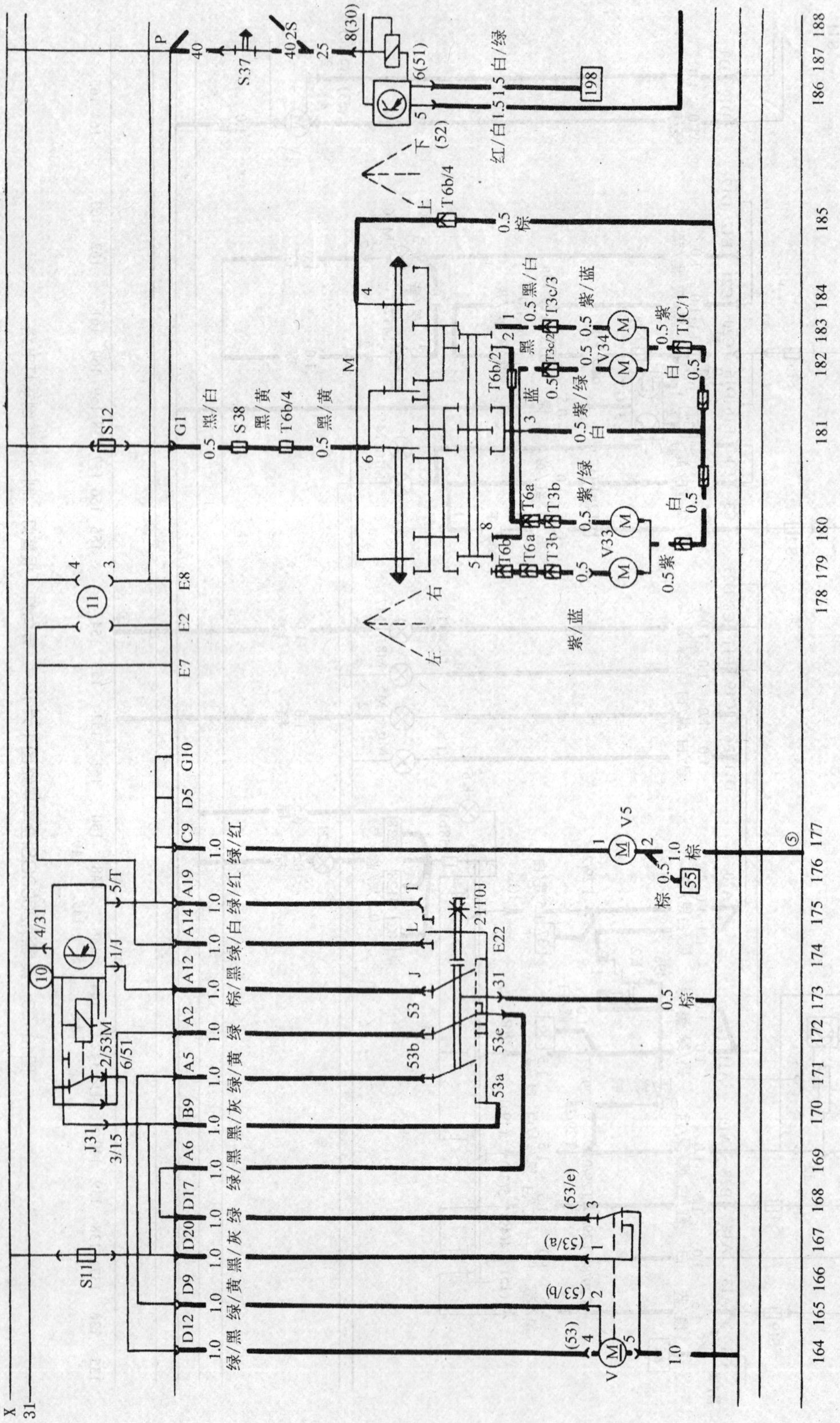

图10-31 桑塔纳2000GSi全车电路图（七）——前风窗刮水器和电动后视镜电路

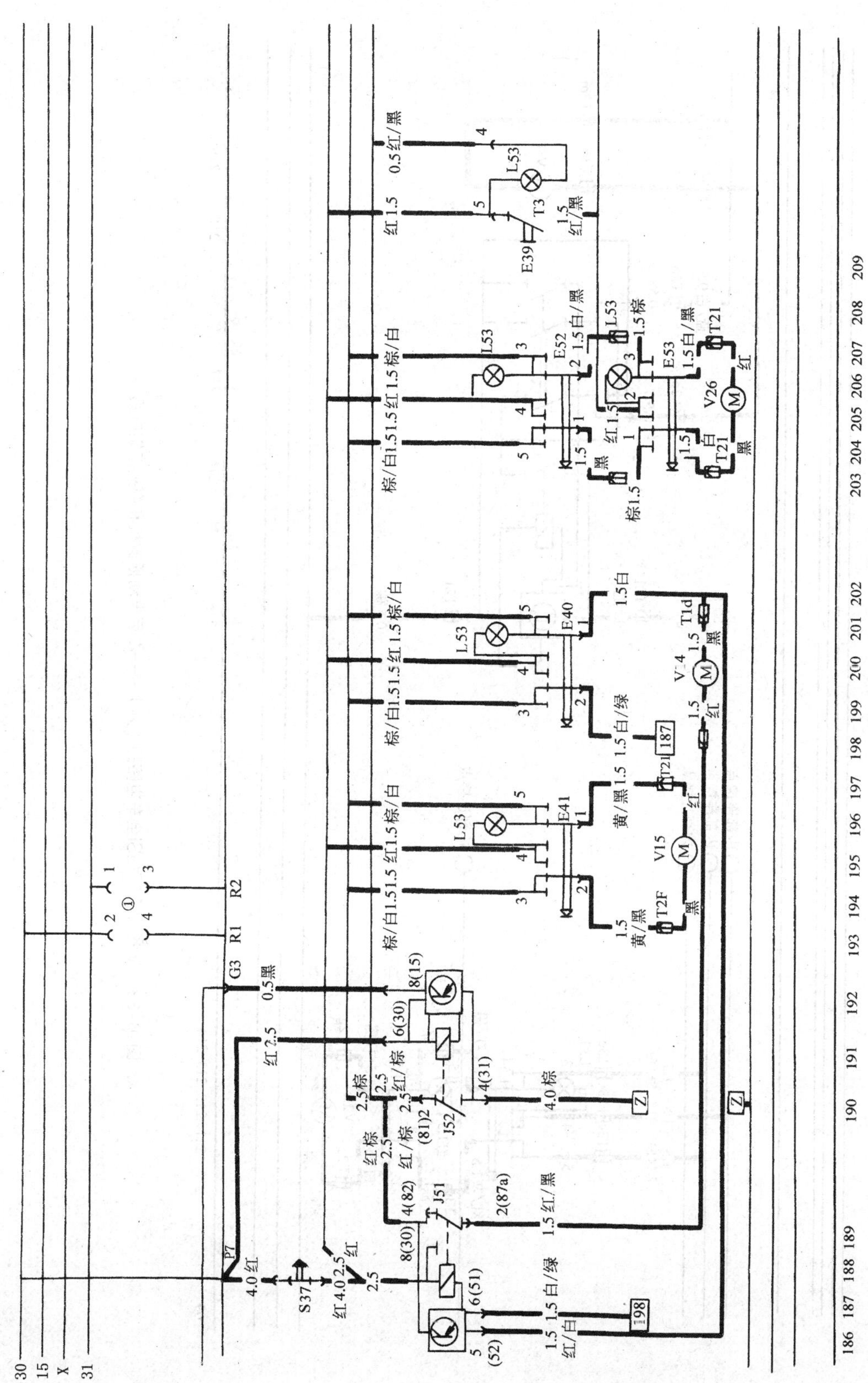

图10-32 桑塔纳2000GSi全车电路图（八）——左前、右前、左后电动摇窗机电路

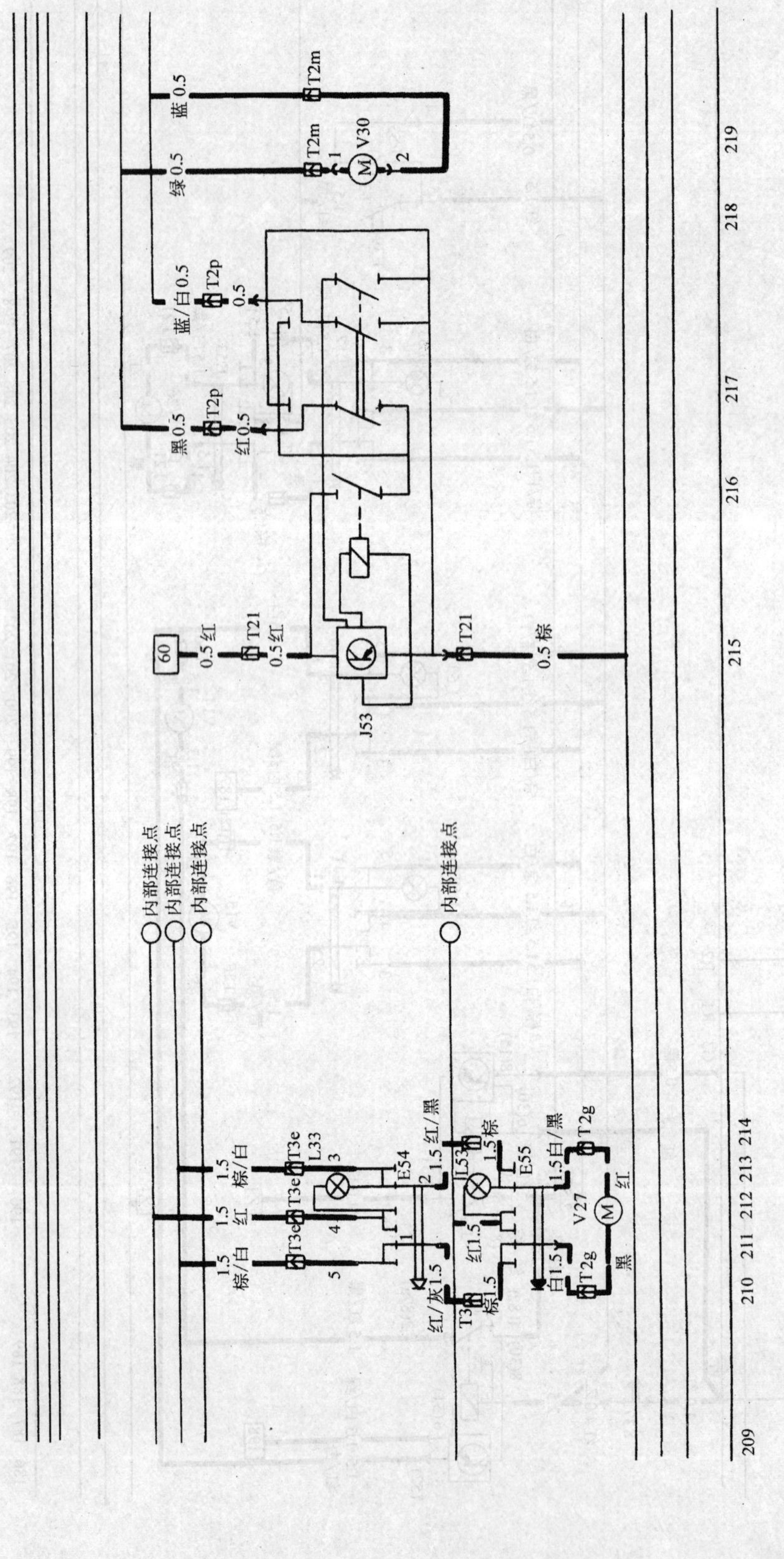

图10-33 桑塔纳2000GSi全车电路图（九）——右后电动摇窗机和中央门锁电路

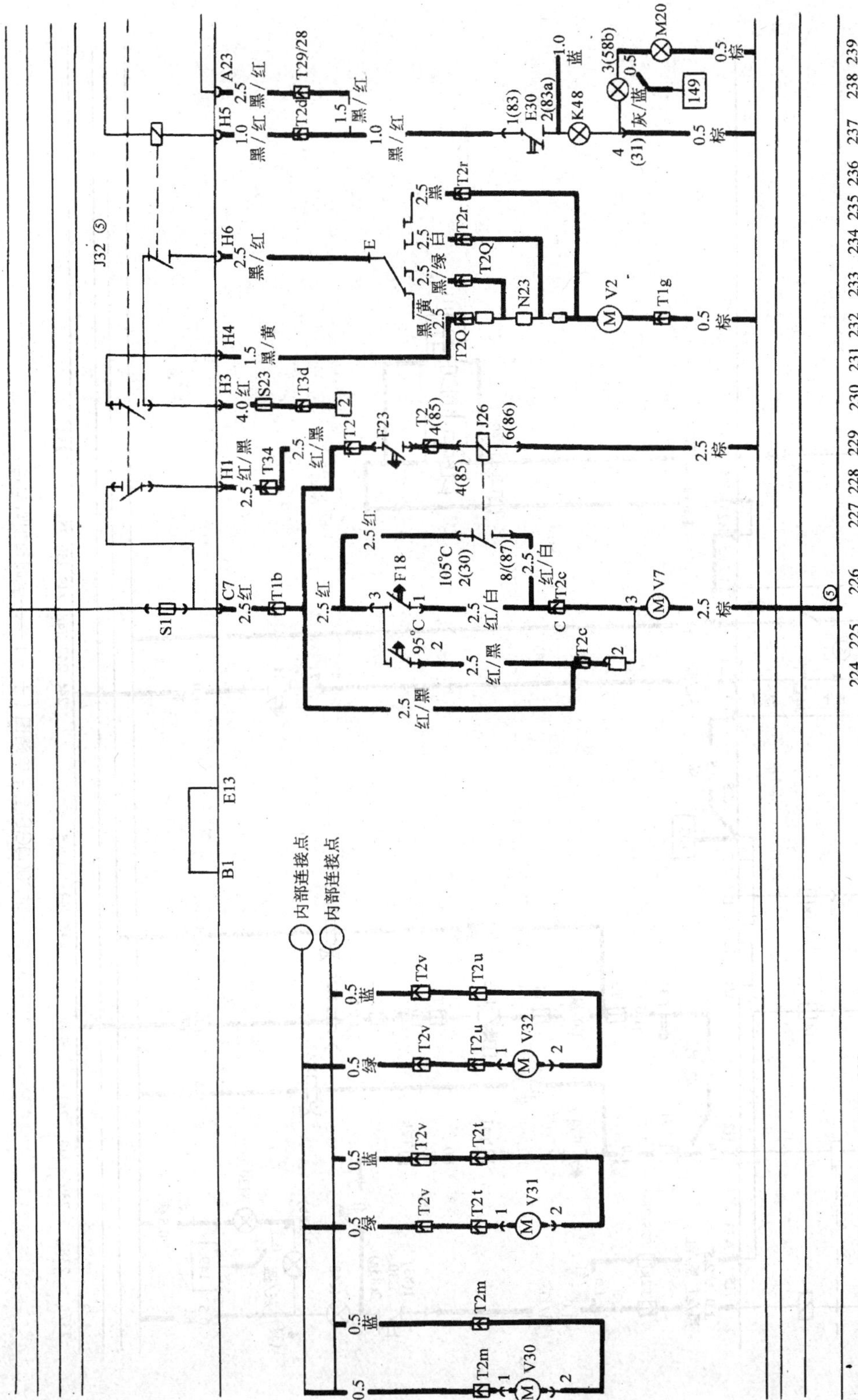

图10-34　桑塔纳2000GSi全车电路图（十）——空调电路

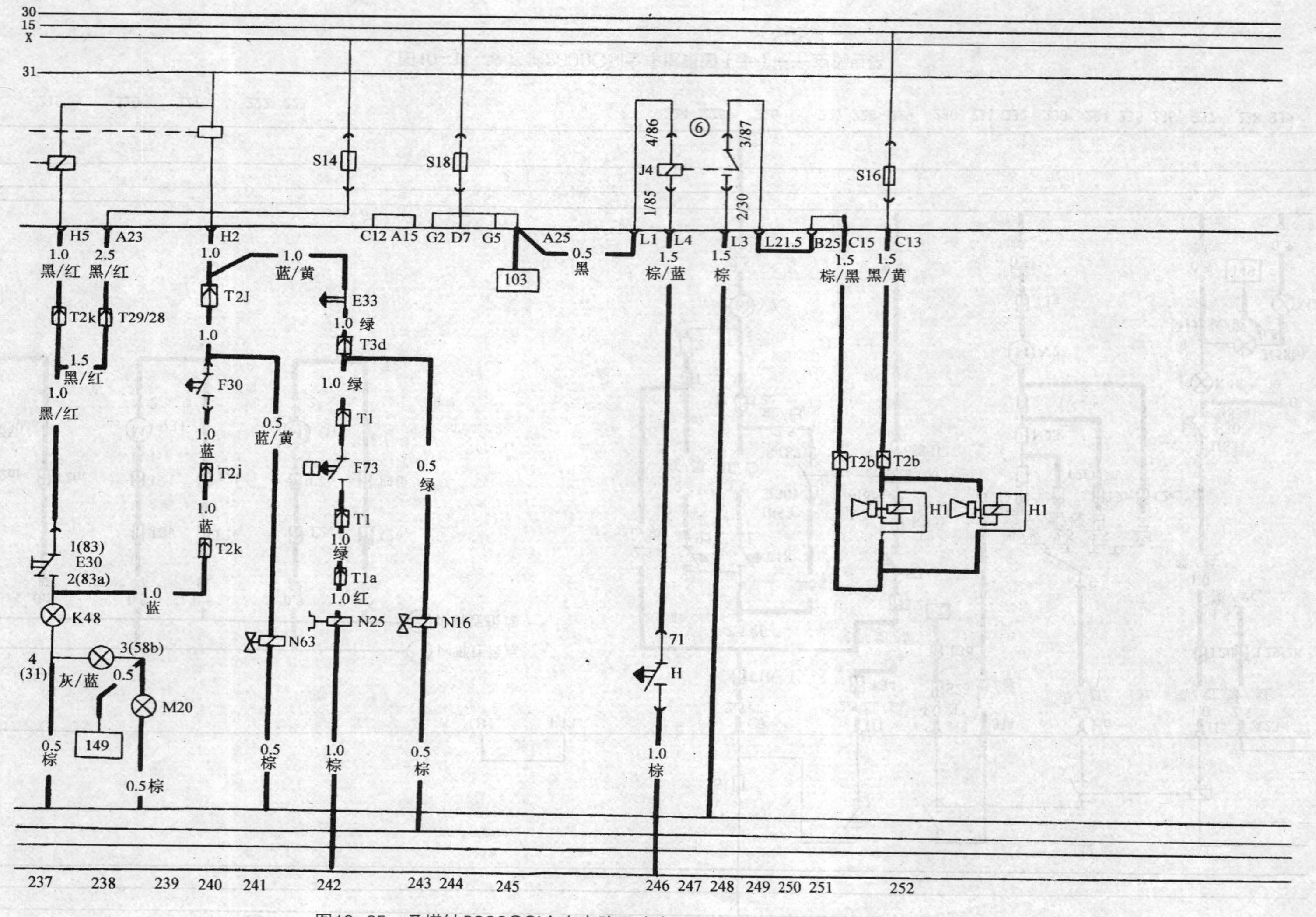

图10-35　桑塔纳2000GSi全车电路图（十一）——空调和喇叭电路

（1）全车电路图采用纵向排列。同一系统的电路归纳到一起。总线路包括：电源系统、起动系统、点火系统、照明及信号系统、仪表和报警系统、空调系统、刮雨器及洗涤器系统、后风窗除霜控制系统、蜂鸣器、门锁开关及室内灯系统、收放机电路系统和电子控制系统等。各系统电路从左到右依次排列，各系统中的电器零部件及其位置如表10-12所示。

表10-12　　桑塔纳电路零部件名称及其在电路中的位置

符号	零部件名称	在电路图中坐标位置	符号	零部件名称	在电路图中坐标位置
①	蓄电池搭铁线		K5	转向指示灯（右）	36
②③④	中央线路板搭铁线		K6	危险报警闪光灯指示灯	150
⑤	发动机舱左线束搭铁线		K7	驻车制动指示灯	38
⑥	阅读灯搭铁线		K11	后风窗加热指示灯	41
⑦	尾灯线束搭铁线		K17	雾灯指示灯	127
30	常火线		K28	冷却液温度指示灯	47
15	小容量用电器火线		K48	空调开关照明灯	237
X	大容量用电器火线		K49	阻风门指示灯	39
31	中央线路板内搭铁线		K50	冷却液液面指示灯	43
A	蓄电池	5	K51	燃油不足指示灯	46
B	起动机	7	L1	前照灯双灯灯泡（左）	116、118
C	发电机	2	L2	前照灯双灯灯泡（右）	117、119
C1	发电机电压调节器	2	L8	时钟照明灯	92
D	点火开关	23	L9	灯光开关照明灯	103
E1	灯光开关	92	L10	仪表板照明灯	93～99
E2	转向灯开关	143	L20	后雾灯灯泡	122
E3	危险报警灯开关	142	L21	暖风开关照明灯	148
E4	变光和转向灯开关	112	L22	后雾灯（左）	120
E9	空调风速开关	234	L23	后雾灯（右）	121
E15	后风窗加热器开关	131	L28	点烟器照明灯	89
E19	停车开关	25	L39	后窗加热器开关照明灯	129
E20	仪表板照明灯调节器	102	L40	雾灯开关照明灯	128
E22	前风窗刮水器开关	172	L53	电动摇窗机开关照明灯	196、200、206、209、212
E23	雾灯开关	125	M	电动后视镜开关	181
E30	空调开关	237	M1	停车灯灯泡（左）	111
E33	空调风量开关	242	M2	尾灯灯泡（右）	109
E39	电动门窗安全开关	208	M3	停车灯灯泡（右）	108
E40	电动门窗开关（左前）	200	M4	尾灯（左）	110
E41	电动门窗开关（右前）	195	M5	转向灯（前左）	152

续表

符号	零部件名称	在电路图中坐标位置	符号	零部件名称	在电路图中坐标位置
E52	电动门窗开关（左后）	205	M6	转向灯（后左）	151
E53	电动门窗开关（左后）	205	M7	转向灯（前右）	154
E54	电动门窗开关（右后）	212	M8	转向灯（后右）	153
E55	电动门窗开关（右后）	212	M9	制动灯（左）	157
E56	后阅读灯开关（右）	66	M10	制动灯（右）	156
E59	遮阳灯开关	64	M16	倒车灯（左）	163
F	制动灯开关	155	M17	倒车灯（右）	161
F1	油压开关（180kPa）	54	M18	发动机室照明灯	107
F2	前车门接触开关（左）	59	M20	空调控制装置指示灯	239
F3	前车门接触开关（右）	58	N	点火线圈	15
F4	倒车灯开关	161	N3	怠速截止电磁阀	21
F5	行李箱照明灯开关	57	N16	空调怠速提升电磁阀	243
F9	驻车制动指示灯开关	56	N23	鼓风机换挡电阻	232
F10	后车门接触开关（左）	68	N25	空调压缩机电磁离合器	242
F11	后车门接触开关（右）	65	N41	点火器	11
F18	热敏开关（30kPa）	18	N51	进气预热器	18
F22	油压开关	53	N63	进气门电磁阀	241
F23	空调高压开关	229	O	分电器	15
F34	制动液不足指示开关	55	P	火花塞插头	13～17
F35	进气预热温控开关	19	Q	火花塞	13～17
F38	空调室温开关	240	R	收放机	83
F66	冷却液不足指示开关	56	R2	扬声器	81
F69	发动机舱照明灯开关	107	R3	扬声器	74
F70	杂物箱照明灯开关	104	R4	扬声器	83
F73	空调压缩机开关	242	R5	扬声器	75
G	燃油表传感器	52	S23	空调鼓风机电机熔断器	230
G1	燃油表	46	S27	后雾灯熔断器	123
G2	冷却液温度传感器	51	S37	电动门窗保护器	188
G3	冷却液温度表	48	S38	电动后视镜熔断器	181
G5	转速表	35	S39	收放机电动天线熔断器	87
G6	车速表	34	U1	点烟器	88
G7	车速传感器	159	V	前风窗刮水器电机	164
G40	霍尔传感器	11	V2	鼓风机电机	232
H	双音喇叭开关	246	V5	前风窗清洗泵	177

续表

符号	零部件名称	在电路图中坐标位置	符号	零部件名称	在电路图中坐标位置
H1	高低音喇叭	251、252	V7	散热器风扇电动机	226
J2	转向灯继电器	139	V14	电动门窗电动机（左前）	200
J4	双音喇叭继电器	246	V15	电动门窗电动机（右前）	195
J5	雾灯继电器	124	V26	电动门窗电动机（左后）	205
J6	稳压器	48	V27	电动门窗电动机（右后）	212
J26	空调减负荷继电器	229	V30	中央门锁电动机（右前）	218
J31	前风窗刮水器及清洗装置继电器	169	V31	中央门锁电动机（右后）	220
J32	空调继电器	234	V32	中央门锁电动机（左后）	222
J51	自动门窗继电器	188	V33	电动后视镜电动机（右）	179
J52	自动门窗延时继电器	190	V34	电动后视镜电动机（左）	183
J53	中央门锁控制器（左前）	215	V44	电动天线	87
J59	X-接触继电器	91	W	车内前部照明灯	63
J81	进气歧管预热继电器	18	W3	行李箱内照明灯	57
J114	油压检查控制器	33	W4	遮阳灯	64
J120	冷却液不足指示控制器		W5	后阅读灯（右）	66
J121	内部照明继电器	59	W6	后阅读灯（左）	69
K1	前照灯远光指示灯	42	X	牌照灯	105
K2	充电指示灯	31	Y2	电子钟	71
K3	油压指示灯	31	Z1	后风窗加热器	134

备注：S1～S22 如表 10-6 所示。

（2）用断线代号避免电路图中导线的相互交叉。为避免导线相互交叉，将不同系统相互连接的导线断开绘制，并在断开处画上一个黄底小方框，方框内用数字表明断开连接处在电路图中坐标的位置。例如，点火系统中点火开关控制的大容量火线“X”，控制接触继电器（卸荷继电器 J59）和灯光开关“X”火线，将点火系统电路“X”火线在坐标 24 位置处断开，照明系统电路中在坐标 92 处续接，则该导线在点火系统电路断开处的小方框内标有 92，在照明系统电路中导线断开的小方框内标有 24。

（3）在电路图中用规定的字母和数字表示部件的类型、序号。例如，“E1”—E 表示开关类，“E1”代表灯光开关；“J2”—J 表示继电器类，“J2”示转向灯继电器；“K2”—K 表示指示灯类，“K2”代表充电指示灯；“L20”—L 表示照明灯类，“L20"代表后雾灯等。

（4）用电路符号表示电器的结构特征和功能。具体见表 10-9。

（5）用规定的数字或字母表示具有特定功能的导线端子。例如，30—表示常火线，与蓄电池正极连接；15—接小容量电器火线，当点火开关接通时，由点火开关直接接通电源；50—起动机控制电路火线，当点火开关在起动位置时，接通起动机控制电路电源；31—搭铁线；X—接大电容电路的火线，在点火开关处于点火位置时，控制 X-接触继电器接通大容量电器的电源。①、②、……，表示搭铁线及搭铁位置，①蓄电池搭铁线，⑤发动机舱左线束搭铁线等。

（6）用分数或数字代号表示电器部件插接器插脚数量和作用。例如，喇叭继电器的各插脚代号为 1/85、2/30、3/87、4/86，分子中的 1、2、3、4 表示喇叭继电器 J4 共有 4 个插脚，各个插脚分母中的 85、30、87、86 表明该插脚的功能。再如，灯光开关 E3 插接器端子 T29/6、T29/25 等表示该插接器共 29 个端子，6、25 表示其中的第 6 号、第 25 号端子。

（7）不同功能的导线采用规定的颜色，采用统一的字母或用彩色图直观表达导线颜色。

10.3.3 丰田车系电路图识读

丰田汽车电路图各系统的符号及含义如图 10-36 所示。

下面以凌志 LEXUS LS400 系列轿车刮水器和洗涤器、喇叭电路（见图 10-37）为例，介绍丰田车系电路识图。

该系列轿车刮水器和洗涤器的工作电路如下。

1. 低速刮水

点火开关打至 ON 挡，刮水器开关处于低速挡位置，刮水器低速工作电路为：蓄电池正极→120A 熔断器→40A 熔断器→配线插接器 EA3 的 A10 端子（白/蓝线）→点火开关 I17 的 AM1 端子→点火开关 I17 的 IG1 端子→1 号 J/B（接线盒）1C 插头的 3 号端子→20A 熔断器→1 号 J/B（接线盒）1G 插头的 4 号端子→刮水器和洗涤器组合开关 C15 的 B 端子→刮水器和洗涤器组合开关 C15 的 7 号端子→刮水器电机 W5 的 3 号端子（蓝/黑线）→刮水器电机 W5 的 1 号端子（白/黑线）→E 接地点搭铁（仪表板左内侧）→蓄电池负极。

2. 高速刮水

点火开关打至 ON 挡，刮水器开关处于高速挡位置，刮水器高速工作电路为：蓄电池正极→120A 熔断器→40A 熔断器→配线插接器 EA3 的 A10 端子（白/蓝线）→点火开关 I17 的 AM1 端子→点火开关 I17 的 IGl 端子→1 号 J/B（接线盒）1C 插头的 3 号端子→20A 熔断器→1 号 J/B（接线盒）1G 插头的 4 号端子→刮水器和洗涤器组合开关 C15 的 B 端子→刮水器和洗涤器组合开关 C15 的 13 号端子→刮水器电机 W5 的 2 号端子（蓝/红线）→刮水器电机 W5 的 1 号端子（白/黑线）→E 接地点搭铁（仪表板左内侧）→蓄电池负极。

3. 间歇刮水

点火开关打至 ON 挡，刮水器开关处于间歇挡位置，刮水器间歇工作电路为：蓄电池正极→120A 熔断器→40A 熔断器→配线插接器 EA3 的 A10 端子（白/蓝线）→点火开关 I17 的 AM1 端子→点火开关 I17 的 IGl 端子→1 号 J/B（接线盒）1C 插头的 3 号端子→20A 熔断器→l 号 J/B（接线盒）1A 插头的 7 号端子（蓝线）→刮水器控制继电器 W8 的 2 号端子→刮水器控制继电器 W8 的 5 号端子（蓝/白线）→刮水器和洗涤器组合开关 C15 的 4 号端子→刮水器和洗涤器组合开关 C15 的 7 号端子→刮水器电机 W5 的 3 号端子（蓝/黑线）→刮水器电机 W5 的 1 号端子（白/黑线）→E 接地点搭铁（仪表板左内侧）→蓄电池负极。

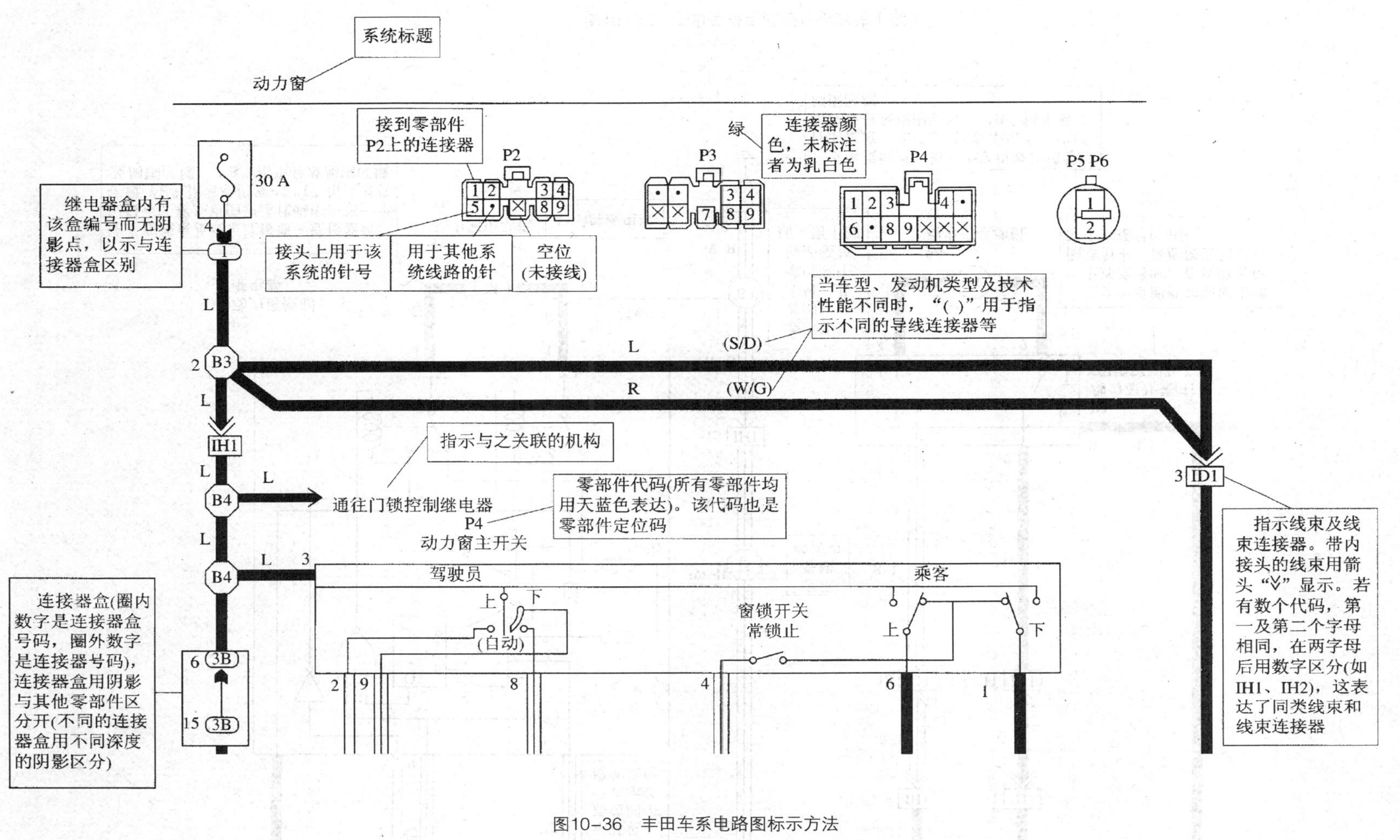

图10-36 丰田车系电路图标示方法

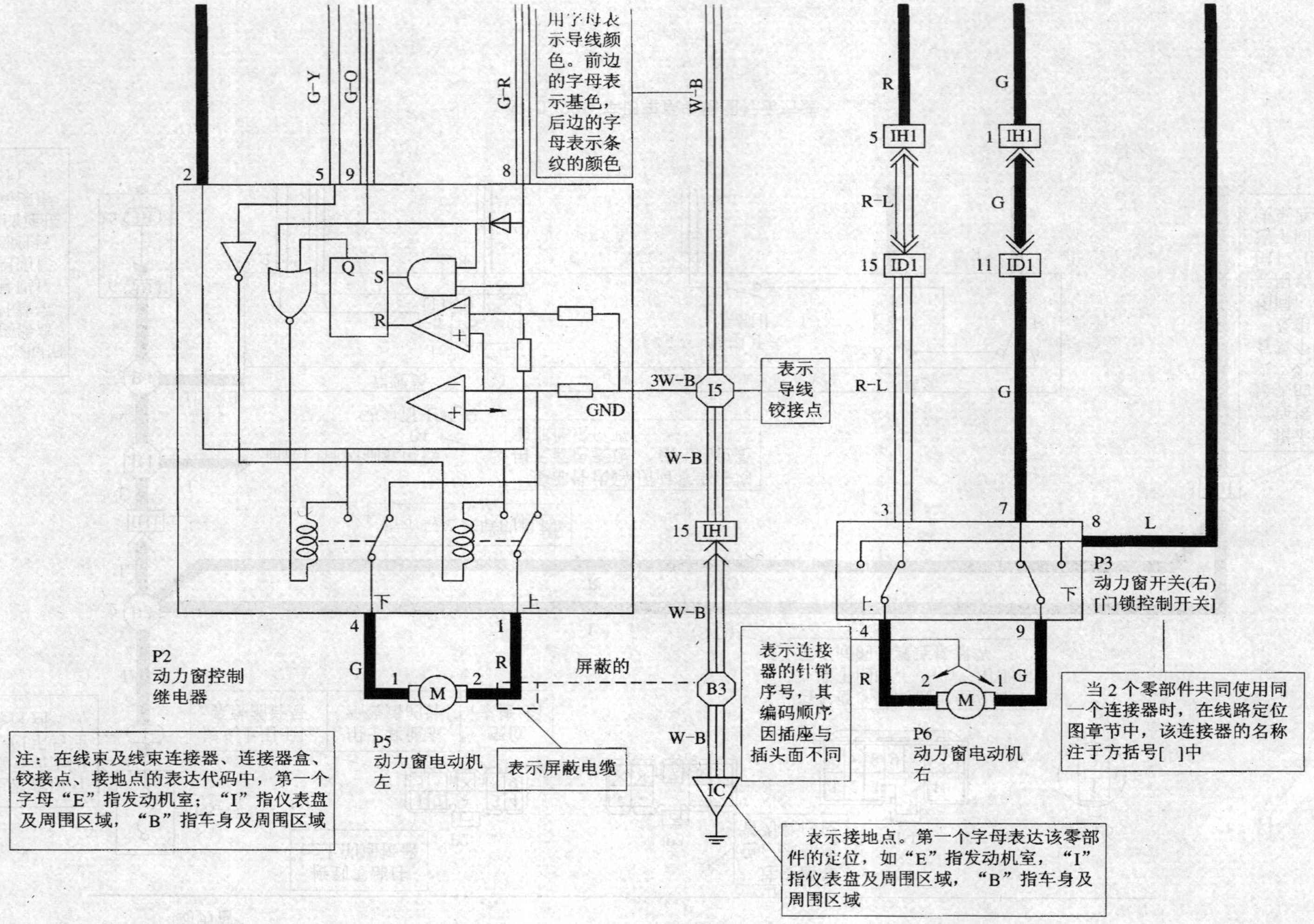

用字母表示导线颜色。前边的字母表示基色，后边的字母表示条纹的颜色

G-Y G-O G-R W-B R G

2 5 9 8

5 IH1 1 IH1

R-L G

15 ID1 11 ID1

Q S R

3W-B I5 GND

表示导线铰接点

R-L G

W-B

15 IH1

3 7 8 L

下 上 上 下

4 1 4 9

P2
动力窗控制继电器

G 1 M 2 R

屏蔽的

W-B B3

表示连接器的针销序号，其编码顺序因插座与插头面不同

R 2 M 1 G

P3
动力窗开关(右)
[门锁控制开关]

当2个零部件共同使用同一个连接器时，在线路定位图章节中，该连接器的名称注于方括号[ ]中

P5
动力窗电动机左

表示屏蔽电缆

W-B

IC

P6
动力窗电动机右

注：在线束及线束连接器、连接器盒、铰接点、接地点的表达代码中，第一个字母“E”指发动机室；“I”指仪表盘及周围区域，“B”指车身及周围区域

表示接地点。第一个字母表达该零部件的定位，如“E”指发动机室，“I”指仪表盘及周围区域，“B”指车身及周围区域

图10-36 丰田车系电路图标示方法（续）

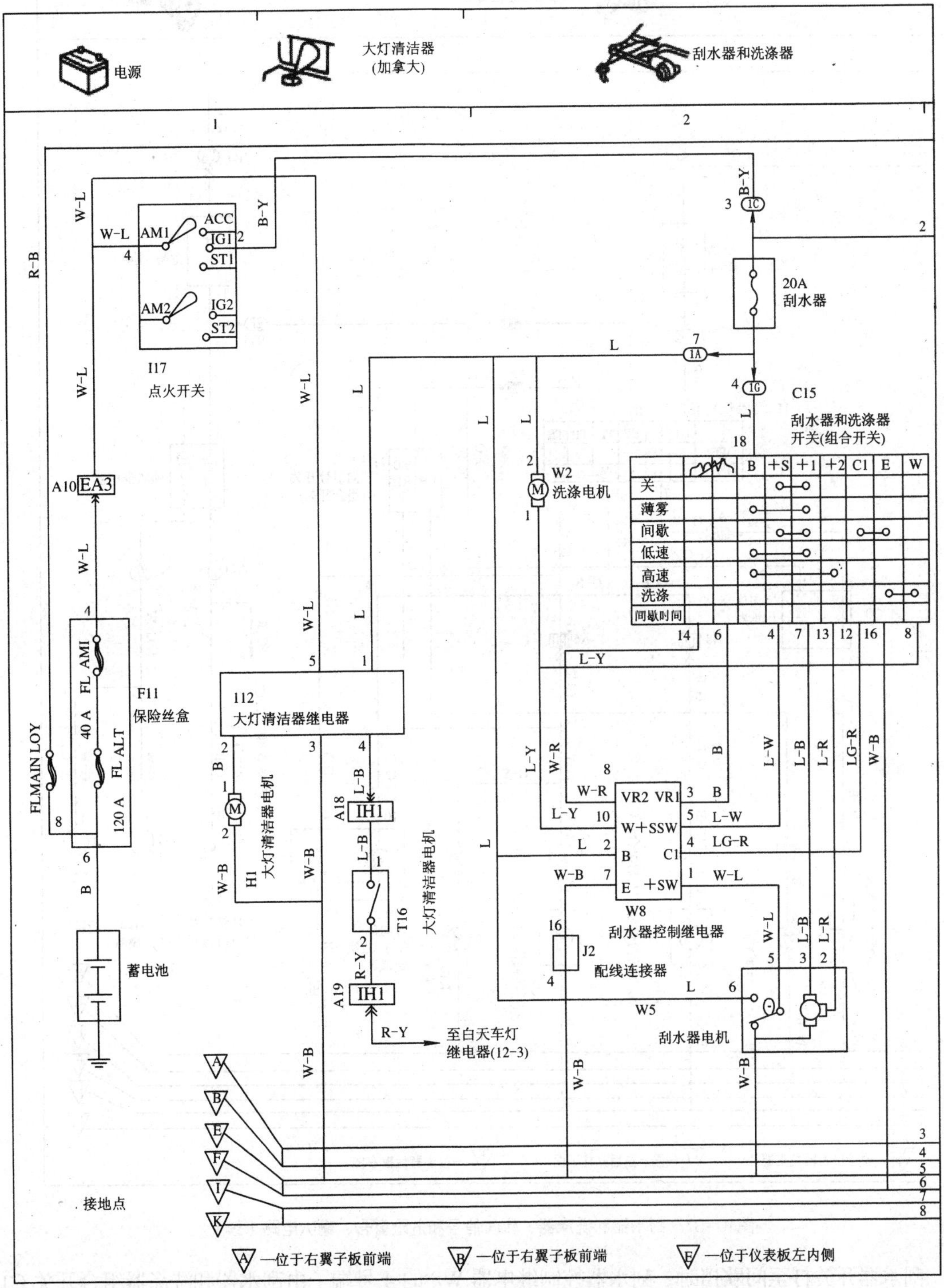

电源

大灯清洁器（加拿大）

刮水器和洗涤器

I17 点火开关

ACC IG1 ST1 AM1 AM2 IG2 ST2

A10 EA3

F11 保险丝盒

FL AMI 40 A

FL ALT 120 A

FLMAIN LOY

蓄电池

I12 大灯清洁器继电器

H1 大灯清洁器电机

A18 IH1

T16 大灯清洁器电机

A19 IH1

至白天车灯继电器(12-3)

20A 刮水器

C15 刮水器和洗涤器开关(组合开关)

		B	+S	+1	+2	C1	E	W
关								
薄雾								
间歇								
低速								
高速								
洗涤								
间歇时间								

W2 洗涤电机

W8 刮水器控制继电器

VR2 VR1 W+SSW B C1 E +SW

J2 配线连接器

W5 刮水器电机

接地点

A 一位于右翼子板前端 B 一位于右翼子板前端 E 一位于仪表板左内侧

图10-37 刮水器和洗涤器、转向信号和危险警告、喇叭电路

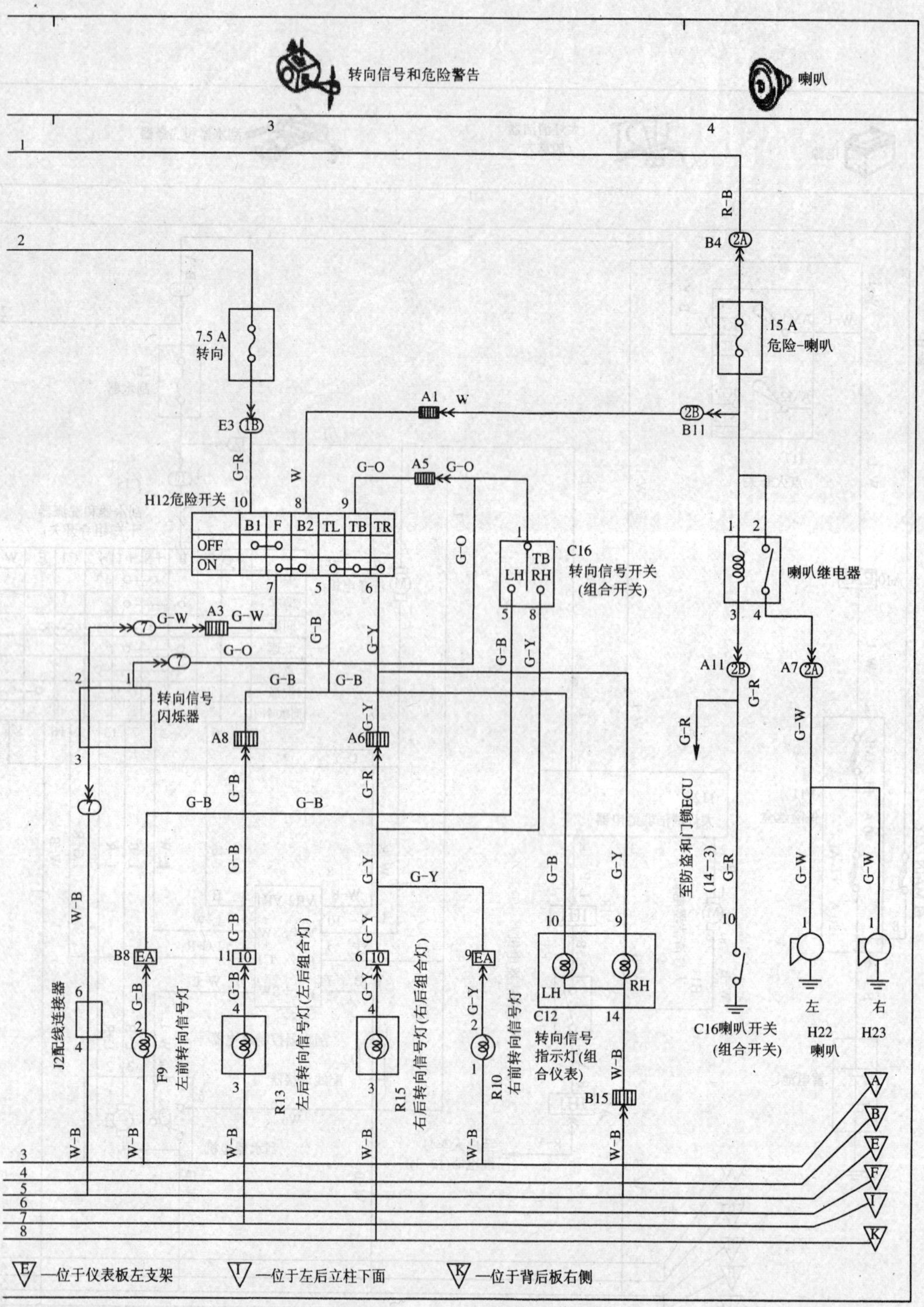

图10-37　刮水器和洗涤器、转向信号和危险警告、喇叭电路（续）

刮水器开关打至间歇挡时，刮水器控制继电器 W8 的 4 号端子由刮水器和洗涤器组合开关 C15 的 12 号端子与 16 号端子通过接地点 F 搭铁。刮水器间歇时间由刮水器控制继电器 W8 来决定。

4. 停机复位

刮水器开关打至停止挡位置，如果刮水器处在规定的停止位置，刮水器电机 W5 的 5 号端子与刮水器电机 W5 的 1 号端子接通，即接地，则刮水器电机停止工作。反之，如果刮水器处在非规定的停止位置，刮水器电机 W5 的 5 号端子与刮水器电机 W5 的 6 号端子接通。点火开关打至 ON 挡，刮水器开关处于间歇挡位置，刮水器间歇工作电路为：蓄电池正极→120A 熔断器→40A 熔断器→配线插接器 EA3 的 A10 端子（白/蓝线）→点火开关 I17 的 AM1 端子→点火开关 I17 的 IGl 端子→1 号 J/B（接线盒）1C 插头的 3 号端子→20A 熔断器→l 号 J/B（接线盒）1A 插头的 7 号端子（蓝线）→刮水器电机 W5 的 6 号端子→刮水器电机 W5 的 5 号端子（蓝/黑线）→刮水器控制继电器 W8 的 2 号端子。

电源经刮水器电机 W5 的 6 号端子→刮水器电机 W5 的 5 号端子（蓝/黑线）→刮水器控制继电器 W8 的 2 号端子，即 W8 的 2 号端子得电，刮水器控制继电器 W8 的 5 号端子输出电源，并通过 C15 的 4 号端子、7 号端子与刮水器电机 W5 的 3 号端子相连，刮水器电机继续转动，直至停机位置。

5. 风窗清洗

点火开关打至 ON 挡，洗涤器开关处于洗涤挡位置，洗涤器工作电流通路为：蓄电池正极→120A 熔断器→40A 熔断器一配线插接器 EA3 的 A10 端子（白/蓝线）→点火开关 I17 的 AM1 端子→点火开关 I17 的 1Gl 端子→1 号 J/B（接线盒）1C 插头的 3 号端子→20A 熔断器→1 号 J/B（接线盒）lA 插头的 7 号端子→洗涤电机 W2→刮水器和洗涤器组合开关 C15 的 8 号端子→刮水器和洗涤器组合开关 C15 的 16 号端子→仪表板左支架接地点 F 搭铁→蓄电池负极。

10.3.4　通用车系电路图识读

1. 电路图的特点

（1）电路图中标有特殊的提示符号。

① 静电敏感符号，用于提醒检修人员。系统内含有对静电放电敏感的部件，在维修时应注意。

② 安全气囊符号，用于提醒检修人员，该系统为安全气囊系统或与安全气囊系统相关。

③ 故障诊断符号，用于提醒读者该电路在车载诊断系统（OBD－Ⅱ）检测范围内，当该电路出现故障时，故障指示灯就会亮。

④ 注意事项符号，用于提醒检修人员还有其他附加系统维修的信息。

（2）电路图中标有电源接通说明。系统电路图中的电源通常是从该电路的熔断器起，在电路图的上方，用黑框表示，并用黑框中的文字说明在什么样的情况下该电路接通电源。

（3）电路图中标有电路编号。通用车系的电路图中，各导线除了标明颜色和截面积外，通常还标有该电路的编码，通过电路编码可以知道该电路在汽车上的位置，以便读图和故障查寻。

2. 通用车系汽车电路图的识读方法

现以上海别克轿车自动变速器控制电路为例，说明通用汽车电路图的识读方法（见图 10-38），电路图的数字是注释号，其含义如下。

1——“运行或起动发热”表示线路在点火开关处于运行或起动挡时通电，电压为蓄电池工作电压。

2——表示 27 号 10A 的熔断器。

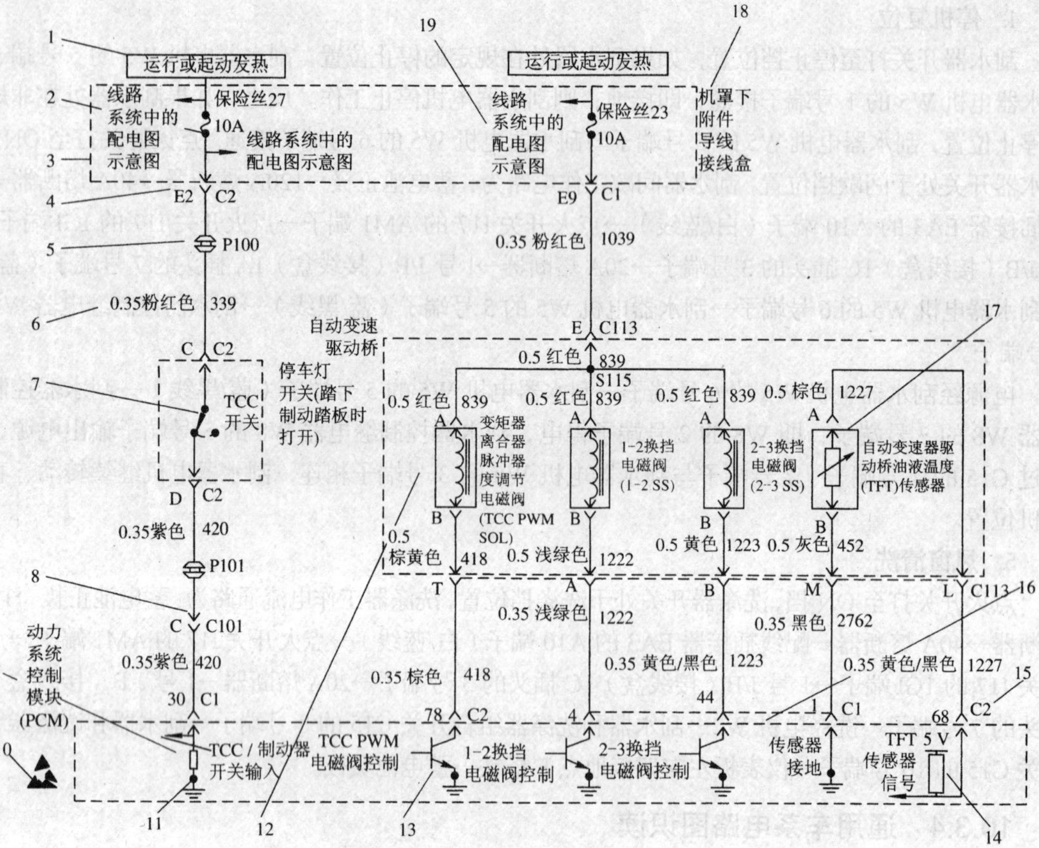

图10-38 通用车系电路图标示方法

3——虚线框表示没有完全表示出接线盒所有部分。

4——表示导线由发动机室盖下熔断器接线盒的 C2 连接插头的 E2 插脚引出，连接插头编号 C2 写在右侧，插脚编号 E2 写在左侧。

5——符号 P100 表示贯穿式密封圈，其中 P 表示密封圈，100 为其代号。

6——“0.35 粉红色”表示导线截面积为 0.35mm，线的颜色为粉红色，数字“339”是车辆位置分区代码，如图 10-39 表示该线束位置在乘客室。

7——表示 TCC（液力变矩器中的锁止离合器）开关，图中表示 TCC 处于接通状态，其开关信号经过 P101 和 C101，由动力控制模块（PCM）中的 C1 插头 30 号插脚进入 PCM 中。

8——表示直列型插接器，右侧“C101”表示连接插头编号（其中 C 表示连接插头），左侧“C”表示直列线束插接器的 C 插脚。

9——表示输出电阻器，这里用来把 TCC 和制动灯

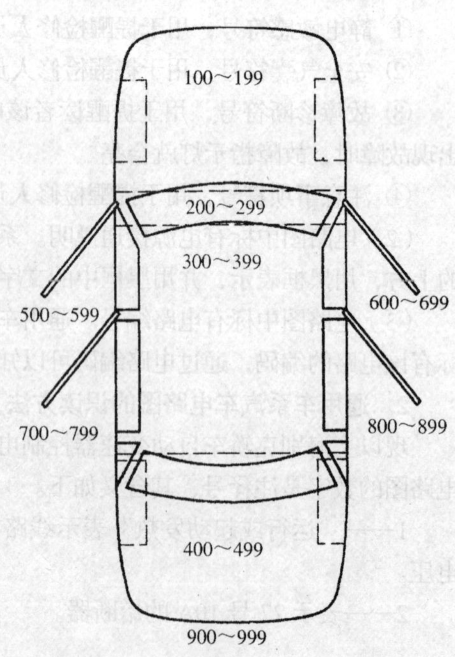

图10-39 车辆位置分区代码示意图

开关的信号以一定的电压信号的形式输出给动力控制模块（PCM）的内部控制电路。

10——表示动力控制模块是对静电敏感的部件。

11——符号表示搭铁。

12——表示在自动变速器内部的 TCC 锁止电磁阀，此电磁阀控制液力变矩器内部锁止离合器的结合。它在点火开关处于点火或起动挡时，通过 23 号的 10A 熔断器供电。

13——表示带晶体管半导体元件控制的集成电路。这里为动力控制模块（PCM）内部集成的控制电路，控制电磁阀驱动电路，通过 PCM 搭铁。

14——表示输出电阻。PCM 提供 5V 稳压通过内部串接电阻与自动变速器油温度传感器（TFT）连接，同时将自动变速器油温度传感器（NTC 型电阻）信号传给 PCM。

15——表示动力控制模块 PCM 的 C2 连接插头的 68 插脚。

16——用虚线表示 4、44、1 插脚均属于 C1 连接插头。

17——表示自动变速器内部的自动变速器油温度传感器，它是一个随温度增加阻值减小的 NTC 型电阻。

18——表示部件的名称及所处的位置。该发动机室盖下附件导线接线盒位于发动机的左侧。

19——表示导线通往发动机室盖下附件导线接线盒的其他电路，对目前所显示的电器系统没有作用，是一种省略的画法。

3. **电路分析**

结合上面介绍的通用车系电路特点及电路图标示方法，分析图 10-40 所示上海通用别克冷却风扇控制电路。

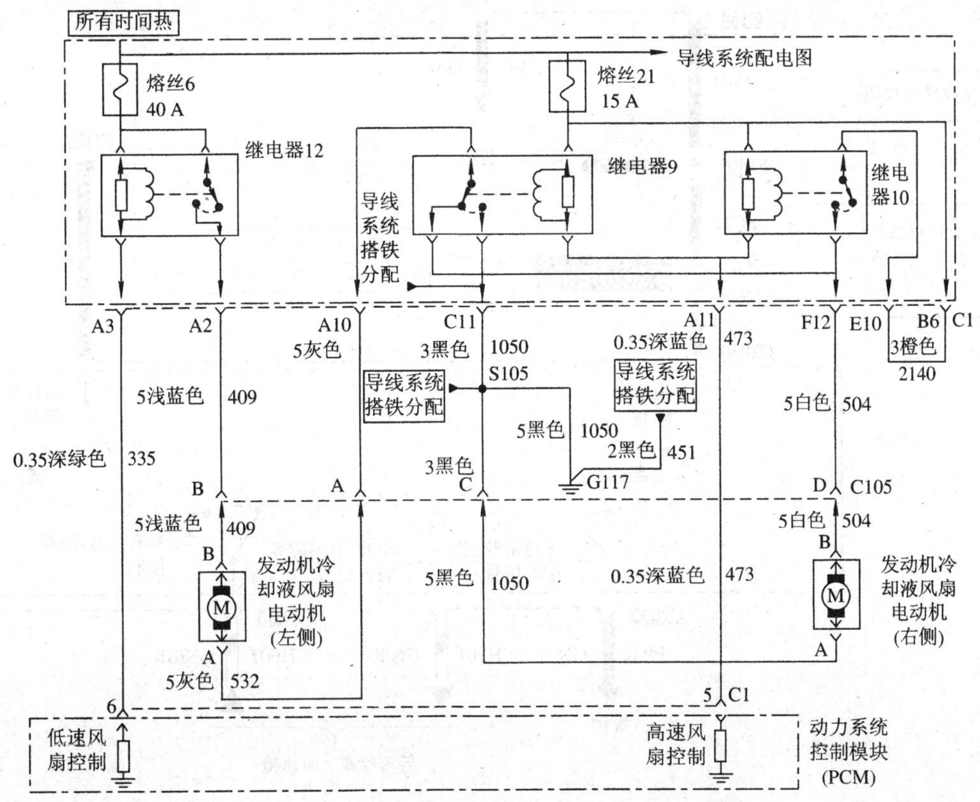

图10-40 通用别克轿车冷却风扇控制电路

10.3.5 福特车系电路图识读

下面以福特轿车防盗系统电路为例介绍福特车系图示含义，如图 10-41 所示。

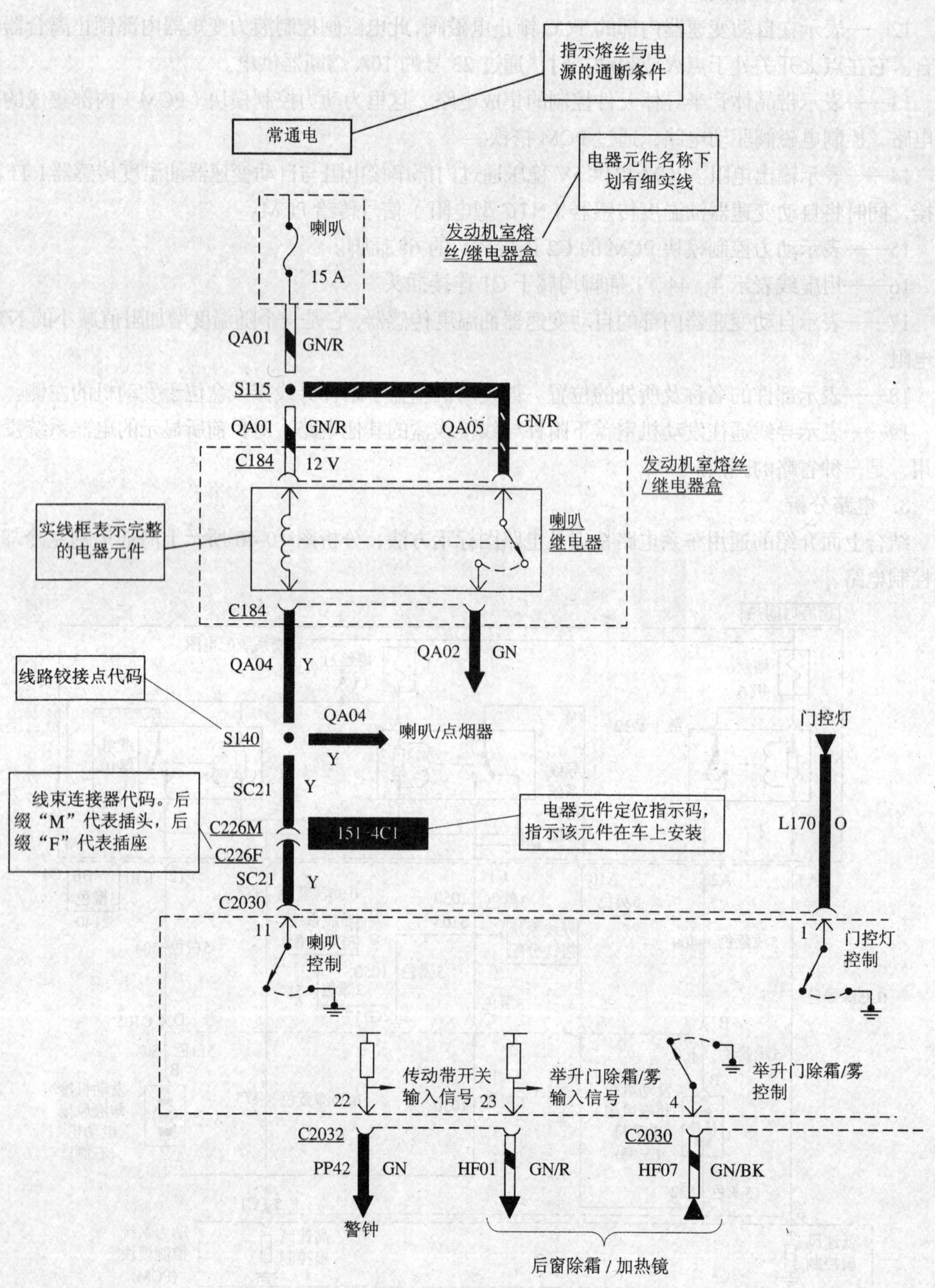

图10-41 福特车系电路图示例

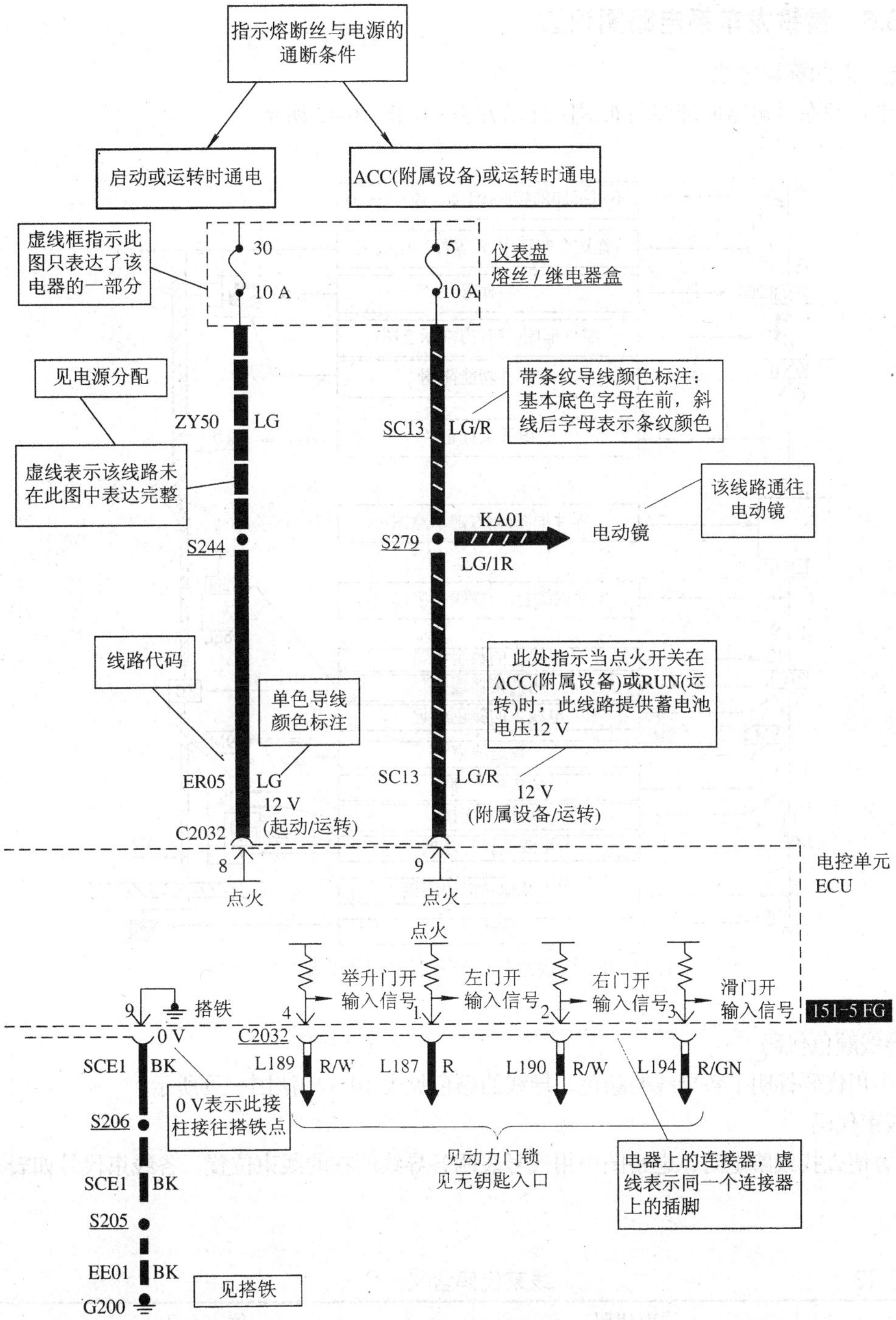

指示熔断丝与电源的通断条件

启动或运转时通电

ACC(附属设备)或运转时通电

虚线框指示此图只表达了该电器的一部分

30

10 A

5

10 A

仪表盘熔丝/继电器盒

见电源分配

ZY50 LG

SC13 LG/R

带条纹导线颜色标注：基本底色字母在前，斜线后字母表示条纹颜色

虚线表示该线路未在此图中表达完整

该线路通往电动镜

S244

S279

KA01

电动镜

LG/1R

线路代码

单色导线颜色标注

此处指示当点火开关在ACC(附属设备)或RUN(运转)时，此线路提供蓄电池电压12 V

ER05 LG

12 V

(起动/运转)

SC13 LG/R

12 V

(附属设备/运转)

C2032

8

点火

9

点火

电控单元ECU

点火

举升门开输入信号

左门开输入信号

右门开输入信号

滑门开输入信号

151-5 FG

9

搭铁

4

1

2

3

0 V

C2032

SCE1 BK

L189 R/W

L187 R

L190 R/W

L194 R/GN

0 V表示此接柱接往搭铁点

S206

SCE1 BK

见动力门锁见无钥匙入口

电器上的连接器，虚线表示同一个连接器上的插脚

S205

EE01 BK

G200

见搭铁

图10-41 福特车系电路图示例（续）

10.3.6 雪铁龙车系电路图识读

1. 电路图的标识方法

法国雪铁龙车系电路原理图与布线图标示方法，如图 10-42 所示。

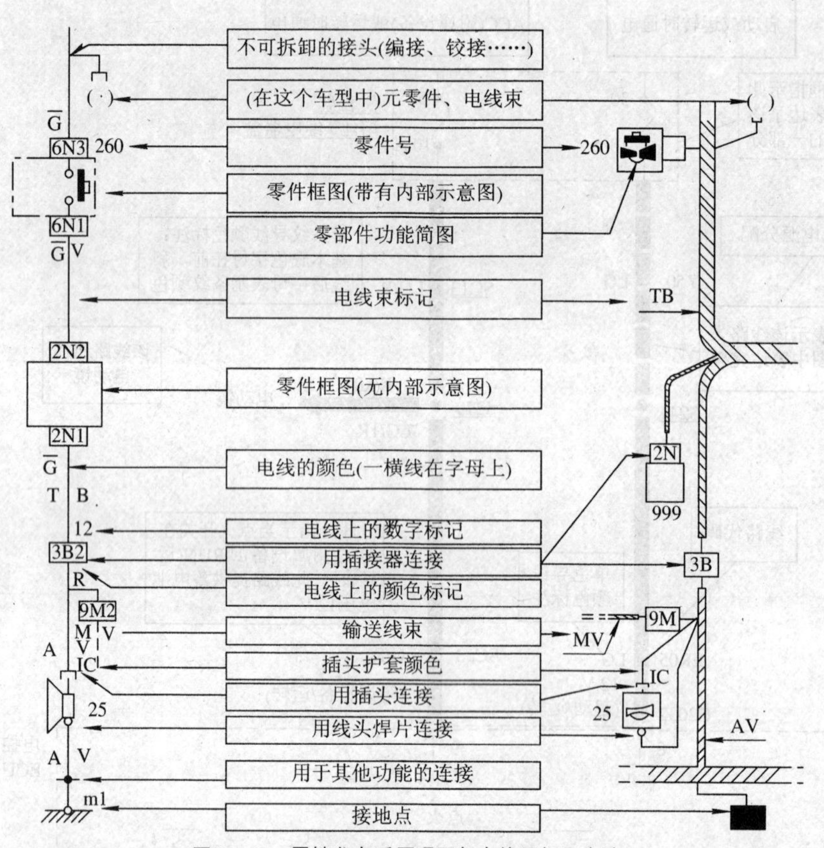

图10-42 雪铁龙车系原理图与布线图标示方法

2. 导线颜色代码

电路中用代码标明了各导线的颜色，导线的颜色见表 10-3 中法国一列所示。

3. 线束代码

为了方便查找线路走向，电路图中用代号表明各导线所在的线束位置。各线束代号如表 10-13 所示。

表 10-13 线束代码含义

序号	线束代码	线束名称
1	AV	前部
2	CN	蓄电池负极电缆
3	CP	蓄电池正极电缆

续表

序号	线束代码	线束名称
4	EF	行李箱照明灯
5	FR	尾灯
6	GC	空调
7	HB	驾驶室
8	PP	乘客侧门
9	RG	左右部
10	UD	右制动蹄片磨损指示器
11	MT	发动机
12	MV	电动风扇
13	PB	仪表板
14	PC	驾驶员侧门
15	PD	右后门
16	PG	左后门
17	PL	顶灯
18	RD	右后部
19	RL	侧转向灯
20	UG	右制动蹄片磨损指示器

4. 插接器

用规定的符号表示3种不同类型的插接器和各导线在插接器中的位置。表示方法如下。

（1）仅有一排插脚和插孔的单排插接器表示规则示例：

7N5　7—表示插接器共有7个插脚（插孔）；N—表示插接器颜色为黑色；5—表示插接器的第5根导线。

（2）有两排插脚和插孔的双排插接器表示规则示例：

13M
B7　13—表示插接器共有13个插脚（插孔）；M—表示插接器颜色为棕色；B—表示插接器的B列；7—表示B列中的第7根导线。

（3）驾驶室内仪表板多排插脚和插孔的多排插接器表示规则示例：

7C7
1　7—表示插接器共有7个插脚（插孔）；C—表示驾驶室内仪表板多排插接器；7—表示插接器的第7组插接器；1—表示该插接器的第1根导线。

5. 电路识图

图10-43所示为富康988轿车车内照明系统电路图，可结合前面识图规则进行分析。

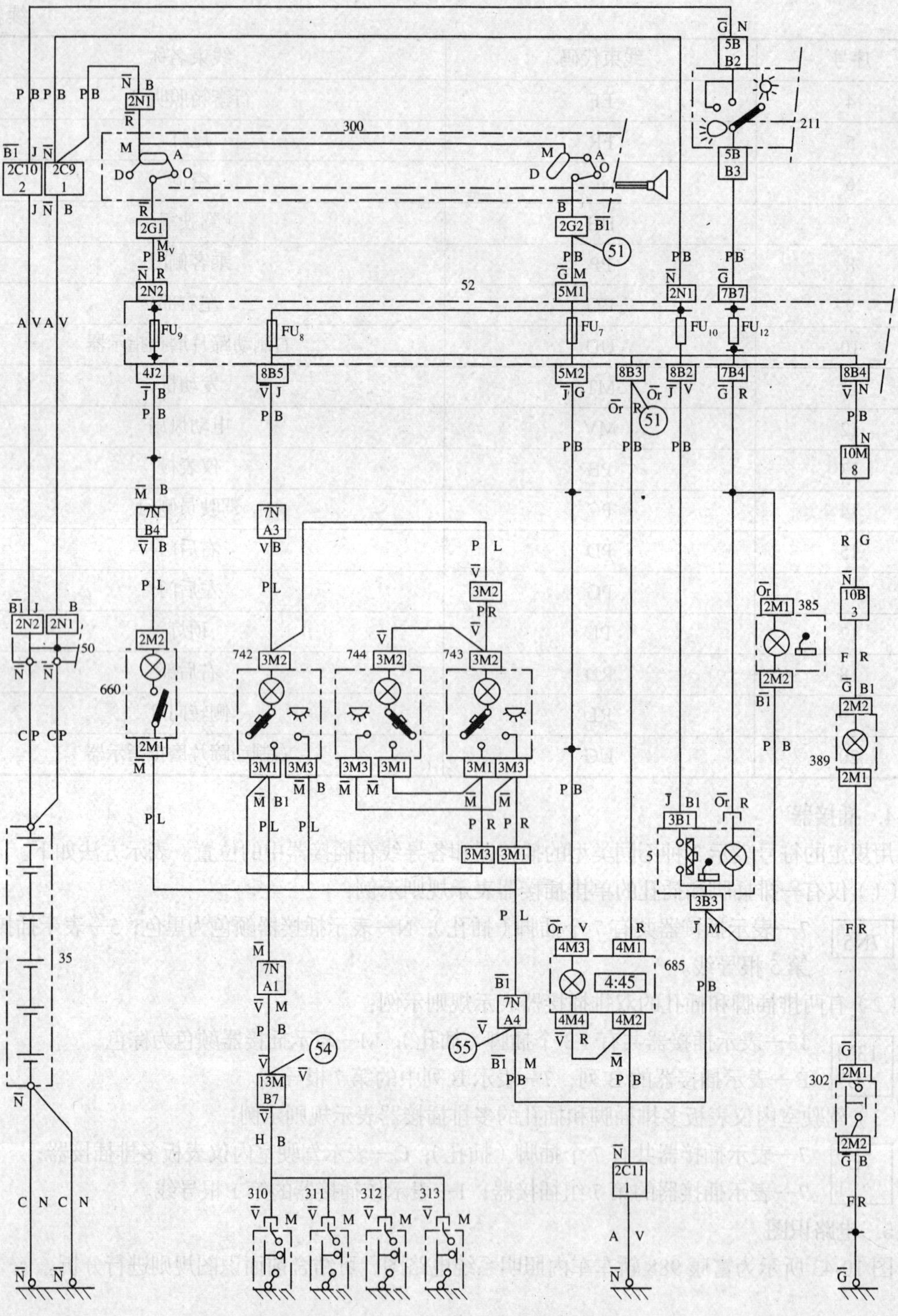

图10-43　富康轿车车内照明系统电路图

5—前点烟器；35—蓄电池；50—发动机罩下熔断器盒；52—驾驶室内熔断器盒；211—组合开关（照明、转向、喇叭）；300—点火开关；302—行李箱照明开关；310—左前门控开关；311—右前门控开关；312—左后门控开关；313—右后门控开关；385—前烟灰缸照明灯；389—行李箱照明灯；660—阅读灯；685—石英钟及照明灯；742—前顶灯；743—左后顶灯；744—右后顶灯

习题与复习题

一、选择题

1. 在维修汽车电器故障时，下列（　　）部件是首先要考虑的。

A. 开关等中间元件　　B. 用电设备

C. 线路　　D. 熔断器与继电器

2. 汽车线路中熔断器的作用是为了防止电路中发生（　　）。

A. 断路　　B. 短路　　C. 过电流　　D. 过电压

3. 电缆每通过 100A 电流电压降不得超过（　　）。

A. 0.1～0.15V　　B. 1～1.5V　　C. 0.15～0.30 V　　D. 1.5～3.0V

4. CAN 总线用两线上的（　　）来表示“0”与“1”的。

A. 0V 与 5V　　B. 0V 与 12V　　C. 差分电流　　D. 差分电压

5.（　　）是人们在汽车上能够实际接触到的汽车电路图。

A. 原理图　　B. 线束图　　C. 布线图　　D. 原版图

二、判断题

1. 更换熔断器时，不必考虑其规格。(　　)

2. 单线制是汽车电路特点之一。(　　)

3. 电路图中导线标注为“1.0GY”表示导线面积为 1.0mm^2，主色为绿色，辅色为黄色的双色导线。(　　)

4. 大众车系电路图采用断线符号的目的是为了避免导线相互交叉。(　　)

5. 大众车系中蓄电池电器元件标识为“A”，发电机标识为“B”。(　　)

6. 法国电路图中的标识的“5N2”中的 N 表示插接器颜色为黑色。(　　)

三、思考题

1. 熔断器的规格有哪些？颜色与规格如何对应？

2. 试分析东风 EQ1090 汽车全车电路图。

3. 桑塔纳 2000 轿车电路图的绘制规则和表示方法有哪些？

4. 试分析桑塔纳 2000 轿车照明电路。

5. 试分析富康轿车车内照明系统电路图。

参考文献

[1] 曲金全. 汽车电器与电子设备［M］. 北京：机械工业出版社，2008.

[2] 胡光辉. 汽车电器设备构造与检修［M］. 北京：机械工业出版社，2006.

[3] 纪光兰. 汽车电器设备构造与维修［M］. 北京：机械工业出版社，2008.

[4] 毛峰. 汽车电气设备［M］. 北京：机械工业出版社，2009.

[5] 方斌，史懂深. 汽车电气系统检修［M］. 北京：人民邮电出版社，2013.

[6] 李春明. 汽车电气设备与维修［M］. 西安：西安电子科技大学出版社，2006.

[7] 陈传灿，金惠云. 汽车电器［M］. 北京：高等教育出版社，2012.

[8] 程丽群. 汽车车身电气系统检修［M］. 北京：国防工业出版社，2011.

[9] 尹万建. 汽车电气设备原理与检修［M］. 北京：高等教育出版社，2007.